协和医学院系列规划教材
医院领导力及管理系列教材

U0821408

医院人力资源管理

（供卫生管理、医疗管理专业使用）

主　编　陈英耀
副主编　黄奕祥　钱　飚　王建安　张光鹏
编　委　（以姓氏笔画为序）

王建安（浙江大学医学院附属第二医院）
刘晓云（北京大学中国卫生发展研究中心）
孙　葵（潍坊医学院管理学院）
李　耘（复旦大学附属中山医院）
张光鹏［国家卫生健康委干部培训中心（国家卫生健康委党校）］
陆　艳（浙江大学医学院附属第二医院）
陈英耀（复旦大学公共卫生学院）
周　萍（复旦大学公共卫生学院）
赵列宾（上海交通大学医学院附属新华医院）
柯　雄（川北医学院四川省基层卫生事业发展研究中心）
袁蕙芸（上海交通大学医学院附属仁济医院）
夏　云（复旦大学附属华山医院）
夏　冕（武汉大学政治与公共管理学院）
钱　飚（复旦大学附属眼耳鼻喉科医院）
黄奕祥（中山大学公共卫生学院）

中国协和医科大学出版社
北　京

内容简介

本教材是“医院领导力及管理系列教材”之一，主要从医院人力资源管理的理论、实践、创新等方面进行阐述，旨在提高医院管理者在进行人力资源管理时运用相关理论和方法的能力。内容包括人力资源管理的基本理论、方法、制度，人力资源的战略规划、岗位设计、薪酬及绩效管理，以及新形势下医院发展面临的新挑战等内容。本教材主要供卫生管理、医疗管理专业教学使用，也可供临床及相关专业人员参考使用。

图书在版编目（CIP）数据

医院人力资源管理 / 陈英耀主编．— 北京：中国协和医科大学出版社，2022.7
（医院领导力及管理系列教材）
ISBN 978-7-5679-1937-2

Ⅰ．①医…　Ⅱ．①陈…　Ⅲ．①医院—人力资源管理—教材　Ⅳ．①R197.322

中国版本图书馆CIP数据核字（2022）第112523号

医院领导力及管理系列教材

医院人力资源管理

主　　编：陈英耀
责任编辑：陈　佩
封面设计：许晓晨
责任校对：张　麓
责任印制：张　岱

出版发行：**中国协和医科大学出版社**
（北京市东城区东单三条9号　邮编100730　电话010-65260431）
网　　址：www.pumcp.com
经　　销：新华书店总店北京发行所
印　　刷：三河市龙大印装有限公司

开　　本：787mm×1092mm　1/16
印　　张：21.75
字　　数：410千字
版　　次：2022年7月第1版
印　　次：2022年7月第1次印刷
定　　价：99.00元

ISBN 978-7-5679-1937-2

医院领导力及管理系列教材

建设指导委员会

Introduction

出版说明

随着我国医药卫生体制改革的深入，卫生事业对医院的要求在不断提高。医疗管理工作是医院建立正常医疗秩序、提高医疗服务质量的重要保证。医院的管理系统非常复杂，发展极其迅速，且面临不断深化的改革要求，这对医疗管理人才提出了更高的要求。目前，我国医院的管理干部，大部分为医务人员转型而来，虽具有精深的专业知识，但仍缺乏系统、全面的管理知识。随着公立医院整体进入转型发展期，我国亟须培养高素质的职业化卫生管理及医疗管理人才队伍。

教材作为承载知识的重要载体，对于培养高素质人才发挥着重要作用。党的十八大以来，党中央高度重视和关心教材建设。在我国高等教育体系中，教材建设是提高高校教学水平、丰富教学内容以及促进教学方法改革的基础性工作；是发展高等教育，培养综合型人才、创新型人才的基础。

为适应卫生管理及医疗管理的新要求，培养适应新时代卫生管理及医疗管理的相关人才，中国协和医科大学出版社深入贯彻《关于推动公立医院高质量发展的意见》《关于建立现代医院管理制度的指导意见》及《关于加强公立医院运营管理的指导意见》等文件精神，在中国医学科学院北京协和医学院的支持下，开创性地组织了本套医院领导力及管理系列教材的编写工作。编委会集结了二百余名业内知名专家、学者、教授及一线教学老师，在鲜可借鉴同专业方向教材编写经验的情况下，对医疗管理理论、方法、人才培养机制等进行探索研究，悉心编撰。

本套教材涵盖卫生管理、医疗管理专业课程共计17门，定位清晰、特色鲜明，具有如下特点：

一、建设成体系的卫生管理、医疗管理专业教材，引领学科发展步伐

本套教材作为成体系的卫生管理、医疗管理专业教材，充分研究论证相关专业方向人才素质要求、学科体系构成、课程体系设计和教材体系规划，代表了卫生管理、医疗管理学科的发展方向。

二、引入国际最新理念和方法，与时俱进

教材紧密结合卫生管理及医疗管理专业培养目标、高等医学教育教学改革的需要和卫生管理及医疗管理专业人才的需求，引入国际最新医院管理理念及方法，内容与时俱进、开拓创新。

三、融入经典管理案例，突出实践性教学

教材内容对接医疗管理职业标准和岗位要求，将国际最新案例融入其中，重视培养学生理论联系实际、实践操作和独立思考的能力。

四、纸数融合，使学习更便捷更轻松

教材采用纸数融合形式出版，即在纸质教材内容之上，配套数字化资源，通过图片、动画、视频、课件等多种媒体形式将内容进行呈现，以优化教学内容，丰富教学资源。读者可以直接扫描书中二维码，阅读与教材内容相关联的课程资源，从而丰富学习体验，使学习更加便捷。

希望本套教材的出版，能够推进高质量卫生管理及医疗管理专业人才的培养，促进我国卫生管理、医疗管理学科或领域的教材建设与教育发展，为引领我国医疗卫生机构管理走向科学化、规范化、标准化与现代化作出积极贡献。

Preface
前　言

人力资源是医院发展的关键要素，人力资源的存在和有效利用能够充分激活其他物化资源，从而实现医院组织目标，更好地为人民群众的健康服务。2021年5月国务院办公厅发布了《关于推动公立医院高质量发展的意见》，以改革人事管理制度、改革薪酬分配制度和健全医务人员培养评价制度等作为激活公立医院高质量发展的新动力，足以显见医院人力资源管理的重要性和迫切性。

本教材为“医院领导力及管理系列教材”之一，专注于医院人力资源管理的内容，编写宗旨是为培养高素质的职业化医院管理人才队伍服务，提高医院管理者掌握和利用人力资源管理相关理论及方法的能力，适应医院管理的新需求，适应医院高质量发展的新趋势，适应卫生健康领域的新挑战。本教材力图达到下列四项编写目标：一是打造国内具有一定水准的医院管理专业规范教材；二是坚持理论与实践紧密结合、相互贯通；三是借鉴国际经验，总结国内经验，创新撰写体例；四是倡导教学相长、传道促学和实践解惑的有机融合。

本教材包括理论篇、实践篇和创新篇三篇，15章。理论篇聚焦于医院人力资源管理的基本理论与方法，并从卫生体系的角度分析医院人力资源的各类外部环境，尤其是政策的影响和互动。实践篇涉及医院人力资源管理的各个重要环节，人力资源的战略管理与规划、医院岗位设计分析和评价、医院各类人力资源的招聘引进和管理、人力资源的能力建设、人力资源的薪酬和激励管理以及人力资源的绩效管理。创新篇是从全球视野分析国际人力资源发展趋势、人力资源管理的综合诊断和设计、新形势下医院发展面临的人力资源管理方面的新问题和新挑战，以及医院管理领导力的培养和管理。

在组织编写的过程中，感谢刘庭芳教授的大力举荐和悉心指导，在大纲编写、章节布局、内容把握等方面，刘教授都给予了细致的意见和建议。刘教授的谦逊睿智、敬业奉献，“80”后的开创干劲，值得我们编者学习。

感谢王辰院士在每次编委会上给予的宏观指引和思想鼓劲，记得最清晰的是要求教材编写必须坚持以领导力和管理作为核心，把握“全球视野”（global view）和“历史观”（historical vision），推动中国特色医院管理教材的建设。

感谢中山大学公共卫生学院黄奕祥教授、复旦大学附属眼耳鼻喉科医院钱飚书记、浙江大学医学院附属第二医院王建安书记和国家卫生健康委干部培训中心（国家卫生健康委党校）张光鹏校长在百忙之中挤出时间审阅书稿，提出宝贵而具有建设性的意见和建议。

感谢所有的编者，作为一个多学科合作的团队，大家来自不同的城市，不同的单位，以及不同的工作岗位，在这种以线上交流为主的新的工作方式下，保质保量地完成了书稿的编撰工作。同时感谢复旦大学公共卫生学院的任延峰和李福明同学担任教材的秘书工作，承担了许多细致的联系、文本编辑和信息融合等工作。

在编写过程中，在教材建设指导委员会的指导下，我们在医院人力资源管理的教学和实践方面有所进步，更加突出了医院战略发展下的人力资源管理特点，更加反映了新时代医院发展趋势下的人力资源管理特色，更加重视了管理学理论的落地、发展和中国特色管理学理论的总结和提升，更加积极地尝试在教书育人、提升医院管理领导力方面的夯实和突破……但由于条件所限，我们有些目标已达成，距离有些目标还有差距，还有不足与疏漏之处，希望使用教材的师生和读者们不吝赐教！

编　者

2022年5月

Contents

目录

第一篇　理论篇

第三篇　创新篇

第一篇
理论篇

Part 1

第一章　绪论

第二章　人力资源管理的主要理论

第三章　医院人力资源管理制度

第四章　医院人力资源管理的系统要素

第五章　医院人力资源管理研究方法

第六章　医院人力资源战略管理与规划

第一章 绪 论

学习目标

1. 掌握 人力资源的概念和基本特征。
2. 熟悉 人力资源的相关理论；医院人力资源管理的概念和特征。
3. 了解 我国医院人力资源管理的现状及发展趋势。

第一节 人力资源与人力资源管理概述

在管理的诸多要素中，人是最活跃和最积极的因素。习近平总书记于2020年9月8日在全国抗击新冠肺炎疫情表彰大会上发表重要讲话，高度赞誉了全国医务人员可歌可泣的责任担当和英雄壮举，其中一段话充分体现了人力资源的重要性：

——面对突如其来的严重疫情，广大医务人员白衣为甲、逆行出征，舍生忘死挽救生命。全国数百万名医务人员奋战在抗疫一线，给病毒肆虐的漫漫黑夜带来了光明，生死救援情景感天动地！54万名湖北省和武汉市医务人员同病毒短兵相接，率先打响了疫情防控遭遇战。346支国家医疗队、4万多名医务人员毅然奔赴前线，很多人在万家团圆的除夕之夜踏上征程。人民军队医务人员牢记我军宗旨，视疫情为命令，召之即来，来之能战，战之能胜。广大医务人员以对人民的赤诚和对生命的敬佑，争分夺秒，连续作战，承受着身体和心理的极限压力，很多人脸颊被口罩勒出血痕甚至溃烂，很多人双手因汗水长时间浸泡发白，有的同志甚至以身殉职。广大医务人员用血肉之躯筑起阻击病毒的钢铁长城，挽救了一个又一个垂危生命，诠释了医者仁心和大爱无疆！

2021年9月27日至28日在北京召开的中央人才工作会议，又将人才工作提到一个更高的国家战略去建设，强调要坚持党管人才，坚持面向世界科技前沿、面向经济主战场、面向国家重大需求、面向人民生命健康，深入实施新时代人才强国战略，全方位培养、引进、用好人才，加快建设世界重要人才中心和创新高地，为2035年基本实现社会主义现代化提供人才支撑，为2050年全面建成社会主义现代化强国打好人才基础。

在医院管理的范畴内，医院人力资源的医疗服务提供、社会责任担当、核心能力竞争、科技创新引领仍是一项重大课题或是系统工程，值得深入学习和研究。

一、人力资源概述

“人力资源”一词是由著名管理学家彼得·德鲁克（Peter F.Drucker）于1954年在其著作《管理实践》（*The Practice of Management*）中提出来的。德鲁克指出，人力资源和其他所有资源相比较而言，唯一的区别就是资源是人，并且是管理经理们必须考虑的具有“特殊资产”的资源。

（一）人力资源的概念

人力资源从广义宏观的角度去定义，即是一定范围内人口中具有劳动能力的人的总和；而狭义则从组织层面角度去定义，即是有助于实现组织目标的组织内外所有可配置的人力生产要素的总和。

（二）人力资源的基本特征

由于人本身所具有的生物性、能动性、智力性和社会性等特性，决定了人力资源具有以下基本特征。

1. 人力资源是能动性资源 能动性是人力资源的首要特征，是与其他一切资源最根本的区别。一切社会经济活动都首先是人的活动，由人的活动才引发、控制、带动了其他资源的活动。人力资源是在社会经济活动中起着主导作用的因素，同时也是唯一起创造作用的因素。社会经济活动的使命是发展、进取和创新，而只有人力资源才能担负起这种使命和责任，其他任何生产要素都不具备这样的能力。

2. 人力资源是特殊的资本性资源 人力资源与一般的物质资本有共同之处，即是一种经济性资源，具有资本属性。

（1）人力资源是个人、机构或社会投资的产物，其质量高低取决于投资程度和其他多种因素。人力资源的这个特点起因于人的能力获得的后天性，为了形成能力，必须接受教育和培训，必须投入资源和时间。

（2）人力资源是在一定时期内可能长期带来收益的资源，它一旦形成，一定会在适当的时期内为投资者带来收益。

（3）人力资源在使用过程中也会出现有形磨损和无形磨损。有形磨损如人自身衰弱，无形磨损如知识和技能的老化。

3. 人力资源是高增值性资源 在创新型社会形态下，人力资源收益的增值性正迅速超过自然资源和资本资源。回顾中国改革开放以来，劳动力的市场价格不断上升，人力资源投资收益率不断上升，同时劳动者的可支配收入也不断上升。在卫生健康领域，专业人员的技术能力是资源增值的重要因素，加之卫生人力的总体短缺以及高素质专业人员的相对匮乏，供需矛盾突出，更凸显了卫生人力资源高增值性的特点。

4. 人力资源是再生性资源 人力资源的再生性，主要基于人口的再生产和劳动力的再生产，通过人口总体内个体的不断更迭得以实现。

人力资源是所有资源中最宝贵的资源。作为一种特殊的资源，人力资源具有极大的可塑性和无限的潜力。人力资源的活动总是处于经济或事务活动的中心位置，决定其他资源的活动；人力资源是组织实现战略目标的驱动性因素。但当因环境、组织和管理的问题无法调动人力资源的能动性和潜能时，人力资源可能又成为组织发展的阻碍因素。

（三）人力资源的内涵与相关理论

人的本性是什么？这将有利于认识人力资源，只有认识清晰才能更好地管理和驾驭人力资源。

人性假设是理解人力资源的理论基础，对“人”的认识是人力资源思想的逻辑起点和理论基石。中国古代孟子有“性善论”，荀子有“性伪之分”，老子、庄子有“人性自然论”等。纵观西方近百年的管理思想史，对人力资源本质的各种理论和假说也层出不穷，正如道格拉斯·麦格雷戈（Douglas M.McGregor）在其所著《企业中的人性方面》一书中提到的：“人的本性与人的行为是决定管理者行为模式的最重要因素的管理假定。”古今中外学者在探索人的本性过程中，不断发展并完善了人力资源理论，不同阶段人力资源理论的发展则反映出人力资源随时代而不断丰富的内涵。

1. 人的假设理论

（1）“经济人”假设：源自享乐主义与英国早期劳动分工经济理论。在20世纪初前后，由于大规模工业生产的出现，管理事务日益复杂化，为了发挥工人的主动性进而提高效率，从而衍生出了“经济人”的概念。这一概念的重要假设是人性懒惰、厌恶劳作，总是尽可能地避免工作；而人们工作的动机就是满足对经济的需要，为了实现自身经济利益的最大化。基于“经济人”假设，“胡萝卜加大棒”是与之对应的最佳管理模式。“胡萝卜”是指管理者采用经济报酬来激励员工，以金钱收买员工的服从；“大棒”是指采用严格的管理制度和工作规范来控制员工的行为，对消极怠工者施加严厉的惩罚措施。这时，组织目标的实现依赖于管理者对员工的控制。

（2）“社会人”假设：“社会人”是美国哈佛大学教授埃尔顿·梅奥（Elton Mayo）

在其所著的《工业文明中人的问题》一书中提到的。1924年，梅奥教授在美国西方电气公司的霍桑工厂开展了一项针对工作环境、工作条件对工人效率影响的著名的“霍桑实验”研究，在实验过程中发现了人们在社会和心理方面的需求，并根据实验结果，在“社会人”假设的基础上，提出了人群关系理论。该理论认为，人们工作的主要动机并不是经济需要，而是社会需要，管理者在激励员工时，应考虑其对团体的归属感和人与人之间良好关系的建立。因此，管理重点不再局限于工作任务，从以工作任务为核心转为以人为核心，关心员工、满足员工社会需要；在奖励方式上实行集体奖励，避免个人奖励，促进员工形成整体感与归属感。

（3）“自我实现人”假设：1957年，美国心理学家麦格雷戈在需要层次理论的基础上，提出了“自我实现人”假设。该理论认为，人并非天生懒惰，人们追求工作并消耗体力及脑力是件自然而然的事，就如同在玩乐和休息中消耗体力与脑力一样；人们渴望在工作上有所成就，实现独立。在条件适当的情况下，多数人不仅会接受责任，还愿意主动追求责任。因此，管理者所提供的工作应尽量具有吸引力和挑战性，扩大工作范围、丰富工作内容，使其富有意义，这样可以使员工在工作过程中产生满足感与自信心，满足自我实现的需要。管理者应当创造能使员工从工作中得到内在奖励的工作环境，从而充分发挥他们的潜力与才华；管理者也可下放权限，把责任最大限度交予员工，用启发式代替命令式，鼓励员工为自己制定目标并参与组织目标和决策的制定。

2. 人力资源的相关理论

（1）需要层次理论：1943年，美国心理学家亚伯拉罕·马斯洛（Abragam. H.Masslow）在《人类激励理论》一书中提出了需要层次理论，这一理论被广泛应用，具有很大的影响力。这一理论的主要观点：第一，人具有一系列的基本需要，这些需要按照其重要性和发生的次序，形成了一个从低级到高级的等级层次，即生理需要、安全需要、社交需要、尊重需要和自我实现需要，从而影响人们的行为；第二，在较低级的需要被满足后，其激励作用将会下降，人们转而追求更高一层的需要。

马斯洛的需要层次理论对于管理者激励员工有着重要的实践指导意义。在对员工进行激励时，要考虑员工的个人差异、特性，考虑员工目前处于哪一需要层级，何种需要占主导地位，采取有针对性和适当的激励方式。同时，重视尊重需要和自我实现需要的满足，有助于提高员工自身素质，实现其职业生涯的成就感，使其产生更强力、更持久的工作积极性。

（2）双因素理论：提出者是美国心理学家弗雷德里克·赫茨伯格（Frederick Herzberg）。又称“激励-保健因素”理论。①激励因素：是指能使员工感到非常满意的因素，这类因素大多和工作本身有关，如工作具有成就感或责任感，具有挑战性、职业发展机会等。②保健因素：是指与员工不满情绪有关的因素，这些因素维持得当，只能消除员工的不满情绪，对员工的积极性起到维持作用。

赫茨伯格的双因素理论与马斯洛的需要层次理论具有一定的联系。双因素理论的提出使管理者意识到工作内容方面的重要性，管理者应将开发激励因素、有效管控保健因素作为工作核心。

从“经济人”假设，到作为“社会人”假设发展和深化的“自我实现人”假设，使得管理者对人力资源内涵的认识逐步深化，看重人的价值，看重人在管理中的作用，关注人的社会属性，把人作为独立于物并支配物的主体来看待，促使人力资源理论从重视“物”到重视“人”的理念革新。这进一步反映了人力资源最本质的特征在于它是“有意识”的，即能动性，这是人力资源与其他一切资源最根本的区别。与物质资源的被动开发相比，人力资源有思想和情感，通过接受教育或主动学习并自主地选择职业等活动主动调节与外部的关系，进而有目的、有意识地利用自身的劳动能力进行物质生产，创造出新的价值，促使组织目标的实现。然而，人力资源能动性的发挥受到主观和客观因素的影响，值得探索研究，也值得在管理实践中积极探索。

二、人力资源管理概述

（一）人力资源管理的概念

通常来讲，人力资源管理是指根据组织发展战略的要求，有计划地对人力资源进行合理配置，通过对员工的招聘、培训、使用、考核、激励、调整等一系列过程，调动员工的积极性，发挥员工的潜能，为组织创造价值。确保组织战略目标的实现，人力资源管理活动主要包括人力资源战略的制定、员工的招募与选拔、培训与开发、绩效管理、薪酬管理、员工流动管理、员工关系管理、员工安全与健康管理等。

从组织管理职能角度，人力资源管理是运用现代管理方法，对人力资源的获取（选人）、开发（育人）、保持（留人）和利用（用人）等方面所进行的计划、组织、指挥、控制和协调等一系列活动，最终达到实现组织发展目标的一种管理行为。

人力资源管理的核心是处理人与人、人与事的关系，充分发挥人的主观能动性，使人尽其才，事得其人，人事相宜，以实现组织目标。

（二）管理学视角下的人力资源管理发展历程

在管理学的视角下，人力资源管理的发展，一般可分为三个阶段：古典管理理论阶段（20世纪初到20世纪30年代）、现代管理理论阶段（20世纪30年代到20世纪70

年代）和当代管理理论阶段（20世纪70年代至今）。

1. 古典管理理论阶段 是管理理论最初形成阶段，比较侧重于从管理职能、组织方式等方面研究企业的效率问题，对人的心理因素考虑较少。其间，在美国、法国、德国分别活跃着具有奠基人地位的管理大师，即科学管理之父泰罗（F.W.Taylor)、管理理论之父法约尔（H.Fayol）以及组织理论之父韦伯（M.Weber)。

泰罗重点研究在工厂管理中如何提高效率，提出了科学管理理论，而科学管理的关键在于变原来的经验工作方法为科学工作方法。为此，泰罗提出了任务管理法和配备"第一流"的工人。法约尔对组织管理进行了系统研究，提出了管理过程的职能划分理论。他在著作《工业管理与一般管理》中阐述了管理职能的划分，认为管理的五大职能是计划、组织、指挥、协调和控制。韦伯在管理思想方面的主要贡献是在《社会组织和经济组织理论》一书中提出了理想官僚组织体系理论。他认为建立一种高度结构化的、正式的、非人格化的、理想的官僚组织体系是提高劳动生产率的最有效形式。

2. 现代管理理论阶段 主要指行为科学学派及管理理论丛林阶段。

（1）行为科学学派阶段：主要研究个体行为、团体行为与组织行为，重视研究人的心理、行为等对高效率地实现组织目标的影响作用。主要代表有梅奥的人际关系理论、马斯洛的需求层次理论、赫茨伯格的双因素理论、麦格雷戈的X理论和Y理论等。行为科学学派聚焦于人、人的动机和行为相关的研究，在当今有着深刻的理论和现实意义。在医院管理和政策的研究中，应加大对医务人员的研究，推进理论发展，更好地指引相关政策的制定和实施。

（2）管理理论丛林阶段：20世纪40~70年代，许多管理学者都从各自不同的角度发表自己对管理学的见解，涌现出各种代表学派，如管理过程学派、管理科学学派、社会系统学派、决策理论学派、系统理论学派、经验主义学派、经理角色学派和权变理论学派等。这些管理学派研究方法众多，管理理论不统一，各个学派都有各自的代表人物，各自的用词意义，各自所主张的理论、概念和方法，孔茨（H.Koontz）称其为管理理论丛林。

3. 当代管理理论阶段 进入20世纪70年代以后，管理理论以战略管理为主，研究企业组织与环境关系，重点研究企业如何适应充满危机和动荡环境的不断变化。迈克尔·波特（Michael E.Porter）于1980年所著的《竞争战略》可谓把战略管理的理论推向了高峰。他强调通过对产业演进的说明和各种基本产业环境的分析，得出不同的战略决策。

20世纪80~90年代，为企业再造理论兴起和发展的时代。这一阶段，企业开始了大规模的"企业重组革命"该理论的最终构架于二者。原美国麻省理工学院教授迈克尔·哈默（Michael Hammer）与詹姆斯·钱皮（James Champy）在1993年合著的《再造企业——管理革命的宣言书》中阐述。他们认为企业应以工作流程为中心，重新设计企业的经营、管理及运作方式，进行所谓的“再造工程”。美国企业从20世纪80年代起开始了大规模的企业重组革命，日本企业也于20世纪90年代起进行所谓的“第二次管理革命”，这十几年间，企业管理经历着前所未有的、类似脱胎换骨的变革。

20世纪90年代以来，信息化和全球化浪潮迅速席卷全球，顾客的个性化、消费的多元化决定了企业必须适应不断变化的消费者的需要，在全球市场上争得顾客的信任，才有生存和发展的可能。这一时代，管理理论研究主要针对学习型组织而展开。彼得·圣吉（Peter M.Senge）在所著的《第五项修炼》中更是明确指出企业唯一持久的竞争优势源于比竞争对手学得更快、更好的能力，学习型组织正是人们从工作中获得生命意义、实现共同愿景和获取竞争优势的组织蓝图。

第二节　医院人力资源管理概述

一、医院人力资源概述

卫生人力资源是一个国家、一个地区卫生系统的重要组成部分。按照世界卫生组织的卫生体系框架理论，卫生系统包括服务提供、人力资源、信息、医学技术和产品、筹资和领导力与治理，而卫生人力资源是卫生系统维持和强化自身功能的关键，是反映一个国家、地区卫生服务水平的重要标志，是卫生资源中的基本要素。目前世界各国普遍存在卫生人力失衡现象，包括卫生人力资源素质与数量上的不平衡，国家、居民对卫生服务需求与利用、支持与维持能力间的不平衡。卫生人力资源配置的机构和场景又分多种，包括医院或医疗机构、公共卫生机构、卫生监督机构、科研教学机构等。医院人力资源是卫生人力资源的重要组成部分，本教材重点聚焦于医院内部的人力资源管理。

（一）医院人力资源的概念

医院人力资源是指在医院从事和提供卫生服务及相关服务和管理的一切人员，包含卫生技术人员［执业（助理）医师、注册护士、药师（士）、技师（士）等］、管理人员、其他技术人员和工勤技能人员四类。如在医院中，医院各个环节和各个层次上的管理者、临床医师等都是人力资源。

卫生技术人员主要包括医师、护士、药剂人员、检验人员、影像人员等。管理人员可分为卫生管理人员、卫生行政管理人员。卫生管理人员是主要从事医疗、教育与教学等业务管理工作的人员；卫生行政管理人员主要从事党政、人事、医务、科教、信息等工作。其他技术人员是指从事医疗器械修配、卫生宣传、科研、教学等技术工作的非卫生专业人员。工勤技能人员则是为医院运行提供后勤保障方面的人员，包括后勤、餐饮、物业人员等。一些卫生技术人员同时担任卫生事业单位的领导职务和行政管理工作，既有专业技术人员的工作职责，又有卫生管理人员的职能，这在一定程度上是受到卫生事业单位属于专业性组织、专业技术人员自身的职业生涯发展需要等因素综合的影响。

从每千人口数量的医师和护士（助产士）配置数量看，我国的每千人口医师和每千人口护士（助产士）数分别是2.0/千人口和2.7/千人口，高于一些中低收入国家，但是低于发达国家水平，医生数量高于全球平均水平，护士数量低于全球平均水平。从表1-1的比较中可以看出各国医护人员的配置差别，这些差别与当地的卫生体系、医护人员的资质要求、服务需要或需求等诸多因素密切相关。

表1-1　我国和部分发达国家、金砖国家、全球不同区域每千人口医师和护士（助产士）数量比较（2013—2018年）

国家/地区	每千人口医师数	每千人口护士（助产士）数
澳大利亚	3.7	12.6
巴西	2.2	10.1
加拿大	2.6	9.9
中国	2.0	2.7
法国	3.3	11.5
德国	4.2	13.2
印度	0.9	1.7
日本	2.4	12.2
俄罗斯	4.0	8.5
南非	0.9	1.3
英国	2.8	8.2
美国	2.6	14.5
东亚及太平洋地区	1.7	3.4
欧洲和中亚地区	3.4	8.3
拉丁美洲和加勒比地区	2.3	5.1

续　表

国家/地区	每千人口医师数	每千人口护士（助产士）数
中东和北非地区	1.3	2.5
北美地区	2.6	14.1
南亚地区	0.8	1.5
撒哈拉以南非洲地区	0.2	1.0
低收入国家及地区	0.3	0.9
中低收入国家及地区	0.8	1.8
中高收入国家及地区	2.0	3.5
高收入国家	3.1	10.9
全球	1.6	3.8

我国医师队伍建设虽然取得了明显进展，但是仍存在配置不平衡、不充分的问题。例如，医师总量不足，布局不均衡，我国医师数量过度集中在大城市三甲医院，城乡基层特别是农村和偏远山区医师数量十分有限。2018年，我国每千人口医师数为2.59人，其中，农村每千人口医师数为1.8人，仅为城市的45%。康复科、儿科、急诊科、精神科等专业的医师数量相对较少，存在学科短板。又如，医护比例存在问题，和其他国家相比，我国护士配置量偏低，从适宜人力资源配置的宏观和微观角度，都亟待加强和改进。

（二）医院人力资源的特征

医院人力资源具有一定的时效性、能动性、两重性、智力性等特征。

1. 时效性　医院人力资源开发和利用受时间限制，能力水平与技术更新也随时间变化而改变，同时人力资源数量需求和匹配程度也有明显的时效性。

2. 能动性　医院人力资源具有目的性、主观能动性、社会意识性和可激励性，不仅是被开发和利用的对象，且具有自我开发的能力。医院人力资源是人民健康的守护者，是全面深化医改的践行者，是医学科技创新的开拓者，其功能实现的程度和主客观许多因素有关。

3. 两重性　医院人力资源既是投资结果又是创造财富的关键要素。

4. 智力性　医院人力资源在认识、理解客观事物并运用知识、经验指导医学实践时有较强的能力。智力性具有较高技术含量和潜在风险，是比较独特的；而智力性又具有继承性，能积累、延续和增强。

二、医院人力资源管理的概述、特点及内容

（一）医院人力资源管理概念

医院人力资源是医院为服务对象提供符合质量要求的医疗卫生服务，确保医院组织健康可持续发展的关键要素。医院人力资源管理是围绕医院发展战略要求，运用现代科学理论和方法对医院人力资源进行有效开发、合理配置和充分利用，并通过培训、考评、激励等管理手段，充分开发医院员工潜力，调动其积极性和创造性，从而最大化实现社会、医院和个人发展目标的一系列活动。

（二）医院人力资源管理的特点

1．医院是高度专业化的工作场所，医院内的专业种类、医务人员的专业分工，都是其他组织和机构所不能比拟的。医院内人事成本较企业更高，专业人力的薪资待遇较高，如何实现其薪资待遇、绩效评价的高效管理显得尤其重要。

2．医院内服务人员众多，是劳动力密集的工作场所，医院各个专业和亚专业的门诊、住院、医技部门等，为患者提供不同类型的服务，服务流程复杂多变，医务人员提供的服务也是个性化和多样化的，对管理提出更高的要求。

3．医院提供全年无休的服务，这对人力的安排提出特殊要求。医院一般每周提供5.5天左右的门诊服务，急诊与住院则提供一年365天、24小时的全天候服务，这要求医院管理者合理配置和利用人力，实现医院运转效率和人力循环利用的统一。

从总体趋势看，医疗卫生领域的人力资源数量在持续增长，成为社会经济中的朝阳事业。以经济合作与发展组织（Organization for Economic Cooperation and Development，OECD）国家为例，2000—2014年总雇佣人数增长14%，从事农业的雇佣人数下降23%，产业工人下降5%，而健康和社会工作者上升48%，体现卫生人力的社会需求。

（三）医院人力资源管理内容

医院人力资源管理主要包括医院人力资源规划、配置、招聘、培训、绩效、薪酬、职业生涯规划等方面内容。

1．医院人力资源规划 是医院在分析内外部发展环境和相关因素的基础上，以医院未来发展战略对人力资源的需求为目标，运用科学方法对人力资源的开发、利用和发展所作出的预测、计划和安排。

2．医院人力资源配置 是根据医院服务功能、任务、规模及发展目标要求，对各类岗位人员的数量、质量和结构设置的过程，影响着医院服务质量、患者安全、运行

效率等服务产出，直接决定着医院的经济效益和社会效益实现程度。

3. 医院人员招聘 是医院根据发展需要，通过一定的程序和方法，招募符合岗位要求的各类人员到医院工作的活动。

4. 人力资源培训 医院是一个学习型组织，培训是医院通过一系列有计划、有组织的学习活动，使员工不断更新知识结构、强化业务素质、提高专业技能、提高员工工作绩效的过程。

5. 人力资源绩效管理 是医院管理者围绕医院发展目标，开展绩效规划制定、绩效辅导、绩效考核、结果运用和目标提升等持续循环的过程。

6. 人力资源薪酬管理 是在医院战略指导下，以效率、公平、合法等原则确定人力资源薪酬支付规则/政策、策略、薪酬水平和结构，实施薪酬分配和调整的动态过程。

7. 医院人员职业生涯管理 是从组织角度出发帮助员工设计适宜其需求的职业发展通路，并对其进行指导、督促、支持的过程。

三、我国医院人力资源管理发展历程

党中央、国务院始终高度重视卫生健康事业，回顾其中的医院发展变化，可以直接或间接发现人力资源在其中的发展脉络。

（一）新中国医疗卫生事业和卫生人力的发展

1949—1978年是我国卫生事业发展的关键时期。新中国成立伊始，百废待兴，卫生健康工作面临着传染病、寄生虫病和地方病普遍流行，医疗卫生资源短缺、水平低下的严峻形势，确立了“面向工农兵、预防为主、团结中西医、卫生工作与群众运动相结合”的卫生工作方针。通过建立城市省、市、县三级公立医院网络和农村县、乡、村三级医疗卫生服务网络，初步形成了覆盖城乡的医疗卫生三级网。

1950年8月，卫生部召开了第一届全国卫生会议。毛泽东同志为大会题词：“团结新老中西各部分医药卫生工作人员，组成巩固的统一战线，为开展伟大的人民卫生工作而奋斗。”这充分展示了卫生工作人员在新中国成立初期的卫生事业建设过程中的核心地位。

1953年12月，第三届全国卫生会议召开。会议根据党中央和毛泽东同志提出的过渡时期总路线的精神，总结新中国成立以来卫生工作的成绩、经验和教训，要求更加努力地培养卫生工作干部，坚持不懈地把爱国卫生运动和预防流行性疾病的工作开展下去。这也反映了卫生工作人员和干部在全国卫生工作中的重要性。

毛泽东同志对于医务人员作出明确指示是在1965年，当时卫生部部长钱信忠向毛泽东同志汇报工作，讲到全国医务人员分布情况时说：“全国现有140多万名卫生技术人员，其中70%在大城市，20%在县城，只有10%在农村；高级医务人员80%在城市……”毛泽东同志听到这组数字，严肃认真地指示，应该把医疗卫生工作的重点放到农村去！培养一大批‘农村养得起’的医生，由他们来为农民看病服务。普及农村医疗卫生的工作在全国迅速展开，同时卫生部着手组织对农村有文化的青年进行医学培训。其中，上海市动手较早，培养了王桂珍、黄钰祥等全心全意为人民服务的村医，他们深受农民欢迎，被称为“赤脚医生”。“赤脚医生”制度在国际上也产生了积极的效应，成为发展中国家推动卫生事业发展的重要人力资源政策，通过适宜人力的培养和使用，快速地转变了农村和边远地区缺医少药的局面，产生了积极而巨大的健康效益和社会效益。

（二）改革开放以来的医疗卫生事业和卫生人力的发展

1979—1997年，针对当时社会事业“投入不足、效率低下、水平不高”等问题，从宏观层面提出了“国家、集体、个人一起上”的思路，以激活微观机制为重点，改革工资分配制度，充分调动了医务人员工作积极性。在政府投入有限的条件下，通过政策引导，提高医院管理自主化程度，运用经济机制和杠杆，充分调动医疗机构和医务人员的能动性。这些政策比较突出地反映了发展的意图，核心是调动组织和医务人员的积极性。1997年确立新的卫生工作方针“以农村为重点，预防为主，中西医并重，依靠科技与教育，动员全社会参与，为人民健康服务，为社会主义现代化建设服务”，很大程度上回应和满足了人民群众快速增长的医疗卫生服务需求。

1998—2012年，通过发展基本医疗保障制度，建立社会化的医疗费用分担机制，保障人民有能力享受现代医学的发展成果。总的来看，三级网的宏观资源配置机制，多劳多得、优劳优得的分配机制，以及费用分担的医疗保险制度，构成了我国医疗卫生事业的基础。2009年，在总结抗击“非典”（严重急性呼吸综合征）疫情实践的基础上，为进一步解决人民群众看病就医问题，我国启动了新一轮医药卫生体制改革，明确提出要把基本医疗卫生制度作为公共产品向全民提供，确立了人人享有基本医疗卫生服务的目标。

党的十八大以来，以习近平同志为核心的党中央把全民健康作为全面小康的重要基础，强调把健康放在优先发展的战略地位，确定了新时代党的卫生健康工作方针，提出“实施健康中国战略”，将深化医改纳入全面深化改革统筹谋划、全面推进。2016年，习近平总书记出席全国卫生与健康大会并发表重要讲话，从实现中华民族伟大复兴中国梦的战略高度，深刻回答了事关卫生与健康事业改革发展的一系列根本性问题，发出了建设健康中国的号召，明确新形势下我国卫生与健康工作方针是“以基层为重点，以改革创新为动力，预防为主，中西医并重，把健康融入所有政策，人民共建共享”，同时对深化医改作出系统部署，要求着力推进基本医疗卫生制度建设。在新的形势下，医院人力资源管理迎来了新的挑战和更好、更快、更高质量发展的契机。

第三节　医院人力资源管理现状与发展趋势

一、我国医院人力资源管理的现状

医院人力资源是我国卫生人力资源的重要组成部分，2020年我国各类医疗卫生机构人员总数1300余万人，其中医院卫生人员有800余万人，占卫生人员总数的六成以上。医院人力资源的数量、质量、结构、状态等能否满足医院发展所需，将直接决定医院的诊疗水平、服务能力、医院声誉以及医院可持续发展的能力。本部分将从医院人力资源的数量、结构、分布和效率等方面，对我国医院人力资源的现状进行概述。

（一）我国卫生人力资源的数量情况

2000—2020年，我国卫生人员数量翻了一番，由2000年的5 591 026人增加至2020年的13 474 992人，并且每年约以4.51%的趋势增长。我国医院卫生人员数量同样保持逐年上升趋势，由2000年的3 115 869人增加至2020年的8 111 981人，其数量每年约以4.94%的幅度增长。我国医院卫生人员占卫生人员比重变化存在小幅波动，但近年来同样保持逐年上升趋势，详见表1-2。

表1-2　2000—2020年我国卫生人员的数量变化情况[1]

年份	卫生人员数量（人）	医院卫生人员数量（人）	医院卫生人员占卫生人员比例（%）
2000	5 591 026	3 115 869	55.73
2005	5 426 851	3 182 432	58.64
2010	8 207 502	4 227 374	51.51
2015	10 693 881	6 132 793	57.35
2016	11 172 945	6 542 137	58.55
2017	11 748 972	6 976 524	59.38

续 表

年份	卫生人员数量（人）	医院卫生人员数量（人）	医院卫生人员占卫生人员比例（%）
2018	12 300 325	7 375 273	59.96
2019	12 928 335	7 782 171	60.19
2020	13 474 992	8 111 981	60.20
复合增长率（%）[2]	4.28	4.68	0.39

注：1. 从2002年起，卫生人员数不包括高中等医学院校本部、药检机构、国境卫生检疫所和非卫生部门举办的计划生育指导站（中心）人员数。

2. 复合增长率（compound annual growth rate，CAGR）：是指卫生人员数量或占比在某一特定时期内的年均增长率。CAGR=（2020年卫生人员数量或占比/2000年卫生人员数量或占比）(1/年数）–1。

（二）我国医院人力资源的构成情况

1. 2020年我国医院人力资源的构成 卫生人力资源一般分为卫生技术人员（包括执业（助理）医师、注册护士、药师（士）、技师（士）等）、其他技术人员、管理人员、工勤技能人员四大类，而其中以卫生技术人员占大多数。就我国医院卫生人力资源而言，2020年医院卫生技术人员共6 774 764人，占医院卫生人员的八成以上，其男女比约为1∶2.9，年龄集中在25~34岁，学历多为大专或大学本科；医院其他技术人员共334 591人，其男女比约为1∶1.5，年龄集中在25~44岁，学历多为大专或大学本科；医院管理人员385 352人，其男女比约为1∶1.4，年龄均匀分布于25~54岁，学历多为大专或大学本科；医院工勤技能人员617 274人。

医院卫生技术人员是医院人力资源的主体，是完成医疗任务的核心力量。2020年医院执业（助理）医师2 282 574人，占医院卫生技术人员的三成左右，其男女比约为1∶0.9，年龄多分布在35~44岁，学历多为大学本科；医院注册护士3 388 445人，占医院卫生技术人员的五成左右，其男女比约为1∶28.4，年龄集中在25~34岁，学历多为大专；医院药师（士）315 091人，其男女比约为1∶2.2，年龄多分布在25~34岁，学历多为大专；医院技师（士）358 597人，其男女比约为1∶1.5，年龄集中在25~34岁，学历多为大专；其他包括见习医师在内的人员430 057人，其人群特征不再赘述。

2. 2000—2020年我国医院人力资源的数量及构成变化

（1）医院卫生人员：2005—2020年，我国医院四大类卫生人员绝对数量呈逐年上升趋势。如卫生技术人员由2005年的2 535 854人增加至2020年的6 774 764人，其数量每年约以6.77%的幅度增长；其他技术人员由2005年的136 018人增加至2020年的334 591人，其数量每年约以6.18%的幅度增长；管理人员由2005年的205 374人增加至2020年的385 352人，其数量每年约以4.28%的幅度增长；工勤技能人员由2005年的305 186人增加至2020年的617 274人，其数量每年约以4.81%的幅度增长。

就医院卫生人员数量占比而言，卫生技术人员的比重逐年上升，其他技术人员在2005年占比最高，自2010年起呈波动上升趋势，管理人员、工勤技能人员的比重逐年下降，详见表1-3。

表1-3　2000—2020年我国医院卫生人员的数量及构成变化情况

年份	医院卫生人员							
	卫生技术人员		其他技术人员		管理人员		工勤技能人员	
	数量（人）	占比（%）	数量（人）	占比（%）	数量（人）	占比（%）	数量（人）	占比（%）
2000	—	—	—	—	—	—	—	—
2005	2 535 854	79.68	136 018	4.27	205 374	6.45	305 186	9.59
2010	3 438 394	81.34	166 528	3.94	243 421	5.76	379 031	8.97
2015	5 071 151	82.69	243 190	3.97	305 064	4.97	513 388	8.37
2016	5 415 066	82.77	267 460	4.09	320 158	4.89	539 453	8.25
2017	5 784 712	82.92	283 864	4.07	345 536	4.95	562 412	8.06
2018	6 129 201	83.10	300 986	4.08	361 216	4.90	583 870	7.92
2019	6 487 497	83.36	320 600	4.12	373 120	4.79	600 954	7.72
2020	6 774 764	83.52	334 591	4.12	385 352	4.75	617 274	7.61
复合增长率（%）	6.77	0.31	6.18	−0.24	4.28	−2.02	4.81	−1.53

（2）医院卫生技术人员：2005—2020年我国医院卫生技术人员的绝对数量，除其他类卫生技术人员外均呈逐年上升趋势，执业（助理）医师由2005年的1 003 952人增加至2020年的2 282 574人，其数量每年约以5.63%的幅度增长；注册护士由2005年的978 397人增加至2020年的3 388 445人，其数量每年约以8.63%的幅度增长；药师（士）由2005年的203 899人增加至2020年的315 091人，其数量每年约以2.94%的幅度增长；技师（士）由2005年的115 829人增加至2020年的358 597人，其数量每年约以7.82%的幅度增长。

就医院卫生技术人员数量占比而言，注册护士、技师（士）的比重整体呈上升趋势，执业（助理）医师、药师（士）和其他类卫生技术人员的比重整体呈下降趋势。值得注意的是，我国医院医护比，即1:[注册护士/执业（助理）医师]由2005年的1:0.97上升至2020年的1:1.48，医护比倒置的局面得以扭转，详见表1-4。

表1-4 2000—2020年我国医院卫生技术人员的构成变化情况

年份	医院卫生技术人员									
	执业（助理）医师		注册护士		药师（士）		技师（士）		其他	
	数量（人）	占比（%）	数量（人）	占比（%）	数量（人）	占比（%）	数量（人）	占比（%）	数量（人）	占比（%）
2000	—	—	—	—	—	—	—	—	—	—
2005[1]	1 003 952	39.59	978 397	38.58	203 899	8.04	115 829	4.57	233 777	9.22
2010	1 260 892	36.67	1 468 754	42.72	210 693	6.13	206 469	6.00	291 586	8.48
2015	1 692 766	33.38	2 407 632	47.48	266 443	5.25	273 910	5.40	430 400	8.49
2016	1 803 462	33.30	2 613 367	48.26	278 730	5.15	291 553	5.38	427 954	7.90
2017	1 932 530	33.41	2 822 446	48.79	287 837	4.98	310 191	5.36	431 708	7.46
2018	2 053 527	33.50	3 020 813	49.29	297 638	4.86	326 174	5.32	431 049	7.03
2019	2 174 264	33.51	3 237 987	49.91	307 570	4.74	344 461	5.31	423 215	6.52
2020	2 282 574	33.69	3 388 445	50.02	315 091	4.65	358 597	5.29	430 057	6.35
复合增长率（%）	5.63	−1.07	8.63	1.75	2.94	−3.58	7.82	0.98	4.15	−2.46

注：1.2005年技师（士）仅包括检验人员。

（三）我国医院人力资源的分布情况

1. 2020年我国医院人力资源分布情况 2020年我国医院卫生人员分布整体呈现城市高于农村，东部高于中部，中部高于西部，公立医院高于民营医院，政府办医院高于个人办医院，个人办医院高于社会办医院，非营利性医院高于营利性医院，三级医院高于二级医院，二级医院高于一级医院的态势。从城乡分布来看，城市医院卫生人员数约占全国医院总人数的62.99%，农村医院卫生人员数约占全国医院总人数的37.01%；从地区分布来看，东部医院卫生人员数约占全国医院卫生人员总数的43.80%，中西部医院卫生人员数共约占全国医院卫生人员总数的56.19%，中西部地区医院卫生人员数整体相差不大，中部略多于西部；从医院注册类型来看，我国医院卫生人员大多集中于公立医院，约占全国医院卫生人员数的76.59%，民营医院卫生人员数约占全国医院卫生人员数的23.41%；从主办单位来看，医院卫生人员集中于政府办医院，占总人数的72.21%，社会办和个人办医院卫生人员数占比相差不大，分别为13.42%和14.37%；从管理类别来看，我国医院人力资源集中于非营利性医院，约占86.06%，营利性医院约占13.94%；从医院等级来看，三级医院卫生人员数约占我国医院卫生人员数的46.69%，二级医院约占我国医院人员数的36.32%，一级医院约占我国医院人员数的7.51%。

2. 2010—2020年我国医院人力资源分布变化情况　就城乡分布而言，城市医院卫生人员数由2 660 540增长至51 095 32，农村医院卫生人员数由1 566 834增长至3 002 449，年均增长率分别为6.74%和6.72%，增长速度相差不大，分布情况未出现大的变化。

就地区分布而言，西部地区医院卫生人员数增速最快，为8.11%，卫生人员由1 021 257增长至2 226 838，中部地区次之，年均增速为6.35%，卫生人员数由1 260 315增长至331 736，东部地区年均增长最慢，为6.21%，卫生人员数由1 945 802增长至3 553 407，地区医院卫生人员分布仍为东部最多，中部次之，西部最少。

就登记注册类型而言，公立医院卫生人员数由3 769 585增长至6 212 939，年均增速为5.12%，占比呈逐年下降趋势；民营医院卫生人员数由457 789增长至1 899 042，年均增速为15.29%，占比呈逐年增长态势，卫生人员分布以公立医院为主。

就主办单位而言，个人办医院卫生人员数由290 764增长至1 165 658，年均增速最快，为14.90%；社会办医院次之，卫生人员数由608 874增长至1 088 506，年均增速为5.98%；政府办医院卫生人员数由3 327 736增长至5 857 817，年均增速最慢，为5.82%。2017年个人办医院卫生人员数量和占比超过社会办医院卫生人员数量和占比，医院卫生人员仍主要集中于政府办医院。

就管理类别而言，营利性医院年均增长率较快，为14.51%，卫生人员由291 674增长至1 131 127，非营利性医院年均增长率为5.90%，卫生人员由3 935 700增长至6 980 854，营利性医院卫生人员占比逐年增加，非营利性医院占比逐年下降，但我国卫生人员仍主要集中于非营利性医院，且两者数量差距较大。

就医院等级而言，三级医院卫生人员数年均增速最快，为10.72%，卫生人员数由1 426 470增长至3 949 604，且卫生人员数占比逐年增加；一级医院年均增速次之，为7.68%，卫生人员数由290 633增长至609 254；二级医院年均增速最慢，为3.96%，卫生人员数由1 997 354增长至2 946 042，详见表1-5、表1-6。

表1-5　2010—2020年医院卫生人员分布数（人）

医疗机构分类		2010年	2015年	2016年	2017年	2018年	2019年	2020年	复合增长率（%）
按城乡分	城市	2 660 540	3 860 948	4 142 231	4 435 375	4 671 453	4 900 143	5 109 532	6.74
	农村	1 566 834	2 271 845	2 399 906	2 541 149	2 703 820	2 882 028	3 002 449	6.72
按地区分	东部	1 945 802	2 750 046	2 917 224	3 097 992	3 265 863	3 421 356	3 553 407	6.21
	中部	1 260 315	1 765 305	1 879 707	1 989 120	2 104 244	2 221 018	2 331 736	6.35
	西部	1 021 257	1 617 442	1 745 206	1 889 412	2 005 166	2 139 797	2 226 838	8.11

续　表

医疗机构分类		2010年	2015年	2016年	2017年	2018年	2019年	2020年	复合增长率（%）
按登记注册类型分	公立医院	3 769 585	5 101 595	5 339 525	5 548 735	5 748 267	6 001 557	6 212 939	5.12
	民营医院	457 789	1 031 198	1 202 612	1 427 789	1 627 006	1 780 614	1 899 042	15.29
按主办单位分	政府办	3 327 736	4 676 210	4 926 462	5 168 909	5 379 556	5 645 715	5 857 817	5.82
	社会办	608 874	784 054	839 956	902 903	983 743	1 035 230	1 088 506	5.98
	个人办	290 764	672 529	775 719	904 712	1 011 974	1 101 226	1 165 658	14.90
按管理类别分	非营利性	3 935 700	5 553 305	5 870 019	6 170 412	6 452 948	6 745 050	6 980 854	5.90
	营利性	291 674	579 488	672 118	806 112	922 325	1 037 121	1 131 127	14.51
按医院等级分	三级医院	1 426 470	2 672 764	2 899 421	3 096 274	3 355 058	3 646 457	3 949 604	10.72
	二级医院	1 997 354	2 438 767	2 565 213	2 706 695	2 790 244	2 895 928	2 946 042	3.96
	一级医院	290 633	458 095	486 170	529 541	555 837	576 421	609 254	7.68

表1-6　2010—2020年医院卫生人员分布构成占比（%）

医疗机构分类		2010年	2015年	2016年	2017年	2018年	2019年	2020年	复合增长率
按城乡分	城市	62.94	62.96	63.32	63.58	63.34	62.97	62.99	0.01
	农村	37.06	37.04	36.68	36.42	36.66	37.03	37.01	−0.01
按地区分	东部	46.03	44.84	44.59	44.41	44.28	43.96	43.80	−0.50
	中部	29.81	28.78	28.73	28.51	28.53	28.54	28.74	−0.36
	西部	24.16	26.37	26.68	27.08	27.19	27.50	27.45	1.28
按登记注册类型分	公立医院	89.17	83.19	81.62	79.53	77.94	77.12	76.59	−1.51
	民营医院	10.83	16.81	18.38	20.47	22.06	22.88	23.41	8.01
按主办单位分	政府办	78.72	76.24	75.30	74.09	72.94	72.55	72.21	−0.86
	社会办	14.40	12.78	12.84	12.94	13.34	13.30	13.42	−0.70
	个人办	6.88	10.97	11.86	12.97	13.72	14.15	14.37	7.64
按管理类别分	非营利性	93.10	90.55	89.73	88.45	87.49	86.67	86.06	−0.78
	营利性	6.90	9.45	10.27	11.55	12.51	13.33	13.94	7.29
按医院等级分	三级医院	33.74	43.58	44.32	44.38	45.49	46.86	48.69	3.74
	二级医院	47.25	39.77	39.21	38.80	37.83	37.21	36.32	−2.60
	一级医院	6.88	7.47	7.43	7.59	7.54	7.41	7.51	0.88

（四）我国医院服务提供情况

1. 2005—2020年我国医院收入与支出 2005—2020年我国医院总体收入水平均略高于总体支出水平，基本实现收支平衡且收支均呈逐年递增趋势。在收入方面，我国医院总收入由2005年的42 382 936万元增加至2020年的368 703 016万元，翻了近三番，每年约以15.51%的幅度增长；我国医院医疗收入/事业收入由2005年的38 333 756万元增加至2020年的304 588 293万元，每年约以14.82%的幅度增长。在支出方面，我国医院总费用/总支出由2005年的40 925 762万元增加至2020年的344 467 905万元，同样翻了近三番，每年约以15.26%的幅度增长，其中，医院人员经费由2005年的10 336 190万元增加至2020年的123 401 846万元，每年约以17.98%的幅度增长，人员经费增幅高于总费用/总支出增幅，人员经费占总支出的比例整体呈上升趋势，2020年较2019年略有下降，详见表1-7。

表1-7 2005—2020年我国医院收入与支出

年份	收入（万元）		支出（万元）		人员经费占总支出比例（%）
	总收入	医疗收入/事业收入	总费用/总支出	人员经费	
2005	42 382 936	38 333 756	40 925 762	10 336 190	25.3
2010	102 841 585	94 337 381	98 354 871	23 551 261	23.9
2015	228 788 642	204 503 271	221 271 086	67 113 122	30.3
2016	257 843 221	230 236 088	249 678 204	78 185 509	31.3
2017	286 598 900	255 700 357	279 013 067	91 462 651	32.8
2018	318 898 782	283 451 373	310 435 779	104 687 851	33.7
2019	359 675 961	321 014 376	342 749 115	124 643 740	36.4
2020	368 703 016	304 588 293	344 467 905	123 401 846	35.8
复合增长率（%）	15.51	14.82	15.26	17.98	2.34

2. 2000—2020年我国医院总体工作效率 2000—2020年我国医院医师日均担负诊疗人次及住院床日均呈先上升后下降趋势，诊疗人次由2000年的3.35人次先上升至2015年的7.30人次，后又缓慢下降至2020年的5.90人次左右，年复合增长率为2.87%，住院床日由2005年的1.60日先上升至2015年的2.60日，后又缓慢下降至2020年的

2.20日，年复合增长率为2.15%；医院病床周转次数由2000年的17.30次上升至2019年的32.33次，2020年又下降至26.98次，每年约以2.25%的幅度增长；医院病床工作日由2005年的256.60日先上升至2015年的316.50日，后又缓慢下降至2019年的305.00日，2020年回落至263.90日，年复合增长率为0.19%；医院病床使用率由2000年的60.60%先上升至2010年的86.70%，后又缓慢下降至2020年的72.30%，年复合增长率为0.89%；患者平均住院日由2000年的12.20日下降至2019年的9.10日，2020年有少许回升，年复合增长率为-1.24%，详见表1-8。

表1-8　2015—2019年我国医院工作效率[1]

年份	医师日均担负		病床周转次数	病床工作日	病床使用率（%）	平均住院日
	诊疗人次	住院床日				
2000[2]	3.35	—	17.30	—	60.60	12.20
2005[3]	5.30	1.60	22.00	256.60	70.30	10.90
2010	6.40	2.20	29.00	316.50	86.70	10.50
2015	7.30	2.60	31.40	311.60	85.40	9.60
2016	7.30	2.60	32.00	311.30	85.30	9.40
2017	7.10	2.60	32.30	310.10	85.00	9.30
2018	7.00	2.50	32.20	307.40	84.20	9.30
2019	7.10	2.50	32.33	305.00	83.55	9.10
2020	5.90	2.20	26.98	263.90	72.30	9.50
复合增长率（%）	2.87	2.15	2.25	0.19	0.89	-1.24

注：1.2002年以前医院含妇幼保健院、专科疾病防治院数目，综合医院不含高校附属医院。2.2000年医师日均负担数据来自《2000年中国卫生统计提要》平均每一医师全年负担诊疗人次/365；病床周转次数数据来自《2000年中国卫生统计提要》各地区县及县以上医院病床使用情况；其余数据来自《2006年中国卫生统计年鉴》医院病床使用情况。3.2005年医师日均担负数据来自《2006年中国卫生统计年鉴》2005年各地区卫生部门医院医生人均担负工作量，较全部医院数据呈左偏态。

（五）我国医院人力资源管理存在的问题

1．管理制度不完善和管理机制不够灵活　当前人力资源管理制度关注员工的考勤、奖惩制度、工资分配、工作规则等方面，服务医院战略意图和“以人为本”的观念尚未充分确立和实现。一般将人力资源与日常人事管理混为一谈，缺少对人力资源体系的认识，没有深入研究和分析什么是人才、如何开发人的潜能、如何调动人的积极性和能动性、如何为医院中长期发展分析所需人才以及储备人才等。

2. 用人机制不尽合理 公立医院的事业单位属性，使得医院的人力资源管理产生了一定的惰性，在人才的选拔、流动和评估上，还存在着论资排辈、制度障碍、“唯论文、唯帽子、唯职称、唯学历、唯奖项”等现象，使得部分有才华、有潜力的人才得不到重视和晋升。部分公立医院的管理层老化严重，员工的积极性受到限制。而民营医院的用人机制又有另一些特征，此处不再赘述。

3. 人力资源绩效考核难以实现 人力资源中的绩效考核工作是保证医院相关制度落实，提高工作效率的重要基础。但在实际工作中，绩效考核的工作也面临一些困难和挑战：其一，绩效考核的制度不够完善，考核指标不够细化，导致考核内容与实际工作并不相符，无法发挥绩效考核的作用，也失去了考核的实际意义；其二，由于考核体系不够健全，考核过程和考核方法都具有一定的主观性，合理性和规范性得不到保障；其三，由于医院的薪酬管理体系的原因，考核成绩无法与员工的切身利益挂钩，致使激励机制不完善，无法调动员工的积极性。

二、我国医院人力资源管理的发展趋势

全国医院人力资源的数量、结构、分布和部分服务结果指标的水平和变化趋势体现了我国医院人力资源发挥的作用、效能，也折射了人力资源宏观-微观管理的水平，在取得成绩的同时，也面临一些挑战。

医院人力资源管理更加注重以能力取才，以业绩评才。传统的人事管理将转向人力资源开发。由于人才资源在医院之间的竞争中具有决定性作用，人才流动更加频繁，人才择业自主权加大。员工成为医院的客户，医院与员工的关系是以劳动契约和心理契约为双重纽带的战略伙伴关系。人力资源管理要为医院战略目标的实现承担责任。沟通、共识，信任、承诺，尊重、自主，服务、支持，创新、学习，合作、支援，授权、赋能，将成为人力资源管理的新标准。

随着医院发展的网络化、多元化和全球化，未来医院人力资源管理在管理目标、机构职能、管理技术及对管理人员的要求等方面都会发生新的变化，基于医院发展战略的人力资源规划呈现以下发展趋势：一是超前性规划；二是系统性规划；三是动态性规划；四是个性化规划。注重以人为本更新理念要从观念上和体制上为人才创造一个更为宽松、更加充满活力的环境；充分地把各类人才聚集到医疗卫生事业中来；用人观念要开放，多吸引和使用人才。管理中，坚持“以人为本”的思想，用事业发展

凝聚人才、从精神上激励人才、用感情的关心和适当待遇留住人才。人力资源管理部门要从研究和预测、分析、制定计划着手。人力资源工作者要对医院存在的问题、发展方向、面临的挑战和机遇等有清醒的认识。人力资源规划的制定，应以医院总体的发展方向为指导，以远景规划目标为导向。

在积极推动公立医院高质量发展的过程中，公立医院发展方式应从规模扩张转向提质增效，运行模式从粗放管理转向精细化管理，资源配置从注重物质要素转向更加注重人才技术要素。首先，高质量发展亟需引领公立医院高质量发展新趋势，包括加强临床专科建设、推进医学技术创新、推进医疗服务模式和创新强化信息化支撑作用，这正是对医院人力资源管理提出的战略需求。其次，高质量发展迫切需要提升公立医院高质量发展新效能，如健全运营管理体系、加强全面预算管理、完善内部控制制度和健全绩效评价机制，这正是加强医院人力资源管理的内在动力。最后，高质量发展需要激活公立医院高质量发展新动力，核心环节是改革人事管理制度、改革薪酬分配制度、健全医务人员培养评价制度，这是医院人力资源管理实践的使命与责任的核心要义。

三、全球医院人力资源管理的现状及发展趋势

关于全球医院人力资源管理的现状，通过相关主题的Medline检索，检出的文献十分有限。

一项包括了111篇发表文章的系统综述发现，从人力资源管理的角度来看，大多数研究都研究了人力资源管理综合包，这些综合包分为赋能增强、技能提升和动机提升等类型。激励强化实践是最常被研究的，其次是技能提升实践和赋能提升实践。很少有研究集中于单一的人力资源管理实践，而培训和教育是研究最多的单一实践。从绩效的角度来看，综述显示，员工的结果和组织的结果经常是相互关联的研究，而团队结果和患者结果的研究明显较少。大多数研究报告了人力资源管理以某种方式积极影响绩效的干预措施，并发现具体的结果改进可以通过不同的人力资源管理干预来实现，相反，类似的人力资源管理干预也可以实现不同的结果测量。

另一项包括了73篇文章的系统综述重点阐述了管理和医学在医院场景中的共存问题，描述性主题包括三方面的转变，从医疗保护主义到通过医学进行管理，从指挥和控制到参与式的领导实践，组织实践形成从偶然到自愿的领导者。作者提出了一个描述领导力管理的良性循环和恶性循环。

医院人力资源管理文献的现状反映了相关的研究还有待探索和加强，也要进行广

泛的交流合作。

从世界卫生组织的相关网站来看，全球卫生人力资源管理更聚焦在发展中国家的人力资源保障方面。2014年5月，第六十七届世界卫生大会通过WHA67.24号决议——《累西腓卫生人力资源政治宣言的后续事宜：继续对全民健康覆盖作出承诺》，并继续跟踪观察各国情况。在该决议第4（2）段中，成员国要求世界卫生组织总干事制定并提交一份新的全球卫生人力资源战略，供第六十九届世界卫生大会审议。

世界卫生组织于2016年发布了《卫生人力资源全球策略：人力2030报告》，确定了四个明确目标：优化卫生人力以加速全民健康覆盖和可持续发展目标的进程；理解和为卫生体系的将来需要做好准备，驾驭卫生人力市场的增长需求，创造更多工作机会和经济发展；构建机构能力以执行工作计划；完善卫生人力资源的数据系统，以监控和保证国家策略和全球策略实施。

报告中重申卫生系统功能发挥的程度和卫生人力密切相关，实现全民健康的有效覆盖必须依靠人力资源的可得性、可及性、可接受性和质量（图1-1）。单纯的人力资源的可得性不足以解决医疗服务体系的问题，还需要人力资源的公平分布和可及、必要能力、有效激励、自我赋能等，以保证提供服务的适宜、质量、效率和可接受程度等。卫生人力是卫生系统功能发展的核心力量，尤其是在卫生体系和社区的适应性和恢复力方面。

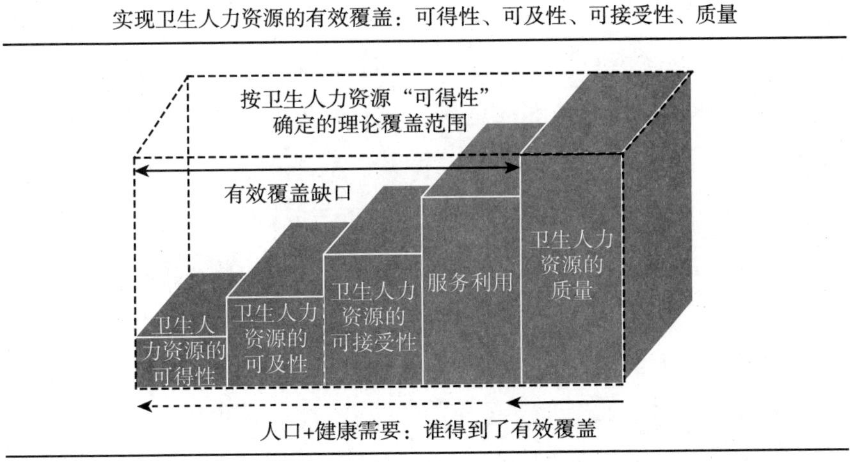

图1-1 卫生人力资源的有效覆盖示意

［引自：Campbell James，Buchan James，Cometto Giorgio，etc.Human resources for health and universal health coverage：fostering equity and effective coverage.［J］.Bulletin of the World Health Organization，2013，91（11）：853-863.］

案例讨论

【案例】身边的人都能看出来，张院长这几天有些心事。作为某市最大医院的院长，无论胆识还是魄力，他在圈内都颇有口碑。让他愁心的事情是最近一家民营医院要运营了。民营医院X，是由某民营集团投资10亿元人民币建立的一所大型综合性医院，拟设床位500张，距离张院长的中心医院只有2公里，将直接对中心医院形成竞争关系。

张院长所在的中心医院是当地最大的医疗机构，有床位800张，无论诊疗水平还是专家队伍都代表了当地的最高水平。自从张院长上任后，重点抓了学科和人才建设，医院上下团结一心，刚刚制定了医院5年发展规划，没想到有一天“狼”会真的来到自己身边。

其实，早在半年前，X医院就在当地开始了前期宣传，并举行了楼房的奠基仪式，当时市委市政府相关领导都出席了仪式。X医院的定位很明确，就是要建立一家大型综合性医院，凭借其资金优势，迅速集聚人气。

在奠基仪式过后没多久，X医院就打出人才招聘广告，条件之一是在三级医院工作。广告开出的条件也非常诱人，年薪至少是现有工资的3倍，而且还有住房等优厚条件。

私下里，张院长听说，X医院已经开始主动约中心医院的一些骨干技术人员谈话，据说开出的条件非常优厚，已经有个别人员开始动心了，造成了医院上下的人心不稳。

“我听说了一件事，但是没有证实真假，顺便给你说说。听说肝胆外科副主任A1和X医院谈好了，准备过去担任科主任呢。A1和科主任A2的资质、能力等都相差不多，两人由于各种问题矛盾公开化，走为上策。”

“听说儿科主任A3也有要走的意思，那边给他开的价位是年薪100万元，而且还提供住房一套。如果她走的话，我们儿科的人才梯队就会断档，很难再找到合适的人选了。”

尽管挑战很大，但是张院长也听到，“尽管X医院的攻势强烈，但是咱们医院是老医院，公立医院，社会信誉度很高，学科齐整，发展顺畅，人心向上。”

【讨论】如果您是张院长，如何迎接这一新的挑战，领导医院向高质量方向发展？

知识拓展

医院人力资源管理的理论与方法是丰富和庞杂的，图1-2试图勾勒出医院人力资源市场的供给与需求，从教育部门延申到医院或者卫生体系，其中还包括人力的移动和流失。围绕这人力资源的主线，社会经济等环境因素、相关的政策措施都对人才市场产生不同的影响，有教育培养的政策、应对劳动力流动的政策、促进合理分布和服务高效的政策，还有激励约束等人才绩效机制等，这些构成了丰富的医院人力资源管理体系。

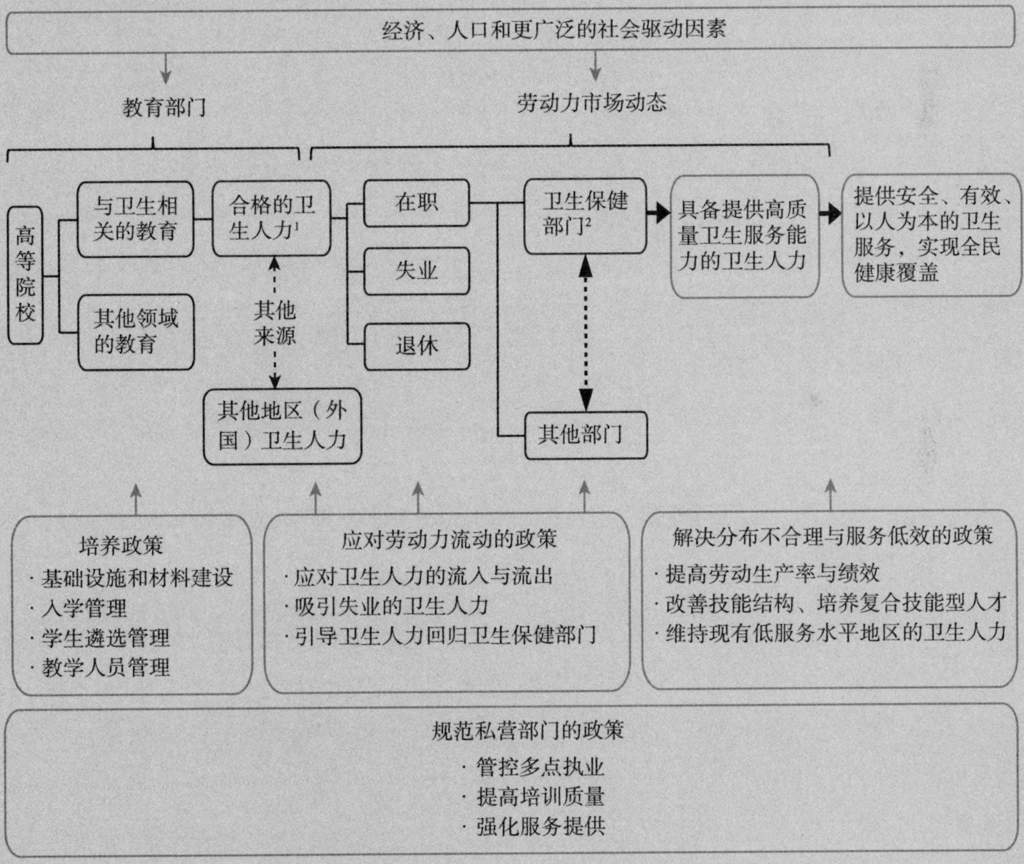

图1-2 影响卫生人力市场的政策杠杆

注：1. 卫生人力的供给＝愿意在卫生保健部门工作合格的卫生人力的数量；

2. 卫生人力的需求＝构成卫生保健部门的公共和私营机构所需卫生人力的数量。

［引自：Sousa Angelica，Scheffler Richard M，Nyoni Jennifer，etc. A comprehensive health labour market framework for universal health coverage.［J］. Bulletin of the World Health Organization，2013，91（11）：892-894.］

本章小结

本章介绍了人力资源、医院人力资源、人力资源管理和医院人力资源管理的基本概念与相关理论，分析了我国医院人力资源管理现状及国内外医院人力资源发展趋势，阐明了医院视角下人力资源管理的发展路径。医院人力资源管理是现代医院可持续发展的关键要素。新形势下，完善医院人力资源管理必将为实现公立医院高质量发展提供不竭动力。

（陈英耀）

第二章　人力资源管理的主要理论

学习目标

1. 掌握　经典激励理论的内容。
2. 熟悉　人力资源管理理论的发展脉络和主要概念。
3. 了解　人力资源相关理论在医院的应用。

第一节　人力资源管理理论发展历程

有关生产过程中“人”的地位与作用的理论认知，在管理学中经历过较长期的演化，其本质是对“人”，对“人性”认识的不断丰富、深入中逐步发展进阶的。

一、人事管理的早期发展阶段

（一）经验管理阶段

随着18世纪后半叶工业革命的兴起，工作性质和雇佣关系发生了根本性变化。机器化工厂的建立需要大量的人集中到工厂做工，因此，当时的管理面对的主要任务是如何吸引农业劳动力放弃原有的生产和生活方式来到工厂做工，然后将工业生产所需要的一些基本技能传授给他们，同时使他们能够适应工业文明的行为规则，从而最大限度地发挥劳动分工和生产协作所带来的巨大生产潜力。工厂开始面临着大量的劳工管理问题，这促使了雇佣劳动部门的出现。机器的使用产生了劳动分工，因此，劳工管理开始着眼于解决工厂内部劳动分工与协作的问题。同时，雇佣劳动的存在导致监工的出现，他们负责招工、分配工作、发放工资、监督工人的劳动生产，这意味着人事工作开始有专人管理。这一时期，“人”被视为“物质人”，每个工人都在特定的岗位上完成简单而重复的机械劳动，由于缺乏科学的管理理论，雇主通常凭借自己的经验来管理工厂和工人。

（二）劳工管理阶段

20世纪初期，人事工作主要围绕企业工人的工作进行，主要任务是让工人掌握科学的操作方法和技巧，强调加大劳动强度、提高劳动生产率。这个时期劳工管理工作的具体内容主要包括人员的招募、安置、岗前培训、工时记录、薪酬支付、离休等。在1910年，一家出版社成立了人事部，其职责是录用符合要求的员工，进行工作培训，整理并保存工作记录，每月为了解工作情况至少接见每个工人1次，安排工人就餐的食堂，照顾生病或出事故的工人，管理出版相关书籍的图书馆等。可见，当时的人事工作已经由经验管理向更加细化、专业化发展。

（三）人事管理初期阶段

在第一次世界大战和第二次世界大战之间，企业的规模不断扩大，人事工作逐渐成形，演变为由一位主要的人员负责招聘、甄选、培训等的工作模式，且随着企业中参与人事工作的人员逐渐增多，人事职能得到加强，使其在企业管理中的支持作用不断显现。虽然这一阶段的人事工作已开始强调人的价值，但它难以适应现代企业发展所需要的全面化、专业化要求。

二、劳动人事管理阶段与早期人事管理理论

（一）劳动人事管理阶段

19世纪末到20世纪初，人事管理正式进入企业的管理活动范畴，许多人力资源管理学者认为这一时期是现代人事管理的开端。在这一时期，人事管理主要围绕“工作”进行，管理者追求的是生产效用最大化，而很少关注员工的感受。例如，在人员招募环节，主要注重人对工作的适应性；制定薪酬分配的准则主要是依据工作的特征，员工工作的绩效评价标准取决于工作的需要等。在此阶段，组织规模的持续扩张对人事管理的发展起到很大的促进作用。例如，行业团体的劳资交涉明显转向公司层次，在转变过程中催生了劳资关系专家的出现。尽管这一阶段的人事管理拥有了相较之前更多的形式和内容，包括员工基础培训、工资管理分配和劳资关系咨询等，但仍局限在战术而非战略水平上。

（二）早期人事管理理论

早期理论界还没有出现专门的人事管理理论，相关见解和实践往往包含于普遍的管理思想中，如科学管理理论、社会关系理论等。

1. 科学管理理论 20世纪20年代，泰勒（Taylor）提出科学管理理论，认为科学管理的最终目的是谋求更高的劳动生产率，工作效率的提升会让管理者和员工实现双赢，即企业赢得更多利润并且工人获取更多薪酬。科学管理理论认为，工人是“经济

人”，任务管理法是最佳的人事管理办法，它可以使工人发挥最大限度的积极性，以此获得更高的回报。这在美国被广泛地接纳和采用，对人事管理产生了深远的影响，由此引发了现代人事管理理论和实践上的一次革命。

然而在科学管理理论中，员工仅仅被视为和机器设备一样的生产资源，并没有将员工在心理和社会方面的需求考虑在内。因此有不少员工会对工作产生不满情绪，影响了其激励效果的发挥。由于时代的局限性，科学管理及其相关理论存在不少目前看来不合理的部分。但是，它第一次将科学管理的观念引入人事管理中，揭示了人事管理与劳动生产力以及工作绩效之间的关系，说明通过有效的人事管理，可以提高员工的劳动生产力与工作绩效，进而提高企业绩效。

2. 霍桑实验和社会关系理论 1924—1932年，哈佛大学教授埃尔顿·梅奥（Elton Mayo）等人在霍桑工厂的管理实验中发现，除了物质因素，精神、非正式组织、人际关系等都会对工人的行为产生重要影响。霍桑实验的结果说明工人不是简单的“经济人”，不能单靠工资的提升来调动其积极性，认为个体的态度对其行为起决定性的作用，阐述了达成工作目标以及工人对团体满意度的重要性。霍桑实验也使人事管理从科学管理转向对人际社会关系的研究。不同于科学管理理论把“人”视为“经济人”，梅奥等人提出“社会人”的新理念，为人事管理提供了新的视角。社会心理因素广泛地存在于组织、社会发展过程中，员工士气的提升有利于提高劳动效率，非正式组织与正式组织的协调发展有利于企业前景目标的实现，和谐的人际关系和良好的企业环境可以提升员工的生产积极性。群体环境、领导风格和管理支持等工作环境会影响员工的情绪、态度和感情，而这些情感又会直接影响员工生产力的发挥。这一研究成果使人们对“人的属性”的认知得以拓展深化，由此社会关系理论在人事管理中被广泛应用，如强调对员工的关心与支持、增强员工和管理者间的沟通等新理念、新方法被许多企业的人事管理所采用。虽然社会关系理论为人力资源管理理论的发展提供了新的研究视域，但仅限于对个别企业和员工的简单研究，在生产过程中还存在许多复杂多变的行为特点需要进一步的分析。

3. 早期的组织行为学理论 社会关系理论是建立在过于简单的员工行为分析的基础上，强调组织需要理解员工的需要，从而支持满足员工需要以提高员工的满意度和生产力。而行为科学的研究发现，组织中员工的行为是复杂多样且多变的，不能仅仅认为组织中员工的行为方式就是人际关系。

组织行为学对人事管理理论以及后来的人力资源管理理论与实践的影响在20世纪六七十年代达到了顶峰，但在这之前的很长时间里，行为科学的产生与发展就对人事管理产生了一定的影响。行为科学研究的先驱明兹伯格（Mintzberg）于1913年出版《心理学与工作效率》一书，对影响个体、群体行为的因素进行研究，其研究成果推动了员工激励理论的发展。到20世纪50年代，这一时期产生了马斯洛（Maslow）的需要层次理论、麦格雷戈（McGregor）的X理论和Y理论以及赫茨伯格（Herzberg）的激励-保健因素理论。上述早期的这些激励理论虽然广为人知，但都没有充分的实证研究予以支持。不过它们还是提出了很多有价值的建议。进入20世纪70年代，组织行为学中的激励理论有了很大的发展，如ERG理论、麦克莱兰德的需要理论、认知评价理论、目标设置理论、强化理论、公平理论和期望理论等，且每一个理论都有相当确凿的支持性证据。因而它们对人事管理以及后来的人力资源管理的影响是多方面的，并且已经被广泛地应用到人力资源管理理论和实践中。

组织行为学通过对个体、群体以及组织在工作中不同行为的研究，说明它们是如何影响个体、群体的生产力水平以及产生绩效的。组织行为学的发展使人事管理中对个体的研究与管理扩展到了对群体和组织的整体性研究与管理，人事管理的实践也由此发生了很大的改变。

三、现代人力资源管理阶段与人力资源管理理论

（一）现代人力资源管理阶段

20世纪50年代以后，人事管理进入现代人力资源管理阶段，经历了档案管理、政府职能、组织职责和战略人力资源管理4个发展阶段。

1. 档案管理阶段 从人事管理出现到20世纪60年代为档案管理阶段。这个时期人事管理的主要工作内容是招聘录用、培训和人事档案管理。随着员工受到的关注程度的增加，企业会成立人事部门或安排专门的人员负责新员工的录用、岗前教育、人事档案的管理等工作。但是这一阶段缺乏对工作目标、性质的准确认识，也没有明晰的条理和制度。

2. 政府职能阶段 20世纪60年代后期和整个70年代为政府职能阶段，政府的介入和相关法律法规开始在各个方面影响雇佣关系。如美国颁布了《民权法》《种族歧视法》《退休法》等多部涉及公民雇佣的法律，企业如果违反相应法规则会承担巨大的经济损失。在这种政府强制规定的背景下，企业人事管理工作开始强调规范化、科学化和系统化，随之而来地涌现了一大批薪酬福利专家、劳工关系专家。

3. 组织职责阶段 20世纪70年代末到80年代为组织职责阶段，随着政府干预目标的调整以及心理学、社会学和行为科学在人事管理领域的发展，企业的管理者开始将人事管理视为自己的“组织职责”范畴。美国和欧洲的一些国家纷纷建立人力资源管理部门，人事部门更名为人力资源管理部，企业逐渐从强调对物的管理转向注重对人的管理。

4. 战略人力资源管理阶段 20世纪80年代至今，企业开始从战略的角度考虑人力资源管理问题。科学技术的迅速发展和信息时代的到来赋予了人事管理变革新的抓手并提出了进一步的要求。人力资源管理的重要性上升到了企业战略的高度，企业需

要在企业战略中包含招聘、培训、激励等人事工作。人力资源管理除了承担传统的辅助性职能，还会在企业战略的层面上影响企业的长远发展。1954年，彼得·德鲁克（Peter F. Druck）在《管理实践》一书首先提出了人本管理的思想，指出:“人的资源是唯一能够扩大的资源。”由此，现代人力资源管理应运而生。

（二）“人力资源”概念的提出与形成

“人力资源”一词最早由管理学家德鲁克提出，他还明确了管理的三个广泛性职能，即企业管理、经理人员管理和员工及其工作管理。在讨论员工及其工作的管理时，德鲁克引入了“人力资源”这一概念。他指出，人力资源是管理者必须考虑的具有“特殊资产”的资源。德鲁克认为人力资源拥有其他生产资源所没有的特质，即“协调能力、融合能力、判断力和想象力”。管理者可以利用其他资源，但是人力资源只能自我利用，即“人对自己是否工作，绝对拥有完全的自主权”。

在德鲁克提出“人力资源”的概念以后，怀特·巴克（Wight Bakke）在1958年出版的《人力资源功能》中详细阐述了有关管理人力资源的问题。他认为人力资源的管理职能与会计、金融、营销等管理职能一样，对于组织的成功来讲是同样重要的。根据巴克的观点，人力资源管理的职能包括人事行政管理、劳工关系、人际关系以及行政人员的开发等各方面。德鲁克和巴克的人力资源管理理论都强调员工是有价值的资源，并且都说明了管理活动需要建立在这一基础之上。

德鲁克和巴克关于人力资源管理的早期理论，使得人事管理开始向人力资源管理进行转变。虽然早期的人力资源管理理论仅仅从人事管理职能和管理活动的变化来阐述人力资源管理，但它毕竟将人事管理理论推到了一个全新的发展阶段——人力资源管理。

（三）人力资源管理理论的发展

从20世纪70年代中后期到80年代早期，人力资源管理理论主要集中在讨论人力资源管理活动如何有效地实施，通过对员工心理和行为的分析来确定对员工生产力和工作满意度产生影响的因素，从而促使企业更加关注员工的身体和心理状态。

20世纪80年代以后，人力资源管理在组织中的地位不断提高，员工被视为组织最重要的资源，企业开始注重员工的合理使用与长期开发，开始强调“以人为本”的管理理念，并不断改善管理方法，使其同时具备科学化和人性化。这一时期比尔（Beer）等人于1984年在《管理人力资本》中提出了在当时比较有影响力的人力资源管理理论。他们认为人力资源管理综合了组织行为学、劳工关系学以及人事行政管理等学科的特点，并重点研究了人力资源管理政策选择的四个方面，即员工影响、人力资源流动、报酬制度和工作关系。

比尔等人认为，影响人力资源管理政策的因素主要是具体情况要素和利益相关者的利益。其中，具体情况要素包括劳动力特征、经营战略和条件、管理层观念等；利益相关者包括股东、管理层、员工群体、政府等。人力资源管理政策的选择不仅影响组织的产出，而且对个人福利、组织有效性和社会福利都有长远的影响。相对应的，远期的效果也会影响具体情况要素和利益相关者的利益。该理论主要强调组织在战略计划中的目标一致性，以加强不同政策之间的联系，从而形成一个紧密团结的整体。

（四）当代人力资源管理理论——战略人力资源管理

在20世纪末，人力资源管理理论中最重要的变化是把人力资源看成组织的战略贡献者。如今人力资源管理已经从行政管理、事务管理向战略管理方向发展。对于此处“战略”的内涵，一些学者认为“战略”是指人力资源管理实践与组织绩效之间的关系或适应性，查德威克（Chadwick）和卡佩利（Cappelli）在1999年把战略人力资源管理中的“战略”定义为“人力资源管理实践和政策与组织输出之间的关系”。

战略人力资源管理有三种较为普遍的研究方法：第一种方法是把战略简单地看作人力资源管理和组织财务绩效之间的关系加以研究；第二种方法是在组织的竞争环境中考虑组织的战略选择以及这些选择对组织人力资源管理实践的影响；第三种方法是通过研究确定战略和人力资源管理实践和政策之间的适应性，这种适应性包括战略的适应性、实践中的一致性和相似性等。

战略人力资源管理从企业人力资源的选择开发、职能分配、培养激励等方面建立了科学的管理体系，通过提升企业员工的技能、积极性和资源的合理分配，最大限度地满足了企业发展的战略性需求。要想人力资源在企业中得到充分的发挥，管理者需要全面分析企业的战略目标并了解人力资源的管理理论与经典的实践案例，做好与战略目标一致的企业人力资源发展方案，进而增强企业内部的管理水平，提升企业在市场经济下的核心竞争力。

知识拓展

战略人力资源管理（strategic human resources management，SHRM）的概念诞生于20世纪80年代一篇名为《人力资源管理：一个战略观点》的文章。按怀特和麦克马汉（Wright & McMahan）的观点，战略人力资源管理是为组织能够实现目标所进行和采取的一系列有计划、具有战略性意义的人力资源部署和管理行为。它定位于在支持组织的战略中人力资源管理的作用和职能，着重强调了人力资源管理活动对组织绩效的重要性。其理论依据包括资源基础理论、角色行为理论和一般系统理论等。

第二节 人力资本理论

一、人力资本的概念与内涵

（一）人力资本的概念

关于人力资本的概念，由于涉及多个学科类别，并没有统一的说法。概括来说，人力资本是指凝聚在劳动者身上的知识、技能及其所表现出来的能力。这种能力是生产增长的主要因素，它是具有经济价值的一种资本。这种能力是通过对教育、培训、实践经验、迁移、保健等方面的投资而获得的，亦称“非物力资本”。通常，可从个体、群体两个视角对人力资本进行分析。从个体角度分析，人力资本是指存在于人体之中、后天获得的具有经济价值的知识、技术、能力和健康等质量因素之和；从群体角度分析，人力资本是指存在于一个国家或地区人口群体每一个体之中，后天获得的具有经济价值的知识、技术、能力及健康等质量因素之和。

在两三百年前，已经有许多经济学家对于人力资本思想方面进行了阐述，但直到1935年，人力资本的概念才首次被美国的沃尔什（J.R.Walsh）提出。到了20世纪60年代，西奥多·舒尔茨（Theodore W.Schultz）系统地提出了人力资本理论。

最早的人力资本思想可以追溯到古希腊思想家柏拉图（Plato）的《理想国》一书。他在著作《理想国》中阐明了教育和训练对人的重要作用，也间接说明了人力资本的经济意义。17世纪，英国古典政治经济学创始人威廉·配第（William Petty），将战争中军械物质的损失与人类生命的损失进行比较，这也是早期人力资本的思想萌芽的体现。1776年，亚当·斯密（Adam Smith）在其《国富论》中把“人力资本”这一术语也纳入固定资本的定义当中。人们通过教育这种投入形式所获得的知识技能是固化在学习者身上的资本，这些知识技能是其个人财产的一部分，与便利和节省劳动的机器一样，是社会上的固定资本。学习，获取知识、技术、能力的时候，固然要花一笔费用，但这种开支在日后可以得到超额的偿还，从而赚取利润。德国历史学派的先驱弗里德里希·李斯特（Friedrich List）在其《政治经济学的国民体系》（1841年）中研究了教育对经济发展的作用，并区分了“物质资本”和“精神资本”两个重要概念，这里“精神资本”与当代的人力资本概念就十分接近。此外，新古典经济学的主要代表人物之一马歇尔（Marshall）很重视对于教育的投资。马歇尔在其1890年出版的《经济学原理》中论述了教育对劳动质量的提升和经济的增长起到重要作用，认为对人的投资既能够提高劳动者的劳动能力，又能带给劳动者劳动机会，同时也强调了家庭和国家在人力资本投资中所发挥的作用。最终，沃尔什在1935年发表的《人力资本观》（*Capital Concept Applied to Man*）中，首次明确提出了人力资本的概念。后来，人力资本的概念又随着舒尔茨对人力资本相关理论进行的系统的阐述而得到了进一步的发展。

提到人力资本，随之会想到与其相对应的物力资本。物力资本指的是体现在物质产品上的资本，而人力资本是指对人投资从而形成的资本，亦称“非物力资本”。通过二者的对比，可以对人力资本的内涵有更为深刻的认识。

人力资本与物力资本既相互区别又有所联系。对于二者的区别主要有以下三点：第一，物力资本的所有权可被转让或继承，而人力资本的所有权却不可被转让或继承；第二，人力资本具有一些独特的特点，如稀缺性、高效性、可变性等，而物力资本不具备这些特点；第三、人力资本和物力资本的载体不同。对于两者之间的联系有以下四点：第一，两者作用的结果都会使个人收入得以增加；第二，都是通过投资实现的；第三，均具有资本的性质，能带来利润；第四，在一定条件下能相互补充或替代。

知识拓展

表2-1　人力资源与人力资本的比较分析

项目	人力资本	人力资源
定义	侧重于质量	侧重于数量
属性	已经开发，注重开发与配置的过程	自然资源、有待开发
衡量方式	个人或人群的生产能力或收入水平	全体人口或社会劳动者人数
内涵	概念较为丰富	概念较为基础
	反映投资、资源配置、投资决策等	不反映投资、资源配置、投资决策等
	反映人的知识、技能和能力等质量因素的稀缺性	不反映人的知识、技能和能力等质量因素的稀缺性
	反映市场供求关系	不反映市场供求关系
	偏重于从企业、组织角度去看相关知识和能力	偏重于从人本身去看相关知识和能力
共性与联系	以人为基础，研究人的体力和脑力	
	均对社会和经济有推动作用	
	“人力资源”开发以“人力资本”为基础，“人力资本”作用发挥需要“人力资源”有效管理	

（二）人力资本的本质

虽然对人力资本的概念界定没有统一的说法，但是其核心内涵是一致的：其一，人力资本是资本的一种，能够创造利润，带来剩余价值。资本的核心是增值，即使资本所有者和使用者获利。其二，人力资本的形成需要投入，这种投入可以是多样的。对于人力资本的主要投入内容是教育资本，知识与技术资本，健康资本，迁移、流动资本以及培训资本。这些投资可看成对于人口质量的投资。通过这种投资也就形成了外生性人力资本。其三，人力资本的核心是“智力”。人力资本内容是多方面的，但是智力是核心要素。这里的“智力”是指知识、技术、见识、创新力等，是可以通过教育投资提升的。其四，人力资本存在于人体之中，与其承载者密不可分。人力资本的载体是人，所谓的知识、技能等都要依附于人，这是人力资本与其他任何形式资本相比最本质的区别。其五，人力资本既是一种经济资源，也是社会资源，会给文化、社会等方面带来变化。

（三）人力资本的性质

1. 生产性　人力资本是生产过程中不可或缺的生产要素之一，是一种重要的经济资源。尤其在现代经济中，人力资本显现出的作用远大于物质资本。因此，人力资本的生产性是人力资本最基本的性质。

2. 稀缺性　无论是在何等条件下，一个人所能获得的人力资本及其维持的时间都是有限的。另外，因为形成人力资本需要投入相应的劳动、时间和金钱等稀缺性的资源，所以人力资本也同样是一种稀缺资源。一般来说，在其他条件一定的情况下，人力资本水平与拥有者的人数呈现出反向变化。因此，人口也就按人力资本存量的分布呈金字塔形状。

3. 可变性　对一个人或者一个群体来说，人力资本存量并不是一成不变的。它有两种变化形式：一种是增长变化，通过人力资本投资和社会需求的变化使人力资本存量价值增加；另一种是负增长变化，人力资本消耗、闲置和贬值。与物质资本相同，人力资本在使用过程中也会有消耗。需要在其使用过程中投入一定的成本进行定期维护，以保证它的正常工作状态，从而发挥其正常的生产功能。人力资本可能由于技术、生产或市场条件的变化而出现贬值。比如，当某项技术失去市场需求，或者由于人进入老年阶段、健康状况变差，甚至死亡等，这些都会导致人力资本的贬值甚至消亡。

4. 功利性　同其他形式资本一样，人力资本也具有功利性。也就是说，人力资本是其所有者或者拥有者用来谋取经济利益的一种手段或者方式。人们之所以愿意牺牲或放弃眼前的利益，对人力资本进行投资，就是为了在未来能从中获得比目前投资时更多的利益。

二、人力资本理论的发展

（一）早期代表性人力资本理论

1935年，美国沃尔什（J.R.Walsh）首次提出人力资本的概念。比较完善的人力资本理论形成于20世纪50年代，代表人物有西奥多·舒尔茨（Theodore W.Schultz）、爱德华·丹尼森（Edward F.Denison）、盖瑞·贝克尔（Gary S.Becker）等。一般认为人力资本理论是由舒尔茨和贝克尔共同创立的。

1. 舒尔茨的人力资本理论 1960年，舒尔茨以美国经济学会会长的身份在第七十三届经济学年会上就人力资本投资发表了重要演讲，对人力资本的观点做了系统的阐述，这是人力资本理论形成的重要标志之一。舒尔茨认为，人力资本主要指凝集在劳动者本身的知识、技能及其所表现出来的劳动能力，是现代经济增长的主要因素，是一种有效率的经济。他认为对于社会进步来说，人力是决定性因素，但人力的取得需要耗费稀缺资源。人力，包括知识和技术、能力的形成，是投资的结果，掌握了知识和技能的人力资源是所有生产资源中最关键的资源。并且舒尔茨认为，人力资本同物力资本相比，在经济活动中的作用非常可观，对经济增长的推动力更大。

舒尔茨在《论人力资本投资》（*Investment in Human Capital*）一书中，把对人力资本的投资分为五类：其一，医疗和保健，广义上来说，包括一个人的寿命、身体素质、生命力等；其二，在职人员培训；其三，正式建立的学校教育；其四，成人教育项目，特别是农业方面的校外学习计划；其五，个人和家庭为适应变换的就业机会的迁移。

舒尔茨用收益率法进行了验算，发现在1929—1957年，美国人力资本投资中最重要的部分是教育投资，并且发现教育投资带来的人力资本增长对经济增长的贡献率竟高达33%，这足以阐明人力资本在经济增长中的重要作用。

舒尔茨对人力资本理论的贡献在于他是明确地阐述了人力资本投资理论的第一人，使其冲破各种阻碍成为经济学上的一个新的门类，也解释了长期困扰经济学家的经济增长之谜；此外，舒尔茨还进一步探讨了人力资本形成的方式与途径，并定量研究了教育投资回报率和教育对经济增长的作用。

知识拓展

20世纪50年代，一些美国经济学家在对美国经济增长的研究中发现了一个令人费解的现象，即美国的产出增长率远大于生产要素的投入增长率，但基于传统的增长理论，二者理应相等，因为产出的增长只取决于资本和劳动力数量的增加这两个因素。那么，究竟是什么导致了产出增长超过投入增长的这部分“余值”？在经济增长之源中，究竟漏掉了哪些因素？面对这种现象，传统的增长理论不能给出合理的解释，这就是所谓的“现代经济增长之谜”。

2. 丹尼森的人力资本理论 丹尼森的贡献在于对人力资本要素作用的计量分析。由于采用传统的经济分析方法来估算劳动以及资本在国民收入增长中所发挥的作用时，会产生许多未被认识的、难以用传统增长理论中的决定因素来解释的“残值”，丹尼森对这一“残值”作出了有力的解释。此外，他又对舒尔茨的“教育对美国经济增长的贡献率”进行修正，在经济增长的余数分解中纳入了劳动力质量本身这一因素。并通过精算，得出教育的进步对美国在1929—1957年经济增长中的贡献比例是23%，这便是对舒尔茨结论的修正。不少人认为从1960年代开始的持续了十几年的全球教育支出热潮是受丹尼森科研成果的影响。

3. 贝克尔的人力资本理论 贝克尔于1964年发表了自己的经典著作《人力资本》（*Human Capital*），其被西方学术界称为是“经济思想中人力资本投资革命”的起点。他尤其重视正规教育和职业培训支出对人力资本形成的作用。贝克尔将培训分为“一般培训”和“特殊培训”。贝克尔指出，一般培训指的是在许多企业都会进行的基本培训；至于“特殊培训”，贝克尔指出，同一种类型的培训在不同的企业所提高的生产率是明显不同的，对于特定的企业，能针对性地、更大地提高生产率的培训称为特殊培训。其次，通过《人力资本投资：一个理论的分析》（*Investment in Human Capital*：*A Theoretical Analysis*），贝克尔将新古典经济学的基本工具应用于人力资本投资分析，建立了人力资本微观决策理论的分析框架，在微观层面将人力资本理论纳入了经济学的核心领域，使得人力资本理论得到进一步发展，还为海量的后续研究提供了方向。此外，贝克尔还进行了收入、投资、成本与人力资本收益率的研究、“年龄－收入”曲线问题的研究和人力资本投资与收入分配的相关研究。

（二）现代人力资本理论

20世纪80年代以后，在“知识经济”的背景下，“新经济增长理论”在西方国家兴起。其采用数学的方法，建立了以人力资本为核心的经济增长模型，使人力资本的研究领域得以扩展。这一时期人力资本理论发展的代表人物有斯宾塞·安德鲁·迈克尔（Andrew Michael Spence）、保罗·罗默（Paul M.Romer）、罗伯特·卢卡斯（Robert E.Lucas）等。

1. 斯宾塞的人力资本理论 他提出筛选假设理论，把教育作为一种装置，用来帮助雇主识别不同能力的求职者，把其分配到不同的岗位上。

2. 罗默的人力资本理论 罗默在1986年建立了“内生经济增长模型”，把知识完整纳入经济和技术体系之内，使其作为经济增长的内生变量，也强调了知识积累所具有的两个特征。第一，专业知识的积累与资本积累呈现同向变化，资本积累不断增加，生产规模逐步扩大，分工不断细化，工人能在实践中掌握更多的专业化知识；第二，知识具有“溢出效应”，随着资本积累的增加，生产规模的扩大，知识也在不断地流通，每个厂商都可以从别的厂商那里学习，从而提高自身的生产率，最终导致整个社会知识总量的增加。此外，罗默提出了四要素增长理论，即除新古典经济学中的资本和劳动（非技术劳动）外，又加上了人力资本（以受教育的年限衡量）和新思想（用专利来衡量，强调创新）。在1990年发布的《内生技术进步》（*Endogenous Technological Change*）一文中，罗默揭示了人力资本与技术进步之间的关系，提出经济增长率取决于人力资本的存量，是人力资本而非人口决定经济增长。

3. 卢卡斯的人力资本理论 卢卡斯1988年开始就陆续发表了以研究人力资本为重点的《论经济发展机制》（*On the Mechanics of Economic Development*）等文章，阐明了人力资本的不断增长是经济增长的根本动力，也提到人力资本投资收益具有溢出效应。卢卡斯将人力资本作为独立的生产要素纳入经济增长模型，把二者综合起来并进行完善构成了人力资本积累增长模型。

4. 21世纪以来的人力资本理论 21世纪以来，人们对人力资本的研究与前人的研究角度相比有所转变，从经济学的视角向管理学转变，着重对劳动力的身份地位问题、激励利用问题和人力资本产权归属问题等进行研究。这些问题的深入研究对我国人力资源开发与利用工作有着重要的意义。

三、人力资本理论的主要内容与基本观点

人力资本理论的主要内容和基本观点主要是以下三个方面。

第一，人口质量重于人口数量。对于人力资本理论来说，提高人口质量是其基本出发点，要重视人力资本的作用。这是对以前只重视土地、人口数量的观点的进一步发展。

第二，人力资本在经济增长过程中发挥的作用大于物质资本。人力资本和物质资本都是经济发展中必要的投资方式。美国1909—1929年，物质资本对经济增长的贡献比学校教育对经济增长的贡献多一倍；而1929—1957年学校教育对经济增长的贡献却反超物质资本，经济增长的20%~21%得益于教育。可以看出，在经济发展的前期阶

段，物质资本的增长对经济增长的贡献更大，而在中期，首要的经济增长因素是人力资本。

第三，教育投资是人力资本的核心。有几个具体理论观点：其一，教育投资是一种生产性投资，可以使人内部的能力得以提高。其二，提高人口质量的要点是教育投资。对于全球各国人群来说，人们的先天能力、素质和水平相差不多，但是后天学习所获得的能力是有区别的。各国人口质量与人口素质不完全相同的根本原因是各国教育投资水平并不一样，社会平均教育程度也有差异。其三，教育投资与物力投资相比，会带来更多利润。资料显示，1970—2008年，美国教育投资对经济增长总体贡献是：教育投资每增加1%，经济将增长10.67%，超出1980—1990年世界的平均水平4.48%。

教育投资收益率是可以估算的，大体与物力投资收益率测算方式一致。基本公式为：收益/成本=收益率。

案例讨论

【案例】某制药公司A（简称A公司）在1970年成立，该公司根本战略是研发创新和国际化，以诚信经营，为人民打造高品质药品为使命。该公司在抗肿瘤药、手术用药以及对比剂方面很有研究，在医药行业的市场份额位居前列。该公司在抗肿瘤方面深受国家重视，自身也重视研发，注重吸引高层次人才。

该公司在员工薪酬方面，综合考虑外部的竞争和内部的公平公正性。企业专门成立薪酬与考核委员会，根据岗位与职责的不同设定差异化的考核标准，同时对表现优秀者设定奖励。并且对于对公司研发创新有贡献的优秀员工，开始解决住房问题。2010年公司也实施了首期股权激励计划。

公司会根据员工的特点，对其建立完善的培养和发展机制。本着理解、尊重、认同、重视、发展员工的原则，对于人才的选拔设立标准的遴选体系，引进人才以后，注重内部的调配，同时鼓励员工加强知识的交流。并通过建立职位晋升机制和人才奖励制度，建立后辈干部的培养制度，做好人才的储备、选拔和培养工作等措施来提高员工的工作热情。

该公司注重以人为本企业文化的培养和员工培训。围绕管理培训和专业技能，组织专业培训，2018年就组织了190余次培训，以“学帮带”来加强员工的技能。

【讨论】

1. 从人力资本理论角度分析，为什么该公司如此注重员工的培训和发展？这种做法对企业有何影响？

2. 从该案例中你获得了什么启示？

第三节　经典激励理论

一、激励的概念与原理

（一）激励的概念

激励来源于动机（motivation）一词，其基本含义是激发人的行为动机，即通常所说的调动人的积极性。作为一个心理学术语，激励指的是不断激发动机的心理过程，是推动人们在一定方向和水平上持续努力从事某种活动并趋向预定目标的过程。激励的实质是以未满足的需求为基础；激励的过程是利用各种目标进行激发，驱使人们对未被满足或正在追求的需求产生动机，并采取行动以实现目标。在医院管理中，激励是指激发员工的工作动机，运用各种有效的方法调动员工的积极性和创造性，使员工去努力完成医院的各项任务，实现组织的目标。

因此，在理解激励的含义时应把握以下要点：①激励的出发点是满足员工的各种需要。②激励贯穿于员工工作的全过程。③激励过程是各种激励手段综合运用的过程。④激励过程的实现需要借助于信息沟通。⑤激励的最终目标是要达到组织目标与个人目标的统一。

（二）激励的原理

激励是针对人的行为动机而进行的工作。医院领导者通过激励使员工认识到，以哪种符合要求的方式去做事会使自己的欲求得到满足，进而表现出符合医院需要的行为。行为科学认为，需要引起动机，动机产生行为。人的行为是由动机引起的，动机的主要来源有两个：内在原因和外在原因。产生动机的内在原因是人自身存在没有满足的需要，而未满足的需要则是整个激励过程的起点；产生动机的外在原因是作用于人们身心的外在刺激，但外在刺激能否激发人的动机，还在于它能否引起人们内在的需要。

总之，从需要到目标，人的行为过程是一个周而复始、不断进行、不断升华的循环，即需要引发动机，动机导向行为，行为达到目标，而目标最终又反馈需要的过程（图2-1）。

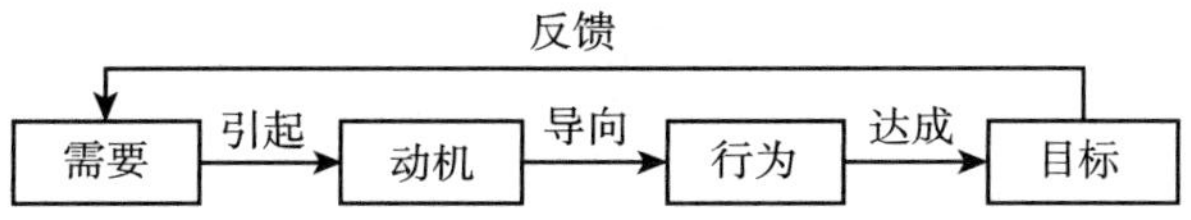

图2-1 行为过程简图

为了正确地引导人们的行为，领导者必须做到：①分析需要的类型和特点。②研究需要是如何影响人的行为以及影响程度是如何决定的。③探索如何正确评价人们的行为结果，并据此予以公正的报酬，从而使人们保持积极、合理的行为，或改正消极、不合理的行为。

二、经典激励理论的分类

（一）内容型激励理论

内容型激励理论注重于引发动机的因素，即对激励的内容进行研究，包括需要层次理论、X理论和Y理论、双因素理论、ERG理论、成就需要理论等。

1. 需要层次理论 美国人本主义心理学家马斯洛（Maslow）把人类的需要由低到高分成了五个层次，呈金字塔结构分布。自下而上分别如下。

（1）生理需要：包括衣、食、住、行等维持生命所必需的最基本的需要。

（2）安全需要：包括心理上与物质上的安全保障，希望免遭威胁、伤害、疾病的需要。

（3）社交需要：对人与人之间的情感交流、友谊的需要。

（4）尊重需要：受到他人和社会认可、承认的需要，包括自尊、自主、成就感以及社会地位、他人关注等。

（5）自我实现需要：个人实现自己理想和价值的需要，包括个人成长与发展、发挥自身潜能、自主创造等方面。这是个人需要的最高阶段，通常表现为胜任感和成就感两个方面。

如图2-2所示，人的需要是分高低层次的，一般将生理需要与安全需要称为低级需要，将社交需要、尊重需要和自我实现需要称为高级需要。当低层次需要得到满足时，人们就会追求更高一层的需要。但是，需要满足程度是相对的，并非全部满足才转向高一层次需要，同一时期可能存在几个层次的需要，总有一种需要会占据支配地位——主导需要。由主导需要引发的动机是这一时期个人行动的动力。

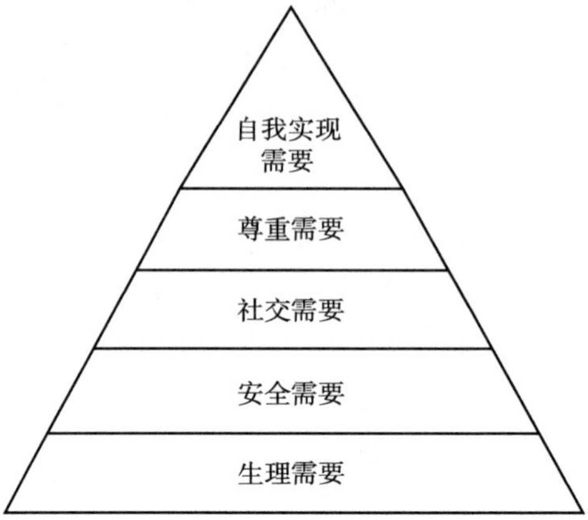

图2-2　马斯洛需要层次理论

2. X理论和Y理论　亚当·斯密认为，人的本性是懒惰的，对绝大多数人必须施以强迫、控制、指挥，才能迫使他们为组织的目标而去工作。美国工业心理学家道格拉斯·麦格雷戈（Douglas McGregor）在他的著作《企业中的人性方面》中提出了两种对立的管理理论：X理论和Y理论。他主张Y理论，反对X理论。

（1）X理论：认为人性具有下列特点。①多数人天生不喜欢工作，只要有机会，他们就会逃避工作。②多数人没有雄心壮志，不愿意主动承担责任，并且甘愿接受别人的指导。③多数人的个人目标与组织目标相矛盾，必须用强制、惩罚的办法，才能迫使他们为达到组织的目标而工作。④多数人工作只是为了满足基本的生理需要和安全需要，因而只有金钱和地位才能鼓励他们努力工作。

（2）Y理论：与X理论相对立，认为人性具有以下特点。①人的本性不是厌恶工作，如果给予适当机会，人们会喜欢工作。②多数人愿意对自己的工作承担责任，并寻求发挥能力的机会。③多数人会认真工作，能够采取多种办法完成任务，不断创新，能进行自我指导和自我控制。④多数人具备作出正确决策的能力。

3. 双因素理论　又称“激励–保健因素理论”。20世纪50年代后期，美国心理学家弗雷德里克·赫茨伯格（Frederick Herzberg）在对203名工程师和会计人员进行调查研究后，根据调查结果提出了关于员工工作态度的双因素理论。赫茨伯格发现，引起人们不满意的因素通常是一些工作的外在因素，大多与他们的工作条件和环境有关；而给人们带来满意的因素往往都是工作的内在因素，是由工作本身所决定的。由此，赫茨伯格提出，影响人们行为的因素主要有两类：激励因素和保健因素。

（1）激励因素：与员工的工作满意程度有关，能够激发员工的工作热情，使他们努力工作，并提高工作效率。激励因素包括成就感、社会责任、工作挑战性、个人成长等。

（2）保健因素：又称“维持因素”，与员工工作的不满程度有关。从管理学意义上看，保健因素并不能增加员工对工作的积极性，但能起到维持工作现状、防止产生不满情绪的作用。保健因素包括工作环境和条件、工资水平、福利待遇、个人生活、人际关系等。激励因素与保健因素之间存在一定的差别，见表2-2。

表2-2　激励因素与保健因素的对比

项目	激励因素	保健因素
起源	“人”形成的趋动力	“动物”生存的趋动力
特征	属于心理方面的长期满足，说明满足-没有“满足”的问题，重视目标	属于生理方面的短暂满足，说明不满意-没有“不满意”的问题，重视任务
满足和不满足的源泉	工作性质、工作本身、工作标准	工作条件、工作环境、非个人标准
显示出来的需要	成就、成长、责任、赏识	物质的、社交的、身份地位、安全、经济的
常见因素	成就感、社会责任、工作挑战性、个人志向、个人成长	医院政策、行政管理、监督、与主管的关系、工作条件、与下级的关系、地位、安全、工资

4. ERG理论　美国耶鲁大学教授克雷顿·阿尔德弗（Clayton·Alderfer）在大量研究的基础上，对马斯洛的需要层次理论进行扩展，提出了一种新的需要层次理论——ERG理论。阿尔德弗ERG理论将人的需要归纳为三种：生存需要（existence）、关系需要（relation）、成长需要（growth）。取三种需要的首字母，因此称为ERG理论。①生存需要：指维持人们生命生存的需要，包括衣、食、住、行、性以及工作的基本条件，与马斯洛需要层次理论中的生理需要与部分安全需要相对应。②关系需要：指个体对社会交往、人际关系以及互相尊重的需要，与马斯洛需要层次理论中的社会需要和尊重需要相对应。③成长需要：指个人要求得到全面发展，充分发挥自己作用，实现个人价值的需要，相对于马斯洛需要层次理论中的自我实现需要。

ERG理论是对马斯洛需要层次理论的拓展，拓展的意义不仅是将马斯洛需要层次理论进行重组和简化，还对各层次间的联系规律作出了新的解释。ERG理论认为，人的需要不一定严格按照由低到高的顺序发展，可以越级，并且人们在同一时间可能受到多种需求的约束。当一个层次的需要获得满足时，会追求上一层次需要或加强同一层次需要；当需要受挫时，会转而追求下一层次需要或加强本层次需要。针对这一现象，ERG首次明确提出了“气馁性回归”的概念，相对于马斯洛的需要层次理论，ERG理论不仅包含“满足-前进”，还包括“受挫-倒退”。

5. 成就需要理论　又称“三种需要理论”，是美国心理学教授戴维·麦克莱兰（David McClelland）在研究人的高层次需要时提出的一种理论。麦克莱兰认为，除了生存需要之外，成就需要、权力需要、归属需要是人们最重要的三种高层次需要。

①成就需要：是指个体追求卓越、追求成功的需要，是一个人成功的内驱力。具有高度成就需要的人有较强的事业心、进取心，他们总是寻求能够独立处理问题的工作环境和机会，既愿意接受困难的挑战也勇于承担责任。②权力需要：是一种试图影响和控制别人的欲望或驱动力。高权力需要的人头脑较冷静、善于控制全局，他们能够找出问题关键，乐于承担责任，但一般比较执著或固执，不易受人左右。③归属需要：这是指一种寻求被他人喜爱和接纳并建立友好亲密的人际关系的愿望与要求。归属需要是由人的社会属性决定的，任何人都存在归属需要。出于性格或环境的影响，人们会通过不同的方式或形式融入一定的组织中，包括正式组织和非正式组织。

（二）过程型激励理论

过程型激励理论注重对目标的选择，即对动机形成过程进行研究，包括期望理论、公平理论、目标设置理论。

1. 期望理论 很多学者进行了期望理论的研究，其中美国心理学家弗罗姆（V.H.Vroom）于1964年在其著作《工作与激励》中提出的期望理论最具代表性。弗罗姆认为，人们预期某一行为可以为自己带来成功，且成功后的结果对自己具有吸引力时，才会采取这一行为。期望理论可以用以下公式进行描述。

$$激励（M）=效价（V）\times 期望值（E）$$

式中，激励（motivation，M）表示对行为动机的激发程度；效价（valence，V）表示目标实现后能给自己带来价值的主观估计，取值－1~+1；期望值（Expectancy，E）表示人们对自己行为能够实现目标可能性的主观估计，即对目标实现概率的估计，取值0~1。上式表明，激励水平是效价与期望值的乘积，即激励程度的高低取决于效价和期望值这两个关键的变量；一个人的目标价值越高，期望值就越大，激发的动机就越强烈，焕发的内部力量就越大；反之，一个人的目标价值越低，期望值就越小，在工作中难以调动其积极性。但同时，如果实现的可能性低，则激励程度也不可能高。

因此，为了达到预期的激励效果，不仅激励方式的效价要足够高，而且激励对象需要有足够的信心去获得这种满足。如果效价和期望值中有一项的值较低，则很难使激励对象在工作中表现出足够的积极性。鉴于效价和期望值间存在某种联系，有时常常是反向的，因此激励目标的设置是一种艺术。

2. 公平理论 是美国行为学家斯达西·亚当斯（J.Stacey Adams）在其著作《奖酬不公平对工作质量的影响》中提出的，又称“社会比较理论”，指出人与人之间存在着社会比较，并有就近比较的倾向。该理论认为，人们在思考自己收入与付出的比率的同时，也会判断别人收入与付出的比率，通过二者的关系来主观判断自己的报酬是否合理，比较结果将会影响其工作的积极性。这个关系可用公式来描述（表2-3）。

表2-3 公平理论

觉察到的比较结果	评价结果
$(Q/P)_I=(Q/P)_X$	公平感
$(Q/P)_I<(Q/P)_X$	不公平（报酬偏低）
$(Q/P)_I>(Q/P)_X$	不公平（报酬偏高）

注：Q代表投入后所获得的奖酬，包括金钱、地位、表扬、提升、机会等因素；P代表付出，包括时间、精力、经济、知识、能力等；I代表本人，X代表参照对象。在公平理论中，一般将参照对象X划分为三个类型："他人""自我"和"规则"。"他人"包括同事、朋友、邻居、同行等，人们大多选择那些与自己年龄、能力、受教育水平相近的人来比较；"自我"是指自己过去某一阶段的情况，也就是将自己目前的收入与付出之比同过去的收入及工作相比较；"规则"是指组织中的付酬制度以及虽未明文规定，却在实际中执行的利益分配惯例，人们会分析规则本身的公平性并将自己的状况与之相比较。

公平理论说明了一个事实，人们对于公平与否的感受不直接取决于其收入绝对值的大小，而是取决于自己的收入与付出的比率与参照对象比较的结果，即其收入相对值的大小。相对值的性质和大小直接影响激励水平，进而影响未来工作中的积极性。

3. 目标设置理论 目标是决定组织成员激励和绩效的一个重要因素。科学管理之父泰勒在他的《科学管理原理》一书中，着重强调了如何为工人设置明确而具体的目标和标准，以获得高水平的绩效。彼得·德鲁克在其《管理实践》一书中提出了当时的一种全新的管理方法——目标管理（management by objectives，MBO）。MBO在美国企业界取得巨大成功，正好为目标设置理论提供了强有力的依据。在前人的基础上，美国马里兰大学行为科学家洛克（E.A.Locke）于1968年提出了目标设置理论。

洛克认为，对员工的激励大多数可以通过设置目标来实现。目标具有引导工作方向和努力程度的作用。激励的效果主要取决于两个因素：目标的明确度和目标的难度，其中目标的难度对人们的激励作用最大。目标设置理论还认为，管理者应将组织目标转化为个人目标，通过协调使个人接受这种目标，才能实现对个人行为的激励作用，这就是目标的内在化，从而在实现个人目标的同时促进组织目标的实现。

（三）调整型激励理论

调整型激励理论，又称"行为改造型激励理论"，注重对达到激励的目的，即调整和转化人的行为方面进行研究，主要包括强化理论、挫折理论。

1. 强化理论 目标设置理论认为个体的目标可以激励个体行动，而强化理论恰恰相反，认为人的行为是受外部因素控制的。强化理论又称"操作性条件反射论"，是美国心理学家斯金纳（B.F.Skinner）在20世纪50年代提出的一种新的行为主义理论。斯金纳认为，人的操作性行为会随受到的外界刺激不同而强化或减弱。无论是人还是动物，为了达到某种目的，都会采取一定的行为，当行为的结果对自己有利时，这种行为就会重复出现；当行为的结果不利时，这种行为就会减弱或消失。这就是环境对行为强化的结果。

根据强化的性质和目的，强化可分为正强化和负强化两种类型。人们为了达到某种目的而产生作用于环境的活动，如这种活动结果对自己有利，能满足自己的某种需要，那么这种行为就会重复出现，即是正强化，如发工资、发奖金，被认可、表扬、提升等。相反，如果这种活动结果对自己不利，这种行为就会自动减弱或消失，即是负强化，如被批评、惩罚等。依据强化理论的观点，只要控制行为的后果，就可以达到控制和改变人们行为的目的。管理者可以通过采取不同的强化措施去强化对自己有利的行为，从而引导或改变员工的行为使之符合组织目标。

2. 挫折理论　源自20世纪著名的奥地利心理学家弗洛伊德（S.Freud）创立的精神分析学说。该理论着重研究人因挫折感而导致的心理自卫。人在趋向目标的过程中，由于主观原因、客观原因，或二者兼有，未能达到目标，即所谓的遭受挫折。挫折通常是不可避免的，挫折发生后，行为主体会对挫折产生一种心理感受，这种感受称为挫折感。挫折是客观存在的，而挫折感则是一种主观感受，不同的人对相同的挫折会有不同的挫折感，即使同一个人在不同的时期和心境下也可能产生不同的挫折感。在挫折和挫折感导致心理紧张后，为消除或缓解这种紧张，人们会出现防卫性的心理反应，称为心理自卫。

由于受挫折的人各有特点，所以在受挫折后因心理自卫而导致的行为表现不免有所差异。根据心理自卫对行为的影响，可将其区分为两类：一类是建设性的心理自卫，采取积极进取的态度；另一类是破坏性的心理自卫，采取消极的态度，甚至是对抗的行为。

（四）综合激励模式

综合激励模式试图把上述三类理论进行整合，将内激励、外激励因素都归纳进去，从激励过程的整体进行研究，包括波特-劳勒综合激励模式、迪尔的综合激励模式。

1. 波特-劳勒综合激励模式　是美国学者波特（L.W.Porter）和劳勒（E.E.Lawer）以期望理论为基础，将公平理论、成就需要理论、强化理论等理论进行整合，从而形成了一种综合的激励模式。该模式认为，激励的基本过程是动机引发努力，努力产生工作绩效，绩效带来满意感。这个过程中涉及了很多变量，这些变量从不同侧面影响激励过程（图2-3）。

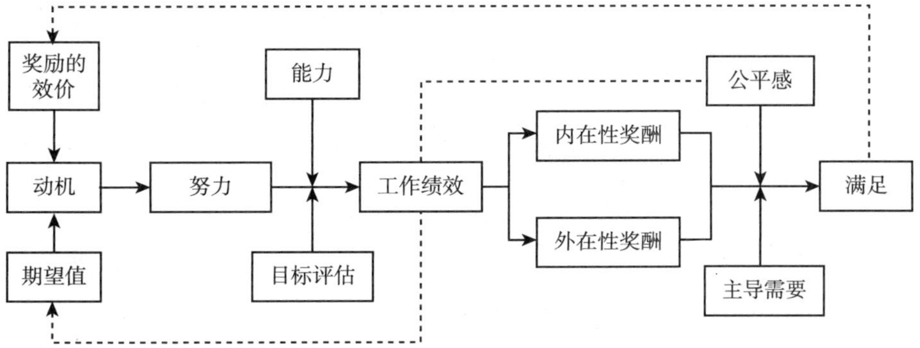

图2-3　波特－劳勒综合激励模式

2. 迪尔的综合激励模式　由美国学者迪尔教授提出。这种激励模式可以用以下公式来表述。

$$M=V_{it}+E_{ia}V_{ia}+E_{ia}\sum_{j=1}^{n}E_{ej}V_{ej}$$

式中，M代表某项任务的激励水平；V代表效价；E代表期望值；i表示内在；t表示工作任务；a表示完成；e表示外在；j表示外在奖酬项目，j=1，2，3，…，n。

激励水平由三项构成，各项的基本含义如下：第一项V_{it}，表示某项工作本身所提供内在性奖酬的效价，反映了工作任务本身所引发的激励强度，是一种内在激励；第二项$E_{ia}V_{ia}$，表示对工作任务完成的期望值与效价之积，反映了工作任务完成所引起的激励程度，是一种内在激励；第三项$E_{ia}\sum_{j=1}^{n}E_{ej}V_{ej}$，表示各种可能的外在奖酬所引起的激励效果之和，是一种外在激励。

迪尔的综合激励模式综合了内容型激励理论和过程型激励理论的思想，强调了人的激励过程是内外激励综合作用的结果，要有效提高激励水平应同时从内激励和外激励两方面着手研究。

三、激励理论在医院人力资源管理中的应用

（一）内容型激励理论在医院人力资源管理中的应用

1. 需要层次理论　认为生理需求只是人们最基本的需求，随着社会的发展，人们的需求也会不断地提高，进而更多地趋向于自我实现的需要。所以根据需要层次理论，在医院人力资源管理中，物质激励只是最基本的奖励方式，还要重视对员工人生价值的尊重。管理者应准确识别员工的需求特征，并根据员工不同的需求采取不同的激励措施。

2. Y理论　基于Y理论的管理措施主要包括以下内容。

（1）民主式管理：员工可参与决策，创造宽松的工作环境，进行充分授权，确保员工能充分发挥自己的才能。

（2）内外奖励相结合：奖励方式不局限于外在性奖励（如增加工资、发放奖金、职务提拔等），还应给予员工内在性奖励（如提供富有挑战性、责任感的工作，促使员工增强才能、发挥特长，有充分的自我表现机会等）。

（3）为发挥才能创造条件：管理人员应减少和消除员工在自我实现过程中遇到的各种障碍，建立良好的群体关系，为员工充分发挥自身的才能创造条件。

3. 双因素理论 为医院人力资源管理中制定激励机制提供了有益的参考。首先，要为员工创造激励因素条件，通过提供具有挑战性的工作、赋予责任、给予表扬、引进新技术等方式，为员工创造发展机会，从而激励员工为实现医院目标作出贡献。其次，要正确处理保健因素，通过改善工作条件、提高福利待遇、改善饮食交通、保证工作安全等方法，确保员工能够安心工作，减少不满意情绪。最后，要善于把保健因素转化为激励因素，利用激励因素去激发员工的工作热情，使他们努力工作。

4. ERG理论 根据ERG理论，在医院人力资源管理实践中，管理者应首先明确员工的需要状况，并观察其变化规律，然后有针对性地满足员工的这些需要，引导员工向更高要求发展。当员工发展受到挫折时，应及时给予支持，协助他们分析问题、找出原因，避免他们出现自暴自弃的情况。这样才能最大限度地激发员工的动机，充分调动员工的积极性和主动性，发挥激励的效果。

5. 成就需要理论 根据成就需要理论，管理者对于有不同程度成就需求的人可以安排不同性质的工作。首先，对于高成就需要的人，应让他们承担具有挑战性的工作，为他们提供施展才能的机会；对于成就需要强度较低的员工，安排他们从事一些常规性工作，多进行指导和检查，增加自身的信心。其次，适当引导权力需要，对于权力欲望高的员工，可以让他们从事管理工作，给予独立工作的权限，着重对结果进行考察。最后，增加员工参与集体活动的机会，对于一些新员工、性格内向或所谓“不合群”的员工，主动帮助他们融入团队，增强集体荣誉感。

（二）过程型激励理论在医院人力资源管理中的应用

1. 期望理论 根据期望理论，在医院人力资源管理中要做到以下几点。①设置合理的目标：只有制定合理的工作目标，使期望值与效价之积达到最大，才能发挥有效的激励作用。②提高奖励的效价：从管理的角度来看，要把奖励、目标及员工的需要联系起来，针对员工多种多样的需要，安排灵活的奖励方式。③提高目标的期望值：使员工具备充分的信心，才能有效地调动积极性。④提高工作目标与相应价值的关联性：关联性包括两类因素，一类与个人确立效价有关，效价与实际差距大则关联性低；

另一类与组织执行制度和承诺兑现有关。医院的奖励制度应与员工的表现紧密结合，保证他们的努力得到及时回报。

2. 公平理论　根据公平理论，在医院人力资源管理中要做到以下几点。①完善分配制度和奖励制度：明确分配原则和考评方法，考评和分配方案均应经过员工充分讨论，获得他们的理解和认同，从而减少执行上的分歧。②克服平均主义：亚当斯的公平理论，是以人们的投入与其所获报酬是否相称为基础的，但在现实生活中，很多人往往忽略劳动投入的质与量，大搞按“人头”平均分配。虽满足了平均主义的公平感，但实际上导致了更大的不公平。因此，必须打破“大锅饭”，彻底克服平均主义，使人们意识到多劳多得才是一种真正的公平。③正确引导、改变认知：实际生活中，绝对公平是不存在的。管理者可以通过做好思想工作、组织心理培训、创造沟通机会等方法，教育员工正确看待别人和自己，消除错误感知所带来的不公平感，获得心理上的平衡与满足。

3. 目标设置理论　根据目标设置理论，在医院人力资源管理中，要求管理者要将组织目标化为个人目标，通过协调使个人接受这种目标，并在实现个人目标的同时促进组织目标的实现，从而起到对个人行为的激励作用，实现目标的内在化。另外，管理者还应引导个人确立自己的发展目标，不要将目光局限在自己目前的工作上，要为自己找一根标杆，争取去超越它。目标设置理论对人力资源管理的意义更多地体现在绩效管理方面。

（三）调整型激励理论在医院人力资源管理中的应用

1. 强化理论　在医院管理工作中运用强化理论时，可以做到以下几点。①明确强化的目的或目标：管理者要明确预期的行为方向，使被强化者的行为符合组织的要求。②善于利用强化类型：要针对不同的情况采用适当的强化类型，正确评价员工行为；并且要选准强化物，针对强化对象的不同需要情况，采用不同的强化措施。③及时反馈，不断强化：及时的反馈可以使员工懂得行为与结果之间的关系，从而加大努力或改正方向，寻求下一次好的反馈。同时，也要让员工制订阶段性目标，只在达到阶段目标后给予反馈，不断强化使其达到最终目标。④强化力度达到最低临界值：强化力度过低不能引起反应，力度太大也可能挫伤员工的自信心或增长今后强化的预期。因此，采用适宜的强化力度非常重要。⑤奖惩结合，以奖为主：强化包括了奖励与惩罚两个方面，应视不同情况采取不同的奖惩措施，在实施惩罚时要注意及时、合理并有针对性。还应注意积极运用奖励手段，慎重运用惩罚手段。⑥创新奖励方法内容：应多采用内在性奖励，内在性奖励能激发员工对工作的热情，比外在性奖励更有效。

2. 挫折理论　根据挫折理论，在医院管理实践中处理因挫折而出现的管理问题应做到以下几点。①引导员工正视挫折：挫折是客观存在的，许多员工担心出现失败以及失败带来的不利影响，导致工作上心理负担较重，反而容易出现差错。②帮助员工正确归因：一般情况下，管理者可以引导员工向主观努力方面归因，使他们相信通过再次努力就可以成功，从而采取建设性的心理自卫。③采取宽容态度：对受挫者的消极行为应采取宽容态度，有助于他们恢复信心。④开展心理咨询工作：由于工作压力、医患关系种种原因，目前许多医务人员都存在强烈的心理负担，甚至出现心理疾病症状，积极开展心理咨询工作有助于改善员工心理上的挫折感。

第四节　人力资源管理理论研究的新发展

一、基于全球化背景的国际人力资源管理理论研究

在全球化形成和发展的过程中，世界各国都有各自不同的文化特征，这给人力资源管理带来了一定的难度。经济全球化和管理国际化使众多管理学者将研究方向从国内和地区的人力资源管理研究转向国际人力资源管理研究。企业在实施跨文化管理时，尤其注重人力资源管理。这不仅要探索跨文化背景下人力资源管理开展的形式，还要注意到各国文化在全球化下的趋同趋势，需要使企业员工在多元文化环境下的工作热情得到最大提升，从而实现不同文化、区域、国家、种族间人力资源的持续发展。

近十几年来，国际人力资源管理理论和实践研究都有了较大的发展，但仍然存在集中与分散两种管理模式之间的争论。支持集中管理模式的学者认为，国际人力资源管理的关键是将已经在典型发达国家开发并成功应用的方法理念扩大应用到国际范围。支持分散管理模式的学者认为，国际人力资源管理应根据不同文化形成不同的管理方法。瑞克斯（Ricks）、托勒（Toyne）和马丁·内斯（Mart Inez）等人指出，在国际人力资源管理中必须考虑和国内人力资源管理不尽相同的方面。总的来说，国际人力资源管理理论和实践研究主要集中在四个领域：①外派员工、内派员工及其职业生涯设计问题。②国际人力资源管理的职能问题。③国际人力资源管理流程的统一模式开发问题。④跨文化管理问题。

目前，全球化已经在多个层面同时展开，其中跨国公司、国际贸易和国际金融资本推动着全球政治、经济和风俗习惯等全球化的实现。世界各国的政治、经济、文化将在此推动下日渐趋同，最终形成一种全球文化。在这种全球文化下，基于各国文化差异性所建立起来的跨文化人力资源管理理论首先就需要得到系统的调整。要探索全

球文化下的管理，最基本的问题就是全球文化特征的识别，而这可能需要通过政治学、人类学、经济学、社会学等多学科交叉合作才能实现。经济危机之后，全球政治、经济、文化合作进一步加强形成全面全球化，探讨全球文化下的企业人力资源管理将是未来管理研究的一个发展趋势。因此，研究者不应当局限于某一个专业领域来研究全球文化下的管理问题，而应该积极地合作探索全球文化人力资源管理的理论与实践。

二、基于新型雇佣关系的人力资源管理理论研究

在雇佣关系方面的研究当中，社会交换理论和诱因贡献理论是研究的主要方式。早期对雇佣关系的研究是以社会交换理论为依据，其研究的雇佣关系仅仅指员工和组织的关系。组织的管理人员依据这个关系研究出一套人力资源管理的系统，然后组织者根据员工对于公司的贡献给予相应的回报。在发展过程当中，除了经济联系，员工开始和企业发生了社会联系和心理联系，使得二者之间的关系越来越复杂。为了应对高度动态、复杂和不确定的竞争环境，企业不再将员工的忠诚度和安全作为雇佣关系的基础，而是将富有挑战性的工作、富有竞争性的薪酬计划和提供学习与晋升机会作为雇佣关系的基础。之后，又形成了相互投资型的雇佣关系，在这个关系当中，员工与组织的关系程度主要取决于信任度、投资水平、持续时间等方面。

未来雇佣关系研究首先需要开辟新的雇佣关系研究视角。诱因–贡献模型是从雇主角度来考察雇主与雇员之间的雇佣关系，未来需要尝试从雇员或者双方的角度来考察雇佣关系。其次，全球文化背景下的人力资源管理无法避免跨国企业中不同国籍、文化背景的员工与组织之间雇佣关系的管理。将不同背景的员工凝聚成一支稳定而高效的队伍，是全球化雇佣关系管理所要解决的问题。

随着法律法规的完善和员工维权意识的增强，企业与员工的关系正在从过去资本与劳动不对等的雇佣模式转变为以劳动契约、心理契约为双重纽带的战略合作伙伴关系。员工和企业之间既要依据法律规定明确权力义务及利益关系，又要共同梳理战略愿景，并在此基础上达成一致的价值观，实现员工的自我发展与企业的长远发展。企业与员工应当是一个利益共同体，二者是互利的战略合作伙伴关系，这也是保证员工高效率产出的内生动力。目前，国内对于雇佣关系的研究尚处于探索阶段，未来应当尝试构建新的雇佣关系模型。

三、动态复杂环境下人力资源管理的研究

高度的动态性、复杂性和不确定性已经成为当前企业运营环境的总体特征，在此背景下，企业内部员工之间的关系、员工与组织的关系也变得更为复杂。人力资源

管理理论的发展应该结合企业发展的竞争力，对快速变化的环境作出积极的回应。这既需要进一步强化人力资源管理的战略性职能，也需要学者们探索动态情境下人力资源管理的新职能以及人力资源管理研究的新方法和新工具。领导–成员交换（leader-member exchange，LMX）、员工敬业度、心理契约等方面的研究就是学者针对动态环境下的人力资源管理问题而进行的探索。

1. 领导–成员交换 是西方学者从领导与下属垂直关系视角提出的一个概念，它会受到领导特征、成员特征、领导与成员一致性以及领导与成员互动关系等因素的影响，反之也会对员工的工作态度、工作行为和工作绩效产生影响。随着团队工作形式的重要度提升，以团队情境为研究视角也成为LMX理论的一个重要发展方向。未来团队研究的深度对于企业的人力资源管理更好应对企业环境的复杂性与不确定性具有重要意义。

2. 员工敬业度 是指组织成员在创造工作绩效的过程中，将自我与工作角色相结合而投入个人情感、认知和体力的程度，因而敬业度分为生理、认知和情感三个维度。人力资源管理咨询机构怡安翰威特公司（Aon Hewitt）认为，敬业度是员工在情感上认同，并在行动上作出努力的程度。怡安翰威特公司的3S层次理论将员工敬业度划分为乐于宣传、乐于留任和乐于努力三个维度，且主要倾向于测量员工不同层面的敬业度。员工敬业度反映了员工对自己的工作和所在组织的忠诚程度，是与个体绩效、组织绩效都紧密相关的概念。

3. 心理契约 最早由阿基里斯（Argyris）提出，用来描述雇佣双方存在的关系。之后，心理契约受到管理界广泛关注，成为研究个体与组织的态度和行为的重要视角与理论工具。心理契约的代表学者Rousseau认为，心理契约是员工对组织和个体交换关系中彼此义务的主观理解和认知。理解心理契约的关键点在于，心理契约并非仅通过显性形式直接而明确地表达，它还依靠各种心理暗示，使员工感知并认可各自的责任期望，从而形成一套权力和义务关系的协议。国内相关学者，近年来以“心理契约”为理论基础，聚焦医务人员展开心理契约理论与实证系列研究。研究指出，以医生与公立医院的心理契约为例，心理契约是指医生所认知的自身与公立医院之间的相互期望和彼此责任。从医生认知角度出发，心理契约即指“我”付出什么（含怎样付出）和“我”将得到什么回报（含怎样得到回报）的心理认知、期望和预期，这里的回报是医生从医院或明或隐的暗示中感知而得。

四、人力资源管理的职能深化研究

经过长期的发展，人力资源管理已经系统地建立起了包括工作分析与工作设计、吸引潜在雇员（招募）、挑选雇员（甄选）、教授雇员如何完成工作和提升（培训和开发）、评价雇员的表现（绩效管理）、发放雇员工资（薪酬）、创造积极的工作环境（劳动关系）、支持组织战略（人力资源规划和变革管理）、职业生涯管理、战略性人力资源和国际人力资源管理等在内的一整套体系，并且在企业管理实践中收到了良好的效果。

随着新时期的到来，我国经济已由高速发展转向高质量发展，我国企事业单位在拥有更多机会的同时也感受到了竞争压力的增强。企事业单位为了自身的发展，开始重视人力资源管理，而绩效管理是人力资源管理中不可或缺的管理方法（经实践证明可以明显提高员工的工作积极性）。虽然目前绩效管理在人力资源管理中的应用较为普遍，但是从以往绩效管理的实践情况来看，整体的绩效管理模式并不完善，如考核过程存在管理问题，导致考核效果不理想。在企事业单位正常运行的过程中，人力资源管理部门还需要结合机构的特点和战略目标选拔适合各个岗位的员工，需要结合机构的战略发展做好员工的职业生涯管理，这样可以将所有的员工凝聚在机构的战略方向上，在提升员工能力的同时提升了机构的核心竞争力。

但是，管理实践始终是变化的，人力资源管理的具体职能也应当随着变化着的管理实践进行调整和深化。因此，深化人力资源管理具体职能研究也是未来人力资源管理研究的一个发展方向。

案例讨论

【案例】Y县级公立医院人事部门的日常管理工作主要是岗位变动、工资核发、档案管理、退休办理及常规年度绩效考核等具体事务性工作。在人力资源规划方面，医院的人事权和分配权主要集中在行政主管部门，医院无权确定人员类型和编制，不能自主决定录用和辞退员工，对需要引进的高端人才无权给予相应的待遇；在人才培养方面，主要采取院内培训、院外进修和学术交流。培训内容主要考虑应急需求，培训工作由医务科、人力资源部、护理部等组织实施。近几年由于资金紧张、人员短缺的原因，医院还减少了员工外出交流学习和进修的人次；在考评体系方面，该医院采取“计算工作量、收入减支出”的绩效考核模式，将员工评定为“优秀、称职、基本称职、不称职”的形式进行年度考核，并以此作为合同续订、职称晋升和工资分配、评优评先的依据。

【讨论】

1. 该县级公立医院的管理职能与现代人力资源管理要求的职能有哪些差异？

2. 该县级公立医院的人力资源管理模式会对医院造成哪些负面影响？

3. 为改善该县级公立医院的人力资源管理效果、提升医院整体运营水平，有什么相应对策？

知识拓展

阿里巴巴的股权结构是：日本软银集团孙正义占34.4%的股份，雅虎占22.5%，马云只占到8.9%，蔡崇信占3.6%，陆兆禧等高管和其他社会资本（包括员工持股）共占30.6%。雅虎的股份也可能属于孙正义，因此孙正义才是阿里巴巴真正的大股东。但实际上，马云和他的创业合伙人掌控着企业的日常经营决策。这就是所谓的“人力资本合伙人制度”。人力资本合伙人制度最大的特点是同股不同权。资本方不参与企业经营管理，企业的经营权、管理权由企业创始人和职业经理人进行。

所以未来将进入人力资本价值管理时代。它具有三个特点：第一，人力资本成为企业价值创造的主导要素。第二，人力资本不仅要获得工资待遇，还要参与企业的利益分享。第三，人力资本不仅要参与企业的利益分享，而且要参与企业的经营管理。

本章小结

本章首先介绍了人力资源管理理论的发展历程与各个阶段的主要理论观点及特征，之后分别围绕人力资本理论与经典的激励理论的概念、内涵、管理与应用情况进行了阐述，最后介绍了人力资源管理理论近年来的新发展。

人力资源管理的实践与理论呈现相互影响、相互促进的关系。总的来说，人在经济和社会活动中的作用越来越重要，因此，管理实践就必须给予人更多的关注、更多的回报。而人又具有能动、多样、复杂的特点，并且会随着环境的变化而变化。就此，人力资源管理理论随着实践历史的演变，从多种角度对如何管理人力资源以使其发挥最佳效果进行了多方面的探讨。这些理论在医院管理领域的实践中也已经被广泛而深入的应用。随着管理实践的变化，人力资源管理理论还将不断演进发展。

（周　萍）

第三章　医院人力资源管理制度

学习目标

1. 掌握　医院人力资源管理的宏观政策要求。

2. 熟悉　医院人员配备和岗位管理制度、职业资格和职称制度、工资福利制度等人事制度的基本规定。

3. 了解　医院人事制度的改革方向。

公立医院是我国医院的主体，也是卫生事业单位的重要组成部分。国家对事业单位人事管理的原则、制度具有统一的规范和要求。作为国家事业单位，公立医院开展的人力资源管理活动，必须遵循事业单位人事管理的基本制度。本章主要从事业单位人事管理角度，介绍和分析公立医院人事管理的相关政策规定、基本制度、改革导向等。

第一节　医院人力资源管理的宏观政策

一、坚持党管干部、党管人才原则

公立医院是守护人民群众生命健康的主阵地，是党联系人民、服务群众的重要窗口。坚持党管干部、党管人才原则，是公立医院人力资源管理的基本遵循和根本保证。

1. 党管干部　是党的领导在干部人事工作中的体现，是我国干部人事制度最鲜明的政治特色，其实质是保证党对干部人事工作的领导权和对重要干部的管理权。党管干部既是我国干部人事工作的重要原则，也是一套完善的制度体系。坚持党管干部，就是要突出党组织在干部管理工作中的主体地位和主导作用，由党组织领导和把关，培养选拔信念坚定、为民服务、勤政务实、敢于担当、清正廉洁的好干部；坚持正确用人导向，坚持德才兼备、以德为先，努力做到选贤任能、用当其时，知人善任、人尽其才。坚持党管干部，要着力建设忠诚、干净、担当的高素质干部队伍，重点做好干部培育、选拔、管理、使用工作，构建系统完备、科学规范、有效管用、简便易行的党管干部制度体系，包括建立源头培养、跟踪培养、全程培养的素质培养体系，建立日常考核、分类考核、近距离考核的知事识人体系，建立以德为先、任人唯贤、人事相宜的选拔任用体系，建立管思想、管工作、管作风、管纪律的从严管理体系，建立崇尚实干、带动担当、加油鼓劲的正向激励体系。

2. 党管人才 2003年12月《中共中央国务院关于进一步加强人才工作的决定》提出“党管人才”原则，要求“坚持党总揽全局、协调各方的原则，充分发挥党的思想政治优势、组织优势和密切联系群众的优势，发挥党委领导核心作用，形成党委统一领导，组织部门牵头抓总，有关部门各司其职、密切配合，社会力量广泛参与的人才工作新格局”，明确党管人才主要是“管宏观，管政策，管协调，管服务”。党的十八大以来，国家进一步推进实施人才强国战略，激发人才活力，把各方面优秀人才集聚到党和国家事业中来。2016年3月，中共中央印发《关于深化人才发展体制机制改革的意见》，提出必须坚持党管人才原则，构建科学规范、开放包容、运行高效的人才发展治理体系。充分发挥党的思想政治优势、组织优势和密切联系群众优势，进一步加强和改进党对人才工作的领导，健全党管人才领导体制和工作格局，创新党管人才方式方法。

2018年6月，中共中央办公厅印发《关于加强公立医院党的建设工作的意见》(中办发〔2018〕35号)，要求充分发挥公立医院党委的领导作用，坚持党管干部原则，按照干部管理权限领导医院干部的选拔任用；坚持党管人才原则，讨论决定医院人才工作的政策措施，创新用人机制，优化人才成长环境。2021年5月，国务院办公厅《关于推动公立医院高质量发展的意见》(国办发〔2021〕18号)再次明确，推动公立医院高质量发展，必须坚持和加强党对公立医院的全面领导。坚持党管干部原则，医院党委要按照干部选拔任用有关规定，制定实施医院内部组织机构负责人选拔任用具体办法。坚持党管人才原则，完善人才培养、使用和引进管理办法，建立医院领导班子成员联系服务高层次人才制度，探索建立以医德、能力、业绩为重点的人才评价体系。

二、事业单位人事管理条例

2014年《事业单位人事管理条例》(简称《条例》)正式颁布实施，这是我国第一部系统规范事业单位人事管理的综合性行政法规，对包括岗位管理、公开招聘、聘用制、培训、考核、激励保障、奖惩机制、争议处理等各个方面都作出了原则性规定，是规范事业单位人事管理制度、保障事业单位工作人员合法权益的基本依据。

《条例》明确事业单位人事管理，应坚持党管干部、党管人才的原则，全面准确贯彻民主、公开、竞争、择优方针。对事业单位工作人员的管理，遵循分级分类的原则。事业单位人事综合管理部门负责综合管理工作，主管部门具体负责所属事业单位人事管理工作。事业单位承担建立健全人事管理制度的职责。

《条例》提出国家应建立事业单位岗位管理制度，对岗位类别和等级作出规定。事业单位结合自身情况，开展岗位设置工作，岗位设置方案须报人事综合管理部门备案。事业单位应建立公开招聘制度，除国家政策性安置、按照人事管理权限由上级任命、涉密岗位等人员外，新聘用工作人员应当面向社会公开招聘。事业单位与工作人员须订立聘用合同，合同期限一般不低于3年。

《条例》明确事业单位对人员的考核，要依据聘用合同规定的岗位职责任务全面考核，重点考核工作绩效。同时，考虑到事业单位服务性的特点，考核中应充分听取服务对象的意见和评价。事业单位须编制工作人员培训计划、对人员进行分级分类培训，培训经费应按照国家有关规定予以列支和保障。

《条例》提出国家要建立激励约束相结合的事业单位工资制度和工资的正常增长机制。工资分配应结合行业特点，体现岗位职责、工作业绩、实际贡献等因素，工资水平应与国民经济发展相协调、与社会进步相适应。事业单位工作人员按照国家规定享受福利待遇、依法参加社会保险及退休等。

《条例》列明了事业单位人员奖惩的情形和程序、人事争议处理的情形和程序、违反《条例》规定的情形及法律责任、处理方式等。

三、事业单位领导人员管理制度

2015年，中共中央办公厅印发《事业单位领导人员管理暂行规定》，这是中央专门针对事业单位领导人员管理出台的综合性政策文件，结合事业单位特点和人才成长规律，对事业单位领导人员任职条件和资格、选拔任用、任期和任期目标责任、考核评价、职业发展和激励保障、监督约束、退出等进行的全面规定和顶层设计。考虑到各行业分类改革的用人要求，2017年，中共中央组织部、国家卫生和计划生育委员会印发《公立医院领导人员管理暂行办法》(中组发〔2017〕5号)(简称《办法》)，结合行业特点和公立医院实际，对公立医院领导人员管理作出具体要求。

《办法》明确公立医院领导人员管理，必须坚持党管干部、党管人才，坚持德才兼备、以德为先，坚持依法依规办事，坚持从严管理监督与激励关怀相结合，注意体现公立医院公益性、服务性、专业性、技术性等特点。主管机关(部门)党委(党组)

及其组织（人事）部门按照干部管理权限履行公立医院领导人员管理职责。

《办法》指出公立医院领导人员任职条件和资格的设定，既要遵循事业单位领导人员的共性要求，又要凸显公立医院领导人员的特性。在设定基本资格时，明确要求医院行政领导人员应当经过国家认可的医院院长职业化培训。确因特殊情况在提任前未达到培训要求的，应当在提任后一年内完成。

《办法》明确要求选拔任用公立医院领导人员，应当充分发挥主管机关（部门）党委（党组）的领导和把关作用，积极推进选拔任用方式的多样化。选拔公立医院领导人员，一般采取医院内部推选、外部选派、竞争（聘）上岗、公开选拔（聘）等方式进行，也可以探索其他有利于优秀人才脱颖而出的选拔方式。任用公立医院领导人员，区别不同情况实行选任制、委任制、聘任制。实行聘任制的公立医院领导人员，以聘任通知、聘任书、聘任合同等形式确定聘任关系。

《办法》要求公立医院领导人员一般应当实行任期制，每个任期一般为三至五年。领导人员在同一岗位连续任职一般不超过十年。领导班子和领导人员一般应当实行任期目标责任制。

《办法》明确提出要完善体现公立医院特点的领导人员考核评价、培养教育制度、交流制度、薪酬制度等。考核评价应当以任期目标为依据，以日常管理为基础，以公益性为导向，注重工作实绩和社会效益，注意与公立医院绩效评价工作相衔接。坚持党建工作与业务工作同步考核。实施职业化培训，积极推进不同类别、不同等级医院之间交流，鼓励医院领导人员专职从事医院管理工作。建立容错纠错机制，营造鼓励探索、支持创新的氛围。

《办法》明确提出贯彻全面从严治党要求，完善公立医院领导班子和领导人员特别是主要负责人监督约束机制。同时，对监督的主体、形式、重点、方法措施和处理处罚情形等，以及退出机制及免职（解聘）、辞职（辞聘）、退休等的条件、程序和要求等作出规定。

第二节　人员配备与岗位管理制度

一、编制管理制度

事业单位编制是稳定人才队伍、保障公益性质的重要政治资源。长期以来，公立医院实行事业单位编制管理，对保障公立医院的公益性质，稳定人才队伍，促进医疗卫生事业发展发挥了重要作用。新中国成立后，为指导和加强公立医院组织建设，合理配备人员，1956年，国务院编制工资委员会和卫生部联合发布了《医院、门诊部组织编制原则（草案）》，为公立医院的发展提供了基本遵循和重要保障。为更好地满足人口快速增长和人民群众日益增加的医疗服务需求，1978年，卫生部报国务院同意出台了《综合医院组织编制原则试行草案》（〔78〕卫医字第1689号），规定按照医院病床数量配备工作人员，病床与工作人员之比根据各医院的规模和担负的任务，标准范围为1∶（1.3~1.7）。其中，300床位以下的按1∶（1.30~1.40）计算，300~500床位的按1∶（1.40~1.50）计算，500床位以上的按1∶（1.60~1.70）计算。行政管理和工勤人员占总编的28%~30%，其中行政管理人员占总编的8%~10%；卫生技术人员占总编的70%~72%，在卫生技术人员中，医师、中医师占25%，护理人员占50%，药剂人员占8%，检验人员占4.6%，放射人员占4.4%，其他卫技人员占8%。同时，对医院承担的科研教学任务以及对口支援、保障性任务等院外任务再增编5%~25%。这一政策一直沿用至今，对促进医疗卫生事业健康发展起到了重要保障作用。

2011年开始，国家推进事业单位分类改革，国务院办公厅印发《关于创新事业单位机构编制管理的意见》（国办发〔2011〕37号），提出对事业单位机构编制实行分类管理，“对公益二类事业单位，在制定和完善相关编制标准的前提下，逐步实行机构编制备案制”“可先在中央部门所属高等院校、公立医院进行备案制试点”。2015年国务院办公厅《关于全面推开县级公立医院综合改革的实施意见》（国办发〔2015〕33号）和《关于城市公立医院综合改革试点的指导意见》（国办发〔2015〕38号）提出创新公立医院编制管理，一是在地方现有编制总量内，合理核定公立医院编制总量；二是创新公立医院机构编制管理方式，逐步实行编制备案制，建立动态调整机制；三是在岗位聘用、收入分配、职称评定、管理使用等方面，对编制内外人员统筹考虑。各地围绕核定编制标准、统筹编制资源、编制管理模式等积极推进公立医院编制管理方式改革，取得一定进展和成效。但总体来看，编制管理滞后与公立医院改革发展的刚性需求间的矛盾仍然突出，公立医院编制不足、超编用人与入编难、空编不用等问题并存。

2019年，为规范党和国家机构编制工作，中共中央印发《中国共产党机构编制工作条例》，指出机构编制资源是重要政治资源、执政资源，必须“坚持党对机构编制工作的集中统一领导”“坚持机构编制刚性约束”“录（聘）用人员、配备干部、核拨人员经费等应当以机构编制为基本依据”“坚持机构编制瘦身与健身相结合。适应经济社会发展变化和财政保障能力，管住管好用活机构编制，严控总量、统筹使用，科学增减，不断提升机构编制资源使用效应。妥善处理严控机构编制与满足发展需要之间的关系”。

公立医院编制改革，既要坚持精简统一效能原则，也要妥善解决严控与满足发展需要之间的矛盾，维护公立医院公益属性，合理制定并落实公立医院人员编制标准并建立动态核增机制，指导公立医院人员配备。

二、岗位管理制度

为顺应建立社会主义市场经济体制要求、适应事业单位管理体制改革，2000年6月，中央制定《深化干部人事制度改革纲要》，提出事业单位人事制度改革以推行聘用制和岗位管理制度为重点，逐步建立适应不同类型事业单位特点的人事管理制度。2000年7月，中共中央组织部、人事部印发《关于加快推进事业单位人事制度改革的意见》，明确要建立以聘用制为基础的用人制度，全面推行聘用制度，建立符合事业单位性质和工作特点的岗位管理制度，建立选人用人实行公开招聘和考试制度。此后，中共中央组织部、人事部先后会同卫生、教育等相关主管部门，发布了一系列行业事业单位人事制度改革的具体实施意见。在卫生行业，2000年3月，中共中央组织部、人事部、卫生部联合印发了《关于深化卫生事业单位人事制度改革的实施意见》，对卫生事业单位的人事制度改革作出了总体要求和具体部署。

岗位管理制度是事业单位人事管理的基本制度之一，通过开展科学合理的岗位设置，明确岗位类别和等级、岗位名称、职责任务、工作标准和任职条件等。公立医院现行的岗位设置体系，主要按照2007年人事部、卫生部《关于卫生事业单位岗位设置管理的指导意见》，将卫生事业单位岗位类别主要分为管理岗位、专业技术岗位、工勤技能岗位三大类。①管理岗位：指担负领导职责或管理任务的工作岗位。卫生事业单位管理岗位的最高等级和结构比例，根据卫生事业单位的规格、规模和隶属关系，按照干部人事管理权限设置事业单位各等级管理岗位的职员数量来确定。②专业技术岗位：指从事专业技术工作，具有相应专业技术水平和能力要求的工作岗位。卫生事业单位专业技术岗位分为13级，其中1~4级为正高级、5~7级为副高级、8~10级为中级、11~13级为初级。高级、中级、初级岗位之间，以及高级、中级、初级岗位内部不同等级岗位之间的结构比例，根据地区经济、卫生事业发展水平以及卫生事业单位的功能、规格、隶属关系和专业技术水平，实行不同的结构比例控制。其中，专业技术高级、中级、初级岗位之间的结构比例全国总体控制目标为1∶3∶6。③工勤技能岗位：指承担技能操作和维护、后勤保障、服务等职责的工作岗位。卫生事业单位工勤技能岗位结构比例：一级、二级、三级岗位的总量占工勤技能岗位总量的比例全国总体控制目标为25%左右，一级、二级岗位的总量占工勤技能岗位总量的比例全国总体控制目标为5%左右。

2011年8月，中共中央办公厅、国务院办公厅《关于进一步深化事业单位人事改革的意见》要求全面实施岗位管理制度，事业单位专业技术人员、管理人员、工勤技能人员都要实行岗位管理。国家确定事业单位通用的岗位类别和等级，事业单位遵照有关规定自主确定岗位，实现按需设岗、竞聘上岗、按岗聘用、合同管理。2014年《事业单位人事管理条例》明确国家建立事业单位岗位管理制度。按照上述政策要求，公立医院结合自身职责任务和工作需要，按照国家有关规定设置岗位，制定岗位职责、任职条件等，开展岗位设置工作。2021年，国务院办公厅《关于推动公立医院高质量发展的意见》(国办发〔2021〕18号)要求公立医院进一步落实岗位管理制度，按照医、护、药、技、管等不同类别合理设置岗位，科学编制岗位责任书，实行竞聘上岗、合同管理，激励人才脱颖而出。因此，公立医院应坚持按需设岗、优化结构的原则，充分考虑社会需求、医院发展、人才结构和人才培养等因素，做实做细岗位管理。一是以公立医院公益性功能定位为前提，根据医疗卫生服务需求、工作负荷、服务效率等因素，科学规划岗位设置。二是细化岗位职责，分析不同岗位的工作内容、工作流程、技术要求等，确定各类岗位工作量标准，配备相应数量的医、药、护、技等人员。三是完善岗位竞聘机制，按照岗位设定的职责任务、任职条件、工作标准、聘用期限等，实行竞聘上岗。

三、聘用制

聘用制是转换事业单位用人机制、增强事业单位活力的重要手段。2000年3月，中共中央组织部、人事部、卫生部印发的《关于深化卫生事业单位人事制度改革的实施意见》中，强调要改革卫生事业单位的用人制度，大力推行聘用制。按照公开招聘、择优聘用、平等自愿、协商一致的原则，单位与职工通过签订聘用合同，明确单位与被聘人员的责、权、利，保证双方的合法权益。根据各类不同人员的特点实行相应的聘用办法，实行由身份管理向岗位管理的转变。

2011年8月，中共中央办公厅、国务院办公厅下发《关于进一步深化事业单位人事改革的意见》，强调要全面推行聘用制度，加快完成聘用工作，事业单位与其工作人员应按照国家有关规定签订聘用合同。要把聘用合同作为事业单位人事管理的基本依据，通过聘用合同规范单位和工作人员的人事关系，建立起以合同管理为基础的用人机制。2014年《事业单位人事管理条例》对聘用合同的期限、聘用手续、人事关系确立、解聘情形等进行了法律约束。明确事业单位需与工作人员订立聘用合同，聘用合同期限一般不低于3年。聘用合同的依法解除与终止，意味着事业单位与被解除、终止聘用合同人员的人事关系终止。

2015年国务院办公厅《关于全面推开县级公立医院综合改革的实施意见》（国办发〔2015〕33号）和《关于城市公立医院综合改革试点的指导意见》（国办发〔2015〕38号）均提出要全面落实聘用制度，通过合同制推动形成能进能出、能上能下的灵活用人机制。公立医院按照上述要求，积极落实聘用合同管理工作，按照国家有关规定与员工签订聘用合同，实行合同管理。但实际工作中还存在一些问题，聘用合同规范还存在诸多模糊和缺失的环节。2017年，国务院办公厅印发《关于建立现代医院管理制度的指导意见》（国办发〔2017〕67号），提出要健全人力资源管理制度，建立健全人员聘用管理、岗位管理、职称管理、执业医师管理、护理人员管理、收入分配管理等制度。因此，公立医院人事管理中需进一步强化岗位聘任，完善聘任合同，明确聘任期限，完善聘后管理，加强聘期考核。

四、公开招聘制度

事业单位实行公开招聘制度，主要依据是2006年1月人事部《事业单位公开招聘人员暂行规定》（人事部令第6号），事业单位新进人员除国家政策性安置、按干部人事管理权限由上级任命及涉密岗位等确需使用其他方法选拔任用人员外，都要实行公开招聘。公开招聘要坚持德才兼备的用人标准，贯彻公开、平等、竞争、择优的原则，由用人单位根据招聘岗位的任职条件及要求，采取考试、考核的方式进行。

2011年，中共中央办公厅、国务院办公厅《关于进一步深化事业单位人事改革的意见》进一步明确，要全面实行公开招聘制度，坚持规范程序、分类指导、分级管理，探索符合不同行业、专业和岗位特点的招聘办法，实现事业单位公开招聘制度的规范化。按照要求，针对事业单位落实公开招聘中存在的突出问题，2016—2017年，国家先后出台了《关于进一步做好艰苦边远地区县乡事业单位公开招聘工作的通知》（人社部规〔2016〕3号）《事业单位公开招聘违纪违规行为处理规定》《关于事业单位公开招聘岗位条件设置有关问题的通知》等，对艰苦边远地区县乡事业单位公开招聘工作、事业单位公开招聘中违规规纪行为的认定与处理程序、岗位招聘条件等予以规范。

公立医院按照事业单位公开招聘的要求，对新进专业技术人员、管理人员和工勤人员等均实行公开招聘，由公立医院自行组织，或由政府人事行政部门、上级卫生行政部门统一组织。2015年国务院办公厅《关于全面推开县级公立医院综合改革的实施意见》（国办发〔2015〕33号）和《关于城市公立医院综合改革试点的指导意见》（国办发〔2015〕38号）均提出，落实公立医院用人自主权，对医院紧缺、高层次人才，可按规定由医院采取考察的方式予以招聘，结果公开。2019年3月，为解决基层和县级医疗卫生机构招聘难的问题，国家卫生健康委员会制定《关于进一步加强贫困地区卫生健康人才队伍建设的通知》(国卫办人函〔2019〕329号)，要求县级医疗卫生机构招聘中级职称或者硕士以上人员，全科医学、妇科、儿科等急需紧缺专业人才，可采取面试(技术操作)、组织考察等方式公开招聘。对公开招聘报名后形不成竞争的，可适当降低开考比例，或不设开考比例，划定合格分数线。

第三节　职业资格与职称制度

一、职业资格制度

职业资格是对从事某一职业所必备的知识、技术和技能的基本要求，是专业技术人员和技能人员职业能力及水平的证明。我国职业资格制度是顺应经济社会发展形势、在专业技术人员和工人技术等级考核制度的基础上，借鉴发达国家职业资格管理经验建立的人力资源管理制度。自1993年十四届三中全会提出“实行学历文凭和职业资格两种证书制度”后，国家先后颁发了一系列有关职业资格的法律法规，逐步建立起覆盖各个行业专业技术人员和技能人员、水平评价与准入评价相结合的职业资格制度体系。

(一)职业资格准入制度

国家对关系公共利益或涉及国家安全、公共安全、人身健康、生命财产的职业资格实行准入控制，职业资格获取必须通过国务院有关主管部门组织的统一考试并注册登记后方能执业。目前，卫生行业内实行准入管理的职业资格，包括医师、护士、药师、乡村医生四类。《中华人民共和国基本医疗卫生与健康促进法》第五十三条明确规定，国家对医师、护士等医疗卫生人员依法实行执业注册制度。医疗卫生人员应当依法取得相应的职业资格。

1. 医师资格准入制度　1998年6月26日颁布的《中华人民共和国执业医师法》和2021年通过的《中华人民共和国医师法》(自2022年3月1日起施行,《中华人民共和国执行医师法》同时废止)，均明确规定国家实行医师资格考试制度，医师资格考试分为执业医师资格考试和执业助理医师资格考试。医师资格考试由省级以上人民政府卫生行政部门组织实施，考试合格者获得执业医师资格或者执业助理医师资格，发放医师资格证书。国家实行医师执业注册制度，取得执业医师或执业助理医师资格者，可向所在地县级以上人民政府卫生健康主管部门申请注册。医师经注册后，可以在医疗卫生机构中按照注册的执业地点、执业类别、执业范围执业，从事相应的医疗卫生服务。未经注册取得执业证书者，不得从事医师执业活动。

2014年，为促进优质医疗资源有序流动和科学配置，国家卫生和计划生育委员会等六部委联合制定《关于推进和规范医师多点执业的若干意见》，允许临床、口腔和中医三类专业的医师多地点执业，多点执业医师应当具有中级及以上专业技术资格、胜任多点执业工作、连续两个周期的医师定期考核无不合格记录等。医师多点执业实行注册管理，简化注册程序、探索实行备案管理和区域注册。

2. 护士资格准入制度 现行的护士资格准入制度，主要遵照2008年国务院审议通过的《护士条例》执行。其中明确规定，护士执业应当经执业注册取得护士执业证书。申请护士执业注册，必须经过国务院卫生主管部门组织的护士执业资格考试，考试办法由国务院卫生主管部门会同国务院人事部门制定。经拟执业地省、自治区、直辖市人民政府卫生主管部门审批予以注册，并颁发《护士执业证书》。护士执业注册有效期为5年。2008年，卫生部颁布了《护士执业注册管理办法》，明确规定护士经执业注册取得《护士执业证书》后，方可按照注册的执业地点从事护理工作。未经执业注册取得《护士执业证书》者，不得从事诊疗技术规范规定的护理活动。2010年，卫生部会同人力资源社会保障部颁布《护士执业资格考试办法》，明确规定卫生部负责组织实施护士执业资格考试。考试成绩合格者，可申请护士执业注册。护士执业资格考试实行国家统一考试制度，统一考试大纲，统一命题，统一合格标准。

3. 药师资格准入制度 国家在药品生产、流通领域实施执业药师资格制度，凡从事药品生产、经营、使用的单位均应配备相应的执业药师。1994年人事部、国家医药管理局、国家中医药管理局颁布了《执业药师资格制度暂行规定》（人职发〔1994〕3号）；1999年4月，人事部、国家药品监督管理局下发了《关于修订印发〈执业药师资格制度暂行规定〉和〈执业药师资格考试实施办法〉的通知》，明确执业药师、中药师统称为执业药师。执业药师资格实行全国统一的考试制度，一般每年举行一次，由人事部、国家药品监督管理局共同负责。执业药师资格考试合格者，须按规定向所在省（区、市）药品监督管理局申请注册。注册后，方可按照注册的执业类别、执业范围从事相应的执业活动。未经注册者，不得以执业药师身份执业。

4. 乡村医生准入管理 2003年国家出台的《乡村医生从业管理条例》，规定国家实行乡村医生执业注册制度，县级卫生行政部门负责乡村医生执业注册工作。乡村医生执业证书有效期为5年，有效期满需要继续执业的，应当申请再注册。国家鼓励乡村医生通过医学教育取得医学专业学历，鼓励符合条件的乡村医生申请参加国家医师资格考试。2015年，国务院办公厅印发《进一步加强乡村医生队伍建设的实施意见》（国办发〔2015〕13号），提出建立乡村全科执业助理医师制度，在现行的执业助理医师资格考试中增设乡村全科执业助理医师资格考试。乡村全科执业助理医师资格考试按照国家医师资格考试相关规定，由国家行业主管部门制定考试大纲，统一组织，单独命题，考试合格者发放《乡村全科执业助理医师资格证书》，限定在乡镇卫生院或村卫生室执业。取得乡村全科执业助理医师资格的人员可以按规定参加医师资格考试。

（二）职业技能鉴定制度

卫生技能人员是我国卫生人才队伍的重要组成部分。改革开放之初，我国对劳动工人采用技术等级考核制度，依据不同的考核阶段，发给相应的《技术等级证书》《岗位合格证书》《特种作业人员操作证》或《技师合格证书》等，作为认定等级、应聘职务、使用和调整工资等的重要依据。1993年，劳动部颁发《职业技能鉴定规定》（劳部发〔1993〕134号），明确提出建立劳动者职业技能鉴定证书制度。对技术等级考核合格的劳动者，发放相应的《技术等级证书》；对技师资格考评合格者，发放相应的《技师合格证书》或《高级技师合格证书》。《技术等级证书》《技师合格证书》和《高级技师合格证书》是劳动者职业技能水平的凭证。各级劳动行政部门和各级职业技能鉴定指导中心、职业技能鉴定站（所）负责开展劳动者技能鉴定的组织、管理、协调、实施等工作。1994年，第八届全国人民代表大会常务委员会第八次会议通过《中华人民共和国劳动法》，其中，第八章第六十九条规定，国家确定职业分类，实行职业资格证书制度，由经过政府批准的考核鉴定机构负责对劳动者实施职业技能考核鉴定。自此，我国职业技能鉴定制度正式建立，职业技能鉴定也成为技能人才评价的主要方式。

2000年，卫生部人事司印发《关于成立卫生部职业技能鉴定指导中心和印发〈卫生行业特有工种职业技能鉴定实施办法〉的通知》，决定成立卫生部职业技能鉴定指导中心，负责开展卫生行业职业技能鉴定的有关工作。同时，明确卫生行业开展职业技能鉴定的具体实施办法，并列出了包括病案员、医院收费员、卫生检验员、西药药剂员、中药药剂员、消毒员、防疫员、妇幼保健员、配膳员、医用气体工、口腔修复工、医院污水处理工和医学实验动物饲养工13个卫生行业特有的工种目录。此后，卫生行业结合自身需求，逐步将医疗救护员、健康管理师、生殖健康咨询师、助听器验配师4个职业纳入卫生行业职业技能鉴定范畴。

自2007年开始，针对职业资格制度建设中存在的政出多门、资格泛滥等问题，国家开始职业资格清理行动、推行职业资格目录制度。2014年8月，人力资源和社会保障部印发《人力资源社会保障部关于减少职业资格许可和认定有关问题的通知》（人社部发〔2014〕53号），明确提出“四个取消”：一是取消国务院部门设置的没有法律、法规或国务院决定作为依据的准入类职业资格；二是取消与国家安全、公共安全、公民人身财产安全关系并不密切或不宜采取职业资格方式进行管理的准入类职业资格；三是取消国务院部门和全国性行业协会、学会自行设置的水平评价类职业资格；四是取消地方各级人民政府及有关部门自行设置的职业资格。2017年5月24日，国务院常务会议决定设立国家职业资格目录，对国家职业资格目录实行清单式管理。同年9月，人力资源和社会保障部发布《人力资源社会保障部关于公布国家职业资格目录的通知》(人社部发〔2017〕68号)，国家职业资格目录正式公布。卫生行业鉴定的特有职业中，健康管理师、生殖健康咨询师、口腔修复体制作工、助听器验配师等纳入目录管理。

2019年8月，人力资源和社会保障部发布《人力资源社会保障部关于改革完善技能人才评价制度的意见》(人社部发〔2019〕90号)，要求"改革技能人才评价制度。建立并推行职业技能等级制度，由用人单位和社会培训评价组织按照有关规定开展职业技能等级认定"。2019年12月，国务院常务会议决定分步取消水平评价类技能人员职业资格，推行社会化职业技能等级认定。2020年7月，《人力资源社会保障部办公厅关于做好水平评价类技能人员职业资格退出目录有关工作的通知》(人社厅发〔2020〕80号)中明确要求，2020年底前分批将水平评价类技能人员职业资格退出目录，大力推行职业技能等级认定。至此，卫生行业进行技能鉴定的职业已全部退出目录，转为职业技能等级认定，实施社会化、市场化评价。

二、职称制度

职称，又称"学术和技术职称"，是指专业技术职务的名称，是衡量我国专业技术人员学术技术水平和专业能力高低的重要标志。职称制度是指国家统一管理的，旨在对我国各类专业技术人员在本行业本领域的学术或技术水平、工作能力与工作成就作出评价的制度。职称制度是我国人事制度的重要组成部分，也是专业技术人员管理的一项基本制度。

中华人民共和国成立以来，我国职称制度主要经历了技术职务任命制、专业技术职称评定制和专业技术职务聘任制三个发展阶段。1986年国务院发布了《关于实行专业技术职务聘任制度的规定》(国发〔1986〕27号)，要求建立专业技术职务聘任制度，指出专业技术职务是根据实际工作需要设置的有明确职责、任职条件和任期，并需要具备专门的业务知识和技术水平才能担负的工作岗位，不同于一次获得后而终身拥有的学位、学衔等各种学术、技术称号，并要求在定编定员基础上确定高、中、初专业技术职务结构比例。受聘者有一定的任期，在任职期间领取专业技术职务工资。这一时期，卫生职称工作全面推进。1986年，中央职称改革工作领导小组转发了卫生部《卫生技术人员职务试行条例》，明确卫生技术职务分为医、药、护、技四类，主任、副主任医（药、护、技）师为高级技术职务，主治（主管）医（药、护、技）师为中级技术职务，医（药、护、技）师（士）为初级技术职务。各级卫生技术职务任职资格分别由高级、中级、初级职务评审委员会负责评审。2000年，卫生部与中共中央组织部、人事部联合印发的《关于深化卫生事业单位人事制度改革的实施意见》中提出“要按照评聘分开、强化聘任的原则，实行专业技术职务聘任制，逐步建立符合卫生行业特点的社会化卫生人才评价体系。”同年，卫生部、人事部联合印发了《关于加强卫生专业技术职务评聘工作的通知》，逐步建立政府宏观管理、个人自主申请、社会合理评价，单位自主聘任的管理体制。

2000年12月，人事部、卫生部印发《关于加强卫生专业技术职务评聘工作的通知》(人发〔2000〕114号)，提出卫生初、中级专业技术资格逐步实行以考代评和与执业准入制度并轨的考试制度，即参加国家医师资格考试，取得执业助理医师资格，可聘任医士职务；取得执业医师资格，可聘任医师职务。高级专业技术资格采取考试和评审结合的办法取得。2001年卫生部、人事部印发《临床医学专业技术资格考试暂行规定》《预防医学、全科医学、药学、护理、其他卫生技术等专业技术资格考试暂行规定》及《临床医学、预防医学、全科医学、药学、护理、其他卫生技术等专业技术资格考试实施办法》等文件，建立了初、中级卫生专业技术资格考试制度，初、中级卫生专业技术资格实行以考代评，通过参加全国统一考试取得。2003年，根据卫生部印发的《关于护士执业考试与护理专业技术资格考试并轨的通知》(卫办人发〔2022〕118号)，执业护士资格考试与护理初级（士）资格考试并轨，参加卫生专业技术资格护理初级（士）考试合格者，同时取得从事护理专业技术工作的准入资格。

党的十八大以后，为进一步破除束缚人才发展的思想观念和体制机制障碍，解放和增强人才活力，2016年，中共中央印发了《关于深化人才发展体制机制改革的意见》，其中明确要深化职称制度改革，研究制定深化职称制度改革的意见。改革要突出用人主体在职称评审中的主导作用，合理界定和下放职称评审权限。对职称外语和计算机应用能力考试不作统一要求。按照文件要求，2017年1月，中共中央办公厅、国务院办公厅印发《关于深化职称制度改革的意见》，提出以职业分类为基础，以科学评价为核心，以促进人才开发使用为目的，建立科学化、规范化、社会化的职称制度，完善职称系列、健全层级设置、促进职称制度与职业资格制度有效衔接；完善评价标准，以职业属性和岗位需求为基础，分系列修订职称评价标准，实行国家标准、地区标准和单位标准相结合，突出评价专业技术人才的业绩水平和实际贡献；丰富职称评价方式，建立以同行专家评审为基础的业内评价机制，注重引入市场评价和社会评价；对专业性强、社会通用范围广、标准化程度高的职称系列，推进职称评审社会化，下放职称评审权限，进一步推进简政放权、放管结合、优化服务。

2021年6月，人力资源和社会保障部、国家卫生健康委员会、国家中医药管理局联合印发《关于深化卫生专业技术人员职称制度改革的指导意见》（人社部发〔2021〕51号），明确提出遵循卫生健康行业特点和人才成长规律，以促进人才发展为目标，建立以科学评价为核心，以品德能力业绩为导向的职称评价制度。强调动态调整卫生职称考试或评审专业，促进卫生职称制度与职业资格制度有效衔接。将医德医风考核放在人才评价首位，强化实践导向、突出评价业绩水平和实际贡献，重点评价业务工作的数量和质量。将门诊工作时间、收治患者数量、手术数量、诊疗疾病覆盖范围、开展手术或操作的覆盖范围、单病种诊疗例数、平均住院日、次均费用、并发症发生例数等作为重要指标，建立完善临床医生执业能力评价指标体系。完善职称评价方式，副高级职称原则上采取考试与评审相结合的方式，正高级职称可采取考试与评审相结合的方式或采取答辩与评审相结合的方式，建立完善以同行专家评议为基础的业内评价机制。推动完善行业管理，科学界定、合理下放卫生专业技术人员职称评审权，医疗水平高、技术能力强、人事管理完善、具有自主评审意愿的三级医院（含中医医院）和省级疾病预防控制机构可试点开展高级职称自主评审等。

第四节　工资福利制度

一、薪酬制度

自2006年起，国家对事业单位实行统一的岗位绩效工资制度，事业单位人员工资由岗位工资、薪级工资、绩效工资和津贴补贴等组成。其中，岗位工资和薪级工资属于基本工资，执行统一的工资标准，一般每2年调整一次。①岗位工资：主要体现工作人员所聘岗位的职责和要求，按照事业单位设置的不同等级的岗位对应不同的工资标准。②薪级工资：主要体现工作人员的工作表现和资历。专业技术岗位和管理岗位设置65个薪级，工勤技能岗位设置40个薪级，每个薪级对应一个工资标准。年度考核合格以上等次的，每年增加一级薪级工资。③绩效工资：主要体现实绩和贡献，是收入分配中活的部分。主要分为基础性绩效工资和奖励性绩效工资两部分。基础性绩效工资，主要体现地区经济发展、物价水平、岗位职责等因素，不同类型事业单位基础性绩效工资所占比重，可根据实际情况有所区别，一般按月发放；奖励性绩效工资，主要体现工作量和实绩贡献等，根据考核结果采取灵活多样的分配方式和办法。国家对事业单位绩效工资分配进行总量调控和政策指导，事业单位发放绩效工资不得突破核定的总量。单位在核定的绩效工资总量内，按照规范的程序和要求自主分配。④津贴补贴：主要包括艰苦边远地区津贴、特殊岗位津贴补贴，以及国家规定的改革性津贴补贴、保留性津贴补贴、地方规定不在绩效工资总量范围内发放的其他津贴补贴。

公立医院一直执行事业单位统一的工资制度、工资政策和工资标准，对调动医务人员积极性发挥了积极作用。随着深化医药卫生体制改革和事业单位分类改革的推进，公立医院现行工资制度不能完全适应改革发展形势的要求。建立符合医疗行业特点、体现以知识价值为导向的公立医院薪酬制度，是深化医药卫生体制改革和事业单位收入分配制度改革的重要内容，对确立公立医院激励导向和增强公立医院公益性，调动医务人员和医院的积极性、主动性、创造性具有重要意义。

2016年8月，习近平总书记在全国卫生与健康大会上提出“允许医疗卫生机构突破现行事业单位工资调控水平，允许医疗服务收入扣除成本并按规定提取各项基金后主要用于人员奖励”，即“两个允许”。

2017年1月，按照党的十八大和十八届三中、五中全会关于研究建立适应行业特点的公立医院薪酬制度精神，人力资源和社会保障部、财政部等4部门联合印发《人力资源社会保障部财政部国家卫生计生委国家中医药管理局关于开展公立医院薪酬制度改革试点工作的指导意见》（简称《指导意见》），决定在除西藏自治区外的省（自治区、直辖市）选取样本城市开展薪酬制度改革试点。同年12月，4部门又联合印发《人力资源社会保障部财政部国家卫生计生委国家中医药管理局关于扩大公立医院薪酬制度改革试点的通知》，要求各省（自治区、直辖市）结合本地实际，进一步扩大改革试点范围，按照《指导意见》明确的试点城市外，其他城市至少选择1家公立医院开展薪酬制度改革试点。改革试点的主要内容，一是积极落实“两个允许”要求，在现有基础上合理确定公立医院薪酬水平，探索具有激励性的薪酬制度，并根据医院考核结果建立动态调整机制。二是优化公立医院薪酬结构，以现行岗位绩效工资制度为基础进行探索完善，合理确定公立医院薪酬结构，注重医务人员长期激励，探索实行年薪制、协议工资制、项目工资制等多种分配模式。三是改革医院主要负责人薪酬，采用年薪制等分配方式，根据医院考评结果、个人履职情况等因素确定具体薪酬水平。四是落实医院内部分配自主权，绩效工资由医院自主分配，体现知识、技术、劳务、管理等要素价值，体现医、药、护、技、管理等不同岗位的差异，兼顾不同学科之间的平衡，适当提高低年资医生薪酬水平，推动编制内外人员同岗同薪同待遇。五是健全以公益性为导向的考核评价机制，制定科学的公立医院考核评价指标体系，定期组织考核，考核结果与薪酬挂钩。

2019年，国务院深化医药卫生体制改革领导小组先后印发《关于进一步推广福建省和三明市深化医药卫生体制改革经验的通知》(国医改发〔2019〕2号)、《关于以药品集中采购和使用为突破口进一步深化医药卫生体制改革若干政策措施的通知》(国医改发〔2019〕3号),提出落实“两个允许”要求,及时利用好降低药品耗材费用、调整医疗服务价格等增加的医院可支配收入。积极探索、完善事业单位绩效工资政策,建立符合医疗卫生行业特点的薪酬制度和科学合理的薪酬分配机制,落实公立医疗卫生机构分配自主权,鼓励和允许各地、各公立医疗机构结合实际改革创新。

2021年7月,五部门联合印发《人力资源社会保障部　财政部　国家卫生健康委　国家医保局　国家中医药局　关于深化公立医院薪酬制度改革的指导意见》(人社部发〔2021〕52号),提出适应现代医院管理制度需要,与医疗、医保、医药联动改革相衔接,落实“两个允许”要求,实施以增加知识价值为导向的分配政策,建立适应我国医疗行业特点的公立医院薪酬制度。改革的主要内容,一是强化公立医院公益属性,合理确定公立医院薪酬水平,完善公立医院薪酬水平决定机制。二是充分落实医院内部分配自主权。在核定的薪酬总量内,公立医院可采取多种方式自主分配。可结合本单位实际,自主确定更加有效的分配模式。三是逐步建立主要体现岗位职责的薪酬体系,实行以岗定责、以岗定薪、责薪相适、考核兑现。四是合理确定内部薪酬结构,注重医务人员的稳定收入和有效激励,进一步发挥薪酬制度的保障功能。五是建立健全公立医院负责人薪酬激励约束机制,鼓励对主要负责人实行年薪制。六是健全以公益性为导向的考核评价机制,考核结果与公立医院薪酬总量挂钩。七是提出拓宽深化薪酬制度改革经费渠道,深入推进“三医”联动改革,逐步提高诊疗、中医、护理、手术等医疗服务在医疗收入中的比例。在确保收支平衡的前提下,合理确定人员支出占公立医院业务支出的比重。公立医院可根据考核结果分配医保结余留用资金,主要用于相关人员绩效。

二、社会保险制度

《中华人民共和国社会保险法》规定:“国家建立基本养老保险、基本医疗保险、工伤保险、失业保险、生育保险等社会保险制度,保障公民在年老、疾病、工伤、失业、生育等情况下依法从国家和社会获得物质帮助的权利。”2011年,中共中央办公厅、国务院办公厅《关于进一步深化事业单位人事改革的意见》提出,完善事业单位及其工作人员参加基本养老、基本医疗、失业、工伤等社会保险政策,逐步建立起独立于单位之外、资金来源多渠道、保障方式多层次、管理服务社会化的社会保险体系。2014年《事业单位人事管理条例》明确规定事业单位及其工作人员依法参加社会保险,工作人员依法享受社会保险待遇。

1. 基本养老保险制度　目前，事业单位养老保险主要依据2015年国务院印发的《关于机关事业单位工作人员养老保险制度改革的决定》（国发〔2015〕2号）执行，实行社会统筹与个人账户相结合的基本养老保险制度。基本养老保险费由单位和个人共同负担。单位缴纳基本养老保险费（以下简称单位缴费）的比例为本单位工资总额的20%，个人缴纳基本养老保险费（以下简称个人缴费）的比例为本人缴费工资的8%，由单位代扣。机关事业单位在参加基本养老保险的基础上，应当为其工作人员建立职业年金。单位按本单位工资总额的8%缴费，个人按本人缴费工资的4%缴费。工作人员退休后，按月领取职业年金。根据职工工资增长和物价变动等情况，统筹安排机关事业单位和企业退休人员的基本养老金调整，建立基本养老金正常调整机制。

2. 基本医疗保险制度　是依法对职工的基本医疗需求给予保障的社会保障制度。事业单位基本医疗保险制度，主要参照国务院《关于建立城镇职工基本医疗保险制度的决定》《中华人民共和国社会保险法》执行。职工应当参加职工基本医疗保险，由用人单位和职工按照国家规定共同缴纳基本医疗保险费。用人单位缴费率应控制在职工工资总额的6%左右，职工缴费率一般为本人工资收入的2%。随着经济发展，用人单位和职工缴费率可做相应调整。基本医疗保险基金由统筹基金和个人账户构成。按照2021年国务院办公厅《关于建立健全职工基本医疗保险门诊共济保障机制的指导意见》（国办发〔2021〕14号），在职职工个人账户由个人缴纳的基本医疗保险费计入，计入标准原则上控制在本人参保缴费基数的2%，单位缴纳的基本医疗保险费全部计入统筹基金。

3. 失业保险制度　是为保障失业人员失业期间的基本生活、促进其再就业而建立的社会保障制度。事业单位失业保险制度主要参照《失业保险条例》《中华人民共和国社会保险法》执行，城镇事业单位、城镇事业单位职工依据条例规定缴纳失业保险费。事业单位按照本单位工资总额的2%缴费，事业单位职工按照本人缴费工资的1%缴费。符合条件的失业人员失业前所在单位和本人按照规定累计缴费时间满1年不足5年的，领取失业保险金的期限最长为12个月；累计缴费时间满5年不足10年的，领取失业保险金的期限最长为18个月；累计缴费时间10年以上的，领取失业保险金的期限最长为24个月。失业保险金的标准，由省、自治区、直辖市人民政府确定，不得低于城市居民最低生活保障标准。

4. 工伤保险制度　是为因工作遭受事故伤害或者患职业病的职工获得医疗救治和经济补偿而建立的社会保障制度。《中华人民共和国社会保险法》规定，职工应当参加工伤保险，由用人单位缴纳工伤保险费，职工不缴纳工伤保险费。现行工伤保险费率，自2015年10月1日起，按照不同行业工伤风险类别（一类至八类），分别执行不同的工伤保险行业基准费率。一类至八类行业分别控制在该行业用人单位职工工资总额的0.2%、0.4%、0.7%、0.9%、1.1%、1.3%、1.6%、1.9%左右。同时，通过费率浮动的办法确定每个行业内的费率档次。一类行业分为3个档次，即在基准费率的基础上，可向上浮动至120%、150%；二类至八类行业分为5个档次，即在基准费率的基础上，可分别向上浮动至120%、150%或向下浮动至80%、50%。基准费率的具体标准可根据统筹地区经济产业结构变动、工伤保险费使用等情况适时调整。

5. 生育保险制度 是为维护女职工的基本权益，使她们在生育和流产期间得到必要的经济收入和医疗照顾、保障她们及时恢复健康回到工作岗位而建立的社会保障制度。《中华人民共和国社会保险法》中规定，职工应当参加生育保险，由用人单位按照国家规定缴纳生育保险费，职工不缴纳生育保险费。用人单位已经缴纳生育保险费者，其职工享受生育保险待遇。生育保险待遇包括生育医疗费用和生育津贴两部分。2019年，国务院办公厅《关于全面推进生育保险和职工基本医疗保险合并实施的意见》（国办发〔2019〕10号）要求全面推进生育保险和职工基本医疗保险合并实施，参加职工基本医疗保险的在职职工同步参加生育保险，生育保险基金并入职工基本医疗保险基金。按照用人单位参加生育保险和职工基本医疗保险的缴费比例之和确定新的用人单位职工基本医疗保险费率，个人不缴纳生育保险费。

三、人员奖惩制度

长期以来，我国对事业单位人员的奖惩规定，主要参照机关工作人员奖惩要求执行。2011年，中共中央办公厅、国务院办公厅《关于进一步深化事业单位人事改革的意见》提出，建立符合事业单位特点的奖惩制度，充分发挥奖惩在人事管理中的激励和约束作用。2012年8月，人力资源和社会保障部、监察部公布《事业单位工作人员处分暂行规定》（以下简称《暂行规定》），分别对处分的种类和适用情形、违法违纪行为及其适用的处分、处分的权限和程序，以及处分的解除、复核和申诉等作出明确要求。这是中华人民共和国成立以来第一部全面、系统规范事业单位纪律处分的专门性、规范性文件，是规范事业单位工作人员行为、确保事业单位工作人员依法履职的基本依据。2017年7月，为落实中央从严管理干部的要求，进一步规范事业单位处分工作，人力资源和社会保障部发布《人力资源社会保障部关于贯彻执行〈事业单位工作人员处分暂行规定〉若干问题的意见》（人社部规〔2017〕11号），结合实际工作中贯彻执行《事业单位工作人员处分暂行规定》中的问题，作出补充性说明。2020年，第十三届全国人民代表大会常务委员会第十九次会议通过《中华人民共和国公职人员政务处分法》，明确监察机关应当按照管理权限，加强对公职人员的监督，依法给予违法的公职人员政务处分。其中，公立医疗卫生机构中从事管理的人员，属于本法约束范围。本法同时要求，国务院及其相关主管部门根据本法的原则和精神，结合事业单位的实际情况，对事业单位违法的公职人员处分事宜作出具体规定。

为激励广大事业单位工作人员担当作为、干事创业，建立导向鲜明、科学规范、有效管用的事业单位工作人员奖励制度，2018年12月，中共中央组织部、人力资源和社会保障部印发了《事业单位工作人员奖励规定》(以下简称《奖励规定》)，明确提出事业单位工作人员奖励工作，应当服务经济社会发展，符合事业单位特点，体现时代性、导向性、实效性，丰富奖励形式，发挥奖励的正向激励作用。《奖励规定》对奖励的条件和种类、奖励权限、定期奖励和及时奖励、实施与监督等方面的实施标准和操作规范作出明确要求。

知识拓展

2017年7月，《国务院办公厅关于建立现代医院管理制度的指导意见》(国办发〔2017〕67号)提出健全人力资源管理制度，主要内容包括：建立健全人员聘用管理、岗位管理、职称管理、执业医师管理、护理人员管理、收入分配管理等制度。在岗位设置、收入分配、职称评定、管理使用等方面，对编制内外人员统筹考虑。公立医院在核定的薪酬总量内进行自主分配，体现岗位差异，兼顾学科平衡，做到多劳多得、优绩优酬。按照有关规定，医院可以探索实行目标年薪制和协议薪酬。医务人员薪酬不得与药品、卫生材料、检查、化验等业务收入挂钩。

2021年5月，《国务院办公厅关于推动公立医院高质量发展的意见》(国办发〔2021〕18号)提出激活公立医院高质量发展新动力，其中涉及医院人事制度方面的主要内容包括：①改革人事管理制度，合理制定并落实公立医院人员编制标准、落实公立医院用人自主权等。②改革薪酬分配制度，落实“两个允许”，实行以岗定薪等。③健全医务人员培养评价制度，强化医学生早临床、多临床、反复临床等。

本章小结

公立医院作为国家事业单位的重要组成部分，遵循事业单位人事管理的统一要求。公立医院开展的人力资源管理活动，必须遵循事业单位人事管理的基本制度。

1. 公立医院人力资源管理须坚持党管干部、党管人才原则，遵守《事业单位人事管理条例》。

2. 公立医院人员配备实行事业单位编制管理，按照相应标准核定人员编制。

3. 公立医院人事管理制度主要包括岗位管理制度、聘用制度、公开招聘制度、职称制度、薪酬制度以及社会保险制度等。

（张光鹏）

第四章 医院人力资源管理的系统要素

学习目标

1. 掌握　卫生系统的要素；医院人力资源管理中的卫生系统要素。

2. 熟悉　人力资源在卫生系统各要素中的价值定位；医院人力资源管理中卫生系统相关要素的优化策略。

3. 了解　卫生系统的分类；医院人力资源管理相关系统要素的演进发展。

2016年，我国正式颁布《"健康中国2030"规划纲要》，"健康中国"成为国家战略并得以全面推进。健康中国战略落地需要"为人民群众提供全方位全周期卫生健康服务"，而卫生系统（health system）中的各级各类医院是承担卫生健康服务提供责任的主要力量。世界卫生组织在《2000年世界卫生报告》将卫生系统限定为所有致力于产生卫生行动的组织、机构和资源的总和；卫生行动是指无论是个人卫生保健、公共卫生服务还是部门间发起的以增进健康为首要出发点的行动，包括所有以促进、恢复和维护健康为基本目标的活动。Health system在中文中也被翻译为卫生体系，而体系和系统均有互相联系的整体之义，因此，本章将卫生系统与卫生体系视为同义词。

根据《2000年世界卫生组织报告》，卫生系统应当实现三个基本目标，即提高所服务人群的健康水平、对人群某些希望予以满足和能够保证财务开支不至于过高，其中提高所服务人群的健康水平是最重要的目标。系统论创始人贝塔朗菲指出："任何系统都是一个有机的整体，它既不是各个局部的机械组合，也不是不同组成部分的简单相加，在孤立的状态下，系统的整体功能无法做到正常发挥。"医院是卫生系统重要组成部分，是产生卫生行动的组织之一。卫生系统要实现基本目标需要医院充分发挥功能作用，而医院作为卫生系统的一个子系统，其人力资源管理活动也会受到卫生系统中相关环境要素的影响，要推动医院实现卫生系统目标，需要以系统论为视角，分析医院人力资源管理的相关要素及其相互关系，可为管理者和研究者全面了解医院人力资源管理提供系统性思维。

第一节　卫生系统构成

一、卫生系统的分类

马克思认为社会是“一切关系在其中同时存在而又互相依存的社会肌体”“不同要素之间存在着相互作用”，因此社会系统是一个复杂的多层次系统。研究系统整体和子系统之间、子系统和子系统之间、结构和功能之间、整体与环境之间的相互关系和相互作用对揭示社会这一复杂巨系统的科学规律有重要的研究意义。

卫生系统是复杂社会系统的子系统，其职能包括了监督管理、筹资、服务提供和资源筹措。卫生系统内涵丰富、外延宽泛，深入分析卫生系统对于研究者理解卫生系统及人力资源管理有重要价值，而借由卫生系统的分类问题可对其丰富内涵“以管窥豹”。卫生系统如何进行分类，其学术萌芽可以追溯至于马克思·韦伯的理想类型概念，而通过梳理分类的逻辑可按照归纳法和演绎法将卫生系统分成不同类别。

（一）归纳法分类

归纳法将卫生系统分为政府干预类、筹资与服务类以及筹资－服务－管理三类。

1. 政府干预类　主要是从政府职责角度对卫生系统实施分类，如费尔德（Field）将卫生系统按照政府对医疗资源的控制程度（资金、人才、知识和合法性）等要素，分为多元化、医疗保险、医疗服务和社会化系统四个具体类型。

2. 筹资与服务类　主要是根据筹资来源和服务主体来对卫生系统实施分类。如经济合作与发展组织根据医疗保险覆盖程度、卫生筹资和服务提供模式，将卫生系统分为国家卫生服务、社会保险和私人保险模式。

3. 筹资－服务－管理类　在关注筹资与服务等内容之外，还考虑到了政府管理作用。如莫瑞思（Moran）根据筹资来源、服务主体和管理主体的不同状况，构建了四个卫生系统特征：强势指挥和控制状态、社团状态、供应状态和不安全的指挥和控制状态。北欧国家和英国属于“强势指挥和控制状态”，国家在筹资、服务和管理3个领域起主导作用；德国属于“社团状态”，法律机构和社会团体在筹资、服务和管理领域发挥主导作用，政府主要发挥监督作用；美国属于“供应状态”，卫生服务供应者在筹资来源、服务主体和管理主体上发挥更大的主导作用，而希腊、葡萄牙属于“不安全的指挥和控制状态”，国家在筹资、服务和管理领域的主导地位尚待进一步明确。

（二）演绎法分类

除了归纳法外，演绎法也是卫生系统的类别划分的重要思维方法。较为有代表性的演绎法分类是罗斯冈－文特（Rothgang-Wendt，RW）分类法。RW分类法将卫生系统划分为管理、筹资和服务提供三个部分，与政府－社会－市场维度相对应，政府、社会和市场主体在管理、筹资和服务过程中有不同的角色，进而在卫生系统上投射出27种不同的类型。RW分类法提示管理、筹资和服务提供三者之间的关系是管理处于领导地位，筹资能够决定服务提供，服务提供处于整个层级的底层。

卫生系统分类的最终目标是建设卫生系统的理想类型。根据归纳法和演绎法等理论和各国的实践经验，可将卫生系统抽象为管理、筹资和服务维度，每一维度又可继续分类，通过不同维度的组合，最终可形成卫生系统的科学分类。卫生系统的分类与各国政治制度、经济基础、社会环境、文化传统和卫生制度等因素密不可分。

二、卫生系统的要素

卫生系统的不同子系统之间存在着密切的联系和交互作用，通过相互协同推动卫生系统正常发挥功能，医院是卫生系统中的重要构成部分，卫生系统要素会投射到医院管理环境之中，作为管理者和研究者需要认识医院人力资源相关的卫生系统要素。

（一）世界卫生组织的卫生系统“六要素”

世界卫生组织提出卫生系统包括领导和治理（leadership and governance）、卫生筹资（health financing）、卫生人力（health workforce）、医疗产品和技术（medicines and health technologies）、卫生信息（health information）以及服务提供（service delivery）六个部分。①领导和治理：是指确保战略政策框架与有效的监管、系统各组成部分形成的合力、责任的落实、规制和激励有机集合，并且按照系统设计目标运行的各种活动。②卫生筹资：是指为确保人群健康同时避免因大额医疗支出导致的贫困而筹集充足资金的活动。③卫生人力：是指本着让人群满意、公平和效率原则，在可得的资源和环境下可获得的充分的人力资源数量。④医疗产品和技术：是指确保质量、安全、有效和成本效果的医疗产品、疫苗和其他技术及其科学合理和成本效果利用的各项活动。⑤卫生信息：是指确保健康决定因素、卫生系统绩效和健康状况等可靠信息的及时提供、分析、传播和利用的活动。⑥服务提供：是指本着最小浪费资源的原则，能够有效、安全和确保质量地向需要服务的人群提供及时必要的服务。

（二）卫生系统要素的相互关系

上述六个要素有助于管理者和研究者分析卫生系统及其子系统内部关系特点以及

相互间的协同关系，对这些要素展开系统性研究将帮助我们认识理解卫生系统以及医院等子系统的结构要素、运行规律、作用机制和整体绩效等系列问题。卫生系统内部各要素之间、个体与卫生系统之间、卫生系统与社会系统之间均存在相互联系和相互作用。各要素之间的良好协同联动将有助于卫生系统以及医院等子系统的目标实现，从而使卫生系统发挥出最大的功能和绩效。卫生系统内部六大要素的有机组合和相互影响，不仅影响着卫生系统以及医院等子系统整体系统输出，还会对其他要素的功能发挥产生直接影响。这种相互的影响受到系统内软硬件条件的制约。其中，硬件是指构成系统的组织、政策、法律和筹资框架，以及卫生服务需求；软件是指体系内的各种制度、标准、价值观和程序等。卫生系统以及医院等子系统所服务的对象包括有医疗服务需求的患者、对治疗怀有期望的消费者、为卫生体系提供资金的纳税人、享有卫生保健权利的公民以及为追求和促进健康而采取行动的人群等。我国党和政府强调卫生健康事业要“以人民为中心、以健康为根本”，作为卫生系统的子系统，医院要改善人群的健康状况就需要推进不同上述不同子系统之间的密切合作和相互协同，并基于价值导向重构优质卫生健康服务提供体系。

三、人力资源在卫生系统各要素中的价值定位

卫生系统是社会系统的一部分，目标是要改善人群的健康状况，而这需要卫生系统与社会系统的耦合和共振，不仅需要卫生系统中与健康密切相关的医院等子系统持续改善服务供给，也需要社会各子系统围绕着运行机制和保障要素实现多部门的合作。

健康中国战略提倡将健康融入一切公共政策，通过政策协同，与健康相关的多个部门实现联动，最终实现适宜的卫生筹资、公平的资源分配和有效利用、良好的系统反应性等。在“深化中国医药卫生体制改革六方报告”中，中国医药卫生体制改革联合研究合作方提出了“建设基于价值的优质服务提供体系”的推进路径。在世界卫生组织界定的卫生系统六要素中，卫生人力具有独特的价值。建构和完善卫生系统的领导和治理，离不开提供管理和服务的各类卫生人力。在卫生系统以及医院等子系统从事管理和服务工作的卫生人力是政府能否实现有效监管，医疗机构能否落实战略目标和功能定位，服务对象能否获得优质高效医疗卫生服务的决定性因素。医疗卫生资源包括了应用于临床医疗服务环节的人、财、物、技术、信息以及管理资源，这些资源在应用过程中需要进行高度整合和统一才能够发挥资源合力，而要素整合与医院人力资源管理密不可分。通过医疗卫生机构将人的生产力和创造力释放出来，提供能够满足服务利用者健康需求目标的服务和产品，各种医疗卫生资源才能实现健康效用的最大化，从而依靠人群健康水平的提升来推进经济社会发展和文明进步。

（一）人力资源需要同领导和治理要求相衔接

许多低收入和中等收入国家都面临着卫生系统的人力资源危机，其原因之一在于部分国家的卫生健康管理部门缺乏领导和治理能力。我国医院的高质量发展需要政府卫生治理体系的持续完善和治理能力的不断提升，医院的人力资源管理需要呼应这一要求，精准定位领导和治理能力的短板，有针对性地加强人力资源管理，持续优化治理体系和管理制度框架，及时有效地补强人员素质，为优化服务产出提供治理保障。卫生领导和治理构成卫生人力资源发展的软环境和制度基础，领导管理体制与治理结构的不完善，将影响卫生人力存量资源优化和充分利用，影响卫生人力增量资源的有效开发，导致医院人力资源的配置低效或者无效。卫生人力资源与卫生系统的领导力和治理之间存在着因果逻辑关系。卫生健康管理部门需要提升领导和治理能力，强化人力资源管理，具体路径包括加强多元化共治、职业发展培训、服务质量改善、服务组织再造、工作态度改进等。

（二）人力资源受到卫生筹资水平的影响

在中低收入国家，卫生筹资改革对医疗保险的人口覆盖、医疗服务利用和患者费用支付产生影响，并会影响医院等医疗机构的人力资源配置和绩效管理。医院是知识密集型组织，人力资源流动受到组织的工资水平、薪酬结构等要素影响，而卫生筹资总量和结构则会影响医院的成本补偿。有研究发现，筹资结构中较高的自费比例将有助于边远地方的医疗机构获得成本补偿，而级别较高的医院能够从医疗保险中获取更多的报销份额，这也影响了基层医疗机构对人才的吸引力。当医疗机构无法获取必要的运行成本补偿，也无法对卫生人力实施必要激励时，就会导致服务质量下降，进而影响医院的成本补偿。当卫生筹资不足时，卫生人力成本无法得到足额补偿会诱发医疗机构的逐利倾向和医务人员的道德逆向选择，进而削弱整体的卫生筹资能力。另外，一些非直接针对人力资源的经济激励因素，如职工个人生涯规划、良好的工作环境、医院的设施设备配置等也与医院所获得的成本补偿密切相关，这些因素也会影响机构对人力资源的招聘、配置和充分利用。要加强医疗机构人力资源的开发和管理就需要持续优化卫生筹资政策，通过政府、市场和社会的多种机制实现资源优化和有效供给。

（三）人力资源是医疗技术的主要使用者

医疗技术和卫生信息能否按照功能定位发挥积极作用，很大程度上取决于卫生人力是否具有相应的资源学习和使用能力。医疗技术的日新月异和卫生信息技术的高速发展都给医院人力资源开发提出了更高要求，医院人力资源的不断开发也将有助于卫生技术和卫生信息的不断创新和广泛应用。医院人力资源掌握管理和服务所需的医疗技术，能够帮助医院和科室保障患者安全，改善治疗效果，提高服务效率，优化服务质量，这是医院管理最重要的生命力和创造力来源之一。

（四）人力资源是卫生信息的服务对象

为改善不同医疗服务过程中不同主体之间的信息不对称，医疗卫生服务过程中需要加强健康决定因素、卫生系统绩效和健康状况等可靠信息的及时提供、分析、传播和利用，而信息化则对卫生信息的及时交互提供了有力支撑。伴随着信息化的加速发展，人力资源的信息化能力也成为医院管理的重要支撑力量，各种信息化手段可以帮助医院人力资源减少人为失误，提升服务效率，因此强化医院人力资源的信息化应用能力，也成为医院人力资源开发与管理的重要内容。

（五）人力资源是医疗卫生服务的主要提供者

医院人力资源管理对优化服务提供有着明显作用，而加强服务管理，也可以有效提高人员的满意度、工作绩效和健康水平，从而改善人力资源管理水平，并对医疗服务结果产生正面影响。服务提供中，医疗服务的技术属性和非技术属性都离不开人力资源的开发利用，医院人力资源在服务提供各个环节上的投入将有助于医院改善服务质量，提高服务对象的满意度。目前，优质医院人力资源总量不足、结构失衡、分布不均和配置不科学是我国医院人力资源管理存在的重要问题之一，也是造成部分医院发展质量不高，服务供应出现困局的主要因素。在医院组织管理中，强化人力资源投入，科学实施人力资源开发，加强精细化管理，是医院面临复杂医疗服务环境挑战的关键性化解策略。

第二节　医院人力资源管理活动中的卫生系统要素

一、系统观下医院人力资源管理的关键属性与重要节点

构建新型医疗服务体系，实现医院的高质量发展，须系统剖析医疗服务体系的构成、功能与特征，了解该系统中不同层次子系统的功能及相互关系，同时也需要考虑卫生系统绩效产出的相关影响因素，其中既包括了卫生系统的结构性因素，也包括了实施卫生行动的卫生人力行为和实践活动等过程性因素，同时也应当包括影响人力行为和实践活动的体制、机制因素。医院作为卫生系统的一个子系统，为了确保功能的正常发挥，需要人力资源能够充分按照系统绩效要求采取行动，而这既要依赖于足量的卫生筹资投入，还要取决于医院人力资源的服务能力。

医院人力资源的配置、招聘、利用和绩效管理问题是医院功能运行的关键基础性要素。医院人力资源在各个相关部门之间的分配、转移和利用，不仅体现于其在空间分布上静态的结构性，也应当体现在其量的动态演化调整和价值创造上，而从此角度理解，需要考虑医院人力资源管理的两个关键问题：一是增量资源分配问题，即围绕着医疗卫生服务需求量和健康目标设定投入新的人力资源；二是存量资源调整和优化配置问题，资源配置的“帕累托优化”可以推动资源供需调整，在医院组织内逐步实现配置高效率和效益最大化。

（一）医院人力资源管理的系统观属性

1. 整体性　卫生系统由不同要素或子系统组成，在分析系统问题时需要关注系统结构与功能的关系。医院人力资源管理不仅需要关注人力资源管理本身，也应当将人力资源与卫生系统诸要素相互关联，从系统观视野观察医院人力资源管理问题，从而提升医院子系统功能。

2. 层次性　一个系统总是由若干子系统组成，医院人力资源管理是医院管理诸多子系统中的重要一员，医院又是卫生系统的子系统，而卫生系统又是社会经济系统的子系统，这种层次嵌套构成了系统的多层次性。在观察医院人力资源管理问题时，不仅需要具体分析医院管理环境，还需要考虑层次性，延伸分析医院子系统之上的其他层次系统的问题。

3. 协调性　为更好地满足人们对卫生服务的需求，各个层次上的医疗服务子系统在完成其任务的过程中必须相互支持、功能互补。要充分开发现有医院人力资源，实现优质资源共享，这就需要强化人力资源开发与管理各环节的协调性，这也是矫正卫生系统不均衡、低效率等顽疾的必然药方。市场化背景下，医院等医疗卫生机构不断强化增量资源、优化存量资源，这直接诱发了人力资源中的超规模、超标准配置问题。为保持卫生系统的稳定性，需要协调控制各要素的同步发展，从而以良好的调控机制实现人力资源配置的科学化与合理化。

4. 目标性　随着国际社会“全民健康覆盖”理念的广泛传播及“可持续发展目标”的逐步推进，卫生系统需要重视公平性、可及性、可负担性以及健康产出等价值目标已成为国际社会的共识。在实现人力资源效益最大化时，除了考虑人力资源产生的经济效益外，体现公平性也应当是医院人力资源管理和开发的重要目标属性。

（二）系统观下人力资源管理的重要节点

系统思维关注的是卫生系统的构成和各个子系统的协同，并实现系统集成，产生良好的系统运行效果。作为复杂系统，卫生系统功能的有效发挥应当遵循一般系统的基本原则和重要节点，特别是目标规划、资源结构和信息供应是人力资源管理的重要节点，而这些重要节点也可以通过推动医院的领导和治理、卫生筹资和卫生服务等诸要素的充分发育得以保障。目标规划具有导向、激励、协调和标准等多方面的作用，医院人力资源规划有助于发现医院人才队伍建设中的实际问题，拟定干预措施，促进人员之间的沟通和协调，促进相关人员的能力提升。目标规划应遵循基本的规划研究程序，至少应包括现状调查、卫生问题或危险因素分析、目标分析与优选、策略开发等基本过程。医疗卫生资源结构为医疗服务体系功能运行提供基础设施，包括人力资源队伍、各种开展诊疗服务所必要的医疗仪器设备和良好的工作环境与条件。信息系统为医疗卫生服务提供信息平台支持，包括必要的计算机与网络设备，软件和数据库等软硬件条件以及能够运用信息技术的专业人才，因此，它也是目前医院人力资源管理的重点内容之一。

二、医院人力资源管理中的卫生系统要素

医院的人力资源是医院为服务对象提供符合质量要求的医疗卫生服务，确保医院组织健康可持续发展的关键要素。医院人力资源管理是围绕医院发展战略要求，运用现代科学理论和方法对医院人力资源进行有效开发、合理配置、充分利用，并通过培训、考评、激励等管理手段，充分开发医院员工潜力，调动积极性和创造性，从而最大化实现医院和个人发展目标的一系列活动，主要包括医院人力资源规划、配置、招聘、培训、绩效、薪酬、职业生涯规划等方面内容。世界卫生组织在《卫生人力资源全球战略：卫生人力2030》中呼吁各国要加强人力资源招聘、培训和开发管理，而从卫生系统角度，医院人力资源管理的不同活动嵌合于卫生系统各个关键要素内，在卫生系统运行始终都发挥着重要基础性作用，从而形成以下房屋模型（图4-1）。医院人力资源管理涉及的卫生系统要素主要有以下方面。

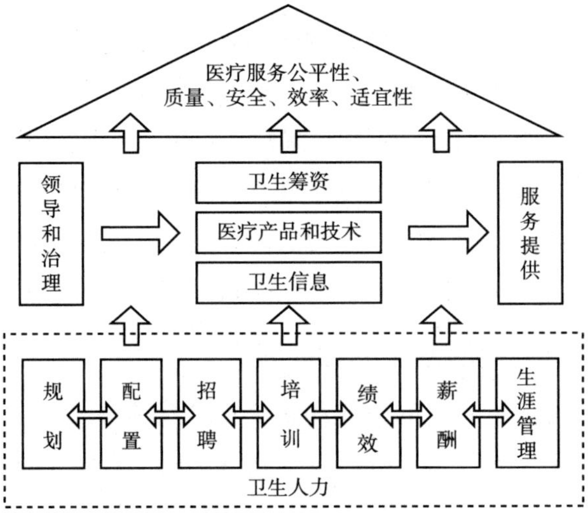

图4-1 卫生人力支撑卫生系统各要素的“房屋模型”

（一）领导和治理

为确保医院发展围绕战略目标实现良好的领导和治理，在医院人力资源管理的相关活动中，需要建立科学的内外部治理结构、制度体系和运行机制。传统上公立医院的人力资源管理聚焦在“人”而非“事”，因此在管理活动中围绕“人”去“定岗、定级、定系数”，“核编定岗、评人定级”，在未来的医院人力资源管理中围绕“事”来“定事、定标、定价值”将是一个重要趋势。在领导和治理中需要强化价值导向，推动医院人力资源管理的领导和治理主体以区域人群健康维护为目标，医疗业务和公共责任履行为导向，医院高质量发展为动力，在医院人力资源规划、配置、招聘、培训、绩效管理、薪酬管理、生涯管理等诸多环节建立制度体系，活化协同机制、责任机制和激励约束机制等管理机制，确保医院优化外部治理政策和内部管理措施，从而按照系统设计目标实现其功能定位。如在人力资源配置中增强管理岗位人员的配置数量和质量，调整管理岗位结构，优化不同管理岗位的设置比例将有助于改善医院的领导和治理水平。

（二）卫生筹资

目前我国人群健康卫生支出的主要流向之一为各级各类医疗机构，而面向市场机制的医疗机构在争取各类筹资来源以实现医院发展战略目标时需要重视内部运营管理，特别是如何在运营中实现人力资源的价值要素将直接决定医院发展质量。公立医院人力资源管理中需要重点关注财务运营指标来推动人力资源的计划、组织、指挥、协调和控制等活动。政府作为“办医者”，应当对承担公共责任的医疗机构“以事定补”，纾解医疗机构的财政资金不足和人力成本投入压力。公立医院目前的卫生筹资渠道主要来源于政府、社会和个人，为了筹足资金、保障人群健康，应当以人力资源管理各环节为抓手，持续改进供给侧的医疗服务和管理质量，优化卫生费用支出流向，提高资金使用效益，避免社会医疗资源的浪费。伴随着卫生筹资的增加，医院需要建立、完善主要体现岗位职责和知识价值的薪酬体系，实现以岗定责、以岗定薪、责薪相实、考核兑现，推动医院人员支出占业务支出的比重逐步调增，体现医院人力资源的实际价值。

（三）医疗产品和技术

医疗产品和技术是支持医院经营活动的重要生产要素，其在实际使用中的质量、安全、有效、科学合理和成本效果在很大程度上取决于医院人力资源数量和质量。医院需要科学分析医疗产品和技术发展趋势，对人力资源未来需求进行科学预测和合理安排，并全面评估医院具体岗位的人力资源配置需求。在人力资源配置中需要全面评估各类岗位人员数量、质量和结构的现况与医疗产品和技术水平要求之间的差距，并根据技术发展要求，加强高技术团队的人员招聘，组织医院医务人员培训，不断更新人力资源的知识结构，强化业务素质，提高专业技能，提高工作绩效。医疗产品和技术的快速发展意味着医务人员要熟练使用医疗产品和技术，需要一定的周期培训，并承担着一定职业风险，因此医院人力资源管理还需加强绩效管理和薪酬管理水平，在制度设计中合理确定、动态调整医务人员的薪酬水平，体现医务人员的技术价值，使其付出和待遇相匹配。

（四）卫生信息

卫生信息的及时提供、分析、传播和利用对医院管理和医疗卫生服务的重要作用得到广泛的认可，其状况影响着医院服务质量、患者安全、运行效率等服务产出，直接决定着医院的经济效益和社会效益实现程度。在医院高质量发展的时代，强化卫生信息相关的人力资源管理活动将帮助医院和医务人员更全面了解服务对象的健康状况和影响因素，从而优化服务产出，提升组织服务绩效。医院管理者需要根据医院信息化建设目标，科学地做好卫生信息专业人力规划。管理者还需要结合医院及其内设机构的功能任务、规模及发展目标，做好卫生人力资源配置，并在盘活存量资源基础上，考虑人岗匹配和优势互补等因素，择优录取能推动医院信息化水平的技术人才。管理者还需要根据岗位要求，强化医务人员的信息素养，通过需求分析、制订计划、实施培训和评估反馈等环节，提高医务人员的信息技术水平，从而帮助管理者获得更为良好的绩效和薪酬管理成效。

（五）服务提供

卫生系统运行中服务提供要求以“最小浪费资源”为原则，有效、安全和确保质量地向需要服务的人群提供及时、必要的服务。医院人力资源管理活动中，要按照卫生系统功能实现系统目标需要科学规划人力资源增量，合理配置和使用人力资源存量。在人力资源管理的系列活动中，管理者应当在培训、绩效和薪酬管理等重点环节嵌入“价值医疗”理念，梳理好服务质量、安全、患者体验和成本的关系。管理者应培养医务人员践行“价值医疗”的能力，在提供各类服务时关注各种资源的投入、产出，从而充分体现医疗卫生服务的经济效益和社会效益。在绩效管理中，管理者需要通过绩效规划制定、绩效辅导、绩效考核、结果运用和目标提升等手段引导医务人员重视“价值医疗”。医院人力资源的薪酬管理受相关政策、社会经济发展水平、市场竞争格局、资源的稀缺程度等因素的影响，管理者需要通过优化薪酬支付原则、策略、水平、结构和给付等方式推动医务人员适应相关政策，持续重视服务提供的“价值”要求，为人群提供更高质量的服务和产品。

医院人力资源管理活动贯穿于卫生系统的领导和治理、卫生筹资、医疗产品和技术、卫生信息和服务提供等要素中，对卫生系统各要素的功能运行和整个卫生系统的目标实现有着极为重要的支撑作用，为优化卫生系统绩效需要持续关注卫生系统诸要素中的人力资源管理活动。

第三节　医院人力资源管理相关系统要素的演进与优化策略

一、医院人力资源管理相关系统要素的演进发展

（一）领导和治理

随着公立医院改革步伐不断加速，跨入新时代后我国公立医院领导和治理水平的演进情况主要如下。

一是制度体系持续完善。2009年新一轮医改启动之后，公立医院改革一直是医疗卫生体制改革的重要内容。2017年7月，国务院办公厅印发《关于建立现代医院管理制度的指导意见》，明确要求全面深化公立医院综合改革，推进现代医院管理制度建设，建立健全医院治理体系，实现医院治理体系和管理能力现代化。该文件还在政策上明确要求“健全人力资源管理、绩效考核、人才培养培训管理”等制度，各地在推进现代医院管理制度建设中还进一步细化相关的政策，为公立医院走向“善治”提供了制度基础。

二是医院治理结构趋向健全。公立医院的外部治理结构加速形成，政府与医院的权责边界以及医院与社会、医院与市场之间的关系由模糊逐渐转为清晰。政事分开、管办分开、医药分开、营利性与非营利性分开逐步推进。随着公立医院治理体系和治理能力发展，医院决策权、监督权和执行权也逐渐实现分离。在人力资源管理上，目前公立医院人力资源规划制定、招聘和解聘非编制内员工、人力资源配置、培训、内部绩效分配、职业生涯等方面有较高的自主权。

三是医院领导体制不断优化。医院决策机制不断健全，党的领导融入公立医院治理结构。明确党委与行政的职权关系，建立党委决策、院长负责的决策与执行体系。党委领导下的院长负责制在公立医院全面推进，进一步优化公立医院管理的决策程序，推进了医院领导体制的主要模式演变，人力资源管理的相关规则也在发生变化。借助于医疗质量安全管理、药事管理等专业委员会，专家作用得到充分发挥，推动了医院

组织结构的更迭换代。医院工会、职工代表大会等在医院管理中的话语权也得到一定程度的增强。

（二）卫生筹资

我国医院的各类资源利用成本补偿和再发展资金主要来自于财政投入、医保支付和患者自付。跨入新时代后，我国卫生筹资的演进情况主要如下。

一是筹资总量逐步提高。卫生总费用是指一个国家或地区在一定时期内（通常是1年），全社会为提供卫生服务所消耗经济资源的经济价值。从1978年改革开放以来，我国卫生总费用持续保持增长趋势，这种增长速度在21世纪之初显得尤为突出。2009—2018年卫生总费用的年平均增长速度为14.45%，超过了中国GDP的年平均增速11.12%，也超过经济合作与发展组织（Organisation for Economic Co-operation and Derelopment）国家的年增速。卫生总费用占GDP比重可以体现一个国家或地区对于卫生事业及居民健康的重视程度，世界卫生组织提出卫生总费用占GDP的比重至少在4.0%~5.0%，我国卫生总费用占GDP比重在总体上呈现为逐年上升趋势。近年来，卫生筹资总量中，流向医院的卫生费用逐年增加，政府的财政也在加大向公立医院的投入。筹资总量的逐步提高为医院的人力资源投入提供了资金支持，弥补了部分卫生人力投入成本。

二是筹资结构发生变化。公共财政在医疗卫生资源配置中具有关键性调整作用。2009年新一轮医改启动前，政府卫生支出常年不足，医疗保障覆盖率仍然较低，保障水平有限，公立医院通过增加服务项目获取发展资金，城镇和农村居民医疗保健支出占消费支出的比重较高，这是“看病难、看病贵”问题的重要诱因。新医改之后，卫生筹资结构发生调整，公共筹资比例不断提高，居民个人负担有所缓解。筹资结构的变化进一步释放了居民健康服务需求，对人力资源管理提出了新要求，这也从需方角度影响了医院人力资源配置。

（三）医疗产品和技术

科学发展推动各种医疗技术进步，直接给服务对象带来良好的健康产出，而医院人力资源在医学技术应用中具有重要作用。跨入新时代后，我国医疗技术的演进情况主要如下。

一是管理制度体系初步建立。为加强医疗服务技术管理，2018年国家卫生健康委员会正式出台了《医疗技术临床应用管理办法》，该办法从制度顶层设计上，建立了医疗技术负面清单管理、医疗技术临床应用质量管理与控制、医疗技术临床应用规范化培训、医疗技术临床应用评估、医疗技术临床应用情况信誉评分等制度，明确了医疗技术监督管理与法律责任。各地根据国家政策相继出台具体实施细则，为医院加强医疗技术管理提供具体指导。各级各类医院积极完善相关的医疗技术管理制度和工作机制，并加强事前、事中、事后各个环节的管理，为医务人员在临床工作中应用医疗技术提供了规范性指引。

二是医疗技术的临床转化应用不断加速。医疗产品、疫苗和其他科学技术快速发展和临床转化为诊断、治疗、护理、康复等提供强力支撑，保障了医务人员临床服务的高质量、高效率、经济性和有效性，改善了患者生命质量。面向基层医疗卫生机构的卫生健康适宜技术推广得到更为普遍的开展；针对临床医学技术的卫生技术评估等活动得到更为广泛的开展，基于循证证据的医疗技术评估活动为医务工作者的临床决策提供了参考。

（四）卫生信息

卫生信息的及时提供、分析、传播和利用有助于医院提高服务质量，改善服务体验，促进和谐医患关系的形成。跨入新时代后，我国医院卫生信息的演进情况主要如下。

一是卫生信息管理政策体系不断健全完善。伴随着卫生信息在医疗服务过程中的重要性日益凸显，卫生信息的相关管理政策得以不断出台和完善。《国家信息化发展战略纲要》《国务院办公厅关于促进和规范健康医疗大数据应用发展的指导意见》《关于促进“互联网+医疗健康”发展的意见》等政策文件和一系列信息化建设规划从全局的高度指明了卫生健康信息化建设的方向，为各级政府、卫生健康行政部门的卫生信息管理提供了政策依据，推动了各类医疗机构围绕管理要求不断细化管理制度。

二是卫生信息交互共享和应用开发不断加速。医疗服务过程中医患双方愈加重视卫生信息，5G技术、人工智能、大数据、区块链、云计算等信息化技术重塑了医院的医疗服务模式，也使医患双方就卫生信息的交流不断加速。为推动医院的高质量发展，政府、医疗保障管理和卫生健康行政部门对医院信息管理和信息共享提出了更高要求，卫生信息成为加强医疗行为监管，提升医疗资源配置效率，推进医疗服务协同，改善医疗服务质量，推进信息技术应用的重要抓手，也成为影响人力资源开发与管理的重要因素。

（五）服务提供

服务提供强调医院和医务人员要秉持价值医疗理念，推动成本管控，充分利用各种医疗卫生资源为人群提供安全有效及时必要的服务。跨入新时代后，我国各级各类医院的医疗卫生服务供给演进情况主要如下。

一是服务提供“量”“质”持续提升。医疗卫生服务量持续增加，2019年全国医疗机构诊疗人次87.2亿，比2009年增加53.4%；住院诊疗人次达到2.7亿，比2014年增加30.4%。服务质量不断提高，基本实现全国每个县建好1~2所公立医院，乡乡有卫生院、村村有卫生室，居民在县域内基本可解决绝大部分疾病救治问题。公立医院医疗技术能力不断增强，医疗质量、安全与效率同步改善，服务流程更加优化，医院管理精细化程度和运营效率不断提升。不同等级医院功能定位进一步落实，分级诊疗制度建设取得阶段成效。

二是资源要素保障持续强化。政府、卫生健康行政部门持续推进各类医疗服务中的资源要素，为服务提供的持续优化奠定了基础。各级政府、卫生健康行政部门、医疗保障行政部门等相关管理部门，从顶层设计上对服务供给资源提供了大量政策工具，丰富了制度供给。各级政府、卫生健康行政部门、医疗保障行政部门、财政管理部门、发展和改革委员会、土地管理部门持续加强医疗供给的各类资源建设，为优化医疗卫生服务提供了重要基础。各级各类医院立足市场竞争格局，持续挖掘自身潜力、改善经济运营管理、推进精细化服务，通过盘活存量资源、优化增量资源投入、增强核心竞争力等手段，为医疗卫生服务提供持续动能。

二、医院人力资源管理中卫生系统相关要素的优化策略

（一）领导和治理

世界银行在对各国的公立医院改革进行分析时创立了Preker-Harding模型。该模型按照决策权、剩余索取权、市场风险程度、问责和社会功能等维度将公立医院治理模式分为政府直接管理的预算制医院、自主化医院、法人化医院及私有化医院。目前我国公立医院在领导和治理上存在的问题如下。

1. 发展不平衡问题 东西部之间、经济发达地区与欠发达地区之间、城市与县域之间的公立医院在医院的领导和治理方面存在发展不同步问题。东部、经济发达地区和城市公立医院在领导和治理上发展水平更高，而西部、经济欠发达地区和农村地区的部分公立医院仍然存在着政事不分、管办不分的顽疾。发展不平衡问题直接影响了不同地方在医院人事改革上的推进力度，也在医院人力资源规划、招聘、配置、培训、绩效、薪酬、生涯规划等管理上出现发展的差异性。

针对公立医院治理发展的不平衡问题，需要精准施策、推进分类管理。制度环境和发展基础决定治理结构，在公立医院治理改革的路径选择时，发达地区和欠发达地区在治理结构选择上需要因时制宜、因地制宜。前者可以继续完善管理机构法人化，推动扩大自主权，增强激励机制，改善服务效率和质量；后者则可以重点推进自主化治理模式改革，在增加激励的同时，形成约束和制衡机制，确保公立医院的公益性。

2. 发展不充分问题 根据Preker-Harding模型，我国公立医院的治理类型是预算

制、自主化和法人化三种类型的一种混合体，又兼有私有化医院的特点。在经济社会发展中，公立医院管理者获得了更多的国家授权实施自主化管理，但目前尚待解决的最大问题就是各个改革维度的发展不充分问题。医院管理者的决策权仍然不充分，在医院员工编制、编制内员工工资、薪酬分配上还受到一些政策的限制。公立医院的问责机制发育不充分，政府预算制管理模式削弱了公立医院的自主经营权，影响人力资源管理的决策和实施过程。政府对公立医院社会功能的补偿仍然不充分，医院需要依靠市场机制（如政府购买社会服务）或社群机制（如政府促进社会捐赠）才能获得必要的人力成本补偿。剩余索取权实现不充分，人事薪酬制度和员工激励机制受到各种政策限制，“允许医疗卫生机构突破现行事业单位工资调控水平，允许医疗服务收入扣除成本并按规定提取各项基金后主要用于人员奖励”等薪酬制度在部分地方落地缓慢。公立医院，特别是中小型医院面临激烈的市场竞争时抵御市场风险的能力较弱，在人才招聘、人力配置等方面吸引力不足。

通过加强领导，调整治理结构和具体策略，医疗服务体系可能会发生结构性变化，包括卫生人力在内的各系统要素都会得以重新调整，而领导和治理制度环境和实施方法的变化会影响医院发展的制度性和关联性。在公立医院治理体系建构中，要转变治理结构，加快转变政府职能，厘清政府与医院及医院内部的权利、责任和义务配置；要进一步明确党委与行政的职权关系，建立完善党委决策、院长负责的决策与执行体系；要加强部门间沟通和协商，做好政策衔接，推动三医联动；要制定完善符合医院治理实际的章程，发挥章程对医院精细化管理的统领作用；要持续完善现代医院内部管理制度，发挥制度的治理效能。公立医院在高质量发展进程中，外部治理政策和内部管理措施均应服务于医务人力资源的价值提升。这需要进一步实现医院的决策自主权和问责机制，在强化保障的同时，让医院有更多的抵御市场风险和履行社会功能的能力，同时完善医疗服务价格、职业生涯、薪酬核定等制度建设和岗位管理、绩效分配等体系建设，通过治理体系的完善和治理能力的提升，激发医务人员潜能，形成规范的行为标准和正向的价值导向，为公立医院的高质量发展提供第一资源。

（二）卫生筹资

不同来源的卫生筹资对人力资源开发与管理也产生一定影响。目前在卫生筹资上我国公立医院存在的问题和破题思路主要包括：

一是过快增长问题。卫生总费用的过快增长会给政府和居民个人造成了经济负担，而卫生筹资水平较高的国家，其健康产出也不一定很好。卫生总费用对医疗服务供给侧有较强的补偿功能，可用于改善医疗卫生服务设施，优化卫生技术人员配置，扩大服务供给等，但卫生总费用转化为上述服务要素的效率较低。我国卫生总费用增长过快，特别是不合理增长，造成政府财政负担，还会导致资源浪费和社会损失。

在医院管理中需要采取相关策略措施来缓控卫生总费用的过速增长，特别是不合理增长。不同地区间政府公共财政投入不均衡、城乡卫生资源配置失衡、信息不对称产生诱导需求、医院绩效评价机制不科学等问题在一定程度上导致了我国卫生总费用的不合理增长，因此在控制卫生总费用增长时，需要推进资源配置优化，提高资源利用效率，改革医保支付方式，提高地区间保障能力的均衡性，改革完善医务人员激励机制，减少不合理医疗费用。

二是结构失衡问题。新医改后政府财政投入规模虽然保持增长，但政府卫生支出仍然不足。政府财政投入经由卫生、财政和发改委等多部门审批后主要用于对使用寿命在一定时期以上的设施进行投资，例如基建与装修、大中型设备购买所需的费用。由于行政机制而不是市场机制在财政投入中发挥着决定性的作用，这导致各种医疗资源的配置严重倾斜于城市地区和大型医院。随着政府卫生投入规模不断扩大，健康指标持续改善，但不同地区之间差异较大，且易受到各级政府财力增速下降的冲击。中国各地区医疗卫生物力资源配置向合理趋势发展，但卫生技术人员差距改善相对较慢。医院和基层医疗卫生机构的人力资源配置失衡程度也仍然在增加，并表现为数量、质量的双重失衡。医院若获得大量的政府财政补助，则其能够在现有发展基础上进一步巩固人才高地优势，而人才又带来了医疗技术上的开发和积累，进一步形成另外一种类型的“马太效应”。

改善卫生筹资还需要优化筹资结构。研究发现，财政投入强度对于医疗卫生服务供给存在显著的政府间互动和正向溢出效应，政府卫生支出较社会、个人卫生支出对提升医疗卫生服务保障的促进效果更显著。在筹资结构调整中需要加强财政资金投入力度，进一步扩大基本医疗保险覆盖面和保障能力，减少个人卫生支出负担。同时要完善政府间的转移支付制度，针对地区间投入不平衡现象，加强政府间的转移支付。

（三）医疗产品和技术

用于临床的医疗技术包括了药物、设备、诊断、治疗方法及其他的临床干预手段，目前我国的医疗技术尽管在质量、安全、有效等方面得到快速进步，但在发展中仍然存在一些问题等待破解。

一是政策制度体系仍然不够健全。《医疗技术临床应用管理办法》出台为政府主管部门和公立医院等主体实施医疗技术管理提供了政策依据，但在医院管理中实现科学高效的医学技术管理仍然面临着政策制度缺位和失位问题。例如，管理办法的配套制度仍然不完善，部分技术管理规范未及时调整，医疗新技术从临床研究到临床应用的管理政策亟待进一步明确，医院医疗技术同质化管理现象较为突出，医疗技术临床应用伦理审查办法还待细化等。

为解决政策制度体系不够健全的问题，需要进一步完善相关的政策和制度体系，建立国家卫生评估体系，实施分级分类卫生技术评估，落实医院的管理主体责任，出台医疗技术临床应用伦理审查指导意见等具体管理办法，推进管理制度体系与临床医疗技术管理进一步紧密结合。

二是满足多元化需求的筹资机制尚待建立。目前我国的医疗保障制度设计主要考虑到保障人民群众的基本医疗需求，多层次医疗保障体系仍待形成，对于基本医疗需求之外的特殊医疗需求基本未纳入保障范围。对于有特殊医疗技术需求的患者保障力度偏弱。

要完善筹资机制，就需要加快建设多元化的医疗保障体系，在保障基金安全的前提下推进医保的保障水平提升。按照世界卫生组织的相关建议，逐步推动性价比高、价格昂贵的救命药物纳入到基本药品目录和医保药品目录，持续完善医疗保障的筹资机制。

三是仍然缺乏具备成本效果医疗技术的推广激励机制。医疗保障是医疗技术应用的主要支付方，但扭曲的价格形成机制和报销政策使得医务人员的技术价值未在医疗服务价格上得到充分体现。为确保公众能够负担得起医疗保健服务，医疗服务价格（包括医务人员的薪酬待遇）都被控制在一个较低水平。采购政策上，由于竞争性市场和集中招标采购等原因，低成本药品等医疗技术的应用并未得到广泛推广。医生个人行为上也更多以诊疗经验而非循证证据或卫生技术评估结果作为医疗技术应用的临床决策依据。

要完善激励机制，就需要改革价格、保险支付、药品采购、医疗技术准入、药物评价等管理政策和体制机制，改革人事薪酬制度、人才教育培养等医院管理制度，为临床应用最具成本效益的医疗技术提供经济激励。进一步推进卫生技术评估等技术在药品谈判、政府采购、医院成本管控等环节的使用，培养医生科学临床决策的能力，推动基于循证证据的医疗技术得到广泛应用。

（四）卫生信息

卫生信息交流、共享与卫生信息化的快速发展加强了各类医疗机构的资源共享，提升了医务人员的服务效率和管理效率，保障了医疗机构的发展质量，也为个人落实健康第一责任人提供了有力工具，而在发展中仍然存在着的问题主要有：

一是卫生信息共享机制尚待进一步完善。2016年的《“健康中国”2030规划纲要》中明确提出，要“消除数据壁垒，建立跨部门跨领域密切配合、统一归口的健康医疗数据共享机制，实现公共卫生、计划生育、医疗服务、医疗保障、药品供应、综合管理等应用信息系统数据采集、集成共享和业务协同”，不同医疗机构之间的信息共享是推进医疗资源整合实现服务同质化的重要抓手，但目前不同医院之间的信息共享通道还存在体制机制障碍，各医疗机构信息系统“烟囱林立”“信息孤岛”现象较为突出。医患之间对卫生信息有强烈需求，为规范医疗卫生机构的信息公开工作，提高医疗卫生服务水平，方便公民、法人和其他社会组织获得医疗卫生机构的服务信息，2021年12月国家卫生健康委、国家中医药局、国家疾控局联合下发《医疗卫生机构信息公开管理办法》对卫生信息公开提供了政策依据，而医疗机构信息公开措施仍待继续细化，面向普通民众的信息公开工作仍需大力推进。

为实现不同主体之间的信息共享，需要多个管理部门之间加强协同联动，在制度设计层面，加快推进信息标准化建设步伐，进一步细化相关的规定，为健康医疗数据共享提供标准和实施路径。各级各类医院要以电子病历和电子健康档案建设为抓手，以智慧医院建设、互联网医院建设为契机，进一步推进各项卫生信息管理政策的落地，逐步实现医院与医院之间、医院与患者之间的卫生信息互联互通。

二是卫生信息的相关资源建设还需要再加力。信息化是实现卫生信息交互共享的重要基础设施，随着医院高质量发展对管理提出更高要求，如何通过信息化工具积极应对发展中的各种挑战，实现高质量发展成为管理者需要思考的重要课题。医院需要加强建设，应对运营管理、惠民服务、医疗支持、数据利用、服务创新和信息安全等方面的新形势新挑战和新要求。面对医院管理的环境变化，需要加大信息化的各类资源投入，确保信息等新基建工程对医疗服务的支撑功能得以实现。

进入新时代后，公立医院由规模扩展转向内涵式发展，高质量发展成为指导公立医院发展的价值指引，而《国务院办公厅关于推动公立医院高质量发展的意见（国办发〔2021〕18号）》中明确提出公立医院的高质量发展需要“推动云计算、大数据、物联网、区块链、第五代移动通信（5G）等新一代信息技术与医疗服务深度融合。推进电子病历、智慧服务、智慧管理“三位一体”的智慧医院建设和医院信息标准化建设。大力发展远程医疗和互联网诊疗。推动手术机器人等智能医疗设备和智能辅助诊疗系统的研发与应用。建立药品追溯制度，探索公立医院处方信息与药品零售消费信息互联互通”。公立医院的高质量发展还需要政府财政持续投入和体制机制变革，特别是针对信息化相关人才队伍的建设，需要在人才规划、招聘、培训、薪酬待遇等方面加强配套支持，避免信息化人才“招不到、留不住”。

（五）服务提供

高质量的服务提供是确保卫生体系功能发挥的关键环节，尽管公立医院在医疗卫生服务提供上仍然占主体地位，但还有不少短板需要补强：

一是服务提供的碎片化状态仍需调整。2016年7月22日由世界银行、世界卫生组织和国家财政部、国家卫生计生委、人力资源和社会保障部等部门联合发布《深化中国医药卫生体制改革，建设基于价值的优质服务提供体系》研究报告，在报告中提到“构建以人为本的整合型医疗卫生服务体系（PCIC）”。整合型医疗卫生服务体系能为人群提供全方位、全生命周期、多层次、连续性的医疗卫生健康服务，目前我国的整合型医疗卫生服务体系尚未形成，服务主体分散，管理制度联而不合，不同部门间协同度不够，且大医院“虹吸”基层医疗卫生机构现象较为突出。

医疗服务体系建设需要强调“以人为本”，医院作为医疗卫生服务的主要提供者，需要以人群健康需求为导向，强化连续性医疗卫生服务提供。各级各类医院需要明确自身功能定位，加强能力建设，形成差异化发展的竞争格局。在体系建设中要打造国家级和省级高水平医院，发挥公立医院在城市医疗集团中的牵头作用，发挥县级医院在县域医共体中的龙头作用，同时推进医防融合，建立健全分级分层分流的重大疫情救治体系。通过建立完善城市医疗集团、紧密型县域医共体、发展专科联盟、远程医疗等多种形式的医联体，加快推进优质医疗资源的扩容下沉和共建共享，推进医疗服务体系重构。

二是公立医院发展的不充分和不平衡问题仍然存在。公立医院发展不充分问题得到一定程度缓解，但不平衡问题仍然较为突出。总体而言，公立医院服务能力仍然有待进一步提升，内部管理水平也有待进一步提高，但经济发达地方的公立医院比欠发达地方的公立医院服务能力更强，管理精细化程度更高，运营状况更好，在整体表现方面优势也更为突出。

针对公立医院的发展存在的不充分不平衡问题，需要以公立医院高质量发展为目标，引领公立医院高质量发展新趋势，以满足重大疾病临床需求为导向建设临床专科，以专科发展带动诊疗能力和水平提升。持续改进医疗质量管理体系和标准体系，提高不同地区、不同级别公立医院医疗服务同质化水平。推动原创性疾病预防诊断治疗的新技术、新产品、新方案和新策略等产出，推进医学技术创新。要提升公立医院高质量发展新效能，整合医疗、教学、科研等业务系统和人、财、物等资源系统，建立医院运营管理决策支持系统，推动医院运营管理的科学化、规范化、精细化，加强全面预算管理，完善内部控制制度，进一步健全绩效评价机制。

三是公立医院发展的动力机制还待强化。公立医院是我国医疗卫生服务提供的主体，“推进公立医院改革”是新医改方案确定的五项重点改革内容之一，但各地在公立医院改革中进度不一，发展的动力机制还存在问题。人力资源是公立医院高质量发展的最大动力，以人力资源开发与管理为例，不少欠发达地区还存在人事编制政策僵化，薪酬制度改革进展缓慢，“允许医疗卫生机构突破现行事业单位工资调控水平，允许医疗服务收入扣除成本并按规定提取各项基金后主要用于人员奖励”政策落实迟缓等问题。

针对公立医院发展的动力机制不足问题，需要持续激活公立医院高质量发展新动力，持续改革人事管理制度、薪酬分配制度和医务人员培养评价制度。推动公立医院编制管理科学化，合理制定并落实人员编制标准，建立动态核增机制。进一步落实公立医院用人自主权，落实岗位管理制度。合理确定、动态调整公立医院薪酬水平，推动建立主要体现岗位职责和知识价值的薪酬体系，推动实现“两个允许”。加强医学生培养，落实住院医师规范化培训、专科医师规范化培训和紧缺护理专业护士的培养培训，推动继续医学教育。改革完善人才评价机制，坚持分层分类评价，合理设置评价标准。

本章小结

卫生系统内涵丰富、外延宽泛，深入分析卫生系统对于研究者理解卫生系统及人力资源管理有重要价值，本章内容主要聚焦卫生系统视角下的医院人力资源开发与管理。第一节以卫生系统类型入手，梳理出归纳法和演绎法对卫生系统的分类。在此基础上介绍了世界卫生组织提出的卫生系统六要素，讨论了人力资源与卫生系统各要素的相互关系。第二节归纳、总结了医院人力资源管理中的系统观属性，分析了医院人力资源管理的重要节点，并重点分析了医院人力资源管理中的卫生系统要素情况。第三节介绍了医院人力资源相关卫生系统要素的演进情况与管理策略，从领导和治理、卫生筹资、医疗产品和技术、卫生信息、服务提供等方面介绍人力资源管理相关要素的发展变化，并针对存在的问题提出了相应的解决对策。

（柯　雄）

第五章　医院人力资源管理研究方法

学习目标

1. 掌握　医院人力资源管理研究的基本步骤。
2. 熟悉　医院人力资源管理研究的基本方法。
3. 了解　医院人力资源管理研究基本方法的应用场景、常用的分析软件及其应用。

许多医院人力资源管理问题需要通过科学研究加以解决，因此，医院人力资源管理人员及学习医院人力资源管理的人员需要理解和掌握一些基本的卫生管理研究方法。本章将介绍卫生管理研究的常用方法，以及一些用于人力资源管理的特殊研究方法。

第一节　研究步骤

一、研究问题的提出

一项好的研究起始于一个好的研究问题。研究问题的提出来自于日常对医院人力资源管理的经验积累以及国内外相关文献的阅读。医院人力资源管理研究问题通常有以下几类：第一类研究问题是现状问题分析，旨在发现医院人力资源管理中存在的问题，分析问题背后的原因，并提出改进管理的解决方案。如医务人员满意度研究、医务人员培训现状研究等。第二类研究问题是评估研究，针对政府或医院采取的相关改革政策，评估其实施过程和实施效果。这些改革政策既可以是专门针对医院人力资源管理的政策，也可以是宏观的医院管理政策，乃至更加宏观的卫生体系改革政策。评估类研究的问题包括：政策是否按照设计初衷执行实施？哪些因素促进或者阻碍了政策实施？政策实施为医院人力资源管理带来了哪些预期的和非预期的影响？等。第三类研究问题是对未来的规划，提出医院人力资源未来中期或长期的发展目标和发展策略。除此之外，其他类别的研究问题还包括标准或规范的制定等。

二、研究设计

提出了医院人力资源管理的研究问题之后，研究者在试图观察、分析或解决这个问题之前需要有一个研究计划，判断需要观察和收集什么、分析什么，如何安排研究过程等，这就是研究设计的内容。

1. 将研究问题转化为研究变量和研究假设 研究设计过程中，研究者首先需要对研究问题进行剖析和界定，确定研究问题中涉及的主要概念和变量，以及这些变量之间可能存在的联系。

一个研究问题是由很多基本要素构成的。要使一个研究可行、可操作和可测量，需要先对研究问题中涉及的要素“概念化”，即将用普通语言表达的研究问题转化为能够明确界定的研究概念，最终转化为能够测量的变量，这就是研究问题的“概念化”过程。如要研究医务人员的激励机制，而激励机制是一个相对抽象的宏达的概念，可以进一步具体到“经济激励”和“非经济激励”。经济激励又可以进一步细化为“月收入”“奖金占收入比例”等具体可以测量的变量。

研究设计时，要思考变量之间可能存在的联系。以“远程培训对医务人员的知识和行为的影响”为例，是否参加远程培训以及参加远程培训的次数和时长等变量是引起医务人员知识和行为改变的可能原因，参加远程培训是自变量，而医务人员的知识和行为则是因变量或结果变量。

在确定了概念及变量之后，许多人力资源管理研究会提出需要验证的研究假设，用以明确研究变量之间的关系，指导研究设计和研究方法的选择。同样以远程培训为例，研究假设可以是“与传统的面对面培训相比，远程培训更有利于提高医务人员的知识水平”。

2. 选择研究方法 要根据研究问题和研究假设选择合适的研究方法。研究方法的分类和界定有很多种，最常用的分类是定量研究和定性研究。

（1）定量研究：研究者对概念的观察和收集以定量数据的形式呈现，以便于将资料进行集合和对比，进而为统计分析提供了可能。因此定量研究有助于更精确地描述和明晰概念之间的关系。

（2）定性研究：并不将研究问题中设计的概念进行量化，而是在自然情境下对社会现象或事物采用非量化方式收集描述性资料、以归纳法分析诠释资料并形成理论的研究方法。

除了用上述定量和定性方法进行一手数据或资料的收集分析，要解决医院人力资源管理相关问题，对已完成的同主题研究进行评价和综述也能在一定程度上提供答案。综述研究就是从大量的、分散的、质量不等的原始研究中提炼出高质量的整合结论。在进行医院人力资源管理的研究设计之前，综述研究也可以了解该问题的研究进展，寻找研究空白，避免重复研究和资源浪费。

三、研究资料的收集、整理和分析

1. 资料的收集 根据研究设计中所确定的研究方法，收集研究所需的资料。这些研究资料可以是文献资料，可以是已经存在的二手资料，如相关的统计年鉴，也可以是研究者亲自收集的一手研究资料，如通过问卷调查或者定性访谈收集的资料。资料收集过程中，研究者要尽量保证数据资料的完整性和准确性。

2. 资料的整理和分析 资料整理工作包括将定量资料按照统一格式录入电脑，对每一个变量进行描述，了解变量的缺失值及异常值情况，并做相应的清理。对于定性资料，将谈录音或现场记录，转化成文字形式。资料分析过程，需要根据研究问题和研究目的，选用恰当的方法对定量资料和定性资料进行系统深入的分析。对资料分析结果进行反复讨论和修改，形成主要的研究发现。

四、研究报告的撰写

在资料分析的基础上，完成研究报告。研究报告的结构通常包括：摘要、前言、研究方法、研究结果、讨论、结论和建议、参考文献、附录等。在撰写研究报告时，要始终围绕研究问题和研究目的，特别是最终的研究结论和政策建议要基于实证研究的结果，并紧扣研究目的。

五、研究结果的传播

完成研究报告后，要根据研究的性质和目的，进行适当的传播：一是以政策简报或者大摘要的形式，提交相关决策部门，最终用于医院人力资源管理政策的改进。二是以会议报告或者研究论文的形式传播，与同行交流研究方法与研究发现，促进医院人力资源管理这一学科领域的发展。

第二节　定量研究方法

定量研究是医院人力资源管理研究中最常用的研究方法。定量研究主要解决的问题是描述变量的特征以及分析变量之间的关系。在变量之间的关系中，能起到解释问题根源或者解决方案效果的“因果关系”识别最受关注。在医院人力资源管理研究中，诸如“医务人员职业倦怠现状”“医务人员薪酬水平”“绩效分配对医务人员工作绩效的影响”等研究问题都可以用定量研究方法来回答。

定量研究包括一系列的设计方法。其中调查研究（问卷调查）是最常用的方法。调查研究可以描述医院人力资源管理的现状和存在的问题，分析影响医院人力资源管理的因素等。如果对同一个人群重复进行问卷调查（队列研究），所得到的结果可以进行前后比较，或者分析某些指标随时间变化的趋势，以及影响变化的因素。

有一些研究问题，需要研究者对研究对象施加特定的干预措施，如培训、绩效分配方案的改变等。这种情况下开展的研究称为实验研究，通常将研究对象随机分配到不同的组中，对各组分别采取不同的干预措施，称为随机对照实验。在医院人力资源管理中，也有一些特殊的研究方法，如离散选择实验，该方法采取了实验研究的设计思路，但实际上是一种观察性研究，并没有对研究对象真正实施干预。

本节将介绍常见的调查研究设计和方法，并介绍离散选择实验的设计和实施流程。

一、调查研究

调查研究适用的研究问题非常广泛，现况分析、影响因素分析、效果评价都需要通过调查研究来了解每一个变量的现状和分布、探索变量之间关系。如通过问卷调查了解医务人员的工作量、工作满意度、离职意愿、薪酬水平等。在调查研究中，研究者需要确定研究对象的总体和样本，利用问卷作为收集资料的工具。

（一）抽样方法

调查研究中选择研究对象的过程就是抽样过程。抽样方法分为两类，即概率抽样和非概率抽样。在概率抽样中，每一个研究对象被抽中的概率是已知的，而在非概率抽样中则是未知的。

1. 概率抽样　基本原则是：在无法调查所有研究对象的情况下，抽样过程要使得样本特征能反映研究对象总体的特征，应用统计学方法，由样本特征推论总体特征。常用的概率抽样方法有单纯随机抽样、分层抽样、系统抽样（又称机械抽样）、整群抽样等，具体方法介绍可参考相关统计学教材。

2. 非概率抽样　简便易行，成本小，能及时获取资料，但其研究结果不宜外推到总体。非概率抽样在定性研究中使用较多，具体操作见第五章第三节。

（二）调查问卷的设计

1. 调查问卷的类型　根据收集资料方法的不同，可分为自填问卷和访谈问卷。

（1）自填问卷：通过面对面发放或者邮寄等方式，将问卷交到被访者手中，由调查对象自行填写。一般这种方式需要详细的填表说明，问题不宜太复杂。另外，随着网络技术的发展，在线调查也成为自填问卷的一种重要方式。

（2）访谈问卷：由调查者将问题念给被访者听，并进行适当解释，再由调查者根据被访者的回答进行填写。这种方式中填表说明可不列入调查表，适用于较难理解、较复杂的调查问题和教育水平较低的调查对象。在访谈方式上，包括面对面访谈和电话访谈；两种方式相比，电话访谈在时间和成本上有优势，但是访谈更容易被拒绝或遇到阻碍。

2. 调查问卷问题的设计　问题设计必须紧扣研究目的。实际研究中，需要根据目标列出具体问题，然后将研究问题抽取转化为问卷中询问的问题。问卷中的每一个问题，都应与研究目的相关。而且在问题提出和设计时，应充分考虑后期的统计分析方法，避免出现无法分析的问题和答案。

（1）问题形式分类

1）封闭式问题：是调查问卷中最常用的问题形式，要求受访者在研究者所提供的有限个答案选项中作出选择。①优点：能够保证回答具有更高的一致性；受访者容易回答和接受，应答率较高；适用于某些敏感性的问题，如经济收入；如果用不同等级作答案，则更容易获得相对真实的回答；可以直接转化为电子格式，方便进行比较和统计分析。②缺点：答案可能列举不全，受访者可能不同意列出的所有答案；受访者不知道如何回答时，可能会随便选择，容易引起误差。

封闭式问题设计应遵循两条原则：第一，答案的分类应该穷尽所有可能性，因此常增加“其他”选项来保证穷尽；第二，答案的分类必须是互斥的，不让受访者觉得好像可以选多个答案（除非问题本身就是让受访者选多个答案）。

2）开放式问题：要求受访者针对问题作出自己的回答，然后让受访者自己填写答案。①优点：可用于事先不知道问题答案的情况，让受访者自由发挥，可以反映出来不同受访者答案之间的细微差异；适用于有10种以上答案的情况，避免因答案选项太多引起受访者厌倦情绪。②缺点：需要受访者有较高知识水平和语言表达能力，不适用于自填问卷，需要花费受访者较多的时间和精力而导致回答率低；归类编码和统计更加耗时，编码过程需要研究者解释回答的意义而容易造成偏倚。

（2）问题的排序：会影响受访者的回答，但问题排序没有金标准，要根据具体研究问题和研究场景加以考虑。如果意识到问题排序相当重要，可以用不同的问题排序建构多个版本的问卷，通过对预调查中使用不同版本收集资料的分析，判断不同问题排序的影响。

尽量避免问题的随机排序，随机排序会使得问题不好回答，让受访者不得不经常转化注意力。封闭式、容易回答的问题宜放到问卷的前面部分，如年龄、性别等人口学资料；敏感性问题，如经济收入、宗教信仰、性行为或者吸毒等，可能会引起访谈对象的不适或反感，不应该放到问卷的开始，以免影响后面问题的回答。

（3）注意事项

1）问题要界定和表述清楚，避免含糊不清：问卷中的问题必须清楚明确。调查中可能存在不清楚、含糊的、容易引起误解的问题。如“您对医院人力资源管理政策是否满意？”受访者可能不清楚是“哪一个政策”。

2）避免双重装填：双重装填是指研究者问受访者一个实际上具有多重内容的问题，但又期待着单一答案。当研究者将一个复杂问题作为单一问题设计时，这种错误就容易发生。

3）避免诱导性问题：诱导性问题容易使无主见的回答者受到引导，如“您是否认为医务人员的收入水平太低？”这类提问会人为增加某些特定答案的概率，从而产生误差。

3. 问题答案的设计　问题答案的格式由问题的特性决定，通常有以下几种格式。

（1）填空式：常用于一些事实性、可以定量的问题，如“您在本医院工作了多少年？”

（2）二项选择式：在问题后给出“是”和“否”两个答案，或者两个相互排斥的答案，统计上作为“0-1型”或二分类变量。这种答案格式的优点是对研究者和应答者都简便易行，应用广泛。但是，将一些比较复杂问题简化为二项选择后，意味着研究者人为合并许多虽然相关但程度有差异的答案，测量的信度会降低。

（3）多项选择式：问题答案的数量超过2个，通常是5~7个。数量太少可能会导致信度的下降，答案选项太多，会增加问卷的篇幅和被访者不耐烦的可能性。问题答案的排序要求：对于有顺序关系的答案，应该按照顺序排列，以免逻辑混乱影响选择；对于没有顺序关系的答案，应考虑到答案选项的次序可能影响受访者的选择。典型的例子是李克特量表对工作满意度的测量，答案选项可以设置为“非常满意、满意、一般、不满意、非常不满意”。

有时候需要受访者只选择一个答案、有时候希望受访者选择所有合适的答案，故问卷中需要对单选题和多选题进行清晰的标注和说明。有些问题需要受访者对所有答案选项进行排序，如“在影响医务人员满意度的因素中，请您对所考虑的下列因素的重要性进行排序”，类似问题需要说明排列几个答案，如全部、前两个、第一个和最后一个等。

（4）其他答案形式：有些问题的答案可以用图表的方式列出，回答者可在图表上表达自己的意见。常见的有线性尺度、梯形等。其中，线性尺度用得最多，通常绘出一条10cm长的刻度线，线的两端点分别表示某项特征的两个极端情况，回答者在线上的适当地方做标记来回答。这种答案形式的优点是直观易理解，研究者不必想出许多形容词来描述答案，并能获得定量资料；缺点是受访者选择刻度时容易有失误，并且很少有人选择线性尺度的极端。

有时调查问卷中几个问题具有相同分类的答案，尤其是使用李克特答案分类的时候，此时可以建构一个矩阵式的问题和答案——矩阵式答案。优点是能有效利用空间，受访者能够迅速回忆上一个问题，通过比较决定回答；缺点是会强化一些受访者的回答模式，导致对不同的问题选择同样的回答。

4．问卷测量的信度和效度 信度和效度是衡量不同测量方法的标准。

（1）信度（reliability）：是指测量结果的稳定和可靠程度。以下方法和技术可以帮助研究者建立有信度的测量。

1）复测信度：用同一个问卷在不同时间对同一个被访者进行重复测量，比较两次测量结果之间的一致程度。这是应用最多的一种方法。

2）复本信度：设计另外一种与研究问卷在测量内容、答案形式方面类似的问卷，同时测量同一个受访者，评价两个问卷测量结果的相关性。但设计真正的复本问卷往往是非常困难的，通常的做法是采用他人使用过的、经过检验的、已经有一定可信性的问卷作为复本，评价待测评问卷与这个问卷测量结果的相关性。

3）折半信度：鉴于设计复本问卷非常困难，可以将一个问卷分拆为两半，分别作为各自的复本，然后使用复本信度的方法。

（2）效度（validity）：是指测量结果与试图要达到的目标之间的接近程度。衡量和提高测量效度主要从以下四个方面进行。

1）表面效度：从表面上看，问卷的条目是否都与研究者想要了解的问题相关，这往往需要专家的评价。

2）内容效度：问卷所涉及的内容能在多大程度上覆盖研究概念所包含的各个维度。内容效度也是主观指标，实际调查问卷设计中，往往由专家根据对研究问题的了解和研究经验，判断问卷内容相对于研究概念的完整性。

3）结构效度：用两个相关的、可以相互取代的测量尺度对同一个概念交互测量，如果能取得同样的结果，可认为有结构效度。如根据理论假设，“工作满意度”与“离职倾向”有关，如果对两者的测量结果显示相关，就证明了对“工作满意度”的测量有结构效度。

4）准则效度：问卷测量结果与标准测量的接近程度。

（3）信度和效度的关系：有信度的测量不一定有效度，即信度高，效度不一定高，但无信度的测量一定没有效度；有效度的测量一定有信度。有时候需要进行信度和效度之间的取舍。

二、离散选择实验

工作意愿测量是医院人力资源管理研究的重要内容，但工作意愿测量存在着方法学的挑战。传统的方法多以横断面调查为基础，通过单因素或多因素统计方法，分析各种因素对工作意愿的影响。但是，人们通常难以量化表达自己对某一事物的意愿和偏好程度。意愿选择通常是多种因素之间的权衡，而且这种权衡大多是在潜意识里进行的，很难用一般的调查问卷直接测量。此外，影响工作意愿的各种因素之间通常存在较强的相关性，如职称高的人，通常收入也较高，一般的研究方法难以区分这些相互关联的因素对工作意愿的影响。

近年来，国际上兴起一种新的测量工作意愿的研究方法，即离散选择实验（discrete choice experiment，DCE）。DCE虽然是实验研究，但研究者并不对研究对象实施具体的干预，只是借用实验研究的设计思路。DCE原是在市场营销领域用于测量顾客对某一产品购买意愿的常用方法，研究者将其引入卫生服务领域，并取得了突破性的进展。我国的研究人员在卫生领域，特别是在医院人力资源管理相关的工作意愿研究方面，开始应用DCE方法。

DCE方法根据影响工作意愿的不同工作条件和特征，设计多种假设的工作机会，让被调查者从中选择。在效用最大化的前提下，被调查人员将选择对他们产生最大效用的工作机会。借助统计分析，DCE方法可量化分析各种因素对卫生技术人员工作意愿影响的相对重要性。由此可见，DCE的应用包括三个基本假设。

（1）卫生技术人员面临着不同的工作选择机会。

（2）每个可选择的工作机会由不同的特征构成，是各个研究因素不同水平的组合，如收入和晋升机会的大小等。卫生技术人员的工作意愿，即对这些不同工作机会的选择，是对这些不同工作特征权衡的结果。

（3）卫生技术人员所选择的工作机会能为他/她提供最大的效用。这个效用既可以是经济效用，也可以是非经济效用（如职业成就感、工作和家庭生活的平衡等）。

DCE方法的具体研究步骤如下。

1. 确定工作意愿影响因素及各因素不同水平　DCE方法首先要确定影响卫生技术人员工作意愿和工作选择最主要的因素及其水平设置，一般建议最终纳入的影响因素数量是5~6个，每个因素有2~3个水平。如果DCE研究中纳入因素选择不当，那么在最后的研究分析阶段往往不能有效识别工作意愿的相关影响因素，导致研究的失败。确定工作意愿影响因素的方法可分为两类：文献回顾法和定性研究法。

（1）文献回顾法：由于不同研究背景（社会、文化、环境背景）和研究人群的差异，目前DCE相关文献中所纳入的研究因素复杂多样。其中，收入是影响工作选择和工作意愿的最主要的因素之一。且将收入这一因素纳入DCE模型可以模拟分析其他影响因素的货币价值，即卫生技术人员愿意支付多少费用来改善某一项工作特征。

其他的影响因素则与研究环境和研究对象密切相关。在一些发达国家，工作量是主要的影响因素。在一些发展中国家，是否提供住房则是重要的影响因素。对于不同职业发展的卫生技术人员（如医学生、刚就业的新职工或者资深职工等），影响其工作意愿的因素也各有不同。

（2）定性研究法：是用来确定可纳入DCE的影响因素和水平的主要方法。半结构化的访谈和专题小组讨论是经常采用的方法，见第五章第三节。尽管访谈中提问的方式各有不同，但中心问题都围绕着影响工作选择和工作意愿的主要因素展开。在分析方法上，研究者多数通过统计各种因素被提及的频率或者排序等方式确定最主要的影响因素。除了确定要纳入的影响因素及其水平之外，定性研究还有一个重要功能，即明确各影响因素的表达方式和确切含义。如用“收入”还是用“工资”，“提供住房”的确切含义是租住还是拥有产权等。

2. DCE问卷制定　影响因素的数量和水平决定了DCE问卷的设计。假如一项研究共确定了5个影响因素，每个影响因素有3个水平，那么总共可以产生3^5=243个假设的工作机会组合。将这些工作选择机会组合全部纳入DCE问卷显然是不可行的。而不同工作机会组合（研究因素的选择和各个因素水平的设置）的设计是DCE研究设计中至关重要的一个环节，决定着整个DCE研究结果的信度和效度。为了解决这个问题，DCE采用部分因子设计（fractional factorial design）的方法，从而大幅减少了问卷问题的数目。该方法的基本原则是要求各影响因素之间相互独立，并且各个因素不同水平纳入问卷的概率相等。问卷设计中影响因素与水平的选择过程可借助常用的统计软件（如SPSS、Stata等）而完成。

利用部分因子设计方法，DCE通常会选取大约16个假设的工作选择机会组合。选择其中一个适宜的工作机会作为工作A，剩下的每一个工作机会作为工作B，并依次与工作A配对。这样就产生了大约15对工作机会，构成了DCE问卷的基本设计。当然，也有其他配对方法，如工作B的每一个影响因素的水平与工作A相反。调查时，请调查对象选择工作A或工作B，收集工作意愿的相关信息，如表5-1。

表5-1 DCE问题示例

工作特征	工作A	工作B
工作地点	农村	城市
月收入	2000~3000元	<2000元
工作量	中等	大
提供住房	是	否
晋升机会	3年以后	5年以后
仪器设备	充足	充足
以上两个工作，您会选择	工作A□	工作B□

为了保证调查的质量，研究者可以在DCE问卷的基础上加入一个“质控问题”。这个质控问题可以是一个最佳的工作机会，如收入最高、工作量最低、提供住房、晋升机会多、仪器设备充足等。在效用最大化的假设前提下，卫生技术人员必将选择这一工作机会。否则，就说明该调查对象没有正确理解DCE的问题，该问卷将被剔除，不能纳入资料分析。

除了DCE问题之外，问卷中也会涵盖人口学等基本情况，如性别、年龄、教育水平、工龄、职称等。在正式开展DCE调查之前，通常会对DCE问卷进行预实验，检验DCE问卷中问题的设计是否合理，并做适当的修正。

3. 确定样本量 文献中关于DCE样本量的计算并没有明确的规定。一般而言，由于每一个调查对象要回答15~16个DCE问题，资料分析单位不是调查对象，而是DCE每一对假设的工作机会组合，因此DCE对样本量的要求并不高。根据以往文献的经验，对每一类研究对象（如医生、护士、医学毕业生等），样本量在50~150之间即可以满足DCE的资料分析要求。

4. 资料收集 资料收集过程的核心问题是质量控制。卫生技术人员对DCE问卷的回答在很大程度上会受到环境因素和心理因素的影响，如果收集的资料不能真正反映卫生技术人员的工作偏好和意愿，那么整个DCE研究的质量就会大打折扣。不管以面对面访谈或者自行填写的方式填写问卷，都应严格进行质量控制，确保收集的数据真实可靠。

5. 资料分析 通常采用的方法是Probit或Logit模型。如前所述，DCE的理论假设卫生技术人员将选择的工作机会能对他们产生最大效用。因此，选择工作A就意味着工作A产生的效用大于工作B所产生的效用。模型中的结果变量y是“是否选择工作A”，自变量定义为工作A和工作B中各影响因素的差值（X_A-X_B）。用数学模型表示如下：

$$Prob(y=1)=\beta_0+\beta_1(x_{1A}-x_{1B})+\cdots+\beta_n(x_{nA}-x_{nB})+\beta X+\varepsilon$$

式中：y是结果变量，y=1表示选择工作A；y=0表示选择工作B。β为相应的回归系数。β_0是常数项。β_1–β_n是回归系数，反映该因素对工作意愿影响程度的方向和大小。X是指除了DCE研究因素之外的其他人口学因素，如性别、年龄、教育水平、婚姻状况等。x_{nA}、x_{nB}分别为工作A和工作B的第n个因素的相应水平。ε为误差项。

回归系数的取值反映该因素对工作意愿影响程度的方向和大小。回归系数为正值则表明该因素对工作意愿有正向的影响（如收入越高，则卫生技术人员越倾向于选择该工作），反之，则有反向的影响（如工作量越大，则卫生技术人员越倾向于不选择该工作）。回归系数绝对值的大小则反映该因素对工作意愿影响程度的大小。

在回归模型的基础上，可以预测某一项工作特征的改变对选择农村工作的影响程度。如越南的一项研究发现，提高农村地区的仪器设备，能使医生在农村工作的意愿从23%上升到32%。提供住房则使医生在农村工作的意愿从23%上升到29%。

利用不同因素的回归系数的比值，DCE方法也可以分析卫生技术人员为改变某一项工作特征而愿意支付的费用，即某一项工作特征的货币价值。如卫生技术人员愿意支付多少费用以获得一份有编制的工作。

卫生技术人员的人口学特征也会在一定程度上影响其工作意愿。DCE模型中也可以纳入年龄、性别等人口学特征，分析这些人口学特征对工作意愿的影响。如家庭背景是农村还是城市是否会影响卫生技术人员选择农村工作？对于刚就业的新职工和资深的老职工来说，影响其工作意愿的主要因素有无不同？对于已婚者和单身者，住房情况对其工作意愿的影响有无不同？这些问题都可以通过DCE模型进行分析。

与传统方法相比，DCE的主要优势在于它能同时考虑多种因素对意愿的综合影响，从而有利于测量分析调查对象在不同影响因素之间的权衡。这使得DCE具有非常明显的政策意义。在DCE研究中，某些影响因素及水平的设计并不一定是现实中实际存在的，可以根据政策设想而设计。

尽管DCE方法在研究设计和分析中需要一些相应的计量经济学和统计学理论与技术，但从实际操作中，应用部分因子设计将问卷中问题数量大幅压缩，而且对样本量的要求不高，DCE不失为一种简单易行的研究方法。

DCE测量的是人员的偏好和意愿，而非实际的选择。目前的研究进展还没有充分证实DCE模型的预测结果和人员实际的选择结果的一致程度。这是该方法目前面临的最大的局限性。

应用DCE方法时有几点注意事项：首先，DCE问卷设计中不能纳入太多的因素和水平，否则问卷中的问题数量太多，会严重影响研究的可行性。这就要求在因素确定和水平设置阶段，必须通过严格的文献复习和定量研究，找出最重要的5~6个影响因素及其相应水平。其次，DCE问卷中对纳入的因素和水平通常只有简单的描述，不同的调查对象对这些因素和水平的理解或有不同，如仪器设备是否充分、工作量的大小等。因此，需要在调查指南中对这些信息有尽可能清晰的定义。

第三节　定性研究方法

一、定性研究的概念和特点

定性研究，又称质性研究，研究者在自然情境下采用多种资料收集方法对社会现象进行整体性探究，使用归纳法分析资料和形成理论，通过与研究对象互动对其行为和意义建构获得解释性理解。定性研究主要有以下特征。

1. 研究在自然情境中进行　人的思想、行为以及社会组织的运作与他们所处的社会文化情境不能分开。要了解个人、群体或社会组织，必须将其置于丰富、变化的自然情境中进行考察。在定性研究过程中，保持研究对象的原有情境对观察和理解事实非常重要，研究者应该有意识地尽可能不干扰或不改变研究情境。利用定性研究对一个事件进行考察时，研究者不仅要了解该事件本身，而且要了解该事件发生和变化时的社会、文化和历史背景，以及该事件和其他事件之间的联系。收集资料时只有还原到社会、文化以及历史的语境中才有意义，才能深入理解。

2. 研究过程较为灵活　定性研究是对错综复杂的社会、文化现实的探究和构建。在这一动态过程中，研究者需要将某特定时空下发生的事件进行综合分析。研究的问题和焦点在资料收集过程中逐步形成、明确。定性研究方法也更具有灵活性，可在资料收集过程中进行调整。

3. 将研究者本人作为研究工具　定性研究者通常需要长期的实地体验、观察和访谈，以了解研究对象的真实生活和经历。在这个过程中，研究者本人既是资料的收集者，也是研究对象生活的体验者和事实的解释者。作为主体，研究者不可避免会存在主观偏差，承认研究者的个人认知、知识背景和工作经历会影响研究对象这一事实，是开展定性研究的前提。在此基础上，定性研究资料实际上是来自研究者与研究对象的互动，研究者也需要系统地反思自己的角色、身份、倾向、与研究对象的关系等因素对研究过程和结果可能产生的影响，这就要求研究者必须具有反思性、批判性。

4. 主要采用归纳法分析资料　定性研究是自下而上的，在原始资料基础上采用归纳法建立分析类别和理论假设。定性研究过程的资料收集和资料分析往往同步连续进行，以确定下一步的研究策略。由于采用归纳法，定性研究的结论往往只针对特定研究情境、而不能随意推论到样本以外。

二、定性研究的用途

定性研究可以回答“怎么样”“为什么”等问题。定性研究的主要用途如下。

1. 定性研究是一种探索性研究　当研究者对某一现象一无所知或知之甚少时，通常需要采用定性研究来探索该现象到底是什么。在对研究对象和某一现象缺乏基本了解时，定性研究能引导研究者认识、理解陌生的现象，并在此基础上进一步得出整体性认识。

2. 定性研究可以用于诠释意义　定性研究将意义解读放在研究的核心位置，帮助人们理解行为者对行为赋予的主观意义。常用于探讨那些无法轻易定义和测量的现象，如价值观、信仰、感受等心理状态和过程，或者用于解释定量研究中出现的一些特定结果。

3. 定性研究可以挖掘深层次的社会文化结构　因为定性研究不受制于简化因素和结构以进行数量化的倾向，所以研究者可以对研究对象的结构性特征进行较好的描述和分析。

三、定性研究的抽样方法

定性研究关注样本能否比较完整地、准确地回答研究者的问题，样本量较小，不可能也不必要采取概率抽样的方式。在定性研究中，以“非概率抽样”方法为主。“非概率抽样”的方法主要包括以下几种。

1. 方便抽样　又称偶遇抽样。研究者选择最容易接近的人作为研究对象。这种方法虽然在抽样的准确性上有所不足，但却节约了时间和费用，常用于预实验或预调查，其目的在于确定调查工具设计是否得当，调查方案是否可行，并不用于推论总体。

2. 立意抽样　又称目的抽样或判断抽样。由研究者根据研究目的，通过主观判断选择研究对象的抽样方法。例如，要了解医务人员对医院管理的态度，可以从不同科室、不同年资、不同性别、不同专业背景的医务人员中进行选择。

3. 滚雪球抽样　若研究内容涉及一些隐私或敏感信息，可以采用滚雪球的方法进行抽样。研究者通过一些渠道选择并调查几个具有所需要特征的人，并依靠他们再推荐合乎研究需要的人，以此类推下去，样本就像滚雪球一样越来越大，直到样本信息饱和。

4. 定额抽样 类似于分层抽样，先将要研究的人群按某种特征划分成几层，然后按照各组人群所占的比例分配样本量，从每组人群中采用其他抽样方法（概率抽样或非概率抽样方法）按分配的样本量抽取研究对象。由于提前进行了分层处理，定额抽样的样本代表性比单纯的方便抽样更好。

四、定性研究的资料收集方法

（一）访谈法

1. 访谈法的概念与用途 访谈法是一种常用的定性资料收集方法，研究人员有目的地与研究对象进行交谈，收集访谈对象对某个事物的认知、态度和行为方面的信息。定性访谈是一种有目的、有计划、有准备的谈话，谈话过程紧紧围绕研究主题展开。访谈法能进入研究对象的内心世界，了解其生活经历、心理活动、行为方式背后蕴含的意义。访谈法在医院人力资源研究中被广泛应用。

定性研究常采用半结构式访谈。研究者需要在访谈前准备一份大致的访谈提纲，该提纲建立在研究问题的基础上，是半结构式访谈的框架，提纲除了涉及研究的核心内容之外，还应设计合适的、能激发研究对象回答的问题。访谈提纲主要起提示作用，可以帮助研究者让访谈进行得更加顺畅，鼓励研究对象在受访时提出自己的问题；而研究者也可以根据研究对象的某些问题和答案进一步提问，以便双方更加深入澄清或进一步阐述。

2. 访谈法的实施过程

（1）访谈前准备

1）熟悉访谈对象和访谈主题：研究者需要了解访谈对象的基本情况，熟悉研究主题。了解主题相关专业知识对于访谈话题的深入非常重要。

2）设计访谈提纲：列出在访谈中应该了解的主要问题，这些问题应该是开放的、简明易懂的、可操作的，一般由研究者根据自己的经验或查阅文献后编制。

3）预约访谈的时间和地点：地点以方便访谈对象、保护隐私为原则。研究者还需要与访谈对象在初次接触时协商好访谈的持续时间和次数。

4）协商访谈相关事宜：主要就访谈时的自愿原则、保密原则和录音问题进行协商。

5）准备访谈工具：主要包括笔、记事本、录音笔等工具，保证访谈顺利进行。

（2）访谈实施：访谈开始时应营造一种轻松和舒适的氛围，消除受访者的紧张情绪。之后研究者进行自我介绍，访谈过程中研究者需要把握访谈的方向和焦点，还需要提问、追问、倾听和回应等技巧。

1）提问技巧：问题明确、避免使用模糊的语言和专业术语；耐心聆听、追随对方思路、不随意打断；对于对方不太理解的问题适时解释、不能暗示。研究者提问要把握时机，被访者发言时不急于提问，以防引起反感和打断对方思路。

2）追问技巧：追问是为了更准确和完整理解访谈对象谈论过的内容，就访谈对象已经谈论过的观点或事件进行进一步询问，实质是深入挖掘相关问题和信息。追问应适时和适度，掌握好分寸，以不伤害访谈对象感情和思路为基本要求。

3）倾听技巧：良好的倾听可以调动访谈对象的积极性，访谈中有效的倾听涉及行为、认知和情感三个层次。①行为层面的倾听：强调访谈者“积极地听”，将全部注意力放到受访者身上，给予对方最大真诚的关注，而不是“表面地听”。②认知层面的倾听：要避免随时将受访者所说的话本能地纳入自己的认知结构和习惯中，这样可能产生理解误差，应将自己观点放下，理解对方要表达的真实意图。③情感层面的倾听：要“有感情地听”和“共情地听”，接纳受访者的情绪反应，与受访者产生共鸣。

4）回应技巧：访谈过程中，访谈者对受访者的言行作出反应，包括点头、微笑以及眼神交流等非语言行为，也可以是语言行为，主要目的是传递访谈人员的友善态度及意向表达，恰当的回应可以提升访谈对象交谈意愿。

（3）访谈记录：访谈目的是获得信息，因此访谈记录非常重要。访谈记录方式分为当场记录和事后记录，事后记录需要训练访谈人员的记忆力和整理归纳能力。因此，访谈中应尽量记录所有访谈信息，征得访谈对象的同意，在现场进行录音、录像，以保证资料的完整性。

（二）专题小组讨论法

1．专题小组讨论的概念与用途　专题小组讨论是研究者同时对一群人进行访谈，通过群体成员之间的互动对研究问题进行探讨。在专题小组讨论中，受访者可以更加积极地思考，相互启发，提出更多的观点。同时，与个人访谈相比，专题小组讨论也能更有效率地收集信息。专题小组讨论可以用于发展研究假设、开发问卷条目、发展干预项目设计、修订研究设计并找出实际研究时可能遇到的问题、解释研究发现等。

专题小组讨论鼓励参与者之间进行交谈，通过观察参与者之间的互动行为来了解他们在单独访谈时不会表现出来的行为。研究者可有意识地提出问题，然后通过观察参与者的反应来识别他们的认知方式、看待问题的角度、思考问题的逻辑、分析问题的步骤等。讨论过程中，研究者可以观察参与者个人的语言行为和非语言行为，还可以观察他们相互之间的行为反应，如目光接触、说话的声调和语气等。互动模式的观察和分析可以了解参与者在特定情境下的行为表现。

2. 专题小组讨论的实施过程

（1）准备时界定好研究者的角色：通常有1~2名研究者，角色不是提问者，而是主持人或协调人，其主要职责是促使受访者参与讨论。研究者要密切关注小组的动力机制和成员之间的互动模式，并适时对群体进行干预。如有2名研究者，可以一人负责主持，一人负责记录。主持人要想办法把谈话主动权交给参与者，鼓励他们积极发言，为此主持人不要轻易发表自己的意见和打断小组的讨论，尽量一旁观察和倾听。主持人要放松，才能营造轻松安全的环境，暂时冷场时不要紧张和急于打破沉默，因为沉默可能是一种有意义的情感展示，主持人要给予足够的时间和空间使其流露出来。主持人还要兼顾所有人的发言，对于某些因个性和社会地位优势形成"领导效应"的参与者，主持人要在不伤害他们感情的前提下，鼓励其他成员发表意见。记录员要记录每个人在不同时间的神情和状态。专题小组交叉发言较多，即使有录音，也难判断说话内容和发言者的关系，因此需要记录员掌握快速记录和识别的能力。

（2）设计专题小组讨论的问题：把握好问题的广度和深度，问题设置以10~12个为宜，问题应该多为"是什么""怎么样""为什么"之类的开放问题，并根据实际情况灵活调整。

（3）样本选择：不以代表性为准，而是考虑能否提供有意义的信息。选择时要考虑参与者对研究问题是否感兴趣、是否有话可说、是否愿意在小组中发言、是否对问题有独特和不同的看法。参与者以6~8人为宜、最多不超过12人。通常一个研究需要招募3~5个专题小组。研究对象的同质或异质取决于研究目的，参与者年龄、性别等相差太大，没有共同语言，沟通起来比较困难，其中有些参与者有戒备心理会不愿意发言；但是不同背景的人聚到一起如何互动也可能是研究所关心的。还需要考虑参与者与研究者之间，参与者与参与者之间是熟人还是陌生人。陌生人之间有新奇感、不用讲究面子和交情、能比较坦率，但是很多研究问题需要熟人之间进行讨论（对管理者或同事的看法），所以需要根据研究目的斟酌。

（4）专题小组讨论的空间安排：应尽量选择安静的会议室或教室。桌子选择圆形、围坐形，让所有人有平等交谈的感觉。

（5）开始和组织专题小组讨论：讨论开始时，需要邀请参与者分别进行自我介绍，研究者介绍研究目的和基本情况，以及研究的保密原则。研究者需要介绍专题小组讨论的基本规则：一次只允许一个人说话、所有人都有机会发言、参与者加入讨论不必等待邀请等。访谈话题顺序从宽泛问题开始，逐渐聚焦。访谈过程中鼓励参与者之间互相交谈，在转换话题时要流畅、自然，避免操之过急，追问时尽量使用参与者的语言。参与者描述某一事件时，研究者应注意捕捉线索，帮助对方不断接近具体细节、避免泛泛而谈。研究者也要关注参与者认为哪些问题有意思、对哪些问题兴趣不大，然后重点对前者进行讨论。对于突然谈到的与研究问题密切相关且之前没有设计的问题，研究者要及时把握、鼓励参与者进行深入讨论。访谈时间通常持续1~2个小时。

（6）结束专题小组讨论：当访谈接近尾声时，研究者要请每位参与者简单总结一下自己的看法和补充没有机会说的话。研究者避免进行概括性评价，结束前再次强调保密原则，最后向参与者表示感谢。

一个成功的专题小组应该有以下表现：能使所有参与者积极参与讨论，就相关议题作出最大范围的反应；参与者之间平等对话，而不是频繁地向研究者寻求批准或支持；参与者的回答生动、具体，有一定的深度，而不仅仅是泛泛而谈；谈话内容反映个人的情境、脉络，能够引发参与者说出他们既往的经验和感受。

（三）观察法

1. 观察法的概念与用途　观察法是研究者在一定时间内有目的、有计划地在研究现场凭借自身的感官直接感知，或借助一定的辅助设备观察和描述研究对象或某种社会现象处于自然状态下的表现，从而进行资料收集的一种研究方法。它主要依赖视觉获取信息，以听觉和触觉等作为辅助，还可以借助录音、照相及摄像等辅助手段提高资料收集的可靠性和完整性。

相比较其他资料收集方法，观察法的优势包括：①无打扰性，是在研究对象处于自然状态下进行的观察性研究，观察人员不干预研究对象的行为与活动。②操作简便，研究者本身是研究工具，可以随时随地实施、简便灵活。③有独立性，可以获得那些仅靠语言交流或文字表达不能或不便收集的资料，不受研究对象意愿和语言表达能力的影响。

观察法适用于以下问题：①某一社会现象很少为人所知时，进入现场能获得相对真实的信息。②研究者希望了解事件的连续性、关联性和背景脉络时。③局内人和局外人对同一事件的观点可能存在明显差异时，需要通过参与研究对象的日常生活，与他们建立信任关系。④深入个案调查，需要将个案置于社会文化情境中。⑤不能与研究对象进行顺畅语言交流时。⑥辅助其他数据收集方法，如访谈前预备性观察让访谈内容更有针对性。

从不同的分类角度，观察法可分为参与式观察与非参与式观察；结构式观察和非结构式观察。

（1）参与式观察与非参与式观察：二者最重要的区别是观察时研究者是否参与到观察对象的活动中。①参与性观察：研究者直接参与到观察对象的群体和活动中，记录每天观察和谈话的内容，整理成观察笔记。参与性观察虽然深入观察对象中，但不能干扰观察对象的行为与活动。参与性观察可以深入了解特定现象的构成特征及其内在关系，但是研究时间一般较长、容易受到环境影响，要保证观察研究的客观中立性。

②非参与性观察：研究者不介入被观察者的活动与行为，以旁观者身份进行观察，可以公开观察或者秘密进行。非参与性观察比较客观，但是观察的现象容易表面化和偶然性，难以获得深层次材料。

（2）结构式观察和非结构式观察：①结构式观察，是研究者根据研究目的、时间计划、观察内容、程序和规则，采用标准化统一的观察表做观察记录。这种观察比较规范、便于统计分析。结构式观察有固定的观察流程，对观察者和观察对象有一定限定，只有预先确定的观察项目才被记录，文字资料收集少、详细程度低。②非结构式观察，不需要事先严格设计观察计划和表格，只要求观察者有一个总体明确的观察目标和任务、观察过程中自行确定观察内容和范围。需要观察者有主动性、对研究内容理解深入，能根据现场的具体情况对观察内容、形式以及记录方式进行调整。非结构式观察的资料收集灵活性大，很少固定观察过程和背景，记录信息是文字形式，也可以使用辅助设备记录。

2. 观察法的实施过程 包括观察准备、现场进入、观察实施和记录。

（1）观察准备：为了保证观察顺利实施，需要进行周密准备，包括：①明确观察目的和研究问题，选择观察对象。②确定观察类型和方法。③制订观察计划和实施方案步骤，包括时间、地点、具体内容等。④培训观察人员。

（2）现场进入：首先考虑选择什么方式进入观察现场。①公开进入：明确告知被观察对象关于研究人员的身份和研究目的的信息，希望对方支持。②逐步进入：刚开始不向被观察对象介绍研究内容和目的、避免不配合和拒绝，在观察对象逐步接受时再扩大研究内容、逐步表明身份和研究目的。③隐蔽进入：整个过程中不表明研究者的身份，将自己扮作被观察群体成员进入观察现场，适用于特殊社会组织或想象的研究。三种进入方式的主要区别和依据是考虑观察者是否会被观察对象得知身份、进入目的以及信息公开速度。

（3）观察实施和记录：进入现场后，根据研究目的和设计实施观察。非参与式观察要注意不能干扰研究对象；参与式观察要尽量获得观察对象信任、尊重其文化和习惯、与之建立良好关系。

观察记录要包括时间、内容和记录方式。①记录时间：可以考虑同步或者事后记录，都应有详尽的观察场景相关情况与背景描述。②记录内容：可以根据需要全部或选择性记录，在比较复杂的场景需要辅助设备提高记录内容的完整性。③记录方式：可以选择结构式记录（运用事先准备好的定量结构化表格）、描述记录（对观察对象进行文字描述）以及叙事记录（连续纵向记录的日记描述法，或随时随地记录有价值事件的轶事记录法）。

五、定性资料的整理与分析

（一）定性资料整理

与定量资料相比，定性资料显得零散和无固定格式，如何从看起来杂乱无章的资料中寻找到有规律的线索和脉络，以便进一步归纳总结和分析，需要首先进行资料的整理。定性资料整理是根据研究目的，应用科学的方法对所收集定性资料的真实性、正确性、准确性进行审核，对不同类型、不同内容的资料进行分类，对各方面的信息进行汇总统计和再加工，使之系统化和条理化，并以集中、简明的方式反映研究对象总体情况的过程。资料整理是提高定性研究信度与效度的重要步骤。

对定性资料整理时，首先需要对定性资料进行审核，消除原始资料中的虚假、差错、短缺、冗余等现象，保证资料的真实、可信、有效、完整，从而为进一步加工整理奠定基础。审核之后，需要对资料按一定的逻辑结构进行初步整理和编排。资料汇总要井井有条、层次分明，能系统完整地反映研究对象面貌，能帮助分析快速定位资料。定性资料根据其抽象程度和处理深度，可被归纳为两个层次：第一层次为原始资料，包括田野笔记、录音或录像、各种报纸文件文献；第二层次是部分处理的资料，包括研究者的笔记和评语。

（二）定性资料分析

完成定性资料整理后，便可进行定性资料的分析。定性资料的分析方法包括主题分析、扎根理论、内容分析等。分析常用软件包括MAXQDA，Nvivo和ATLAS.ti等。

1. 主题分析　在定性研究中，研究者如果不能明确如何将研究资料分析得出相关主题，那么也无法知晓分析方法及整个分析过程，从而导致分析方法不透明，也就无法判断其研究质量及研究结果是否有意义。

主题分析是一种从资料中识别、分析和报告相关主题的方法。该方法不受理论框架的限制，可用于不同的研究认识论基础。在应用时，研究者要阐明其具体研究的认识论和理论框架。主题能捕捉资料中与研究问题有关的重要信息，代表资料中某种层次的模式化的反应或含义。

主题分析法的基本步骤：①熟悉资料，反复阅读定性资料，写下初步想法。②形成初始编码，对资料中有意义的部分进行系统的初始编码，编码可视情况以资料为驱动，也可以理论为驱动。同时，整理每个编码的相关资料。③寻找主题，整理编码形成潜在的主题，收集每个潜在主题的所有相关资料。④回顾主题，检查主题与被编码资料以及整个资料集的相关性，生成分析的主题图。⑤定义和命名主题，持续分析以修订每个主题的细节和分析所阐述的整体时间，对每个主题形成清晰的定义和命名。

⑥撰写报告，是分析的最后机会，研究者选择生动的、吸引人的例子，选择性摘录并做最后的分析，将分析与研究问题和文献进行联系，生成分析报告。

2. 扎根理论 最早由巴尼·格拉泽（Barney Glaser）和安塞尔姆·施特劳斯（Anselm Strauss）提出，是通过系统、同步收集和分析资料，不断比较，与资料互动，从资料中衍生出理论的方法，具有填平理论研究与经验研究之间鸿沟的作用。扎根理论的研究目的不在于对事物进行描述。在研究开始前，研究者心中不存在预设的理论假设，而是直接从原始资料入手，通过编码进行归纳、分析，对各种可能的理论性解释持开放态度，之后超越归纳性分析，回到资料中核实，最终对资料建立进行尝试性诠释，形成理论或理论性解释。扎根理论研究的逻辑在于发现而非验证，是一种自下而上构建理论的方法。

扎根理论适用于探讨开放、灵活、宽泛、人们所知甚少的过程类问题或体验类问题。如医务人员如何应对医保支付方式改革后带来的机遇和挑战？他们的观点和行为有何变化？

扎根理论要求资料收集和分析同步进行。研究者通过对资料进行编码、归类来发展范畴，并建立范畴间的联系，从而发展出理论。编码步骤分为初始编码、聚焦编码和理论编码，这些步骤在实际操作过程中不是线性的，而是循环往复的。在编码基础上，研究者还需要持续比较并撰写备忘录，以促成对资料的深入分析。

（1）编码

1）初始编码：又称为开放编码，旨在对资料进行开放性探究、挖掘范畴。该阶段主要涉及将原始资料打散，并用贴合资料的词语或短语对其命名。初始编码产生的是临时编码，之后可以根据需要加以改变或丢弃。进行初始编码时，研究者尽可能不受已有理论概念束缚自己的创造和抽象思维；阻止和减少自己已有认知的介入。研究者通常采用逐行逐句或逐个事件的形式进行编码。编码时要紧贴资料、简练精确，寻找资料中默认的假设，解释其中隐含的动作和意义等。

2）聚焦编码：是指通过初始编码建立了一定的分析方向后，使用最重要或最频繁出现的初始编码，并结合大量资料来筛选编码，以判断哪些初始编码最具敏锐性，以便充分地分析资料。此时，编码有一定的方向、选择，也更加抽象化、概念化。当然，研究者也要关注资料中出现重要新编码的可能性。此外，研究者还可以比较编码之间的关系，将相关或相似的编码聚成一类，成为暂时性范畴和亚范畴，以达到缩减编码数量的目的。研究者要尝试给范畴起一个概念化的名字，可以来自资料本身，也可以由研究者自创，或从其他文献中借用。编码的名称起初不必太在意，因为在研究后期如有更合适的名字可以修改。需要强调的是，一定要给范畴起一个名字，这样可以帮助研究者牢记和思考。

3）理论编码：完成聚焦编码之后，研究者可用理论编码来概念化范畴之间的可能联系，并把概念化尚未发展完备的范畴补充完整。理论编码是整合性的，可将打散的资料以一定的方式聚合在一起，使结果成为一个连贯的分析性事件。此时，研究者保持开放姿态，让关系自然生成，而非生硬促成。理论编码可通过对备忘录中的理论思想进行手工排序而产生，研究者可观察一个范畴和它的亚范畴以及和其他范畴之间的理论关联，也可借助图表来直观表示范畴之间的关系，促进抽象层次的思考。当备忘录之间的联系发生改变时，可重新进行排序。研究者就这样不断排序、比较、再排序，直至范畴整合完成，基本社会过程和心理过程由此产生。在编码过程中，借助故事线撰写，寻找一个能解释中心现象大多数变化的核心范畴，就如同一张渔网的拉线，它可以把其他所有范畴联系成一个整体，起到提纲挈领的作用。核心范畴应该有以下特征：①在所有范畴中占据中心位置。②在资料编码中出现频率最高。③与其他范畴存在广泛的意义关联。④更易发展成概括性的形式理论。⑤亚范畴构成丰富、复杂。⑥只有在发现了核心范畴后，研究者才能进行下一步的理论抽样，确定后续的资料采集方向。

在进行理论编码时，研究者可借助图表来直接表示范畴之间的关系，发现思路上的漏洞，促进分析和思考。研究者开始在图表中间写出主题或中心思想，然后从中间向外扩展，将所有相关资料放在同一图表中，使编码、范畴之间的关联清晰，从主题中不断进行分支直至竭尽研究者所能。同一主题可尝试使用多个图表，通过摆放图表来分析资料。图表要注意标注时间，当研究者有新灵感时，不用担心修改早期的图表。分析过程保持灵活，拘泥于格式会扼杀创意、妨碍思考。研究者通过追溯不同时期的图表，有助于记录一个发展中的理论在各阶段的情形。

（2）撰写备忘录：研究过程中，研究者需要通过撰写备忘录来随时记录自己的想法，包括产生的困惑以及对编码的理解、观点、进一步研究的思路等。备忘录可记录范畴的思维过程，如范畴如何出现？如何变化？有哪些证据支持范畴定义和分析？通过撰写和回顾，研究者会发现分析过程中的一些问题，如范畴是否饱和、范畴之间的关系是否合理等，找出分析中的漏洞，从而进一步完善整个分析过程。备忘录是研究者为自己写的，可以用非正式的语言，从而抓住一些稍纵即逝的想法，以促进分析。

（3）持续比较：扎根理论的编码不是一个线性过程，而是反复循环的。研究者需要不断比较事件与事件、事件与编码、编码与编码、编码与范畴之间的关系。不断比较新旧资料，以便从中生成概念，寻找范畴的性质，并产生新的范畴。

3. 内容分析　常用于描述性和探索性目的的定性研究，有三种类型：传统内容分析、定向内容分析、总结性内容分析。其主要思路是，从定性资料中找出具有相似意思或内涵且相互排斥的类别，形成编码，然后归纳资料中的主要模式。

（1）传统内容分析：用于描述某一研究现象，尤其是当有关该现象的已知理论和文献非常有限时。研究者避免使用先入为主的类别，相反，应允许类别和类别的名字从资料中生成，以便于对资料产生新的见解。基本步骤：研究者反复阅读资料，沉浸在资料中以对资料产生整体感；之后标注资料中的重要思想和概念，开始进行开放性编码；然后将相似和相关的编码归类形成类别和亚类别。研究者可借助图表展示类别之间的关系；定义类别、亚类别和编码，并从资料中找出相应的摘录范例。这种方法也被称为归纳性类别发展，其结果多用于概念发展和模型建构。

（2）定向内容分析：当研究现象有一些已知理论或文献存在时，可使用定向内容分析，其目的是从概念上验证或扩展某一概念框架或理论。已有的理论和文献可帮助研究者聚焦研究问题，决定初始编码方案及不同编码间的相互关系，这种方法也被称为演绎性类别发展。与传统内容分析相比，这种分析方法更加结构化。通过使用已有的理论或文献，研究者可预先建立一些重要概念或变量作为初始编码类别；接着使用该理论为每个类别提供一个操作性定义；然后阅读资料，使用之前的编码方案对其进行编码。如果有部分资料无法使用已有编码，那么应给它一个新的编码。必要时可以对编码方案做一些调整或修改，形成新的类别和亚类别。定向内容分析可以提供支持或不支持某一理论的证据，而新产生的类别能够提供该研究现象的不一致观点，或对该理论进一步修订扩展或丰富。

（3）总结性内容分析：研究者通过人工或计算机来寻找资料中特定词汇或思想，并对其进行计数，就资料内容生成统计数据；也可以在此基础上，进一步找出使用这些词汇或短语的背景并对其进行诠释，以探索词语使用时的意义范围。其假设是出现频率最高的词语恰好反映了最重要的需要重点关注的内容。该方法常用于将定性资料量化，但有时有同义词表达一个意思，或者有时一个词有多个意思，故简单的计数不一定能完全反应实际情况。

本章小结

本章介绍了医院人力资源管理研究的设计和研究步骤。在定量研究方法中，除了常见的调查研究（问卷调查）外，本章重点介绍了专门用于卫生技术人员工作意愿研究的离散选择实验。定性研究方法部分介绍了常见的三种定性资料收集方法（访谈、专题小组讨论和观察法）以及资料分析方法。在医院人力资源管理研究中，定量研究方法和定性研究方法经常混合使用。

（刘晓云）

第六章　医院人力资源战略管理与规划

学习目标

1. 掌握　医院人力资源战略管理与规划的概念及主要内容；医院人力资源供给和预测的方法。

2. 熟悉　医院人力资源战略管理制定的方法；医院人力资源战略管理与规划的流程。

3. 了解　医院人力资源规划的主要作用；医院人力资源规划的评估。

第一节　医院人力资源战略管理

人力资源战略是医院顺利开展人力资源管理活动的基础和前提。在医院总体发展战略指导下，制定科学的人力资源战略是人力资源管理活动有效支持医院运营的重要保障。

一、医院人力资源战略管理概述

（一）医院人力资源战略管理的概念

“战略”的概念源于希腊语“strategos”，主要是指战争或战斗背后的谋略。在现代社会，“战略”的释义得到了新发展，广泛用于组织内部的管理。1972年，美国学者安索夫（Ansoff）在《战略管理思想》中正式提出战略管理的概念，认为战略管理是组织管理者为保证组织的生存和持续发展，将组织日常业务决策同长期计划决策相结合而形成的一系列经营管理业务。20世纪80年代，德瓦纳（Devanna）在《人力资源管理：一个战略观》一书中正式提出战略性人力资源管理的相关概念，将其与传统人力资源区分开来。

斯琴德尔（Schendel）和霍弗（Hofer）根据安索夫的研究成果将战略管理分为三个层面考察：总体层面、业务层面、职能层面。从医院角度来看，总体层面的战略管理主要关注医院的发展目标和如何实现目标两个方面；业务层面的战略管理是在医院总体战略的指导下，关注某一科室的战略计划；职能层面的战略管理多是为了执行医院的总体层面和业务层面的战略而在特定的职能管理领域实施的战略管理，关注的是如何提高资源的利用率，提出实现医院经营目标的具体措施和计划。医院人力资源战略管理便是职能层面战略管理的一种。

因此，医院人力资源战略管理指为了更好地实现医院可持续发展、提升综合效益而调动院内员工积极性的管理活动，是管理者从全局、整体的角度出发，通过严谨而周密的科学论证，使医院人力资源得到有效开发、合理配置、充分利用和科学管理的制度、程序、方法的总和。

（二）医院人力资源战略管理的特征

1. 全局性 是医院人力资源战略管理最基本的特征。包括两方面：一是将全体员工作为整体而制定的战略，即人力资源管理系统本身；二是作为组织总体战略的一部分，人力资源战略与医院总体发展战略相适应，让人力资源管理为医院实现总体战略目标服务。医院人力资源战略管理的制定应不仅局限于人员筹划本身，还应与其他各方面相协调。

2. 长远性 医院人力资源战略管理的长远性是从时间维度进行考虑，是对医院人力资源管理活动的整体规划，规定了一定时期内医院人力资源战略目标的基本方向。医院人力资源战略应立足当前，经过长期的实施、调整、补充、完善逐步形成。

3. 人本性 人力资源战略管理理念视人力为资源，因此医院进行人力资源战略管理时应将“以人为本”作为前提，体现人本性。要求医院注重人本身，把人力提升到资本的高度，加大人力资源培训的投入，妥善开发、利用医院员工的潜能，提升医院的核心竞争力。

4. 动态性 主要指医院人力资源战略管理的柔性和灵活性，即对医院内外环境的适应性。要求医院人力资源管理者对内外环境保持敏锐性，着眼于全局，时刻关注环境的变化对医院总体战略目标的影响。如突发公共卫生事件期间，医疗卫生机构应及时建立应急响应机制，根据工作需要和形势变化配置人力资源，确保支援救治和院内防控同时进行。

二、医院人力资源战略管理流程

医院人力资源战略管理流程包含四个基本步骤：战略分析、战略制定、战略实施与战略评估。

（一）战略分析

医院人力资源战略分析的根本目的是分析影响医院当前和之后一段时期发展的因素，并从中选择制定医院人力资源战略时需考虑的具体影响因素，一般包括下述内容。

1. 明确医院发展总体战略及对人力资源管理的具体要求 实施医院人力资源战略管理的根本目的是更好地贯彻医院总体发展战略。如某医院要制定人力资源战略，要先从指导思想、医院使命、医院愿景方面分析医院发展总体战略，明确该院学科与专科、科研教学与学术水平发展方向和目标，明晰达到目标需要完成的指标任务与时间节点，据此制定人力资源战略，满足人力资源管理的要求。

2. 分析医院人力资源管理面临的外部环境 医院人力资源战略管理面临的外部环境指存在于人力资源工作之外，对医院人力资源管理有影响的因素总和。外部环境可以分为宏观和微观两个层面。

（1）宏观环境因素：主要指可能对医院人力资源管理产生影响但其影响程度难以由医院控制的各种因素，主要包括下述几个方面。

1）政治环境因素：主要包括国家体制、政治制度、政党组织、国家方针政策、国际规则以及政治运行的机制和方法等。如国家推行医疗体制改革、人事管理体制改革等。

2）经济环境因素：主要包括国家及医院所在地区的经济体制、经济结构、生产力水平、国民经济及财政状况、分配制度及分配方式、经济运行机制及方式等。社会经济发展不平衡，会导致地区间、人群间健康和疾病模式的差异也比较大。

3）法律环境因素：主要包括国家及各地方颁布的涉及医院管理和人力资源管理方面的法律法规。

4）科技环境因素：主要包括以信息技术和生命科学为代表的现代高新技术，如基因技术、微创技术、器官移植技术、纳米技术等在医学领域的运用。

5）社会人文环境因素：主要包括医院所在国家或地区的人口数量、教育水平、意识形态、风俗习惯，人们的生活方式、道德观念、价值观念和职业规范等。

6）疾病因素：随着我国社会经济的发展和医疗卫生的进步，我国人口的疾病谱正在发生变化。大城市首先出现慢性非传染性疾病取代传染性、感染性疾病成为主导死亡原因的现象。人们面临着新的健康问题：人口迁移加剧了城市人口拥挤、加大了就业竞争和工作生活压力，相关疾病的患病率增加；工业化和生态环境恶化带来的健康问题日益突出；不良生活方式如吸烟、过量饮酒、饮食结构变化对人体健康影响愈加显著。医院人力资源规划要考虑较长时期内疾病谱可能发生的改变，以适应其带来的学科发展以及人才需求的变化。

7）居民健康需求因素：主要包括居民健康状况、居民就医习惯和就医方式、居民对卫生服务的现实需求以及对现有卫生资源所提供服务的利用特征等。

（2）微观环境因素：即医疗行业环境因素，是指存在于医院周围的、直接制约和影响医院人力资源管理活动的各种因素。主要包括下述几个方面。

1）医院人才市场环境因素：主要包括当地的教育资源、经济发展水平和人才市场的运行机制。

2）医疗行业变革的驱动因素：主要包括医疗体制变革、医疗教育体制改革、医疗服务对象及其需求的改变、信息化发展趋势等。

3）医疗行业内的竞争因素：主要包括竞争医院的现状及增长趋势、人力资源状况等。

3. 分析医院拥有的内部条件 除了外部环境，进行人力资源战略分析还需要了解医院自身所拥有的各种资源或条件，主要包括下述几个方面。

（1）医院内部资源：主要包括医院的整体布局、医院的业务技术水平、资金能力、设备条件等方面。

（2）医院文化：是在长期医疗服务过程中逐步形成和发育起来的医院精神和价值观，主要包括“外层”（物质文化层）、“中间层”（制度文化层）和“内层”（精神文化层）。

（3）医院学科建设：主要包括重点学科数量、学科带头人技术水平、学科人才配备、特色项目和主攻方向、政策和支撑条件、学科发展潜力等。

（4）医院人力资源现状：主要包括医院组织机构的设置、人员结构的配置、医院管理者及员工的素质等方面。

知识拓展

分析医院的内部条件时，可以分为三个阶段：

第一阶段：全面观察，了解医院的优势和劣势。

第二阶段：分层审核，评价各部门的优势和劣势。

第三阶段：同行比较，确定医院的优势和劣势。

（二）战略制定

人力资源战略制定主要是决定医院人力资源管理工作如何发展，通常可以分为四个基本步骤。

1. 确定医院人力资源战略目标 医院人力资源战略目标是根据医院的发展战略目标、人力资源现状和趋势、员工期望等因素综合确定的，是对未来医院人力资源所要达到的数量与结构、员工的素养能力、劳动生产率、医院文化与价值体系、管理成本等因素的具体要求。

2. 确定医院人力资源战略方案 人力资源战略方案是根据人力资源战略管理目标确定的，分为三种基本形式：①自上而下的形式，即医院人力资源管理最高层制定总体战略，再由各科室根据自身实际状况将总体战略具体化，形成系统的战略方案。②自下而上的形式，即医院人力资源管理最高层不作出具体的规定，但要求各科室积极提交本科室人力资源管理方案，从而汇总形成医院的人力资源战略管理方案。③上下结合的形式，即医院人力资源管理的最高层和各科室管理人员共同沟通和磋商，制定适宜的人力资源管理战略。

3. 评估医院人力资源战略的备选方案 医院人力资源战略的备选方案通常采用SWOT模型分析和利益相关者分析进行评估。如应用SWOT分析法对某医院内外部环境进行综合评价，进而分析该院人力资源战略是否使医院员工数量、质量、结构等与医院的资源和能力相当，是否充分利用外部环境为人力资源提供适宜的发展机会，降低潜在风险与威胁。

4. 医院人力资源战略选择 通过对医院人力资源战略备选方案的评估，从多种可行方案中确定最优方案作为医院人力资源战略。

（三）战略实施

医院人力资源战略实施就是将既定的医院人力资源战略转化为行动，最终实现医院人力资源战略管理目标的过程。医院人力资源战略的实施需要关注下述问题。

1. 在医院各部门和各层次间如何合理分配和使用现有人力资源？

2. 为实现医院总体战略，还需从医院外部获得哪些人力资源，以及如何有效招聘、使用人力资源？

3. 若要实施既定的人力资源战略，还需对医院的内部结构和岗位设置进行哪些调整？

4. 医院内部有哪些资源可以直接利用以推动医院人力资源规划与计划的实施？

5. 如何使医院和员工利益分配与医院文化相适应？如何通过医院文化建设保证人力资源战略的成功实施？

（四）战略评估

医院人力资源战略评估是在战略实施过程中比较理想战略与实际实施间的差异，

以发现战略中存在的不足之处，及时作出调整，使之成为符合医院实际发展的人力资源战略的过程。此外，医院人力资源战略的评估也是对人力资源战略的经济效益进行评估的过程，主要是进行投入与产出（或节约的成本）比的分析。

三、医院人力资源战略管理制定的方法

（一）目标分解法

目标分解法是一种长远战略的规划方法。根据医院发展战略对人力资源开发与管理的要求，提出人力资源战略管理的总目标，再将总体目标确定后分解至各科室与个人，形成各科室与个人的目标任务，最终由医院人力资源部门对人力资源战略管理总目标的实施进行评估。分解总体目标并确定子目标时要注意：一是要立足于各科室、员工的自身条件与能力；二是分解后的子目标应为具体的任务，具有可操作性。该方法的优点是战略系统性强，能够较为准确、全面地把握重要时间节点与子目标，对未来的预测性好；缺点是战略易与实际情况脱离，忽视员工的期望，且实施过程过于烦琐，一般管理人员不易掌握。

（二）目标汇总法

目标汇总法是目标分解法的逆向过程，是一种短期行动规划方法。该方法首先由科室和每个员工讨论并制定个人工作目标，据此形成科室目标，再由科室目标最终形成医院人力资源战略管理总体目标，并由各科室对医院人力资源战略管理目标的实施进行评估。在制定个人目标时，需充分考虑员工的期望及医院对员工素养、能力、绩效的要求，规定目标实施的方案与步骤。该法的优点是战略目标与行动方案比较具体，可操作性强，并能够充分考虑员工的个人期望；缺点是科室和个人主要采用主观经验估计并确定目标，过多的主观臆断导致缺乏对未来的准确预测，并且该方法全局性较差，对重要时间节点与目标的定位和预见能力较弱。

案例讨论

【案例】王某在某医院担任检验科主任，王某不仅是国家自然科学基金杰出青年基金获得者，而且以其为学科带头人的研究团队是唯一的检验学科省级创新团队，医院检验科水平在所在城市首屈一指。但王某经过反复思考后，郑重向院长提出辞职。在王某之前，医院已有几位业务骨干相继提交辞呈。院长对此状况非

常重视，和王某闭门深谈。王某认为医院虽然是该省顶级医院，但近年医院创新能力下降，少有引进新技术、开展新项目，发展速度明显落后于兄弟医院，使得院内骨干看不到未来发展空间。此外，医院虽然重视争取课题经费，却不重视研究成果，医生参加学术会议和培训的机会不多，未能为医生提供很好的学术发展平台。

【讨论】医院的内外部环境对人才发挥作用有何影响？

案例要点：本案例揭示了多数医院普遍存在的如何留住关键人才的人力资源战略管理问题。王某辞职实质上是医院深层次的问题，是人力资源开发与管理问题的表象。从医院内部条件来看，该院内部医疗服务项目和技术引进有欠缺，且对适合学科发展的政策和支撑条件存在不足，学科发展潜力有待提高，因此难以留住人才。从医院外部环境来看，竞争医院的发展现状和速度会影响对人才的吸引力。

第二节　医院人力资源规划

一、医院人力资源规划概述

（一）医院人力资源规划的概念

医院人力资源规划（hospital human resource planning）是指通过对医院人力资源内外部环境和人力资源现状的评估和分析，结合医院的整体发展目标和战略规划，运用相关人力资源管理工具和方法，对医院未来人力资源需求和供给进行预测，以及对人力资源的开发、利用、提高和发展作出总体预测和决策，以期医院未来发展中能够保证人力资源在数量、结构和质量方面达到供需的动态平衡。

医院人力资源规划的概念可以从以下几个方面来理解：一是制定医院的人力资源规划必须以医院整体发展战略和战略目标为基础，为实施医院发展战略和目标服务；二是人力资源规划体现医院内外部环境的要求，适应医院内外部环境的变化；三是人力资源规划的主要工作是为医院制定必要的人力资源政策和措施；四是制定和实施人力资源规划的根本目的是实现医院人力资源供需平衡，在保证医院长期可持续发展的同时，最大限度地实现员工个人价值。

知识链接

医院的人力资源规划要解决以下三个问题：

第一，医院在某一特定时期对人力资源的需求是什么，以及医院需要的人员数量、结构和质量要求。

第二，医院在该特定时期内，能获得的与医院需求相对应的人力资源供给数量、结构和质量。

第三，人力资源规划期间，医院人力资源供给和需求比较的结果是什么，医院应通过何种方式保证人力资源供需平衡。

（二）医院人力资源规划的类型

在实践中，按照不同的标准，可以将医院人力资源规划划分为不同的类型，有助于更加深入地把握人力资源规划的内容。

1. 按照规划时间期限划分 可分为短期规划（1~5年）、中期规划（6~10年）和长期规划（10年以上）。短期规划由于时间较短，目标比较明确，这类规划内容具体且可操作性较强，着眼于保证短期的人力资源需要，如经费预算规划、人力资源招聘规划等。中、长期人力资源规划由于时间较长，对各种因素难以作出准确的预测，这类规划更具指导性，主要关注的是组织的整体发展战略。医院本身的高技术特点决定了人力资源是一个长期的培养和管理的过程，因此，医院人力资源规划以中、长期为宜，并辅以短期计划。

2. 按照规划范围划分 可分为医院的人力资源规划和科室的人力资源规划。医院的人力资源规划原则上应与卫生事业发展总体规划期限一致，同时要考虑医院的人力资源规划和所在区域的总体人力资源发展规划。科室的人力资源规划是在某个或某几个科室范围内进行。

3. 按照规划内容划分 可分为人力资源的培训规划、晋升规划、招聘规划、配置规划等。

二、医院人力资源规划的流程

医院人力资源规划的流程包含四个基本步骤：准备阶段、预测阶段、制定规划阶段、实施和控制阶段（图6-1）。

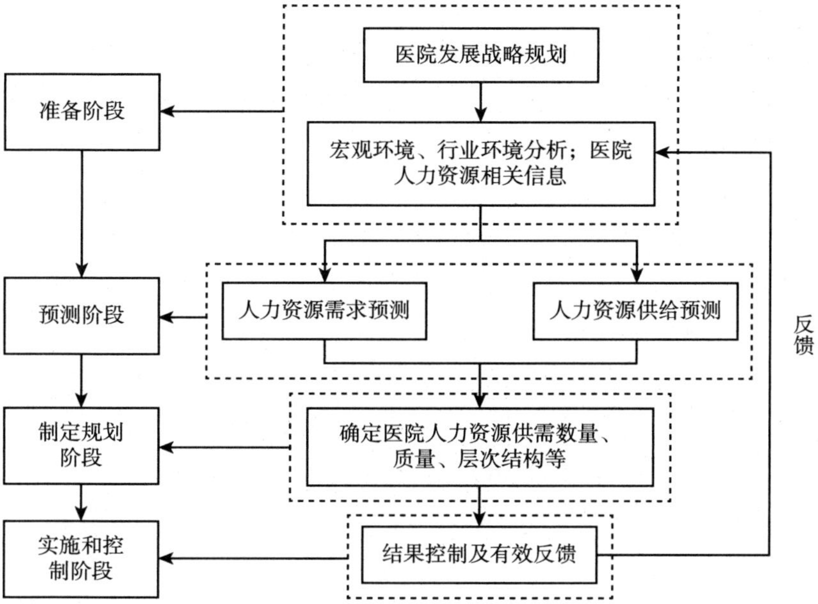

图6-1 医院人力资源规划流程

（一）准备阶段

在制定医院人力资源规划前，首先要明确现阶段的医院战略及其对人力资源规划的要求，把握影响医院战略目标的宏观环境和行业环境；其次，收集与医院人力资源相关信息，如岗位说明书、医院现有人员情况、员工培训和教育情况等；最后对医院各类人力资源的数量、质量、结构、利用和流动率等进行统计分析，全面了解医院的人力资源现状。

1. 成立规划工作小组 规划工作小组在机构法人领导下工作，其成员应包括医院的人力资源管理部门、财务部门、业务管理部门、业务科室负责人，特别是重点科室业务管理专家。必要时还需聘请院外管理学专家和医学专家参加。

2. 确定规划期限 根据医院实施发展战略基本要求，在广泛听取各方意见基础上，确定医院人力资源规划的期限。

3. 分析医院人力资源现状 通过调查了解当前该院员工的基本情况，如性别、年龄、学历、专业等；各科室人员性别、年龄、学历及知识结构；各级各类人员的知识、技能、职称等情况；医院近几年人员流动状况等。在此基础上，对医院现有人力资源的数量、质量、结构和潜力等进行分析，发现人才队伍当前及未来发展可能出现的问题。

（二）预测阶段

这一阶段主要包括需求预测和供给预测两部分。①需求预测：是根据医院的整体战略规划以及所处的内外部条件，对未来人力资源需求的数量和质量进行预测。②供给预测：包括内部供给预测与外部供给预测。内部供给预测，是根据医院现有的人力资源及其未来变动情况，确定未来所能提供的人员数量和质量；外部供给预测，主要是对医院外部人力资源供给进行预测，确定未来医院可能得到的各类人员的供给情况。

（三）制定规划阶段

医院人力资源规划主要包括人力资源数量、结构、质量三方面。①人力资源数量规划：是依据医院未来工作模式、流程和组织结构等因素，确定医院未来的人力资源编制以及人员配比关系，并在此基础上制订医院未来的人力资源需求和供给计划。②人力资源结构规划：是依据医院规模、未来发展战略等，对医院人力资源进行分层、分类的分析，同时设计职位、职责和权限等，从而明确各类人员在医院中的地位、作用及其相互关系。③人力资源质量规划：是依据医院对员工行为的要求，设计各类人员的任职资格要求，包括胜任力模型、行为能力及行为标准等，是医院选人用人的基础。

（四）实施和控制阶段

人力资源规划方案制定后在实施阶段付诸行动，其最终目的是保证人力资源的供需达到平衡。人力资源规划是长期持续的动态过程，医院将人力资源总规划和各项业务计划付诸实施后，需根据实施的结果进行控制并及时反馈，及时修正人力资源方案。

三、医院人力资源规划的主要内容

（一）医院人力资源总体规划

医院人力资源总体规划是对计划期内人力资源规划结果的总体描述，包括医院战略制定的人力资源管理的总体目标和配套政策。

（二）医院人力资源业务规划

人力资源业务规划是总体规划的拆解，包括人员配置规划、退休解聘规划、人员晋升规划、人员培训与开发规划、人员储备规划、绩效与薪酬规划、医院学科建设规划等。每项业务规划都应设定具体的目标、任务和实施步骤，它们的有效实施是总体规划得以实现的保障。

1. 人员配置规划 主要根据医院的规模与功能（具体包括医院等级、病床规模、是否医学院附属医院或教学医院等），结合医院发展战略要求，确保员工数量、质量与医院发展相适应，最终实现人员总量与医院规模相适应，个人能力与岗位任职资格及相关条件相适应的目的。由此，医院应按照各科室、职位需要动态调整人员配备规模，并制订相应的招聘计划，随医院内外部环境和条件的变化而不断变化。

2. 退休解聘规划 医院每年都会有部分员工因达到退休年龄或合同期满、医院不再续聘、人员流动等原因离开医院。制定医院退休解聘规划是为了降低人员劳动力成本，进而提高医院效益。医院应根据人员状况，提前制订退休政策和解聘程序的规划。

3. 人员晋升规划 是医院有计划地提拔能力强的员工，以优化医院人员结构的方案计划。它一方面满足医院发展带来的职务对人的需求，更好地实现医院的管理职能；另一方面，通过有计划的职务提升满足员工自我实现的需求，提高员工工作积极性。

4. 人员培训与开发规划 主要是根据医院的业务发展要求，有计划地培养能够胜任现有和未来各岗位的员工，其目的是关注员工的素质与能力，为医院的可持续性发展需求从储备力量的质量上提供保障。

5. 人员储备规划 是为了满足维持医院可持续性发展的需求，从数量上保证医院有足够储备力量的行动规划，目的是合理填补医院因环境变化、人事变动产生的职位空缺。

6. 绩效与薪酬规划 目的是增加劳动供给，改善绩效结构，提高医院员工积极性。包括绩效标准及其衡量方法、薪酬结构、工资总和、福利项目以及绩效与薪酬的对应关系等。

7. 医院学科建设规划 人才是医学学科发展的核心动力，医学学科建设规划应与医院的重点专科、特色专科相融合，是对学科带头人的综合素质和人才梯队的合理构筑的计划。

四、医院人力资源规划的实施与评估

（一）医院人力资源规划的实施

医院人力资源总体规划制定好后，要求医院人力资源主管部门根据供给和需求预测提出人力资源管理的各项要求，有关部门、科室照此执行并制定具体规划，包括晋升规划、补充规划、培训开发规划、配备规划等。在制订相关措施时应注意，新的措施应当与总体规划、业务规划和其他计划相互协调，使制定的措施得以有效地实施。

（二）医院人力资源规划的评估内容

医院人力资源规划的评估主要从医院人力资源规划制定层面、医院人力资源规划实施层面进行。

1. 医院人力资源规划制定层面 医院应根据自身经营理念、内外部环境情况和特点、人力资源规划期望目标等相关因素重要程度，选择并构建符合本院人力资源规划的评估体系。主要从以下几方面对人力资源规划进行评估。

（1）医院人力资源规划的形成是否经过充分考虑和酝酿，是否有具体的数据支持，对关键性问题是否有针对性。

（2）医院内外部环境的评价与预测是否充分、彻底和客观。

（3）医院人力资源规划是否有医院组织管理能力和实施能力的保障。

（4）医院的战略和目标是否能够衡量。

（5）医院结构与医院人力资源规划是否互相匹配和支持。

（6）医院文化与医院人力资源规划是否符合。

（7）医院的人才培训和开发机制是否健全。

（8）医院的考评、绩效、薪酬机制是否有效。

（9）医院人力资源规划与总体战略目标的关联度。

2. 医院人力资源规划实施层面 对人力资源规划制定评估的同时，应注重对具体人力资源规划实施内容和过程进行控制和评价。由于各医院面临的情况和问题差异很大，人力资源规划实施具有差异性，常规评估内容如下。

（1）管理层是否按战略规划将任务分配给各部门。

（2）工作职责、具体规定及其描述是否清晰。

（3）人力资源规划的目标是否实现，主要关注以下方面：实际人员招聘量与预测需求量比较；劳动生产率实际水平和预测水平比较；实际与预测的员工流动率的比较；实际执行与规划的行动方案比较；实施行动方案后的实际结果与预测结果比较；劳动力和行动方案的成本与预算额的比较；行动方案的收益与成本的比较等。

（4）人力资源规划实施所需信息种类是否齐全，信息交流渠道是否畅通。

（5）员工工作熟练度与重视度。

（6）管理层对人力资源规划的预测结果、实施方案、建议意见的重视和利用程度。

人力资源规划实施层面的评估还须将人力资源规划的行动结果与最初要求和目标进行比较，旨在发现规划和现实间的差距，从而对规划工作进行调整与优化，为今后人力资源规划提供参考。

（三）医院人力资源规划的评估标准

在具体人力资源规划评估的实践过程中，目前运用较广泛的评估方法和指标主要有以下几种。

1. 关键指标评估法 是用一些测评医院绩效的关键量化指标来说明人力资源规划

的工作情况。这些关键指标包括招聘录用、员工能力评估和开发、职业生涯发展、薪酬管理、福利待遇、工作环境、劳动关系以及总效用等。每一项关键指标均需给出可量化的若干指标，如针对招聘录用这一关键指标，要给出各个岗位能够吸引应聘人数与最终录用人数比等。

2. 成本评估法　是通过测算人力资源成本并将其与标准成本相比较，从而评估人力资源绩效的一种方法。普通的人力资源成本包括每位员工的培训成本、员工福利成本、薪酬成本、离职成本等。这种人力资源成本控制方法是对传统成本控制的拓展，在典型的成本控制表中可包括招聘、培训和开发、薪酬、福利、劳动关系等。

3. 调查问卷评估法　经常用于医院人力资源规划的评估，旨在为员工提供表达对人力资源规划工作看法的平台。员工意见调查可以有效地指出存在的问题，了解员工需求和偏好，发现工作中的不足与优势。员工意见调查作为一种专项调查，能够有效了解员工对本职工作和医院的感受及信念。调查的频率应根据情况而定，可以实行定期调查（如每年一次）或不定期调查。

4. 离职面谈法　主要由医院人力资源专员实施，通过面谈的方式了解员工决定离开医院的原因。离职面谈可以从多方面了解问题，包括离职原因、管理问题、工资问题、培训问题以及从事的工作中遇到的问题或得到的支持等。为了便于对面谈所得信息进行汇总，可以采用结构化的提问内容。

案例讨论

【案例】小赵几天前从护理部调到人事处担任处长助理，分管护理人力资源管理工作，正巧医院最近在做5年人力资源发展规划。处长要求小赵负责护理人力资源规划，并尽快提交规划方案。此外，最近本地政府颁布了一项政策，要打造区域型医疗救治中心。

【讨论】为满足医院发展需求，小赵编制的该人力资源规划需要考虑哪些关键因素？

案例要点：①医院人力资源现状。分别统计医生、护理人员、卫技人员、行政和文秘性职员、基层与中层管理干部、后勤等服务人员数量。②医院护理人员离职率。分别统计近5年医院平均离职率和护理人员的离职率。③医院的护理人员需求情况。按照医院发展规划对管理部门、医疗服务技术人员、后勤部门人员等增减情况，估计护理人员的实际需求量。④政府颁布的政策。根据政府颁布的打造区域型医疗救治中心的政策对护理人力资源规划进行调整。

第三节　医院人力资源需求与供给预测

通过人力资源规划，医院可以及时发现人力不足或人浮于事的现象，而人力资源预测是人力资源规划的重要环节。医院人力资源预测是指医院在评估和预测的基础上，对未来一段时期人力资源状况的假设，包括需求预测和供给预测。

一、医院人力资源需求预测

（一）医院人力资源需求预测的概念

医院人力资源需求预测是指根据医院的战略、目标、发展计划和工作任务，综合考虑各项因素，对医院未来某一时期内所需人力资源的数量、质量及结构进行估计的活动。

（二）医院人力资源需求预测的方法

医院人力资源需求预测的方法分为定性方法和定量方法两类。其中定性预测方法包括经验预测法、德尔菲法等；定量预测方法包括趋势预测法、回归预测法等。不同的预测方法有其不同的针对性和使用范围，在具体人力资源预测工作中，应根据具体情况选用适宜的预测方法，对整体人力资源的未来需求进行科学的趋势预测和分析。医院常用的人力资源需求预测方法有以下几种。

1. 经验预测法　是最为简单的一种方法，由管理人员凭借自己以往工作的经验和直觉，对未来所需要的人力资源作出估计。在实际操作中，一般先由各科室的负责人根据本科室未来一定时期内工作量的情况，预测本科室的人力资源需求，再由上一级管理层对其所属部门进行人力资源平衡和估算，最终由医院最高领导层确定需求。

这种方法主要是凭借经验进行，操作较为简便，主要用于短期和中期的预测，并且适用于规模较小或者经营环境稳定、人员流动不大的医院；同时，在使用这种方法时，要求管理人员必须具有丰富的经验和学识。但该方法带有较强的主观色彩，除了预测的准确性较低以外，还存在各部门的负责人在预测本部门人力资源需求时一般会扩大的问题，需要最高领导层的控制以避免该问题。

2. 德尔菲法　主要是邀请某一领域的专家或有经验的中、高层管理人员，对某一问题进行预测并最终达成一致意见的结构化方法，又称专家预测法。标准的德尔菲法要进行四轮的征询意见和汇总。第一，整理相关的背景资料并设计调查问卷，明确列出需要专家们回答的问题；第二，将背景资料和问卷发给专家，由专家对问题进行判断和预测，并说明自己的理由；第三，由中间人回收问卷，统计汇总专家们预测的结果和意见，将这些结果和意见反馈给专家们，以便进行下一轮预测；第四，再由中间人回收问卷，对第二轮预测的结果和意见进行统计汇总，接着进行下一轮预测；第五，如此经过四轮预测之后，当专家们的意见基本一致时就可以结束调查，将预测的结果用文字或图形加以表述。

虽然这种方法带有主观的预感和判断，但是该方法在预测法中具有一定的权威，因此，常被用于预测和规划因技术变革带来的对各种人才需求量的影响。

3. 趋势预测法 是指根据医院过去5年左右时间内的人员数量，分析它在未来的变化趋势，并依此来预测医院在未来某一时期的人力资源需求量。这种方法相对比较简单直观，既可以对医院进行整体初步预测，也可以对科室、部门进行结构性预测。但在使用时，往往要假设其他的一切因素都保持不变或变化幅度保持一致，然而人员数量会受到医院发展、科学技术进步、人员素质提高和经营情况变化的影响，具有一定的局限性。故此方法适合短、中期预测或医院发展比较稳定时的预测，主要作为一种辅助方法使用。

4. 回归预测法 是从统计学中借鉴的一种方法。其基本思路是依据相关资料找出与人力资源需求密切相关的因素作为自变量，在此基础上建立回归方程，并确定人力资源需求与其影响因素间的函数关系，再根据因素的变化以及确定的回归方程来预测未来的人力资源需求及变化趋势。如建立护理单元与护士人数的回归关系以预测在床位数下降时护士需求人数的变化。回归预测法是一种比较精确的预测方式，在实际工作中预测的准确程度受许多因素的影响，因此需把握好自变量的因素。

5. 比率预测法 是基于对员工个人生产效率的分析进行的一种短期需求预测方法，其目的是将医院的业务量转化为人力的需求。进行预测时，在假设医院的劳动生产率不变的前提下，先计算出人均的生产效率，再根据医院未来的业务量预测出对人力资源的需求，其公式为：

$$\text{所需的人力资源}=\frac{\text{未来的业务量}}{\text{人均的生产效率}}$$

如对医院来说，假设病床数的数目增加一个百分点，就要求相应的护士数量增加一个百分点，否则难以保证对患者的看护。

如果考虑到劳动生产率的变化对员工需求量的影响，可以使用以下公式：

$$\text{计划期末人力资源需求数量}=\frac{\text{目前业务量}+\text{计划期业务增长量}}{\text{目前人均的业务量}}\div(1+\text{生产率的增长率})$$

运用比率预测法进行估计时，需对计划期内的业务增长量、目前人均业务量和劳动生产率的增长率进行精确估计，而现实中往往难以做到。且运用该方法只能对人员需求总数作出分析，不能说明不同类别员工的需求差异。

6. 计算机预测系统 现代信息技术及网络的发展和普及在人力资源预测方面发挥着重要作用。很多医院建立了一套人员需求的计算机预测系统。建立该系统首先需要搜集典型数据，其中包括各科室所需要的直接劳动工时（对生产率的衡量）等。以这些数据为基础，可以预测“满足生产需要的平均人员需求水平”，而且可以分别预测直接生产人员（如医生、护士等）、间接生产人员（如文秘人员）以及特殊人员（行政管理人员）的需求数字。

案例讨论

【案例】某医院普通病房现有病床数为240张，共有护理人员60名。请利用比率预测法对下述情况护理人员需求量进行预测。

【讨论】该医院计划在普通病房增加60个床位，如果护士的效率不变，那么计划期末护士的需求量为多少？如果由于培训与开发护士效率提高了20%，则大约需要多少名护士？

案例要点：计算过程如下。

计划期末护士需求量：（240+60）/4=75（人）

效率提高后护士需求量：75/（1+20%）=63（人）

（三）人力资源需求预测的指标

在学术界有多种关于医院人力资源需求预测的方法，各方法对变量均有不同考虑。表6-1对各方法所考虑的人力资源需求预测因素的指标进行汇总。

表6-1 医院人力资源需求预测因素的指标汇总

指标系列名称	具体指标名称
人口指标	区域人口总数、社区人口总数、城乡人口比、不同年龄段人口比
经济指标	区域国内生产总值（GDP）总量、区域人均GDP
卫生事业经费指标	区域卫生事业经费投入总量、社区卫生事业经费投入总量、家庭/个人医疗卫生费用负担总量与均量

续 表

指标系列名称	具体指标名称
医疗卫生机构指标	医疗卫生机构总量、各类别医疗卫生机构数量、各级别医疗卫生机构数量、医疗床位总量、各类别床位数量、床位使用率
服务需求指标	门急诊诊疗人次数、出入院人次数、患病率、就诊率、住院率、平均住院天数
薪酬水平指标	基础薪酬、可变薪酬、间接薪酬等
行业竞争指标	各级别/类别医疗卫生机构市场占有率、各学科带头人/骨干数量等
其他	地理区位面积等

二、医院人力资源供给预测

（一）医院人力资源供给预测的概念

医院人力资源供给预测是指通过对医院内部和外部供给的科学分析，对未来某一特定时期内能够供给医院的人力资源的数量、质量以及结构进行估计。

（二）医院人力资源供给预测的方法

医院人力资源供给预测的方法主要包括内部供给预测和外部供给预测。内部供给预测，包括技能列表、人员接替法、马尔科夫模型等；外部供给预测，包括总体经济状况分析、外部劳动力市场的相关因素预测方法等。

1. 技能列表 是用来反映员工工作能力特征的列表，这些特征包括员工的培训背景、工作经历、持有的资格证书以及工作能力的评价等内容。技能列表反映了员工的竞争力，可以用于帮助预测潜在的人力资源供给。技能列表主要服务于晋升人选的确定，职位调动的决策，对特殊项目的工作分配、培训及职业生涯规划等。技能列表可以包括所有员工，也可以只包括部分员工（表6-2）。

表6-2 技能列表范例

姓名：		职位：	部门：	
出生年月：		婚姻状况：	到职日期：	
教育背景	类别	学校	毕业日期	专业
	大专			
	本科			
	硕士			
	博士			

续　表

<table>
<tr><td rowspan="2">工作经历</td><td colspan="2">任职年限</td><td>职位</td><td colspan="2">主要成就</td></tr>
<tr><td colspan="2"></td><td></td><td colspan="2"></td></tr>
<tr><td rowspan="2">技能</td><td colspan="2">技能种类</td><td colspan="3">已获证书</td></tr>
<tr><td colspan="2"></td><td colspan="3"></td></tr>
<tr><td rowspan="2">培训背景</td><td>培训主题</td><td colspan="2">培训学校或医院</td><td colspan="2">培训时间</td></tr>
<tr><td></td><td colspan="2"></td><td colspan="2"></td></tr>
<tr><td rowspan="4">工作志向</td><td colspan="3">是否愿意担任其他类型的工作？</td><td>是</td><td>否</td></tr>
<tr><td colspan="3">是否愿意去其他科室去工作？</td><td>是</td><td>否</td></tr>
<tr><td colspan="3">是否愿意接受科室轮换？</td><td>是</td><td>否</td></tr>
<tr><td colspan="3">如有可能，您愿意选择哪个科室？</td><td colspan="2"></td></tr>
<tr><td>您认为自己需要接受何种训练</td><td colspan="5"></td></tr>
</table>

2. 人员接替法　技能列表描述的是个人的技能，而人员接替法描述的是可能胜任组织中关键岗位的个人。这种方法是对医院科室或部门现有人员的状况作出评价，再对他们晋升或调动的可能性作出判断，以此预测医院内部潜在供给。通过以下公式计算预测某职位人数：

人力资源供给量＝现有员工数量－流出总量＋流入总量

流出总量＝辞职数＋开除数＋降职数＋退休数＋晋升数

流入总量＝晋升进入数＋外部招聘数＋降职进入数

3. 马尔科夫模型　是目前常用的人力资源供给预测方法，是一种用于预算组织内人员淘汰、流动等情况的数学模式。其基本思想是找出过去人力资源变动的规律，以此来推测未来人力资源变动的趋势，其关键是确定转移率。通过该方法能够预测人力资源流动的比例，得出未来需求的供给量。马尔科夫模型的应用前提：①马尔科夫性假设，即$t+1$时刻的员工状态只依赖于t时刻的状态，而与$t-1$、$t-2$时刻状态无关。②转移概率稳定性假设，即不受任何外部因素的影响。马尔科夫模型的基本表达式为：

$$Ni(t)=\sum Ni(t-1)\times Pij+Vi(t)$$

式中：$Ni(t)$——时刻t时i类人员数；Pij——人员从j类向i类转移的转移率（某类人员的转移率＝转移出本类人员的数量/本类人员原有总量）；$Vi(t)$——在时间$(t-1, t)$内i类所补充的人员数。

使用马尔科夫模型进行人力资源供给预测的关键是获得人员的转移率矩阵表。而实际预测时，由于受各种因素影响，人员的转移率往往难以确定，因此，使得其预测的有效性和对实际工作的指导性也有所降低。

4. 总体经济状况分析 对医院外部总体经济状况的分析旨在了解掌握整个经济形式对劳动力市场的影响，即在掌握未来经济形式的基础上，经过分析和推算预测劳动力市场的发展趋势，从而预测自身所需人员供给趋势的方法。如经济发展迅速、就业率高时，人员招募就会变得困难。

5. 外部劳动力市场的相关因素预测方法 相关因素预测方法是通过调查和分析，发现影响劳动力供给的各种因素，探索各种因素对劳动力市场发展变化的作用方向和影响程度，预测未来劳动力市场的发展规律和趋势。对医院来说，外部劳动力市场的相关因素主要为组织因素即患者数。

三、医院人力资源供需平衡的调整

医院人力资源规划的目的是要实现医院内部人力资源供给和需求的平衡。然而，在医院的实际运营过程中，人力资源供需常处于失衡状态。在发展初期，医院人力资源需求旺盛，人力资源供给不足，人力资源部门用大部分时间进行人员的招聘和选拔；在稳定时期，医院人力资源供需表面稳定，但内部同时存在退休、离职、降职、职务调整等情况，处于结构性失衡状态；在发展后期，医院人力资源总量过剩，人力资源需求不足。总之，医院人力资源的供需常处于变化状态，需要人力资源部门采取相应措施，不断调整人力资源结构和规模。供需不平衡的种类及相应措施如下。

（一）医院人力资源供给和需求总量平衡，结构不匹配

医院人力资源供给和需求完全平衡往往难以形成，即使在供需总量上达到了平衡，在层次和结构上常出现不平衡。因此对于结构性的人力资源供需不平衡，一般要采取下列措施实现平衡。

1. 重新配置人员内部结构。通过晋升、调动、降职等方式来弥补空缺职位，满足这部分人力资源需求。

2. 有针对性地培训相关人员，使其能够胜任空缺职位的工作。通过人员的置换，释放不符合医院需求的人员，补充适合医院需要的人员，以调整人员结构。

（二）医院人力资源过剩

当医院预测的人力资源供给大于需求时就会出现人员过剩。为了有效控制医院成本，需对人力资源进行调整。可以通过下列措施消除人力资源过剩。

1. 分流过剩人员 医院通过扩大规模，或者开拓新的增长点，创造新的就业岗位，适当分流一部分员工。

2. 减少医院人员补充 医院可以减少对外招聘甚至冻结对外招聘，通过自然减员如人员退休、离职等情况，调整内部结构，减少供给。

3. 增加无薪假期 医院可采取增加无薪假期的方式，通过轮休减少在岗人员。

4. 鼓励人员提前退休 医院通过给予接近退休年龄的人员以优惠的政策，鼓励其提前离开医院。

5. 永久性裁员或者辞退人员 这是一种最无奈，但最有效减少多余人力的方式。在进行裁员时，应注重制定适宜的裁员政策，以免引起人员不满，对医院造成负面影响或增加社会负担。

（三）医院人力资源缺乏

当医院的人力资源供给小于需求时，医院的人力资源处于短缺状态。此时人力资源管理的重点是采取多种措施获取医院发展所需的人力资源，一般可采取下列措施。

1. 医院外部招聘 当人力资源总量不能满足医院运营和发展需求时，采用外部招聘的方法能较快地缓解人力资源短缺。可根据需求的具体情况来确定，如果为长期需求，需雇佣全职员工；如果为短期需求增加，可以雇佣兼职或临时员工。

2. 医院内部调整 指医院内出现职务空缺时，将医院内部其他岗位的人员调整到该职务。

3. 医院内部晋升 是指当较高层次的职务出现空缺时，从医院内部较低职位的人员当中，按照竞争上岗的条件和程序提拔合适的人员，提升其职务，安排到空缺的合适岗位。

4. 医院人才继任计划 是指医院发现并追踪、考察具有高潜质、高层次岗位胜任能力的员工的过程。一般分为挑选、开发、频繁接触三个阶段。①挑选：方法包括组织相关的测试、有目的地招募以及业绩评价等。②开发：主要是针对候选人制定职业生涯发展规划，并对其进行相应的培训、轮岗、挂职锻炼等开发活动。③频繁接触：主要是指让培养对象与最高层领导频繁接触，使其更好地了解领导风格与组织文化。

5. 医院员工技能培训 为让医院现有员工更好地适应当前工作以及未来高层次工作，需对其进行技能培训，从而为内部晋升的有效实施储备后备力量。

（四）突发公共卫生事件下的人力资源补充与调整

突发公共卫生事件是指造成或可能造成社会公众健康严重损害的重大传染性疾病、群体性不明原因疾病、重大食物和职业中毒以及其他严重影响公众健康的事件。以新冠肺炎疫情为例，基于危机管理4R模型，可在缩减、预警、反应、恢复四个阶段，采取下述措施对医院人力资源的人员数量、专业组和分布进行配置调整。

1. 缩减阶段 制定符合医院实际情况的人力资源应急预案。迅速归整人员，确保医院救治力量，并明确重点科室，加强对重点科室医务人员管理，责任到人、措施到位。

2. 预警阶段　实行“前线–重点临床部门–其他临床部门–行政后勤保障”型“金字塔”式支援体系。前线由亟需的重点科室医护专家及骨干人员构成，其他科室人员组成二、三轮梯队准备轮替，行政后勤人员提供支持服务。

3. 反应阶段　人力资源短缺时，可打破学科壁垒，建立跨部门、跨学科的弹性调配机制，健全多学科协作机制。如当重点科室医护人员不足时，根据需求调整中医科、肝病科、全科医学科等科室人员至呼吸内科、重症医学科、急诊科和感染科进行支援。

4. 恢复阶段　做好人才储备工作，搭建重点应急学科的人才梯队，构筑人力资源支撑体系，形成适应各学科的人才递补方案。

本章小结

医院人力资源战略管理是为配合医院总体战略的实施而采取的职能战略。实现医院人力资源战略管理包括战略分析、战略制定、战略实施与战略控制四个基本步骤。医院人力资源规划是人力资源战略管理的重要内容之一，其目的是使医院未来发展中人力资源在数量、结构和质量方面达到供需的动态平衡。医院人力资源规划的流程包括准备阶段、预测阶段、制定规划阶段和实施控制阶段四个基本步骤。医院人力资源的预测包括人力资源需求预测、人力资源供给预测和人力资源供需平衡的调整。

（袁蕙芸）

第二篇
实践篇

Part 2

第七章　医院岗位分析、设计与评价

第八章　医院人员招聘、人才引进与管理

第九章　医院人力资源能力建设

第十章　医院人力资源薪酬与激励管理

第十一章　医院人员绩效管理

第七章　医院岗位分析、设计与评价

学习目标

1. 掌握　医院岗位分析、设计与评价的概念与基本方法。
2. 熟悉　医院岗位分析、设计与评价的内容及原则。
3. 了解　定编定岗和岗位评价的实施流程。

人力资源管理包括岗位管理、规划、招聘、配置，以及培训、考核、薪酬激励等环节，其中岗位管理是其他各管理环节的重要基石之一。岗位管理包括岗位分析、岗位设计与岗位评价。随着现代医院管理制度的建立，开展岗位分析、岗位设计、岗位评价等工作成为医院人力资源科学管理的一项基础性工作。科学合理的岗位设置，不仅是医院根据工作任务和目标，配备数量充足、结构合理、资质优秀的工作人员，也是医院保证医院医、教、研各项工作顺利开展，保障医疗质量的基础性工作，更是调动广大医务人员工作积极性，进而促进学科发展的重要抓手。

第一节　医院岗位分析

医院岗位分析是开展医院岗位管理的基础，为开展岗位设计、岗位评价提供了科学的依据和支撑。岗位分析通过客观和主观数据的分析，有利于了解医院整个医疗过程中，各个岗位的工作特点、方法、流程、资质能力和职责权限，从而为进一步合理地配置医务人员，开展岗位评价奠定基础。

医院工作是由医生与护士、医技人员之间，临床与辅助部门之间通过分工协作的形式完成的复杂过程。通过岗位分析可以明确各岗位的工作职责和内容，从而更有效地组织、协调不同科室之间和医务人员之间的工作，提升工作效率。

一、医院岗位分析概述

（一）医院岗位分析的概念

医院岗位分析是指应用现代人力资源管理有关岗位分析的方法，系统性收集医院临床、教学、科研、护理、医技、工勤、行政等岗位的工作内容、工作关系、工作要求、工作职责、权限、工作地点、环境、资质要求等内容并进行系统分析的过程。

（二）开展医院岗位分析涉及的基本概念

1. **岗位** 是指医院员工满负荷完成一项或多项工作职责任务的集合，是构成医院整体工作任务的有机组成部分，岗位和岗位之间的关系构成了医院组织构架的基础。

2. **工作任务** 是指为完成医院医疗、教学、科研、管理、工勤等任务而进行的一系列活动，由员工完成自身工作过程中要完成的一系列工作步骤组成。

3. **工作职责与职权** 工作职责是指医院员工履行自身工作主要需完成的一系列工作任务的集合，如住院医师开展患者诊疗需要对新入院患者进行病史采集，观察病情变化，下达与执行治疗医嘱，评估疗效等。职权是指完成工作任务所需的自行行使的某种权力，这种权力是依据医院的制度或诊疗规范所赋予的，在一定范围内行使的权力。

4. **职类** 是指医院根据工作性质，将若干性质相近的工作综合而成的职业分类，如临床医师职类、护理职类、药剂职类、医技职类、科研职类、管理职类等。职类下又可以根据实际工作内容细分各种职系，如临床医师职类可分为外科医师职系、内科医师职系、影像医师联系、检验医师职系；药剂职类又可分为西医药剂职系和中医药剂职系。

5. **职级** 是指在同一职类或职系中，根据从事工作的内容、难易程度、责任大小、权限大小，以及所需的履职要求的高低而划分的岗位等级。如医师职类可分为住院医师、主治医师、副主任医师、主任医师等。

6. **工作流程** 是指完成医院某项特定工作所需的一系列相互衔接的工作步骤，这些步骤与岗位之间相互交叉，构成岗位职责和工作任务的具体内容。通过工作流程串联起医院各个岗位的功能，最终整合成为医院内部各项工作的流线。

7. **组织结构** 是指医院各部门和科室的管理层次，部门和科室相互之间，各岗位之间的人与事，人与人之间的相互关系。组织结构可以明确医院部门或科室以及各岗位之间工作上下级隶属关系或相互协作关系。

（三）医院岗位分析的内容

在着手开展岗位分析之前，必须要明确岗位分析要获得的医院各个岗位的信息有哪些。关于岗位分析的内容，传统人力资源管理理论有7W1H（Who，What，Whom，Why，When，Where，Which，How）之说，结合医院工作实际，归纳起来医院开展岗位分析其内容一般包括如下要素。

1. **岗位标识**　是指主要用于区分医院不同岗位之间的标志，包括岗位名称和岗位编号。岗位名称一般可以反映该岗位大概的工作内容、所属科室、工作等级等特点，如普外科主治医师、泌尿科副主任医师、内分泌科主任医师等。为实现人力资源规范化管理，可通过岗位代码对同类岗位加以区分，实现医院内岗位的唯一指定。

2. **工作概述**　是对岗位设立的目的、工作任务、工作目标通过简练的语言进行称述。

3. **工作关系**　是指医院内各岗位之间的关系，一般包括同级岗位之间的沟通协作关系和上下级岗位之间的领导与指导关系。

4. **岗位职责**　是指医院各设定的岗位主要应做到的事情，这些事情应是该岗位为完成工作所需的紧密相关的一系列工作任务组成，是工作过程中需长期地、经常性地占用主要工作时间所做的事情。

5. **岗位权限**　是为保证有效地履行岗位职责，医院赋予履职者必要的权力，包括该岗位所拥有的决策权、命令权、监督权、建议权、执行权、考核权、奖惩权、知情权、申诉权等。如主治医师在对患者实施诊疗过程中，拥有确定诊疗方案下达医嘱的权力、执行上级医师的权力和监督建议权、监督考核下级住院医师的权力。

6. **工作条件**　①岗位在医院工作的具体地点：如病房、门诊、急诊、手术室等。②工作环境要求：如放射科摄片机房或核医学科机房的防护要求等。

7. **工作时间**　因为医院工作性质的特殊性，医院岗位工作时间不仅包括国家规定的每个工作日正常工作作息时间，还包括夜间或休息日值班时间，以及应急情况下的加班时间。

8. **任职资格**　包括基本身体条件、任职经验、技能、受教育程度等。医院工作岗位需要有较高的道德操守和严格的任职准入条件，如临床医师必须具备正规的医学教育背景并获得医师资格证和执业资格证，医学影像技术员必须具备正规医学影像教育背景，并获得上岗证书。护士必须具备正规护理学教育背景，并取得护士资格证和执业证书。特种设备操作人员必须获得特准设备操作证书方可上岗。

二、医院岗位分析方法

（一）访谈法

访谈法采取面对面的方式与岗位工作人员、上级主管及下属，以及与岗位工作有密切联系的工作人员、其他知情者进行谈话，了解岗位工作的现况及特点。访谈内容主要是围绕岗位分析的主要内容展开。开展岗位分析访谈，须把握好以下几点。

1. 访谈者自身的准备工作 访谈者应事先对要分析的岗位有所了解，初步了解访谈岗位的工作特点和工作任务，岗位的上下级关系和工作协作关系，确定访谈对象范围。做好访谈问题提纲，必要时要事先制定访谈问题调查表，以便尽可能完整地收集受访者提供的岗位信息。

2. 访谈提纲和问题的设计 访谈提纲和问题应紧扣访谈岗位的工作内容进行设计，问题内容不能超出受访者对工作认知的范围；访谈问题语言表达清晰准确，不会引起歧义，不涉及个人隐私或私人关系。

3. 访谈对象的选择 访谈对象应是岗位工作的知情者，一般先从岗位管理者开始，初步了解岗位职责，岗位在整个工作流程中的重要性，岗位工作的特点。然后是岗位的实际履职者，可以更为深入地了解岗位分析所需要的内容，进而与上级管理者、下属、工作联系者进行进一步访谈。

4. 访谈时间的把握 访谈一般选在受访者非在岗工作时间，以便能够尽可能详尽地了解岗位工作内容。访谈一般在岗位分析工作开始之初进行，也可以在岗位分析结束时为补充信息进行进一步的访谈。

5. 岗位访谈分析表的设计 除了访谈提纲，为聚焦访谈内容，提高访谈效率，可以事先设计好岗位访谈分析表，分析表的内容应根据岗位分析内容进行设计，避免重复和遗漏重要信息。

（二）观察法

观察法是由分析人员在岗位现场通过实地观察，收集岗位工作信息的方法，重点收集岗位工作条件、工作时间、操作步骤、工作流程、工作关系等方面的信息。对于周期性的工作，工作观察时间应覆盖整个工作周期。

（三）专家咨询法

专家咨询法是岗位分析人员针对分析的岗位召集专家会议或通过问卷形式，按照事先确定的议程和内容进行岗位分析内容的调研。咨询专家必须是熟悉目标岗位工作、有丰富工作经验的从业者，亦可是直接上级管理者，或者熟悉该领域的研究者。专家咨询法可以帮助岗位分析者了解岗位重点工作和核心职责权限等要素。

（四）文献分析法

文献分析法是通过对目标岗位相关的文献资料进行系统性收集并整理、分析，获得工作信息的分析方法。一般用于收集岗位工作信息的初始阶段，帮助调查者熟悉岗位工作概况和工作重点。

（五）问卷调查法

问卷调查法是通过调查初期收集到的与岗位信息相关的要素及指标，通过发放、填写、收集调查分析问卷，对收集到的岗位信息进行必要的统计学分析，从而得到岗位分析结果的方法。在对相关指标和要素进行描述的基础上，采取适当的方法对部分要素指标予以等级评定是编制岗位分析调查问卷的基本内容。医院岗位分析问卷的编制结构一般包括如下内容。

1. **基本信息**　包括岗位名称、所在部门、直接上级、直接下级、填写人员信息、日期等。

2. **工作描述**　主要包括岗位工作的目标、职责任务、权限、协作关系等内容。岗位工作目标主要包括业务目标和管理目标，主要目标和其他目标；工作职责任务主要包括主要任务、日常性任务、临时性任务等。工作权限主要包括实施临床医疗工作所拥有的临床权限和管理权限；工作协作关系主要包括科室内部岗位协作情况、工作关系密切程度，与其他部门岗位协作情况及工作关系密切程度。

3. **任职资格**　包括担任此岗位工作所必须具备的教育背景、专业技能、工作经验、培训经历等背景。

4. **考核指标**　包括考核的内容、指标、要求等。

5. **其他**　包括工作环境、工作设备设施、工作时间等。

三、医院岗位分析的组织与实施

对于一家医院而言，无论是从优化工作流程、改善组织结构考虑出发，还是从提升工作效率考虑出发，岗位分析应都是医院不断提升管理水平的重要手段。在熟悉掌握岗位分析的内容和方法的基础上，作为医院的管理者就可以根据工作需要着手实施岗位分析，并制定岗位说明书和岗位规范。

（一）实施的主体与成员

医院工作涉及临床、护理、医技、管理、财务、工勤、信息技术等多种岗位，各岗位工作特点和内容各不相同，岗位分析的主体、方法、侧重点也不相同。因此，医院开展岗位分析不是人力资源部一个部门的事情，应根据工作需要组建岗位分析工作小组。涉及全院的组织结构和流程优化工作，必须由医院院长牵头组织实施，分管院长和涉及的管理部门与科室负责人为组员。医院各部门和科室领导分工负责本部门的岗位分析工作并成立内部岗位分析工作小组。人力资源部负责制订岗位分析的实施进度计划并派专人加入各科室岗位分析小组。岗位的直线管理者和任职者应参与岗位分析计划制订、实施的全过程，参加岗位信息收集、岗位说明书草案拟定，以提高岗位分析计划的可行性和岗位分析的认可度。必要时可邀请人力资源专家实施岗位分析，有利于运用更为专业化的岗位分析方法，制订科学的岗位分析计划，进行数据的收集、分析工作。

（二）岗位分析的流程

1. 制订岗位分析计划 开展岗位分析首先要分别成立医院层面的岗位分析小组和科室层面的岗位分析小组。应选择关键性、有代表性的岗位进行分析，以节约岗位分析的工作成本。人力资源部应针对分析岗位制订岗位分析工作计划。工作小组成员进行岗位分析访谈，文献资料收集、调查表发放与回收，调查数据整理分析，编制岗位说明书等工作时，应各有分工。

2. 开展岗位分析调查 实施岗位分析首先要客观，全面收集与岗位有关的各类工作信息。信息来源包括：医院外部类似岗位工作规范信息；医院内部原有的组织结构、工作职责、流程、岗位说明书等；岗位任职者或者上级主管提供的岗位工作内容、流程、工作性质、沟通协调关系信息。对于医院不同的工作岗位，应根据实际情况，有针对性地选择不同的分析方法。

3. 根据收集到的信息进行归纳整理分析 通过调查阶段收集来的各类岗位信息，工作小组要进行必要的审核、整理，确保信息的完整性和准确性。可以请有丰富工作经验的任职者或上级主管一起参与信息的核对、确认工作，为撰写岗位说明书做好准备。

4. 编制岗位说明书 经收集、归纳、整理后获得的岗位信息，主要用于编制岗位说明书。岗位说明书是岗位分析的直接结果，一份能体现岗位工作实际、表达清晰准确的岗位说明书，能够让员工和管理者清楚地知道岗位属于哪个部门，做什么事情，如何做，有什么要求，需要达到什么目的，需要什么工作条件，以及履职需要什么资质等。因此，一份有效的岗位说明书，是医院开展岗位分析的成功与否的重要标志。编制岗位说明书必须做到文字简练、清晰，一岗一书，范围清楚；文件格式统一，内容能体现岗位差异。岗位说明书的构成要素和撰写要点如下。

扫码学习
相关内容

（1）岗位基本信息：包括岗位名称，医院统一编号，所属部门，所属部门内设科室，执行人，直接上级部门，下属部门或岗位，该版本岗位说明书制订时间，岗位工作任务和目标等信息。

（2）岗位职责：应是所在部门承担工作职责的分解，内容来自具体的工作分工，不应该是“存在的就是合理的”，按照现有的工作内容或愿意完成的工作内容进行描述；岗位职责应分条描述，一条包括一项基本职责，一般不超过8条；岗位职责是日常需要完成的工作分工，不包括临时性工作任务。

（3）岗位权限：是履行工作职责范围内业务必须具备的权力，不能赋予超出自身工作范围的权力。权限一般按照以下范畴进行描述：①决策权，为完成本岗位工作所必须具备的权力，如疾病诊断、下达医嘱。②建议权，为保证本职工作顺利完成，向上级或同级协同岗位提出的建议，如医务人员根据掌握的病情向上级医生提出诊断和治疗的建议。③调查权，为保证岗位工作顺利完成，所须具备的在一定范围内进行的与业务范围相关的调查研究的权力。

（4）工作关系：是为了顺利完成岗位工作，需要向上汇报，向下领（指）导，横向互相协作的关系和工作对象。如临床科室内部按三级查房制形成向下级指导关系，急诊、门诊、病房、手术室、功能检查室形成内部协同关系。

（5）任职要求：医院是一个专业集成化程度很高的机构，医疗、护理、医技、后勤、管理等岗位均需要有一定专业背景和学历层次的人来履职，临床专业岗位有着严格的专业准入要求。同一类岗位，因职级的不同，任职要求也有所不同。对医院内的特殊岗位，如特种设备设施的操作人员，必须具备政府规定的设备操作操作证方可上岗。任职要求一般包括基本条件（包括年龄、身体条件、学历、专业等）、知识技能（包括专业技术水平、专业资格证书，岗位等级证书等）、能力素质（包括人文素养，个性特种、政治素养）等三方面内容。

第二节　医院岗位设计

一、医院岗位设计的概念

医院是以为患者提供医疗服务为核心，集医疗、教学、科研功能为一体的集合体。作为医院管理者，经常要考虑的问题就是在满足患者需求、保障医疗质量的前提下，如何提高工作效率，降低医院运营成本？医院的运行需要多少员工最为合适？医院的医疗、护理、医技、管理、科研、工勤人员的组成如何才是最优配比？以上问题实质上是医院功能最大化与人力资源合理优化配置之间关系的问题。进行岗位设计，开展定编定岗工作是回答上述问题的有效途径。

岗位设计，又称工作设计，是指根据组织需要，并兼顾个人的需要，规定每个岗位的任务、责任、权利以及组织中与其他岗位关系的过程。它将工作的内容、资格条件和报酬结合起来，目的是满足员工和组织的需要。岗位设计过程主要是组织向其员工分配工作任务和职责的过程，岗位设计是否得当对于激发员工的积极性，增强员工的满意度以及提高工作绩效都有重大影响。

开展岗位设计的前提是进行岗位分析，通过岗位分析对医院的岗位体系有了系统的了解，明确了医院各岗位的工作职责、权限、任职资格、工作环境，可以分析出医院目前各岗位工作的状态和设置是否合理，从而为确定医院的岗位数量，员工总量、结构，以及专业技术职务晋升、设备设施硬件配置提供了参考依据。

二、医院岗位设计的原则、依据与主要内容

（一）岗位设计原则

1. **因事设岗原则** 岗位设计既要考虑医院现有工作任务目标的完成，又要兼顾医院的发展规划。只有将医院整体工作任务和发展规划分解成为各个岗位的工作内容与目标，才能推动医院持续不断地良性发展。因此，岗位设计应按照岗位需要完成的工作和职责范围设置岗位，以岗定人，而不是因人设岗。

2. **整分合原则** 医院整体工作任务和发展规划须分解到各个岗位，各个岗位各司其职、分工明确，但围绕着医院中心工作，医院各岗位不是独立运行的。在岗位设计时还需要注意各个岗位之间功能的协同性以及沟通的有效性，这样才能相互配合，高效地完成工作任务。如在患者的整个治疗过程中，医生对患者的诊疗活动需要护理、检验、影像、工勤人员的密切配合才能完成。

3. **最少岗位数原则** 医院设计工作岗位，在保证医疗质量的前提下，要避免组织机构臃肿，效率低下。岗位的设置从工作需要和流程最优化出发，充分考虑岗位工作负荷，减少部门和岗位之间功能重叠，最大限度地节约人力成本，提高医院整体工作效率。

4. **规范化原则** 医院岗位设计应描述岗位特征的一系列内容，如岗位名称、岗位编号、部门名称、部门内设科室名称、岗位职责、岗位权限、工作关系等内容，在格式、命名规则、编号规则、描述方法等方面，医院应有统一的制度文件加以规范。

5. **需求导向原则** 岗位的设立应以保质保量完成工作为核心，以工作流程为主线，充分考虑整个工作流线上各部门以及部门内部各岗位之间的工作需求。

6. **一般性原则** 以医院日常的工作状态为基础，适当考虑发展的需要。不能将例外和突发状态下的工作量和劳动强度作为设岗的依据。

（二）岗位设计依据

1. **医院的功能与发展规划** 医院的工作任务和发展目标是医院一切工作的中心和

出发点。医院有了工作任务和发展目标，才分解到岗位和人去完成。因此，定编定岗工作也是围绕着医院的核心工作而开展，其目的就是实现医院“事、岗、人”之间合理的匹配，达到岗位有目标，人人有事做。

2. 工作流程　医院的工作是通过各项工作流程来完成的，岗位是穿起整个工作流程的节点。合理的工作流程，才能产生合理的岗位设置。

3. 核心岗位　医院的核心工作是医疗，提供优质医疗服务，提升临床学科发展水平是医院可持续发展的主要任务。而医院的岗位数量众多，故须把临床科室的核心岗位搞清楚，也有利于在开展定编定岗时首先满足核心工作的需要。在此基础之上，可综合考虑医院的科研、教学、管理、后勤保障等工作需要，逐步展开定岗定编。

（三）岗位设计主要内容

岗位设计是医院根据发展需要，将工作任务和岗位职责分配给不同岗位的过程，通过科学合理地优化岗位要素，达到提升工作效率和调动员工工作积极性的目的。

1. 工作内容　是岗位承担的具体工作任务的描述，包括工作种类、工作性质、工作时间、工作特点、工作目的等。

2. 工作职责　是岗位工作人员在履行职务的过程中所承担的工作责任、工作权限、工作方法。

3. 工作关系　是指在工作中岗位之间的沟通协作关系，包括向上汇报、向下指导，同事之间、部门之间的关系。医院的工作关系包括业务关系和行政管理关系。业务关系是上级医护人员与下级医护人员之间的专业指导与业务汇报关系，不涉及人员人事隶属管理，通过业务关系建立起医院工作的流程。行政管理关系构建起医院的管理组织构架。

4. 工作结果　是指履职以后的工作产出情况，包括数量、质量、效率等方面。如医疗岗位的产出（门诊、出入院患者数）、治愈率、出入院诊断符合率、平均住院天数等。

5. 工作考核　是医院或部门上级对岗位工作结果的要求，一般分为定性考核和定量考核。一般通过患者满意率测评，工作表现等级评定，医、教、研工作量，医疗质量、效率考核指标要求进行考核。

三、医院定岗定编的方法与实施

岗位，是指为发挥其功能所需要具体承担工作任务的岗位及数量；编制是指从事某个岗位需要的员工数量和质量的要求。医院定岗定编是根据医院的功能需求和发展规划，进行医院组织结构的设计及职能的分解，按照需要设置岗位和编制，然后确定岗位上开展具体工作的人员。

（一）定岗的方法

1. 常用方法 以下方法是从医院发展的组织框架、功能需要和流程优化的角度出发进行岗位设置时比较常用的几种方法。在实践中，可以结合医院发展需要，以及岗位分析中发现的问题，在一定的时间和预算条件下灵活使用。

（1）组织分析法：是从整个医院的任务和发展规划出发，设计一个基本的组织模型。具体方法：理顺医院与内部各部门之间合理的管理模式和集、分权关系，然后根据具体的业务流程明确各部门的使命和关键职责，以及各部门、各层级之间在主要职责上的决策流程和汇报关系，进而对部门内部职责、任务再进行细化分类，再分解到各个岗位，即先有部门的工作，再把工作分类形成岗位，做到因事设岗。

（2）关键使命法：聚焦于医院发挥核心职能和发展关键需要的岗位，从完成工作任务和发展规划出发，针对关键环节设定岗位。有利于医院集中资源、突出重点地进行岗位设计。

（3）流程优化法：针对医院业务发展和流程优化的需要，对原有工作流程上岗位的工作内容、工作职责、工作关系、任职要求进行重新规划，以适合新的工作要求和业务流程。

（4）标杆对照法：选取比较成功的医院作为标杆，进行本医院岗位设计的参考。但不同医院的学科发展水平、规模、发展规划各不相同，因此岗位设计不能完全照抄，应根据医院自身情况不断地调整。

2. 针对性方法 在具体的岗位设计工作过程中，往往还需要针对某一具体的岗位的数量、岗位的要求进行进一步的设计，一般用到以下三种方法。

（1）工作扩大化：就是扩展工作的任务和职责，通常通过增加某一项工作的内容而使得员工的工作增加，但这些工作与员工以前承担的工作内容非常相似，只是一种工作内容水平方向上的扩展。如住院医师主要工作是辅助主治医师完成住院患者的日常诊疗工作，按照新的工作要求，需要对出院患者进行跟踪随访，了解住院治疗后的病情转归，并完成门诊继续治疗工作。

（2）工作轮换：是指医院根据工作需要和从培养员工的角度出发，在医院内或科室内部把员工从一个岗位调动到另一个岗位。这样做可以减轻员工的工作倦怠感，增加工作经验，帮助员工找到更适合发挥自身特长的岗位，从而提升岗位工作效率。如医院规定担任住院医师岗位者，必须进行门诊、急诊、住院，以及相关学科的实习轮转，这对于提升住院医师的业务能力、知识面和专业兴趣，积累临床经验都发挥了很大作用。

（3）工作丰富化：是指在工作中赋予员工更多的责任、自主权和控制权，并通过考核将工作绩效及时反馈给员工，体现激励因素的作用，提高工作的成就感。如主治医师除了要完成患者的诊疗工作外，还要承担对住院医师的带教和考核工作，并开展一定的医学生授课工作和临床科研工作，也可以根据科室工作需要承担一定的管理职能，如科室排班、实验室管理等工作。

（二）定编的方法

传统企业定编的方法有很多，主要包括劳动效率定编法、设备定编法、比例定编法、业务数据定编法和预算定编法等。但医院工作不同于一般企业工作，涉及医疗安全和行业规范，因此不能照搬一般企业的定编方法。且由于各家医院的情况各不相同，很难找到一个通用的医院定编方法，而且医院所处的环境和自身发展都是动态变化的，一段时间内的定编数据需要随着情况的变化进行调整。医院定编主要使用如下几种方法。

1．比例定编法　按照政府或者行业规范文件要求的医院各类人员比例，确定岗位数和编制数。如关于临床医师岗的配置，医院总的医师数与实际开放床位比例按照《三级综合医院医疗服务能力指南（2016版）》，医师与实际开放床位之比≥0.3∶1.0；在上海市，医院总体的初、中、高级医师配置的比例参照《上海市卫生事业单位专业技术岗位结构比例标准》，三级综合性医院高级、中级医师占比分别为15%~20%、35%~50%；根据《国家卫生计生委关于印发全国护理事业发展规划（2016—2020年）的通知》，医院护士与实际开放床位之比为0.8∶1.0（2020年），医院病区护士与实际开放床位之比为0.6∶1.0。

2．设备定编法　按照医院各类大型医疗设备的配备情况，确定岗位数和编制数。如在上海市，放射科按照《上海市各级医院组织机构及人员编制比例标准（试行）》文件规定，放射医师与病床之比为1∶45，技术人员与机器台数之比为1.5∶1.0；按照《上海市各级医院组织机构及人员编制比例标准（试行）》文件、《上海市三级综合医院评审标准》（2018版），国家卫生健康委员会办公厅《关于印发麻醉科医疗服务能力建设指南（试行）的通知》，麻醉人员与手术台之比为2∶1，每张手术台配备1名麻醉住院医师及一名主治及以上的麻醉医师。

3．劳动效率定编法　根据医院标准化工作效率，结合实际工作量，确定岗位数、编制数。如病区住院医师编制数=近3年科室平均开放床位数×标准化床位利用效率/每位住院医师标准管床数。

4．业务数据定编法　根据医院实际业务工作量配备岗位和人员编制数。如内（外）科急诊医师配置数=月急诊就诊人次数/每小时平均工作量×22天×8小时；门诊医师配置数=近3年平均门诊人次数/门诊医师每小时核定工作量×250×8小时；药品调剂人员配置数=日均实际处方量/每窗口日均工作量×2。

5. 组织业务属性、职责分工定编法 医院机构是向社会开放的服务性机构，尤其是公立医院具有公益性属性，医疗工作具有不确定性和规范性，必须确保医疗服务质量。因此，医院的岗位设置和人员编制不能完全以业务量和业务数据为依据，应按照其功能属性和分工设立必需的岗位和人力配备，确保医疗工作的正常开展。如医院急诊必需24小时设立内科、外科医师，护士，药剂师，以及检验、影像检查、手术室、收费、工勤等岗位，只有配置足够的人员编制才能保证提供全年无休的应急医疗服务。

（三）医院定岗、定编的实施流程

医院定编不仅是确定员工的数量问题，还需要关注人员构成结构、素质和人力成本等问题。不仅需要通过历史数据的分析得到目前员工工作量指标和价值量指标数据，还需要对业务发展和工作模式改变作出预测，通过定岗定编工作前瞻性地预测未来人员编制需求。具体流程见图7-1。

案例讨论

【案例】国内某市根据城市发展总体规划启动建设郊区城市副中心的项目。作为社会发展配套项目，准备按照三级甲等医院标准建设一所综合性医院，服务当地居民人口（约200万）。医院提供急诊（包括留院观察床20张）、门诊（包括80个诊室）、住院医疗服务，规划病床数为800张、手术室50间。

医院设立呼吸科（40张病床）、心血管内科（40张病床）、消化科（40张病床）、血液科（40张病床）、肾病科（40张病床）、风湿免疫科（40张病床）、肿瘤科（40张病床）、神经内科（60张病床）、神经外科（40张病床）、普外科（80张病床）、骨科（40张病床）、眼科（30张病床）、五官科（30张病床）、康复医学科（40张病床）、中西医结合科（40张病床）、妇产科（80张病床）、儿科（40张病床）、重症医学科（40张病床）、麻醉科、放射科（MRI设备2台、CT设备2台、X线设备3台、DSA设备3台）、超声医学科（超声设备10台）、医学检验科、病理科、输血科和营养科等科室。因为该城市副中心是人口导入区域，估计医院建成后床位使用率可达到95%。

【讨论】请对新建医院临床科室开展业务所需的岗位和员工编制数进行讨论，并对急诊、门诊、住院（包括外科手术治疗）科室的岗位发布及人员配置情况进行初步设计。

扫码学习
相关内容

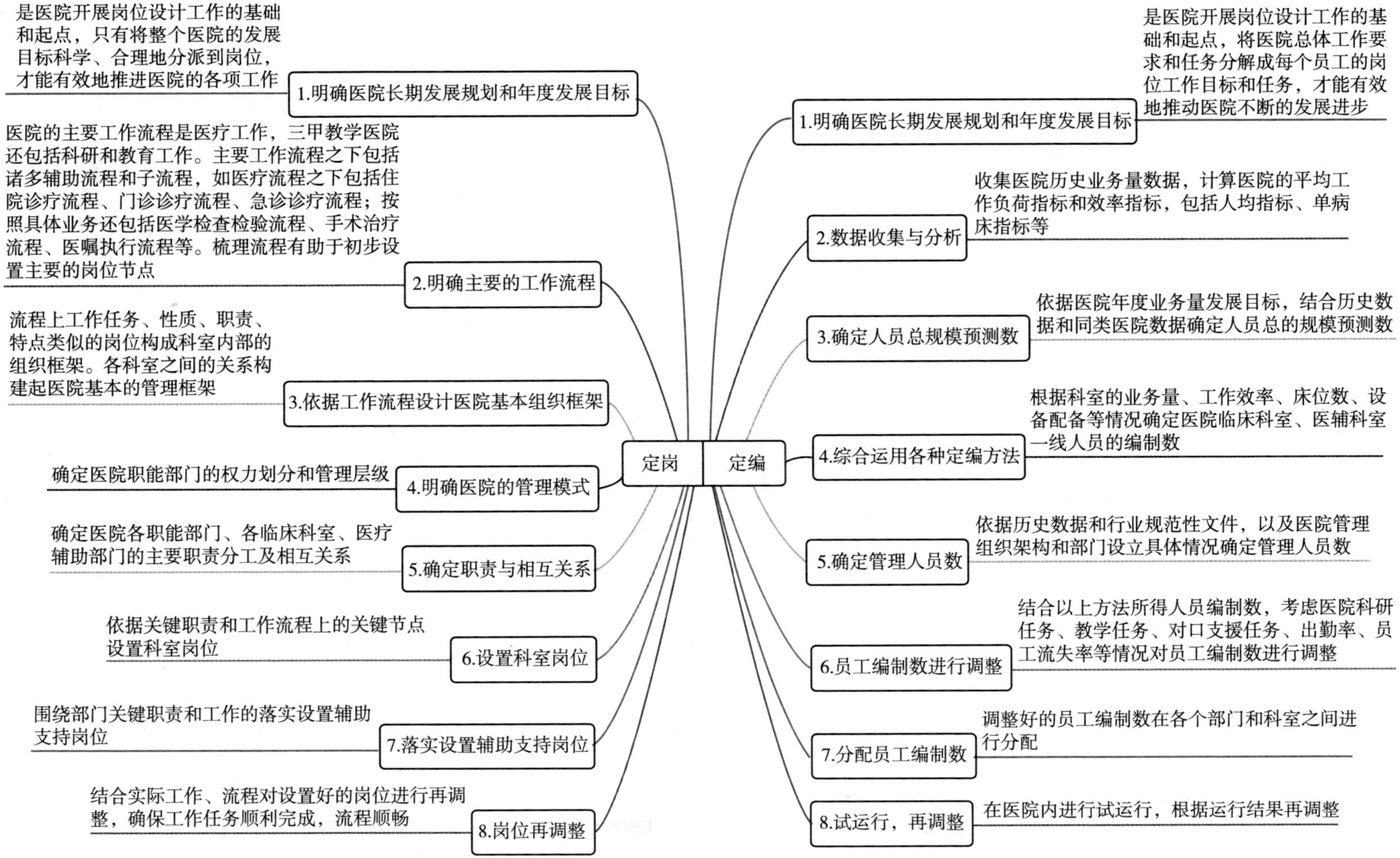

图7-1 医院定岗、定编流程

第三节　医院岗位评价

一、医院岗位评价概述

（一）医院岗位评价的概念

医院岗位评价又称医院职务评价或医院工作评价，是在岗位分析的基础上，采用一定的评价程序和衡量尺度，对医院所设岗位需承担的责任大小、工作强度、难易程度、所需资格条件等进行评价。医院岗位评价的实质是对各种岗位的相对价值作出评定，将工作岗位的劳动价值、岗位承担者的贡献与工资报酬有机结合起来，通过对岗位劳动价值的量化比较，确定医院工资等级结构的过程。评价人、评价标准和评价程序是医院岗位评价的三个关键要素。

（二）医院岗位评价的特点

1. 医院岗位评价是以事为中心，针对的是岗位所承担的工作任务进行客观的评估。岗位评价根据事先规定的岗位评价指标体系，对岗位工作的主要影响因素逐一进行测定、评比和估价，由此得出各个岗位的量值。

2. 医院岗位评价衡量的是岗位之间的相对价值。岗位评价是在医院的特定环境下，利用岗位评价方法，对医院内的岗位价值进行评估，由此得出的是每个岗位的相对价值，不是绝对价值。

3. 医院岗位评价的结果具有稳定性和可比性。医院的组织功能、组织结构和岗位设置在一定的时间范围内具有稳定性，通过岗位评价得到的岗位价值也就具有一定的稳定性，各个岗位之间也就有了对比的基础，可以按照评定结果，对岗位划分出不同的等级。

4. 医院岗位评价是确定岗位等级工资的基础。通过岗位评价可以明确各个岗位的价值，将工作性质、工作职责、任职资格条件类似的岗位归于同一等级，从而建立起公平合理的薪资结构。

（三）医院岗位评价的作用

1. 确定医院职业级别的手段　医院的岗位体系是由岗位类别和岗位级别构成。不同的职业级别，对医院的价值、工资级别、工作权限、福利待遇各不相同，通过岗位评价可以科学、公平地确定职业等级。

2. 医院进行薪酬分配的基础 通过岗位评价确定岗位的相对价值，并依此确定岗位级别，为进一步确定薪酬等级提供了依据。

3. 员工职业发展路径的参照 岗位评价是对岗位所承担的责任、工作强度、难度、任职资格的综合评价，采用的是公平、透明的评价标准，便于员工了解通过怎样的努力可以获得职级上的晋升。

二、医院岗位评价的原则与方法

（一）医院岗位评价的原则

1. 对事不对人原则 岗位评价针对的是工作的岗位而不是目前在这个岗位上工作的人。岗位评价虽然也会涉及员工，但它是以岗位为对象，即以岗位所担负的工作任务为对象进行客观评比和估计。

2. 一致性原则 医院有多种岗位，包括医疗、护理、医技、科研、教学、管理、信息、工勤等岗位，每种岗位的工作性质、任务、目标、要求各不相同，因此岗位评价的要素也不相同。但评价的组织、程序、原则须一致，所有性质类似的岗位须通过同一套评价因素进行评价。

3. 完备性原则 岗位评价因素定义与分级表上的各项因素，彼此间是相互独立的，各项因素都有其各自的评价范围，这些范围彼此间没有重叠且没有遗漏。

4. 针对性原则 评分因素应尽可能结合医院的实际情况，这需要评价小组根据医院的实际情况，对岗位评价因素定义与分级表的各类因素的权重和各个因素的定义进行协商讨论，尽可能切合实际。

5. 独立性原则 参加医院岗位评价的专家小组成员必须独立地对各个岗位进行评价，专家小组的成员之间不应该互相串联，协商打分。

6. 过程参与原则 岗位评价涉及医院内部所有岗位，评价结果有可能会影响医院所有员工的薪资水平，所以岗位评价方法的准确性、岗位评价要素和评价标准的准确性、评价数据处理的规范性等最终会影响医院所有岗位的相对重要程度和地位。因此，岗位评价小组需要一定比例的基层员工作为成员，这样更容易让员工对岗位评价的结果产生认同感，也有利于增强岗位评价结果的合理性。

7. 结果公开与过程保密原则 由于岗位评价结果可能会与薪酬设计相关，具有一定的敏感性，故岗位评价的工作程序及评价结果在一定的时间内应处于保密状态。岗位的分布应该向员工公开，使全体员工都了解自己的岗位在医院的位置；岗位价值评估结果应该向员工公开，使岗位价值评估标准和评估程序透明化。

（二）医院岗位评价的方法

在人力资源管理中，常见的岗位评价方法有岗位参照法、分类法、排列法、评分法和因素比较法。其中分类法、排列法属于定性评估，岗位参照法、评分法和因素比较法属于定量评估。在实际工作中，可根据岗位的稳定性、岗位职责清晰程度、薪酬体系特点、岗位数量、资源支持力度等因素选择相应的岗位评价方法。

1. **排列法** 是评价人员根据自己的主观判断，将各工作岗位的相对价值按高低次序进行排列，并确定某个工作岗位与其他工作岗位的关系。由于这种方法完全是凭借评定人员的知识和经验主观地进行评价，缺乏严格的、科学的评判标准，使评价结果弹性大，容易受到其他因素的干扰。

2. **分类法** 又称分级法，是对排列法的改进。它是在岗位分析基础上制定一套职位级别标准，然后将职位与标准进行比较，将它们归到各个级别中去。分类法虽然比较简单，所需经费、人员和时间相对较少，但是岗位等级的划分和界定存在一定难度，带有一定主观性，无法衡量职位之间价值的量化关系，难于直接运用到薪酬体系中。

3. **要素比较法** 又称相互比较法，是通过选择医院的标杆岗位，找出这些标杆岗位所共同具有的评价要素。将这些评价要素两两配对比较，其价值较高者可得1分，最后将各岗位所得分数相加，分数最高即等级最高。按分数高低将标杆岗位按各评价要素的相对重要程度进行排序；将标杆岗位的工资或赋予的分值分配到相应的报酬因素上，得到各标杆岗位在评价要素上的工资率；对各标杆岗位在每一报酬要素上的工资率排序形成要素比较尺度表。根据要素比较尺度表，将尚未评价的岗位与现有标杆岗位按照评价要素进行对比，最终确定其岗位报酬数或分值。

4. **要素计点法** 又称点数加权法、点数法，是目前最为普遍的岗位评价方法。这种方法是先选定各岗位共同的评价要素，并确定各要素的权数，通过对每个要素的不同水平进行界定，将每个要素分成若干不同的等级，并赋予一定点数（又称分值），最后按照要素对岗位进行评估，算出每个岗位的加权总点数，便可得到岗位相对价值。

三、医院岗位评价实施

医院岗位评价的实施流程如下。

1．建立岗位评价工作机构，制定、讨论、通过计划和评价指标体系。

2．制定岗位评价表，集体讨论岗位清单，并充分交流岗位信息。

3．按照评价要素及其分级定义，逐一要素确定每个岗位的等级。

4．代表性岗位试评，交流试评信息。

5．评价专家根据《岗位说明书》和日常观察掌握的岗位信息，按照岗位评价标准体系，逐一要素对岗位进行评价，并得出每一岗位评价总点数。

6．制定岗位评价汇总表，汇总各个评价专家评价结果，求出每一岗位算术平均数并进行排序。

扫码学习相关内容

7．制定岗位等级划分点数幅度表，确定岗位等级数目，对评价岗位进行归级。

8．对有争议的岗位进行复评。

9．将复评结果汇总，形成最终的岗位等级序列表。

本章小结

岗位管理，包括岗位分析、岗位设计与岗位评价，是人力资源管理的重要基石之一，是保证医院医、教、研工作顺利开展、促进学科发展的重要抓手。

岗位分析是开展医院岗位管理的基础，为开展岗位设计、岗位评价提供了科学的依据和支撑。医院工作涉及临床、护理、医技、管理、财务、工勤、信息技术等多种岗位，需要通过综合运用访谈法、观察法、专家咨询法、文献分析法和问卷调查法进行岗位分析，掌握各个岗位的工作职责和内容，形成能体现岗位工作实际、表达清晰准确的岗位说明书，从而明确各岗位的岗位名称、工作任务、职责与职权、职类、职级、工作流程、组织结构等内容。在岗位分析过程中应甄别关键性、有代表性的岗位，同时结合医院发展现状和存在问题，并与岗位管理者、岗位工作者保持密切沟通反馈，以节约分析成本，提高可行性。

进行岗位设计、开展定编定岗工作可以满足组织人力需求，实现人力资源合理优化配置，并达成医院功能最大化。因此岗位设计应依据医院的功能与发展规划、工作流程及核心岗位，遵从因事设岗、整分合、最少岗位数、规范化、需求导向、一般性原则开展。医院定编定岗根据岗位性质的不同，综合运用比例定编法（临床医护配比）、设备定编法（设备人员配比）、劳动效率定编法（床位使用率）、业务数据定编法（工作量配备）、组织业务属性、职责分工定编法进行岗位人员配置。

在岗位分析基础上，可以根据岗位的稳定性、岗位职责清晰程度、薪酬体系特点、岗位数量、资源支持力度等因素选择相应的岗位评价方法，如排列法、分类法、要素比较法、要素计点法等开展岗位评价，明确各个岗位的价值，确定职业级别，从而为建立公平合理的薪资结构和职业发展路径奠定基础。

（夏　云）

第八章　医院人员招聘、人才引进与管理

学习目标

1. 掌握　医院人员招聘的概念、基本原则。
2. 熟悉　医院人员招聘的工作流程和人才引进流程。
3. 了解　医院人员招聘的评估和人才引进的管理机制。

第一节　医院人员招聘概述

一、医院人员招聘的相关概念与意义

（一）招聘的概念

招聘是指吸引足够的符合条件的应聘者，并鼓励他们申请组织现有的或预期的空缺职位的过程。组织应致力于使应聘者得到工作要求和职位的全面信息。招聘政策应与组织自身的价值观、发展战略、支付报酬的能力，以及对新入职者的吸引力和外部劳动力市场的状况等因素相配合。根据组织人员的可利用性、组织的人力资源政策和工作的要求等情况，决定该职级工作由组织内部人员承担还是对外招聘。

广义上讲，招聘包括招聘准备、招聘实施和招聘评估三个阶段，其中，招聘实施又包括招募、选拔、录用三个步骤。也有人把招聘实施阶段称为狭义的“招聘”。

（二）医院人员招聘的概念

医院人员招聘是指医院为了实现其战略目标，根据人力资源规划和岗位分析的要求，有计划、有标准、有选择地面向医院内外选聘有能力、有意愿到本单位任职的合格人才和具有发展潜力的人才，并安排到与其相适应的工作岗位上任职，以及建立后

备人才库来满足医院未来人才需求的活动过程。

医院招聘工作的核心就是要招募、选拔和录用医院所需的合格人才，实现所招聘人员与医院空缺岗位的有效匹配，即通常所说的“人岗相适”。

（三）医院人员招聘的意义

1. 人员招聘是医院正常运行的首要保障　人是维持医院正常运转和开展医疗服务的核心，是医院最宝贵的资源。要提供优质高效的医疗服务就必须有一大批优秀的、高质量的医务人才。如果把人力资源看成一个系统中的输入与输出的转换机制，那么人员招聘就位于人力资源系统的输入环节。也就是说，招聘工作的质量直接关系到医院人力资源的质量，它是医院人力资源系统的首要环节。

2. 人员招聘是医院发展趋势的关键因素　人员招聘的结果表现为医院是否获得了今后发展所需要的优秀人才，而人才又是医院发展的第一要素。现代医院的竞争其实质就是人才的竞争。只有拥有了高素质医务人才，医院才能蓬勃发展，不断提升服务质量和水平，才能在竞争中立于不败之地。

3. 人员招聘对医院扩大知名度具有重要作用　人员招聘工作涉及面广，医院往往要采用多种媒体手段发布招聘信息，目前多采用各种网络媒体和招聘平台。这样既可以使医院招募到所需的人才，也在一定程度上起着推广医院、树立医院良好公众形象的作用。

4. 人员招聘对医院人力资源管理成本具有直接影响　招聘活动的成本是人力资源管理成本的重要组成部分。招聘成本主要包括广告费用、宣传费用、招聘人员薪酬等。因此有效的招聘工作有利于提高医院招聘活动的经济性，既能使得招到的员工能胜任岗位要求，又能减少培训与能力开发的支出，间接地提高了医院的运行效益。

二、医院人员招聘的原则

1. 党管干部、党管人才原则　见第三章第一节。

2. 公开、公平、公正原则　除国家政策性安置、按照人事管理权限由上级任命、涉密岗位等人员以外，医院应把空缺岗位、专业、数量、任职资格、选聘程序面向社会公开告知。只有通过公开竞争、择优录用，才能吸引优秀人才，使人才脱颖而出，起到人才激励作用。

3. 因事择人原则　医院的招聘工作应根据医院的人力资源规划和岗位说明书进行。人力资源规划决定了未来一段时间内需要招聘的部门、职位、数量、时限、类型等；岗位说明书为空缺职位提供了详细的人员录用资格标准，也为应聘者提供了该工作的详细信息。对医院来说，多招人或招错人，都会给医院带来很大的负面作用。除由此造成的人力成本、培训成本的增加及低效率和错误决策带来的损失外，由此导致的人浮于事还会在不知不觉中对医院文化造成不良影响，从而降低医院的整体效率。

4. 竞争择优原则 医院应根据不同岗位对人员的知识、技能、经验、个性等方面的要求，确定科学的人员甄选方法，确定规范的考核程序来鉴别人才，从众多应聘者中选择优秀人才。

5. 人岗相适原则 医院在招聘过程中，一定要根据招聘计划确定岗位要求，全面考察应聘者的政治素养、科学知识、工作经验、发展潜力、身体素质等，做到人岗匹配。招聘到品德、能力、素质最适合的人员，既能最大程度地节省人力成本，又能高效地发挥人的潜能。

6. 优势互补原则 医院招聘人员不仅要考虑新进成员的知识技能水平，还要注意该员工能否与现有工作团队相融合，能否与团队其他成员形成优势互补的态势。

第二节　医院人员招聘工作流程

医院人员招聘工作是一个复杂、系统、连续的操作过程，为了使招聘工作合理化、规范化，保证招聘工作的有序进行，应该严格按照一定的工作流程组织招聘工作。招聘工作的严格、有序进行，也彰显了一个医院科学、高效的管理水平和工作作风。

一、医院人员招聘计划

（一）人员招聘计划的概念

人员招聘计划是医院人力资源部门根据用人部门的增员申请，结合医院人力资源规划和岗位说明书，明确一定时期内需招聘的职位、人员数量、资质要求等要素，据此而制定的招聘活动的具体执行方案。

（二）人员招聘计划的意义

人员招聘计划是医院人力资源规划的重要组成部分，通过定期或不定期地招聘、录用医院所需要的各类人员，为医院内部人力资源系统充实新生力量，实现医院内部人力资源的合理配置，为医院提供可靠的人力资源保障。人员招聘计划的好坏直接影响医院招聘工作的成效。清晰明确的招聘计划是招聘工作有章可循、有序可行的前提，可避免人员招聘中的盲目性和随意性。

（三）人员招聘计划的主要内容

1. 确定招聘需求　招聘工作一般是从招聘需求的提出开始的。招聘需求通常是由用人部门提出的，而招聘需求往往受制于医院的人员预算，因此，用人部门应该和人力资源部门共同分析实际工作的需要和业务的变化来确定人员的预算。

2. 确定招聘人数　招聘计划应该确定招聘录用人数以及达到规定录用率所需要的人数。为确保医院人力资源构成的合理性，各年度的招聘录用人数应大体保持均衡。录用人数的确定，还要兼顾录用后员工的配置、晋升等问题。在实际工作中，可采用“招聘金字塔”来确定应聘的人数（图8-1）。

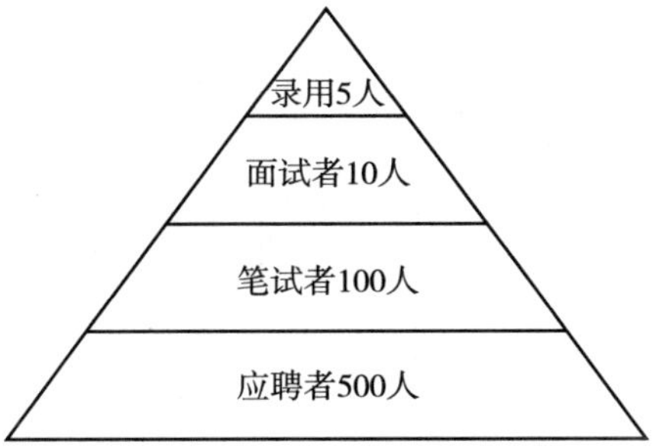

图8-1　招聘金字塔

3. 估算招聘时间　有效的招聘计划还应该准确地估计从候选人应聘到录用之间的时间间隔。随着人才市场条件的变化，这些招聘时间也会相应地发生变化和调整。

4. 确定招聘范围　即在多大的范围内开展招聘工作。确定招聘范围时，首先要考虑招聘岗位的特点，如医院的专业技术人员可以在全国范围或区域范围内招聘，管理人员可以在区域或当地人才市场上招聘，基层工作人员如文员、导医等可以在当地招聘。此外，医院所在地区的经济、技术发展水平和当地人才市场的状况也会影响招聘范围的确定。

5. 确定招聘标准　除了个人基本情况（年龄、性别等）外，录用标准可以从与工作相关的知识背景、工作技能、工作经验、执业资格、个性品质、身体素质等方面进行确定。在明确各个方面的具体标准时，还应该进一步区分哪些素质是职位要求所必需的，哪些是希望应聘者具有的。确定招聘标准时，必须符合当地的法律法规，不得有歧视性标准和条款。

（四）人员招聘计划编写步骤

招聘计划的编写一般包括以下步骤：

1. 获取人员需求信息　人员需求一般发生在以下几种情况。

（1）医院人力资源规划中明确规定的人员需求信息。要关注，如根据学科建设规划，新增、扩容科室的需求；新院区、分院拓展的需求；承担重大工作任务的需求等。

（2）医院在职人员离职产生的空缺。在职人员的离职，不单纯是辞职这一种现象，还包括退休、辞退、合同终止、除名等产生的职位空缺。

（3）科室负责人递交的经直接领导批准的招聘申请。这部分的需求不宜简单地直接编入计划，应当对需求的成因进行适当论证后，方可编入招聘计划。

2. 选择招聘信息的发布时间和发布渠道 招聘过程中，在保证招聘质量的前提下，确定一个科学合理的招聘时间花费是人力资源部门必须重点关注的。寻找高质量的应聘者以及作出一个好的招聘决定所应花费的时间经常为许多医院所低估。时间的紧迫可能促使医院降低自己的招聘标准，一些必须的审查和挑选的内容往往被忽视，使得整个招聘成效大打折扣。按照成本最小化的原则，医院应在人才供应的高峰时入场招聘，这时候招聘的效率最高。如在高校的毕业季发布招聘信息，在可预见的空缺出现之前刊登招聘广告等。

3. 确定招聘小组成员 招聘小组成员是与应聘者接触的第一个环节，因此招聘者的职业素养和行为方式，将会影响应聘者对整个医院的基本评价与判断。尽管没有明显的实证数据表明招聘者的行为方式会对求职者的最终选择起到较大作用，但是可以肯定的是招聘者的行为，尤其在面对面的招聘活动中，将会影响求职者对医院文化的兴趣和认同感。

4. 确定人员甄选的方式 人员甄选的方式有许多，如资料审查与分析，理论考试、临床技能测试、心理测试、面试、背景调查等。在制定招聘计划中必须明确具体采用哪几种方式来做好甄选工作。既不是采用甄选的方式越多越好，也不是越简单越好。选用多种甄选方式会提高人员选择的准确度，但过多会延长招聘时间，增加招聘成本。所以要平衡使用人员甄选方式。

5. 明确招聘预算 招聘计划应对整个招聘过程发生的所有费用进行科学预算，制定出预算表。预算通过后，在后续实施过程中应严格按预算执行。

6. 制定招聘工作时间表 制定一份精准的招聘进度时间表，是有序推进招聘工作的重要保障。在制定时间表的过程中，要根据招聘流程，留足固化时间，适当压缩内部操作时间，做到忙而不紧，才能保证招聘质量。

7. 拟定招聘广告 好的招聘广告是成功招聘的基础。要根据岗位空缺情况，岗位说明书的要求，科学设计招聘广告，突出重点，一目了然，让应聘者能快速了解有关招聘的重要信息。

案例讨论

【案例】某三甲综合性医院计划在今后3年中在新城地区建成一个占地120亩，核定床位为600张的新院区，需招聘新院区正式运行的各类人员。现请人力资源管理部门编制一个招聘计划。

【讨论】如果由你来负责编制招聘计划，在编制前需要考虑哪些方面？

案例要点：第一，要考虑的是新院区开张需要人员的类别、数量、结构、层级和水平等要素；第二，要考虑不同类别人员进入的时间先后次序；第三，要考虑人员招聘进医院后的培训时间；第四，一个新的院区不能都是由新招聘的人员提供服务，必须以老带新，组成团队。有了以上思考以后，才能开始着手编制招聘计划。

二、医院人员招聘渠道与方式

（一）招聘渠道

医院岗位出现空缺后要替补新人，其途径不外乎两种渠道，即内部招聘和外部招聘。一般而言，在内部人员完全可以满足空缺岗位需要的情况下，应首先从内部招聘。在内部无法满足或根据情况从外部招聘更加适宜时，则要从外部招聘。

1．内部招聘　是在出现职位空缺时，在医院内部发布与岗位相关的信息，吸引内部员工作为应聘者并从中寻找满足空缺职位所要求的、合适的候选人的过程。

（1）优点：医院对被选拔者的个人品德、工作能力和发展潜力比较了解，在工作中比较容易沟通与协调。同时，内部员工更容易认同医院的价值观，具有较高的忠诚度。从激励方面来说，任用本院员工容易鼓舞士气，形成追求进步、积极向上的良好氛围。从内部选拔人才的安全性也高，可以综合考虑被选拔者的业绩、发展潜力和人际关系情况，从而可降低其流动性。与外部招聘相比，内部招聘所需的时间更短，所需的培训时间也短，所花费的成本更低，更易在短期内胜任岗位和创造业绩。

（2）缺点：内部招聘可能出现论资排辈现象，或根据领导喜好而非工作业绩和个人能力任用员工。由于同一组织内部员工有相同的文化背景，可能产生“近亲繁殖”“团体思维”而抑制个体创新。在操作中，如果有不公平现象，反而会影响整个队伍的团结和员工的士气，从而削弱医院的整体效能。

2．外部招聘　是医院根据现有的职位空缺情况，制定职位的岗位职责、任职条件和其他相关要求，向外部发布信息，并按照一定的程序对从外部获得的应聘者进行选拔和录用，从而实现医院人力资源供需平衡的过程。通过外部招聘方法与渠道有很多，如专场招聘会、外部人力资源就业市场、在网站发布招聘广告、校园招聘、他人推荐、猎头公司等。

（1）优点：外部招聘的员工会带来新的价值观和思维方式，而且可以给老员工施加压力，树立危机意识，激发动态和潜能。外部招聘的员工势必带进新鲜的文化，通过和医院内部文化的融合与渗透，可以改善或重塑医院现有的弱势组织文化。

（2）缺点：外部招聘一般要支出比较大的成本，而且甄选难度也比较大。招聘进的人才还要有一定的适应期，倘若存在“排外”现象，则直接影响外聘人才的能力发挥。内部的员工可能会感到自己被忽略。新的候选人可能并不适应该医院的文化。

（二）招聘方式

1. 内部招聘方式 内部招聘作为一个总体，还可以细分为内部提拔、内部调动、岗位轮换、人员重聘、公开招募等五种主要方式。

（1）内部提拔：指当医院中有些比较重要的岗位出现空缺需要招聘人员时，让医院内部的符合条件的员工从一个较低级的岗位晋升到一个较高级的岗位的过程就是内部提拔。

（2）内部调动：当医院中需要招聘的岗位与员工原来的岗位层次相同或略有下降时，把员工调到同层次或下一层次岗位上去工作的过程称之为内部调动。

（3）岗位轮换：指医院有计划地按照确定的期限，调换员工工作岗位的做法。通过岗位轮换，可以考察员工的适应能力、增长阅历经历、提升工作能力和激发潜能活力。通过医院经济领域重要岗位员工岗位轮换，还能加强对这类人员的监督管理，从源头上预防腐败的发生。

（4）人员重聘：指医院内由于种种原因，会有一批在编不在岗的工作人员，如下岗人员、长期病假人员、外借人员、停薪留职人员等。在这些人员中，有的恰好是空缺岗位所需要的人选。医院考虑其综合素质符合空缺岗位的要求，对这些人员进行重新聘用上岗。人员重聘可以在一定程度上减少培训等方面的费用。

（5）公开招募：指医院在内部公开空缺岗位，吸引本院员工前来应聘的，通过一定的程序确定岗位人选的过程。公开招募有利于在医院内部形成公开竞争、公平合理的选人用人氛围，使员工更加积极努力地投身医院事业发展。

在医院中，内部招聘是非常有必要的。为了更好地保持各科室专业的技术特色，医院中医疗业务管理科室的负责人基本上也是由临床医务工作人员选拔出的，运用此种方式选拔的主因是基于内部人员的相关经验、技能水准、个性特征等方面信息较为准确，便于其进行有关业务管理工作的开展。并且，医务人员较为清楚临床事宜，可对这方面的有关问题进行解答，减少外行人管内行人这种情况的发生，降低招募引起的风险。故而临床科室里多数员工、有关高层管理员、医疗业务管理部门的员工绝大多数经由此种方式选出。

2. 外部招聘方式

（1）校园招聘：在校园进行招聘是许多医院吸收应届毕业生的主要途径。基本上从每年10月份开始，各类学校就会有很多招聘会，同时，医院也会委托相关的人员或者招聘机构到学校进行校园招聘。而且，校园招聘能无形中增强医院在学校里的声誉，同时也会为医院带来大量人才，使得医院和校园建立稳定的交流。但是，毕业生实际工作经验少，缺乏实际操作能力，稳定性差，流失率较高。相对于其不足，校园招聘的优势非常明显。

卫生专业技术岗位是医院的核心和主体岗位，同时医疗行业的特殊性、医务工作的严谨性和医疗专业的排他性，使以医学为主的大学可以为医院提供各种专业能力足够的人才，不但满足了某些医院短期的人员需求，实际上也为医院储备人才打下了基础。当然，医院对财会管理、经营管理、信息管理等方面的人才也有一定量的需求，但许多此类专业毕业的学生往往并不知情，这要求医院对这些拥有专业优势的院校开展宣传。

（2）网络招聘：网络招聘是近几年来新兴的招聘方式，并随着网络的快速发展运用到各行各业的招聘活动中。网络招聘主要有以下三类：①医院在自己的主页上发布招聘启事直接进行网上招聘。②通过政府机构官方的网站或者其他相关网站进行宣传，这种途径所需要的花费比较低。③在相关专业的人才网站上进行职位宣传，不过这种途径需要收费。

在网上进行招聘的优势主要体现在以下几个方面：①费用少、成本低，如上所述前两种招聘渠道基本不用专门付费，第三种渠道的费用比猎头公司、招聘会等低的多。②招聘信息可以随时发布，随时更新，定时投放，受众广泛且时效性强。③网络招聘具有筛选速度快和筛选效率高的特点，通过提供专门的格式简历和过滤功能可以大大加快处理简历的速度，提高简历筛选的效率，缩短简历筛选的时间。同时，还可以自由设置条件，找到医院所需的专门人才。④通过保留大量的求职者简历信息，可以建立求职人员库，在需要时可以迅速使用。同时网络招聘也有其短板：首先在我国计算机和互联网是近些年来发展起来的新生事物，许多年龄较大的人还不会应用这一工具；其次这种渠道不能控制应聘者的质量和数量，蕴藏广告、病毒、垃圾邮件等的海量信息会增加简历处理工作的压力。

需要强调的是，随着全球一体化和我国改革开放的持续推进。医院越来越重视对海外留学人才的招聘，在对这类人员的招聘中，网络具有极大的便捷性和优越性。此外公立医院是我国医疗体系的主体，我国这些年来屡次为事业单位的招聘工作进行指导，要求人员的招聘必须按照公正、公平、公开的原则进行，医院必须在相关网站对外公布岗位的招聘需求信息。因此，在网络上招聘需要的人才逐渐变得十分正常，在今后也会得到越来越多的应用。

（3）招聘会招聘：用招聘会的途径来招聘也是一种常用方法。通过这样的招聘途径，参与招聘的人员可以与应聘者进行更多的交流和认识，尽快的获取应聘者的信息，从而判断其是否满足要求。与此同时，招聘会对人员管理的单位来说也很重要，单位可以由此推断出该地区人才的供求状况和心理需求，同时也可以掌握到一些同行的人员情况和需求标准等较为有用的资料。当然，招聘会的主办者在宣传上的走向也会影响整体质量，使得应聘和招聘双方都不容易满意。同时，这种现场的招聘时间不会很长，因此无法对应聘者了解的更多，无法进行有效的考试和考察。而且参与这种招聘的应聘人员往往以劳务和初级员工占大多数，参与这种招聘的企业也大多都是中小企业，高层次的应聘者不太愿意去现场应聘。

所以，如果医院参加招聘会，招聘的员工往往都是一些初级员工或者初级专业技术人员。只要在会上进行简单的交流，面试挑选，就可以初步定下拟录取人员。然后再安排这些人进行专业的笔试面试等流程，确定最后的录用名单。

（4）媒体广告招聘：传统媒介的主要形式有：报刊、广播、电视和户外广告媒体等。它的优点是信息传播速度快，受众层次多样，较短时间里即可获取众多信息。并且能够提高医院在本地以及这一行业里的名声，有力的宣传组织，树立医院的形象，增加医院的知名度。但是这种招聘渠道往往吸引到很多不合适的应聘者，致使在进行履历选择时困难程度和繁琐程度都较大，拖延招聘时期。同时，当前媒体广告所需耗资愈来愈多，因此，这种招聘方式主要用于招聘有实际工作经验的社会人员。

（5）中介机构招聘：伴随社会经济成长前进，人才流动愈来愈多，全国多地都搭建起职业介绍所或人才交流中心，这为用人单位及应聘者提供了一条便捷的交流通道。此类机构多数会筛选出拟推选人群里不合适的人选，故而单位可顺利地进行招聘，人岗匹配度也较好，某种程度上降低了医院招聘的成本。在中介机构招聘中，猎头公司是比较特殊的一种。对于医院需要的掌握核心知识产权、领先技术的高级专业技术人才或者中高级管理人才，猎头招聘是一种有效的招聘方式。

早期，医院借助有关中介招募的多数为后勤服务人员。伴随市场化改革的不断深入，人员外包或劳务派遣等多种方式渐渐取代原有的中介单位招募方式。当下医院规模不断扩大，所需临床医务人员亦愈加增多，同时医院隶属事业单位，在人员编制方面有一定限制，因此中介在招募初等级别的医务人员中将发挥更大作用，未来医院也可以对医务人员进行外包或通过劳务派遣的形式进行招聘。

知识拓展　人工智能技术与智能招聘

招聘是一件非常复杂和繁重的人才遴选工作，为了使招聘工作更加便捷、高效，许多单位都在通过人工智能技术（AI）来进行智能招聘。AI不仅使招聘工作人员可以快速应对大规模的求职者，同时也帮助他们告别了快速决策的工作状态，能够更加从容周全地思考和判断。AI辅助的智能招聘主要应用于视频招聘中，并且不断扩大到运用智能机器人对求职者进行面试和评估，如美国旧金山一家公司的“米娅系统”（Mya System）。

三、医院人员甄选与录用

（一）人员甄选概述

1. 人员甄选的概念　人员甄选是指医院通过综合运用心理学、管理学等学科的工具和手段，对候选人进行区分，评估他们的人格特点、知识水平和技术能力，并预测他们未来的工作绩效，从而最终挑选出符合医院岗位要求候选人的一系列活动。

人员甄选包括两个方面的内容：一是甄选的客观标准和依据，二是人员甄选技术的选择和使用。医院通过人力资源管理的两项基础性工具——职位分析和胜任力模型，提供了职位包含的基础信息，除了对职位本身的描述之外，对任职者的资格要求也进行了界定，这一信息正是人员甄选的客观标准和依据。

2. 人员甄选的意义　人员甄选工作对一个医院来讲非常重要，符合医院事业发展需要的优秀员工是确保医院战略目标达成的最根本保障。能否找到合适的人来承担医院必须完成的各项工作，是决定一个医院核心竞争力的关键因素。只有挑选并聘用那些具备相关专业知识、技能、经验，具有强烈的工作动机和端正的工作态度，同时又与医院的文化及价值观高度吻合的员工，才能确保患者得到一流的医疗服务，从而确保医院战略意图的达成和发展目标的实现。卓越的医院必须拥有一流的员工，而要培养一流的员工，必须从一开始就选择最正确的人而并不一定是最优秀的人做起。许多医院总是认为，应该招聘最优秀的、能力最强的人来适应和接受医院的文化。殊不知，实际上，医院去改造员工的价值观和文化观所付出的总成本是无法估计的，尤其是机会成本方面。因此，很多管理学家明确指出，员工的敬业精神、献身精神以及良好的绩效实现能力，并不是在员工进入组织之后，而是在员工还没有进入组织前就已经形成了。选择正确的人，实际上就等于奠定了培养和开发的基础。采用哪种合适的方式、合适的工具来筛选匹配的人才是人力资源管理者的核心能力之所在。

3. 人员甄选的伦理道德 甄选过程中的社会伦理道德是医院文化价值观的一部分，是甄选过程中不容忽视的要点，如在甄选中尊重和信任候选人等。一方面，医院对候选人的人格尊重和经济利益的重视会提高医院的雇主品牌效应，对于激发员工工作热情及创造性起到极大的作用；另一方面，以伦理道德的精神、机制来培养和开发医院的人力资源，是医院增强市场竞争力和提高社会效益的必要条件之一。

甄选中的社会伦理道德主要包括以下三个方面。首先，坚持审慎原则，医院选人用人要符合基本规律，除了要考虑人力资源管理上的难点外，还要考虑用人的各种风险，避免主观任意性。其次，仔细考察候选人的道德品格，通过一些与价值观、道德观相关的问题，来了解候选人在道德品格上是否有重大缺陷，以及他所持的价值观与医院文化的相融程度。最后，加强监督和管理，医院要自查在人才招聘及使用过程中的行为是否符合国家的法律、法规和政策，是否存在损害候选人利益的行为。如利用求职者急于找到工作的心理，发布虚假招聘信息来吸引广大求职者；利用考察候选人的机会，无偿获取求职者的智力成果；有意回避医院的种种不足，对应聘者不负责任地作出承诺；实施性别歧视、年龄歧视等一系列歧视政策。

（二）人员甄选的标准和依据

职位内在的要求，是人员甄选录用的标准和依据，而对职位内在要求的描述主要体现在职位分析和胜任力模型的构建之中。职位分析的思想和胜任力模型的思想互为补充。

1. 用职位分析甄选显性特质 一般来说，人员甄选主要考虑应试者以下方面的特征。

（1）基本生理/社会特征：性别、年龄、户籍、家庭地址等。

（2）知识/技能特征：学历、专业、专业工作经历、培训经历、专业资格证书等。

（3）心理特征：各种胜任力、人格、兴趣爱好等。

职位分析的最终结果包括两个部分：职位描述和职位规范（任职资格），其中职位规范部分一般比较具体，涵盖了职位要求的基本生理/社会特征、知识/技能特征。

2. 用胜任力模型定位隐形特质 对于人员甄选中更具实际意义的“软约束”——心理特征，虽然有的职位分析也涵盖此项内容，但更多地还是借助胜任力模型来体现。胜任力模型不但清晰地界定职位所需要的胜任力类型，还根据职位需要确定理想的胜任力类型等级，作为人员甄选的依据。

（三）人员甄选的方法

1. 甄选方法评价标准　任何人员甄选过程都必须遵循几个通用的标准。评价人员甄选方法主要有以下五个方面的标准：信度、效度、普适性、效用、合法性。前四项标准是相对一体的，从顺序上说，前一项是后一项的必要而非充分条件，合法性与前四项之间不存在这种关系，但全面理解前四项标准有助于理解合法性标准。

（1）信度：是指一种测试手段不受随机误差干扰的程度。人员甄选中的许多工作都涉及通过对人的性格特征进行衡量来决定让谁来填补职位空缺。一般来说，在其他条件不变的情况下，测试的信度越高，越有可能依据测试结果所示的差异性来作出决策。

（2）效度：是指测试绩效与实际工作绩效之间的相关程度，也就是预测的有效性问题。测量工具的有效性会在很大程度上影响人员甄选的最终结果，因此，测试工具的效度是进行人员甄选最为关注的方面。

（3）普适性：是指在某一背景下建立的甄选方法的效度同样适用于其他情况的程度。通常情况下可以概括出三种不同的背景：不同的处境、不同的人员样本以及不同的时间段。

（4）效用：是指甄选方法所提供的信息对于组织的基本有效性进行强化的程度，即甄选方式的成本与医院收益的相对大小。

（5）合法性：甄选方法必须满足合法性的要求，不应涉及候选人的隐私问题，应避免甄选工具的使用引起不必要的法律纠纷。

2. 人员甄选的主要方法　人员甄选实际上就是对一个人进行全方位、综合性评价的过程。为做好人员甄选工作，就必须建立一套具有较高信度、效度、普遍适用、行之有效的综合评价体系（又称评价中心）。它采用综合测评方法对被试者进行全面科学的观察和评价。考评人员根据职位要求，设置各种模拟工作场景，让候选人参与处置，从而考察他们的实际行为表现，以此作为人员甄选的依据。这个评价体系还必须符合法律法规的要求，以及具有比较合理的投入产出比。

（1）简历评估：根据招聘岗位的重要性及简历份数的不同，一般筛选一份简历的时间为10秒至3分钟，筛选简历过程中重点需要关注的信息及注意事项如下。

1）个人信息：首先快速判断求职者的性别、年龄、经历等个人信息与应聘岗位的符合程度，若不符合，要迅速筛掉。如果应聘岗位对求职者条件要求并不严格，则可以视情况适当放宽某几项条件。

2）学习经历：除了专业是否对口、学历学位是否符合外，要特别注意学历是普通高等教育，还是成人教育、网络教育。如果是普通高等教育，本科应是4年，如果只有3年或者更短的学制，很可能非普通高等教育。如果其他条件均合适，需要特别注意候选面试时提供的毕业证，需要登录“学信网”做必要的验证。

3）工作时间：要注意每段工作经历的时间长短、工作经历之间时间的衔接程度，是否存在频繁跳槽、频繁转换岗位的情况。一般不建议录用频繁换工作的候选人。当然，也有候选人为了避免用人单位发现自己频繁换工作，可能隐去自己某段时间的工作经历，要注意后续的核查、验证或背景调查。

4）工作岗位：关注原工作岗位是否与拟录用的岗位有一定的相关性。此处需要注意，并不一定岗位名称相同，职责、工作内容就一定相同；也不一定岗位名称不同，职责、工作内容就不同。相比工作岗位，需要重点关注的是其实际的工作内容。

5）工作内容：关注原工作内容的职责与现岗位的相关性；关注上下级关系、汇报链与现岗位的相关性；关注管理的幅度、管人的数量与现岗位的相关性；关注工作属性的复杂程度与现岗位的相关性。如果是中高层管理岗位，关注原就职的单位的背景、规模与单位的相关性。

6）工作绩效：关注候选人在原岗位上都做出过哪些成绩。曾经的成绩同样代表未来可能创造成绩的能力。许多候选人的简历只写经历，不写成绩，或者自己从没有想过，也无法总结成绩，这往往是由于候选人并不理解自己所做工作对单位的意义，或者曾经工作的单位对绩效的要求不明确。

7）在职培训：关注候选人的培训情况，培训内容对工作的帮助情况；关注候选人个人的学习成长、考证情况，判断其学习能力。据此大体判断候选人能力成长的阶段、水平，以及候选人学习的主动性。

8）自我评价：虽然自我评价大多是比较主观的，内容大多是有利于自己的正面评价，可以据此大体判断候选人可能的优势所在。此项相当于面试时问候选人“您如评价自己”。此项仅供参考，不可作为依据。

9）期望薪资：一般期望薪资与该岗位的薪酬标准差异不应过大，期望薪资过高和过低同样有问题。如果候选人期望薪资比岗位薪酬水平高60%以上，候选人与岗位的匹配程度也并不高，则可以果断筛掉；如果候选人期望薪资比岗位薪资水平低60%以上，则需要搞清楚差异的原因，可能是候选人原单位整体的薪酬水平较低，也可能是候选人并没有达到该薪酬水平的能力。

10）整体判断：一份关乎自己求职命运的简历制作本身就是对候选人的一项考察，通过对简历的逻辑性、整洁性、全面性、排版与美感等的全面衡量，也可以初步判断候人未来工作可能会有的态度、思维和能力。

（2）笔试：主要用于测量应聘者的基本知识、专业知识、管理知识以及综合分析能力、文字表达能力等方面的差异。笔试的优点在于花费时间少、效率高、成本低，对应聘者知识、技术、能力的考查信度和效度较高，成绩评价比较客观。但笔试的缺点在于不能全面地考查求职者的工作态度、品德修养以及其他一些隐性能力。

（3）面试：主要是通过主试和被试双方面对面的观察、交谈等双向沟通方式，了解拟招聘人员的素质特征、能力状况以及求职动机等情况的一种人员甄选与测评技术。面试可以大幅度提高评价结果的容观性、准确性和适用性。面试可分为以下几种类型。

1）结构化面试：这种面试一般是在面试前设计了规范化的表格，或者确定了固定的面试问题，在面试中，实施面试者只是按事先确定的规范进行。

2）非结构化面试：是指面试没有固定的模式，比较随机，谈话可以向各个方面展开。

3）小组面试：是指成立一个专门的面试小组对应聘者实施面试，成员一般由人力资源管理人员、专业技术人员、招聘科室负责人以及有关领导等共同组成。不同专业的人员只提问与本专业相关的问题并作出评判，面试成绩由小组集体决策。

4）压力面试：是指主试者有意识地提出一系列（通常是不礼貌的或者带有挑战性的）问题，通过观察求职者在面临压力时的反应能力而确定与工作岗位的适应性。

5）心理测验：是通过观察人的少数有代表性的行为、对于贯穿在人的行动活动中的心理特征，依据确定原则进行推论和数量化的一种科学手段。心理倾向测验、人际交往测验、个人兴趣测验以及成就测验等。医院在招聘人员时可根据岗位的具体情况选择使用。

6）情景模拟：在临床业务人员的招聘中，采用情景模拟比较有效。比如要招聘一名急诊科副主任医师，可以预先设定一名心脏病患者，刚通过120转运到医院急诊室，急诊室护士接到该名患者后，马上向这名拟考核的副主任医师汇报情况，此时这名副主任医师就会进行一系列的指挥与准备工作。在这个过程中，就能够考查这名副主任医师的业务水平、指挥协调能力以及快速反应能力等。

7）病历分析：主要用于临床医务人员的招聘，通过让被测试者对某一病历进行全面分析，一般可以判断一名医师的职业素养、专业水平和业务能力。

8）公文筐练习：主要用于管理人员的招聘。通过让被测试者面对一大堆报告、会议记录、信函以及其他资料，这些资料都与他模拟承担的职位相关，要求被测试者必须在规定的时间内对每份文件进行适当处理，分别装入真的文件筐或者计算机电子文件筐内。以考察他在实际管理工作岗位上的工作能力。

9）无领导小组讨论：主要用于管理人员的招聘。测试者会给出一个讨论题，然后要求参加讨论的成员达成一个小组决议。从而来考察每位小组成员的人际关系技巧、群体接受度、领导能力以及个人影响力。

四、医院人员招聘过程评估

招聘属于医院常规工作之一，在完成招聘工作以后，需要及时地进行总结评估。

招聘与选拔过程的质量和效果涉及医院人力资源的数量与质量，因此，必须运用定性、定量相结合的方式对招聘结果和招聘过程进行客观评价，总结经验方法，寻找不足之处，为以后招聘工作的改善夯实基础。

医院人力资源管理部门要对招聘定性、定量的评估结果进行统计研究，制定招聘工作评估报告，提交给有关负责人。医院应建立“每次招聘要有小的总结，年终时有大的总结”的招聘工作汇总评价机制，持续提升招聘工作质量，让招聘工作更好地服务于医院发展战略。

（一）招聘工作的定性评估

招聘工作的定性评估应该在招聘完成一定时间以后，招聘双方都有一定的了解后进行。通过对用人部门的意见调研，可以知道新员工的招聘时间是否合理、招聘人数是否合适、招聘人员是否满足职位要求、新员工的工作业绩等，来判断招聘过程中评价考察措施的科学性。经过针对新员工的意见调研，可以得知招聘资料是否足够具体、招聘途径的选取是不是合适，选拔当中评价考察的有关技能与方法是不是和真正工作需要的知识与技能相符合、医院招聘是否公平公开公正、对带教老师或上级医师的指导和帮助是否满意等。

（二）招聘工作的定量评估

为对招聘工作进行正确的评估，医院还应该采取定量评估的方式针对招聘结果实施评价。定量评估一般包括产出率、选择率、接受率等。

1. **产出率** 即这一步应聘者数量与下一步应聘者数量的比值，是估计最初应聘者池大小的工作。如通过投递简历等方法，确认的岗位总应聘者是50人，通过笔试保留应聘者为25人，则这一步的产出率为50%；通过面试保留了20人，则这一步的产出率为80%。

2. **选择率** 是指在特定候选人中录用的比例，即录用人数占应聘者人数的百分比。如50位应聘者中只有5位被录用了，则选择率为10%。

3. **接受率** 即被录用应聘者数占应聘总人数的百分比。如医院从50名应聘者中选择了5名录用者，但真正接受录用者为2人，则接受率为4%。

第三节　医院人才引进与管理

医院的硬实力、软实力，归根到底要靠人才实力。医院的临床诊断治疗作为一项专业性特别强的工作，要求医务人员在某一方面具备较高的学术水准，包括专业学识水平、临床经验、实际诊疗能力等。对于医学类高校毕业生，若想达到主任医师、教授、专家水准，通常要历经数年或者是更加长久的学习培养。所以，培育一个优秀医学人才是一个循序渐进的过程。而医院若想实现自身专业技能的快速提升，不仅要增强对人才的培育力度，还要注重人才的引进，特别是一些成立不久的专业科室，引进高级专家级别人才为重中之重。这类人才通过一般的社会招聘是很难寻觅到的，这就需要通过人才引进这一特殊的招聘渠道才能取得成效。

一、医院人才引进的管理机制

1. 坚持党管人才根本原则　见第三章第一节。

2. 建立“统分结合”工作机制　“统”就是要坚持“一把手抓第一资源”，医院党委书记、院长是全院人才工作的第一责任人，要充分发挥医院人才工作领导小组牵头抓总的作用，建立完善的沟通机制和例会制度，形成人才工作合力。医院人才工作领导小组，是医院加强党管人才工作，强化党政合力深入实施人才强院战略，完善宏观指导、科学决策、综合协调、督促落实机制，统筹推进一流人才队伍建设的领导决策机构。领导小组由院党委书记、院长任组长，成员包括分管医疗、教学科研、人事人才、思政工作的院领导，以及相关职能部门主要负责人。日常办事机构一般为人力资源管理部门。

“分”就是要结合部门职能和工作内容，准确进行分工，并根据分工培养熟悉政策、掌握技巧的专业人员，让专业人做专业事。

3. 明确科室引才用才主体责任　科室是引才用才的主体，要充分发挥科室的主观能动性，加强科室的综合统筹能力。明确科室党政主要负责人是本单位人才引进工作的首要责任人。科主任要牵头做好人才规划、制定工作方案，并发动专家教授积极举荐人才，认真做好人才学术评议；支部书记要坚持党管人才原则，对拟引进人才的思想政治素质和医德医风进行综合考察和严格把关，要协调各方资源做好人才保障，要主动关心人才，做好人才服务和稳定工作。

二、医院人才引进的基本流程

1. 物色与推荐　根据医院与科室发展需要，医院各科室应通过发布人才引进广告、发动专家教授举荐、主动物色、举办学术会议或论坛等形式物色人选。各科室在完成资格审查和材料初步审核后，启动引进程序。

2. 思想政治素质鉴定　科室应通过背景调查、交流面谈、听取意见、外调阅档

（一般情况下，国内引进均应进行外调阅档）等途径，全面了解候选人的医德医风和思想政治素质情况，给出鉴定意见。对于因客观原因未能进行外调阅档的拟引进人才，须由候选人本人对档案中是否有处分等进行承诺，在完成引进程序后档案到达的第一时间，由人力资源管理部门进行阅档审核。

3. 科室评议 包括学术评议和中心组讨论。①学术评议：科室可通过组织面试、讲座、座谈交流等形式，就候选人的医疗水平、教学水平、科研水平、发展潜力、在学科建设中可发挥的作用等征询所在学科专家意见，形成评价意见。②中心组讨论：科室中心组在上述审核、评议意见的基础上明确是否引进，并就拟引进人才的岗位、职称、支持条件、引进后的工作目标与任务等提出建议方案。

4. 医院审批 医院人才工作领导小组审议科室提交的引进方案，并就如何落实综合配套支持研究形成意见［可根据需要听取院内外相关学科专家意见，或进行院外（海外）函审］。再提请院长办公会研究、党委会审议。人力资源管理部门根据党委会决议下达批复，办理入职手续、签定工作合同。

三、加强医院人才引进的重点举措

人才引进是加强医院人才队伍建设的重要举措，与人员招聘相较而言，具有个性化、快速反应、保密要求等特点，这就要求不能用常规的操作来引进人才。特别是在医院快速发展的阶段、外部人才竞争激烈的环境及国际形势变幻的特定时期下，必须以求才若渴的态度，采用超常规的举措来做好人才引进工作。

1. 以流程优化实现引才的快速反应 人才引进过程中往往面临激烈的外部竞争，人才越是高端、越是稀缺，竞争也随之越加激烈。对于同行公认特别优秀、在医院发展中能够起到关键作用的杰出医学人才、战略科学家、名医大家，对于学科发展紧缺急需，且因人才竞争需要快速反应的特殊情况，可启动绿色通道，简化程序，直接进入医院审批环节。

2. 以目标责任制夯实各个工作环节 实施“人才引进目标责任制”，是完善医院内部两级管理、充分发挥科室主体作用的有效措施。医院科学规划人才规模、质量和结构，合理分解人才工作任务，构筑自上而下的各级责任体系，强化宏观指导、科学决策、综合协调、督促落实。实际操作中，通过将医院人才引进和人才计划申报的总目标分解到各个科室等方式，明确各个科室的年度引才任务，同时通过下拨专项工作经费、打包年度人才引进经费等方式激发科室的引才积极性，还可设置专项绩效奖励、评选“伯乐奖”等形式，激励在年度人才引进和人才计划申报中业绩突出的科室。

3. 以构建全方位支持系统提升医院的人才吸引力和黏性 人才引进是一项系统性

很强的工作，不仅工作线长，而且外延很广，需要在党委的统一领导下协调方方面面的资源，建立全方位支持体系，这项举措可以形象地比喻为“筑巢引凤”。在工作条件上，要提供有利于人才发挥聪明才智和向上发展的事业平台，保障充足的科研启动经费，落实工作空间，支持团队建设，加强引进后培养。在生活条件上，提供有竞争力的薪酬，提供便捷的过渡性住房，协调安排未成年子女入学，为其解决后顾之忧。

本章小结

医院人员招聘是医院正常运行的首要保障，是决定医院发展趋势的关键因素，也对医院扩大知名度具有重要作用，对医院人力资源管理成本具有直接影响。要做好医院人员招聘工作必须坚持公开、公平、公正，因事择人，竞争择优，人岗相适，优势互补的原则。

医院人员招聘工作流程主要包括：人员招聘计划的编制，人员招聘渠道和招聘方式的选择，人员甄选与录用，招聘过程评估等。人员招聘工作严瑾、合理、规范、有序，既使医院能顺利招募到所需的优秀人才，又彰显了一个医院科学、高效的管理水平和工作风格。

医院人才引进是人员招聘的一种特殊渠道，主要针对医院新兴学科负责人、学科带头人、学科接班人、优秀青年骨干等高层次人才。在人才引进的过程中，应坚持“统分结合”的工作机制，明确科室是引才、用才的主体。人才引进流程：主要包括物色与推荐、思想政治素质鉴定、科室评议、医院审批等。加强医院人才引进的重点举措：包括以流程优化实现人才引进的快速反应；以目标责任制夯实各个工作环节，以构建全方位支持系统提升对人才的吸引力。

（钱　飏）

第九章　医院人力资源能力建设

学习目标

1. 掌握　医院员工任职资格管理的概念、特点和要素。

2. 熟悉　医院员工能力评价的概念、指标体系和重点；医院人力资源培训管理的要点。

3. 了解　医院人力资源能力建设的概念及特点。

第一节　医院人力资源能力建设概述

人力资源能力建设是现代人力资源管理中的系统工程，以人为本，以人的能力为轴，以能力的建设为过程。医院人力资源能力建设的系统工程中，员工能力发展与医院核心能力发展相互融合，相互促进。

一、人力资源能力

1. 广义的人力资源能力　从广义的角度来看，根据研究对象与方向，人力资源能力的概念可从个体、组织及地域（区域）三个层面进行解析。

（1）从个体的层面，人力资源能力是指个人能力的各种组成要素，如个体拥有的生理素质、性格特质、知识技能及行为态度等，可划分为里层的个性与动机，中间层的态度与价值观，外层的知识与技能。

（2）从组织的层面，人力资源能力是指政府、企事业单位等社会组织基于组织功能、战略发展及目标愿景等组织定位，对组织的人力资源进行战略分析、优化调配、科学管理的能力，组织的人力资源能力是组织竞争能力与发展能力的重要体现。

（3）从地域（地区）的层面，人力资源能力的研究一般是国家政府或学者专家对特定地域（地区）内的人力资源进行调查分析，把握人力资源能力组成要素的地域性特点及影响因素。

2. 狭义的人力资源能力 从狭义的角度来看，人力资源能力即指个体的人力资源能力。对应人的自然属性、社会属性及人的实践本质，可以将人的能力分为自然能力、社会能力及专业能力等三个方面。自然能力，是个人天然具备的身体素质及性格特质等要素；社会能力，是个人通过学习生活实践获得的道德、知识、审美及情感等能力；专业能力，是个人通过职业或专业工作中的实践，获取的职业素养与技能等。

二、医院人力资源能力

结合狭义角度的人力资源能力概念，医院人力资源能力是指医院员工蕴含的生产力，是员工个体自然能力、社会能力及专业能力的综合，是从体能、技能、智能、潜能四个方面展现出的岗位胜任力。

（一）医院人力资源能力特点

人力资源能力是医院专业知识资源的载体，是实施临床医疗、医学研究与教育的核心要素，是医院可持续高质量发展的保障，具有如下特点。

1. 专业性 医院人力资源必须具有的专业知识与技能、专业的职业准入标准、专业的教育与培训、专业的职业成长与发展、专业的团队与组织，决定了人力资源能力的高专业性。

2. 实践性 医学是一门实践的科学，医院人力资源尤其是医生必须要通过长期的学习、积累和实践，才能获取专业的医学知识与临床技能。所以医院人力资源能力的培养周期长，时间成本高，必须经过科学严谨的实践才能获得。

3. 风险性 医院人力资源能力的风险性取决于医疗活动的专业性、复杂性、实践性。医疗活动是高技术性与高风险性的辩证统一，医者的医疗行为也是一种临床思辨的过程，且并不能保证发展方向完全向好，因此，能力的规训与发挥具有不可控性。

4. 相对性 随着社会进步与经济发展，医学知识在不断更新，医学科技在不断进步，在不同发展时期对医院人力资源能力的要求是不同的，同时个人在不同职业阶段能力的发展状况也有差异，具有阶段实效性。个人能力形成后，如不及时予以发挥利用，实效性也会降低。因此，医院人力资源能力具有相对性。

5. 伦理性 伦理价值是医学的核心价值之一，医学伦理的意义在于对临床实践中各种主体间的关系进行一种人文与道德规范，这也是对医院人力资源能力的一种要求，能力发挥会受到伦理道德与理性的引导，需要在医疗相关活动中对生命尊严及个体价值反思。

6. 创造性 医院医疗工作一般具有专业性、挑战性及超前性等特点，因此决定了医院人力资源能力具有高活跃度与高创造力，以促进医院医疗技术进步、医疗水平提高、管理思维创新。

7. 能动性 医院人力资源能力的能动性与创造性相辅相成，体现为一种自觉的、有目的性的创造力，包含意识与实践两方面的能动性，驱使员工自主转变意识，付诸行动，感受职业与岗位的工作意义与价值。

8. 差异性 体现为员工个体间的差异性、不同岗位对能力要求的差异性、工作环境的差异性等。

（二）医院人力资源能力分类

1. 按照能力的重要性分类 可分为核心能力与非核心能力。①核心能力：是能力当中最主要、最重要的部分，在医院人力资源能力体系中具有决定性作用，结构性稳定，具有不可消除性、不可替代性、高价值性、高专业性、长期性，对非核心能力的形成与发展具有辐射性与带动意义。②非核心能力：是医院人力资源能力的必要组成部分，意义在于帮助推动核心能力更好地建设与发展。

医疗人力资源能力是医院的核心人力资源能力，在促进医院发展、提升医院核心竞争力中发挥主导作用，主要体现为医、药、护、技等医疗人员构成的能力层次体系，其特点描述如下。

（1）存蓄性：医疗人力资源能力是医院的核心知识载体，是医院辨识度最高，且最具有竞争优势的知识集合，是附着在医疗人力资源中长时间的知识累积，是知识存量的总合。

（2）动态性：医疗人力资源能力的获取、更新与发展是一个动态持续的过程，结合医院发展定位、学科建设目标、医学知识与科技更新，实时进行能力匹配与建设。

（3）双轨性：医疗人力资源能力的发展轨迹着力于医学研究与医学实践的双轨同步发展，既需要通过医学研究更新知识体系，又需要通过临床实践发现新问题，探索新技术。二者相辅相成、紧密结合促使能力向综合性、复合型发展。

（4）群体性：医疗人力资源能力的获取是一种群体学习的过程，是多学科交融影响的结果，致力于共同发现问题，解决问题。医疗人力资源能力的发挥强调多学科、多部门、多人的共同协作，强调团队精神与合作。

2. 按照能力发挥的维度分类 从医院人力资源体系的能级结构看，可分为知识技术能力、战略规划能力、医院管理能力、支持保障能力。知识技术能力是专业技术人员可转化的生产力；战略规划能力是领导力的体现；医院管理能力是医院管理人员计划、组织、沟通、协调及应急处理的能力体现；支持保障能力是合理规划、使用及配置医院非智力资源的能力总和。

3. 按照能力发展的轨迹分类 从医院员工的职业成长与职业生涯看，可分为职业素养与技能、专业学习能力、职业道德、岗位胜任力。职业素养与技能是员工通过专业知识学习与技能训练，在岗位实践活动中获取的职业能力；专业学习能力是员工持续学习以获取专业成长的能力；职业道德是员工对医院的忠诚度，对职业的使命感及与专业、岗位相关的伦理约束力与人文力量；岗位胜任力是员工的岗位匹配度、岗位适应力及与岗位职责对应的员工综合能力的体现。

三、医院人力资源能力建设内涵

（一）医院人力资源能力建设概念

医院人力资源能力建设是一种战略性的人力资源能力管理活动，是指建设主体对客体进行人力资源能力匹配、挖掘、发展及考核，主要通过人岗匹配、能力评价、培训等途径提升医院整体人力资源能力的系列活动，达到医院与员工共同成长与发展的目的。

（二）医院人力资源能力建设环境

1. 社会环境 从社会环境分析，医院人力资源能力建设具有资源导向性、制度依从性及技术依赖性。医疗资源与医疗市场的变化直接影响医院对人力资源能力要求的变化，核心能力、员工能力构成的比例与权重、不同能力新生与消亡的意义等都直接与医院获取外界资源有直接联系。国家法律与政策、社会制度文化约束、医院发展目标与定位的变化等，间接影响医院对人力资源能力建设的目标与维度。医院发展对医疗技术发展的依赖性促使医院人力资源能力必须具有创造性、能动性与实践性。

2. 医院环境 医院的社会职能、规模、目标愿景、价值观等都对医院人力资源能力建设的方向与途径有直接影响。医院从管理职能、业务流程、管理制度、组织文化等方面提升管理水平，营造有利于医院人力资源能力发挥、培育与完善的院内环境，是医院人力资源能力建设的必然要求。

3. 个人环境 个体跟随医院环境及职业要求变化所表现出的能动性与竞争性是决定医院人力资源能力建设的微环境，主要表现为员工个体个性、性格等内在微环境对个人能力提升与发展的影响及个体与医院环境间相互影响、相互作用中的学习能力与适应能力。

（三）医院人力资源能力建设维度

医院人力资源能力建设从三个维度动态展开，以员工资格认证与准入为切入点进行能力匹配，以员工的专业能力为客体进行能力评价，以员工培训为保障进行能力培育，形成能力匹配－能力评价－能力培育的动态循环建设。

1. 能力匹配 匹配理论认为，人与环境匹配将会带来积极效应。医院结合发展战略、目标定位及外部环境，综合考量员工能力的体量、层级与岗位的相容性、匹配度。医院人力资源能力匹配是员工与岗位之间的一种动态的适应过程。

2. 能力评价 医院通过能力考核评价对人力资源能力建设效果进行评估检验，评估员工的岗位适应力、胜任力、创造力、学习能力及竞争能力，同时审视员工的潜力值、成熟度、职业责任感与道德意识等。通过能力评价，员工可反思是否胜任岗位，弥补能力的短板；医院可改进人力资源培育的途径与方式，聚焦能力建设，提高培育质量。

3. 能力培育 是医院人力资源能力建设的重要维度。培训是重要的建设途径。一方面员工的学习能力是医院战略发展的动力，能力培育首先要重视培养员工的学习能力即获取新知的能力、终身学习的能力；另一方面通过培训提升员工的知识技能，挖掘员工的专业潜能，同时促进职业道德建设，实现员工的持续成长与发展。

医院人力资源能力建设具体到管理实践中，可从员工任职资格管理、员工能力评价、员工培训三个途径展开。

第二节　任职资格管理

一、任职资格管理概述

（一）任职资格的概念

任职资格是组织基于目标的实现，在特定工作领域对任职者所具备的知识、经验、技能、素养、行为态度等个人能力要求的总和。任职资格体现员工能力，也体现组织需要，任职资格的设定使得组织目标与员工发展契合一致，相互融合，相互促进。

（二）任职资格管理的概念

任职资格管理是组织从战略要求出发，对员工能力与工作任务或岗位动态匹配的管理活动，是组织进行人才战略规划与管理的前提，其管理内容着眼于组织人力资源能力匹配，明确能力准入标准，进行员工资格认证。任职资格管理强调建立任职资格体系。任职资格体系是能力建设的开端，是员工能力建设的管理工具，反映员工与组织共同成长的动态过程。

知识拓展 / 任职资格体系与职称晋升体系的区别

现代任职资格体系是一种以国家职业标准为导向，以任职者实际工作表现为考核依据的资格证书制度，参评者以知识、经验与技能证明专业能力，并获得相应等级认证，是现代人力资源管理的重要手段与方式。医院员工主要由专业技术人员构成，实行任职资格管理。相较于传统职称晋升体系，任职资格管理更加注重专业技能与行为，强调资质准入，注重持续动态管理与监督反馈；职称晋升体系强调聘任，员工一次性获取资格后，聘任期限固定，无大错一般不会降职处理，管理过程缺少动态反馈与更新，无法准确反映员工的真实能力。

二、医疗人员任职资格

（一）医疗人员任职资格的概念

医疗人员任职资格是对医疗人员进入医疗这一职业领域需要具备的各种资质的描述汇总，既包括教育经历、专业、工作经验等基本资格的描述，也包括体现专业能力的医疗资质，还包括个人价值观、潜力、自我定位等隐性因素。其中，对医疗人员医疗资质的描述是医疗人员任职资格管理的重点。

（二）医疗人员任职资格的特点

作为医疗人员能力匹配的入口，医疗人员任职资格具有如下特点。

1. 严格准入　医院每一项临床医疗工作的准入资格都需要进行严格评估，准入的意义在于设立明确的门槛条件、划定资质授权范围，对医疗人员能否从事临床专业工作进行审核与管控，以确保医院医疗质量与患者安全。

2. 标准规范　标准化是医疗人员任职资格的基本判别要求，通过建立科学严谨的专业标准来鉴定医疗人员的临床专业能力，确保任职资格的管理一致规范，简明高效。

3. 层级分类　在不同医疗专业领域对医疗人员资质进行系统分类，对医生、医技及护理人员的资格从能力的不同层级及能力发挥的不同状态进行严密细分，以保证构建的任职资格体系具有针对性、可操作性。

三、医疗人员任职资格管理

医疗人员是医疗机构提供医疗服务的主体，对医疗人员任职资格的管理，是医院人力资源能力建设的重要内容，也是实现医院为患者提供优质、安全的医疗服务这一目标和使命的重要管理手段。资质授权体系是对医疗人员任职资格进行能力评估的管理体系，是医疗人员医疗资质授权的准入工具。

（一）医疗人员资质授权体系

医疗人员资质授权体系最先是由美国医院在《美国医疗机构评审国际联合会标准》的要求下建立的，目前在世界范围内正逐步被越来越多的医疗机构采纳。所谓授权即为判断医生临床专业能力并准予开展何种临床服务与技术的决定，是资质准入－资质授权－准入后定期考核－资质再授权的动态闭环管理。

（二）医疗人员授权管理特点

1. 规范授权 资质授权前，需要详细限定授权内容、目的、范围与标准，建立专业的医疗执行委员会，明确行使权利的前提、时间、对象、方式、规范以及越权开展医疗行为的处罚机制，使授权具有充足的预见性与可操作性，确保授权对于医疗人员资质管理的稳定性与可持续性。

2. 视能授权 以医疗人员的专业能力为基准确定授权标准，细化资质分类，确保授权的准确度。医疗人员能力是资质授予的基本依据，根据医疗人员的成长周期确定能力的阶段性特点。根据医疗人员资质分类确定能力的不同要求，确保医疗人员资质与能力的成长、变化及要求相适应。

3. 完整授权 首先是授权对象完整，应涵盖全部医疗人员，而不仅仅是具有医师执照的医生；其次是授权的范围完整，须全方位覆盖医疗人员开展的各项医疗活动，并严格按照医疗机构制定的程序执行授权与监督的过程，确保医疗活动的质量与患者安全。

4. 动态授权 首次授权后，应对医疗人员行使权限的医疗活动予以持续追踪、定期考核、有序监管，必要时对其医疗资质重新评定，进行再次授权，确保授权的有效性，保障患者安全与医疗质量持续稳定。动态授权使得医疗人员任职能力在能岗匹配过程中呈现持续渐进、动态改善的提升态势，不断为授权注入活力。

四、临床医生任职资格管理

临床医生任职资格是医院医疗质量与患者安全的首要保证，需建立医生任职资格管理体系确保医生资质与能力的可靠性。

（一）临床医生资质分类

临床医生资质从政府行政部门、学术组织、医疗机构等不同管理层级上分类，具体可分为以下四大类。

1. 基本准入资质

（1）专业背景核查：查审学历、学位等教育背景信息，有工作经历人员核查相关工作经历，用以核实临床医生的医疗专业教育及工作经历，确定身份。

（2）执业医师资质准入：通过政府相应卫生行政部门组织的考试或培训后获取资格，并通过卫生行政部门审核、注册。用以审核医师法定的基本执业资格、执业类别与范围。

2. 入院可执行资质　是指临床医生入院后可开展的基本工作，具体包含门诊、会诊、收住入院、急诊等，以及临床实际操作后可执行的基础操作，具体包括体格检查、眼底检查、胸腔穿刺（胸穿）、腰椎穿刺（腰穿）、骨穿、导尿等。

3. 院需准入资质　是指在医院院内需经过医院培训与考核合格后才可获取的资质，包括操作资质、处方资质与手术资质等。

4. 专项资质　是指由卫生行政部门规定的资质和专业学术协会颁发的资质。卫生行政部门根据规定，进行组织培训，考核合格后下发专业资质证书，如放射资质证书、母婴保健技术资质证书、美容医师资质证书等；专业学术协会颁发的专业资质证书由学会组织专业学术培训，考核合格予以下发，如临床病理上岗资质证书、特种设备作业资质证书、心血管介入资质证书等。

（二）临床医生资质授权的管理要素

1. 资质授权管理体系的搭建　成立专门的委员会进行临床医生资质授权管理，作为资质授权的最高管理机构，最终决定临床医生资质，并予授权。指定执行机构进行具体事务管理，设立临床医生资质准入专家库，承担专业范围内临床医生资质审核的职责。进行院科两级管理，先在本科室及专业领域内进行资质审核，初审通过后上报委员会审批，并确定是否最终授权。

2. 资质分类与标准的明确　结合临床医生资质授权国际标准与分类，根据我国卫生行政部门制定的关于临床医生资质授权管理的政策与文件，并结合医院的定位、规模、专业与学科优势、医疗服务特色、医院发展目标、医疗人力资源现状等，明确院内临床医生资质的分类与标准，制定资质分类目录，进行分类分级管理。

3. 资质授权的动态管理　不同于通过考试与评审获取的专业技术职务，临床医生资质并不具有一次授权后的持久意义，需进行定期的考核评价，越权或权限使用不当的行为须及时制止与纠正，在实时监管与反馈中，进行准入－授权－考核－再授权的动态管理。同时，临床医生资质应与其能力发展相匹配，随着临床医生能力的提升，医疗机构适时启动授权程序授予相应更高级别的医疗权限。

4. 资质授权的公开与监督 资质是临床医生开展临床诊疗活动所应具备的首要条件。医院要确保为患者提供安全有效的医疗服务，不仅临床医生要审视自身是否具备相应的资质和能力，医院也需建立相应的机制和平台，向院内公开展示每一位临床医生自入院后所授予的医疗权限及有效时限，以便全院职工，尤其是提供相关医疗服务的临床科室及医院管理部门可随时查询并监督。如当手术护士发现某项手术或操作不是由具有相应临床权限的医生主刀时，他们有权利、有义务及时阻止，必要时上报医院管理部门。医院可以充分运用信息技术手段建立一套有效、便捷的资质授权信息系统并通过反复的培训、追踪以落实执行，使临床医生的资质和权限接受公开监督，保证每位临床医生都在他能胜任的范围内行医，确保医院的医疗安全、质量和声誉。

第三节　医院员工能力评价

一、医院员工能力评价概念

医院员工能力评价是运用系统科学的评价方法对员工分类分岗，定期对员工综合素养、专业能力、工作效率、工作态度等各方面进行鉴定评价的一种人力资源管理活动。目前医院员工能力评价主要形式包括：以高层次人才为对象的引进及选拔机制，以医院核心人力资源能力准入为轴心的资质认定机制，以职称为核心的专业技术职务评定机制，以部门职务为中心的选拔任用机制，以医疗人员为对象的专业能力评价机制，以人事关系及合同聘任为基础的契约考核机制，以及其他形式展开的能力评价。

二、医院员工能力评价过程

1. 确定评价目标 评价目标直接导向医院人力资源能力建设，体现医院人力资源能力的价值要素。评价目标为评价活动的自变量，评价团队及评价对象为因变量，存在因果关系。员工能力评价的目标可根据评价活动的分层分为总目标和具体目标；按照评价进行的流程，可分为结果性目标与过程性目标。对评价目标的表述应力求简洁、清晰、明确，评价目标的设定应根据评价主体与客体的变化进行变动调整，具有差异性、层级性、动态性。

2. 搭建评价团队 评价团队是医院员工能力评价的实施主体，是多元评价主体的客观组合，是评价对象的利益相关者，参与员工能力评价活动的组织与实施，按照一定评价标准对员工能力进行判定与评估，控制评价活动的进程。评价团队可根据评价目标、评价对象的不同以不同形式组合而成，从多侧面、多角度、多渠道收集评价信息，确保评价的全面客观。从主体来源维度，医院领导者、医院管理专家、人力资源管理部门、学科带头人、临床专家、同事、上级、下属及员工本人都可以作为评价主体；从评价角色维度，评价方案制定者、评价组织者、评价监督者等都可以在不同阶段从不同视角进行辨析、评估。

3. 明确评价对象 评价对象即评价客体，医院员工能力是评价的客体，医疗人力资源能力作为核心能力是关键评价客体。医院员工能力具有差异性、能动性，因此，进行评价时需对评价对象进行详细描述、客观区分，进行价值与意义评估，体现多样性、层次性、阶段性。

4. 制定评价指标 评价指标用于刻画评价对象的主要特征，也是评价目的和导向的具体化。针对员工在不同岗位、不同层级、不同阶段的能力，确定核心指标、重要指标、次要指标及指标层级，确保指标的多样性、实用性、独立性、可操作性，从而构建系统完整的指标体系，准确反映员工能力。

5. 选择评价方法 评价方法是评价团队与评价对象间的关系媒介，是创建二者之间联系的必需手段，针对不同的评价要素、评价对象及评价目的，要选择科学合理的评价方法，才能确保结果的真实性、公允性与稳定性，发挥评价的真实效价。一般来说，针对员工能力评价的方法有如下几种。

（1）从评价的哲学概念入手，可分为以下几种。

1）相对评价法：是将员工能力按照某种特点区分层次并进行排序，确定一个合适的评价基准，然后进行内部评价和比较，因此，具有较大的主观性与随意性。

2）绝对评价法：独立于评价对象之外，在外部建立一个客观的评价标准，将员工能力与标准进行比较，评价主体能够以明确的标准对员工能力进行公正评价。

3）分析评价法：是对评价对象进行解构，了解员工能力纵向发展的阶段与规律，评估员工能力横向延伸的范围，分解员工能力为组成明确、阶段明晰的部分与要素，了解各个要素与部分之间的联系及存在规律。

4）综合评价法：在分析评价的基础上，将评价对象的各个部分与要素重组为一个有机的整体，在总体上把握评价对象，审视评价的时间线性与复杂性。

（2）从评价主体入手，可进行自我评价、上级评价、同事评价、团队评价等。

（3）根据评价导向入手，可分为以下几种。

1）分类法：对员工能力通过量表或者清单进行分值分级，如优秀、良好、合格、一般、较差等描述性用词。

2）比较法：将不同员工的能力进行比较与排序，或对同一名员工在不同阶段的能力进行比较。

3）叙述法：是指运用描述性语言记录关键事件、员工工作现场表现、工作中关键时刻员工表现等。关键事件记录员工具有代表性的表现，多表现为瞬时性评价。

4）目标法：医院管理者为员工制定特定时间内的工作目标，并对目标达成形成一种契约共识。

5）复合评估法：对评价指标进行多种分解，并交叉综合应用多种评价手段与方法，是比较常用的评价方法。

6）民主讨论法：是围绕评价对象进行的有组织的群体讨论谈话，讨论强调公开、民主，倡导自由发言，但受权利、人际关系及员工性格因素影响较大。

三、医院员工能力评价指标体系

（一）评价指标体系的构建原则

员工能力评价指标体系的构建要立足于医院人力资源能力的现状与构成，并与医院发展目标相适应，真实反映员工能力建设的路径与轨迹，应遵循以下构建原则。

1. 简明独立 选择评价指标避免重复冗余、以偏概全，各指标之间相互独立，每一类指标都具有不可替代性，其设置和划分都应该与员工能力密切相关，同时简单明了、内容精练、便于操作收集。

2. 科学合理 制定指标时要考虑员工能力的差异性、动态发展性、层次性，科学、规范制定指标体系，筛选优化指标，明确每个指标的意义与作用，确保各指标之间具有层次感与关联性，整个指标体系科学合理、逻辑清晰。

3. 系统完整 构建逻辑严密、层次完整的指标体系，各指标相互独立又相互联系，既要从不同层面反应员工能力，又要映射出员工能力体系的内在联系，既要考核医院整体人力资源能力，又要突出以医疗人力资源能力为重点的指标制定。

4. 具体可行 指标选取要有针对性，能突出不同岗位、类别、层级员工能力的特点。定量指标通过具体的评价方法与手段可被测量与观察，进行数据采集、赋值计算、比较排序；定性指标可被清晰描述，语言简明扼要、通俗易懂，能够反映客观情况。整体指标数量适中，执行时间易操控，技术手段易掌握。

（二）评价指标体系的构建方法

1. 层次分析法 层次分析法（analytic hierarchy process，AHP）是由美国匹兹堡大学学者萨蒂（A.L.Saaty）于20世纪70年代提出的一种定性和定量相结合的系统化、层次化分析方法，尤其适用于解决复杂层次结构的多目标决策问题，并得到广泛应用。

其基本原理如下：依据评价对象所涉及的相关因素及相互关系，分为不同层次，并明确各层次的逻辑关系，构造矩阵对各个层次要素进行“两两比较”，以此确定各个要素的相对重要性。发放专家调查问卷收集矩阵数据并结合专家权威系数，计算不同层次要素相对于总体目标的组合权重。

2．德尔菲法　又称专家咨询法，广泛运用于各领域的各种评价指标构建。大致流程如下：根据评价目的及对象遴选相关领域专家，研究、制定咨询问卷。拟定员工能力评级指标体系设立的相关性问题，征询专家意见，进行整理、归纳、统计，再匿名反馈给各专家，再次征求意见，再集中，再反馈，直至得到一致的意见。德尔菲法具有匿名性、反馈性和统计推断性的特点。专家的选择是德尔菲法成败的关键，要同时选择本学科以及部分边缘学科专家。通过专家咨询，不断对评价指标及其权重进行修改确认。

3．专题小组讨论法　又称焦点小组访谈，是建立一个小组对特定议题如员工能力评价指标的选择等展开定时讨论，并在较短时间内获得结论的一种定性研究方法。流程如下：根据员工能力评价的目的，预先确定讨论提纲，设定主持人，现场启发，小组成员在既定时间内，进行充分自由地讨论，并进行现场记录、观察。

4．文献研究法　通过检索相关文献，分析与医院员工能力评价指标体系相关的研究，分析趋势、总结共同点及差异性，在医院员工能力评价实践中予以借鉴。

四、医院员工能力评价重点

医疗人力资源能力作为医院的核心人力资源能力，直接决定医院核心竞争力的强弱，是医院医疗安全与质量的保证。在进行临床能力评价中，需分层、分类进行。第一，依据“米勒金字塔”进行能力分层，第一层为医学专业知识与操作理论，第二层为应用能力，第三层为临床操作表现，第四层为真实工作环境中的实际表现。对不同类型不同层级的能力设计不同评价要素指标并独立评价，最终叠加汇总，形成总体能力的评价结果。第二，能力评价工作应贯穿于整个职业生涯，对医疗人员能力进行持续性提升和分阶段的定期评价，以确保医疗人员能力的持续稳定性。针对不同阶段及成长期的医疗人员的能力进行分型、分类，制定评价指标，动态展开、持续观测测量。第三，要充分尊重专业权威，从对医疗人员政策性、行政性等级评价制度转变为行业执业能力评价制度，充分尊重临床医疗人员能力发挥在医院发展中的核心作用，高度重视其创造的医疗服务价值。

医生与护理人员作为反映医疗人力资源能力的重要员工群体，应分别独立设计评价指标体系。

（一）医生临床能力评价描述

1. 医生临床能力评价内容 “六个核心能力”是目前医疗管理国际视野内被广泛认可的对医生临床核心能力的描述，是定义医生临床能力的良好范式，是实施能力评价的良好指标。目前美国及其他国家与地区的医生能力评价框架基本围绕“六个核心能力”进行制定。

（1）患者治疗：有同情心地、合适地、有效地治疗，并促进健康。

（2）医学知识：指已掌握的涉及生物医学、临床及同源学科（如流行病学、社会行为学等）知识并用于患者诊治。

（3）基于实践的学习改进：指以实践为基础的学习和改进，对患者相关问题进行调查和评估，以及对患者诊治中的科学证据的评价和吸收、改进。

（4）专业性：通过承诺根据伦理学原则及平等对待原则，承担对患者的专业责任。

（5）基于系统的实践表现：医生的行为表现对医疗卫生大环境及系统的认识和反应性，以及有效使用系统资源提供最佳医疗服务的能力。

（6）人际沟通：在患者诊治过程中，与患者、患者家属和其他专业人士进行有效的信息交流和团队协作。

2. 医生能力分类评价 从医生从事的工作内容出发，可从临床、科研、教学三个方面划分岗位类型，如分为临床、教学、科研并重岗，临床为主岗，科研为主岗，教学为主岗等，从临床能力、科研能力与教学能力各方面赋予不同权重，进行分类评价。

其中，医生临床能力评价既是对医生个人绩效的重要体现，也是推动医院质量管理的有效抓手，被视作医生能力评价的关键考核维度。医院应建立以“质量管理和患者安全”为核心，由科室主导的医生临床能力评价模式，各临床科室根据医院的医疗安全管理目标，分解出科室的关键质量指标，并结合本专科特色与临床实际工作情况，从诊疗质量、合理用药、病历质量、医疗工作量、工作效率、医疗安全、开展临床新技术和新项目、临床转化应用等方面，选取与影响科室质量与安全的关键诊疗项目相关的可量化指标作为本科室医生临床能力评价的依据，重点考察医生的医疗水平、临床操作能力以及工作绩效，对不同层级的医生建立差异化的评价指标体系。通过医院、科室、个人三个层面对反映医疗质量的关键指标进行梳理，以此为基础构建医生临床能力评价体系，从而推动临床医生遵循医院的管理目标和要求不断改进和提升。

（二）护理人员专业能力评价描述

1. 护理人员专业能力评价内容

（1）临床照护能力：护理人员掌握及运用临床护理操作技术向患者或护理对象提供整体照护的能力，以满足患者关于疾病、隐私、安全等方面的需求。

（2）教与学的能力：一方面，护理人员承担护理实践教学临床带教职责，包括对护理学生、实习生、进修人员、新进护士进行知识、操作技能、患者照护、临床护理规范予以指导及培训的能力；另一方面，是护理人员本人积极进行知识与技能更新的能力。

（3）协作管理能力：护理人员与医生、其他医疗专家协作，促进患者康复与健康的能力，也包括护理人员在科室、团队中的管理、协同能力。

（4）科研伦理能力：护理人员通过临床实践发现问题，并积极运用临床数据及医疗知识进行分析解释、深入研究的能力；以及在临床实践与科研的过程中，遵循伦理规范，识别并解决伦理相关问题的能力。

2. 能级分层管理制　近年来我国医院逐步实行护理人员能级分层管理，结合护理人员的专业能力、教育背景、职称背景、工作经验进行分层。如一些医院的做法是自下而上分为N0~N4五层，N0为刚毕业参加工作的护理人员，必须在上级护士指导下从事护理工作，需不断进行培训与考核；N1为初级护理人员，N0人员达到一定工作年限（一般较短）后通过考核进阶为N1，可独立进行一般患者护理；N2为胜任护理人员，具有较长工作年限，专业能力发挥良好，能负责急危重症患者的护理；N3与N4护理人员一般可称为护理专家，可开展护理临床带教、急危重症患者护理，并具有一定的管理能力与科研能力。

能级分层管理制建立在护理人员能力具有差异性与成长性的基础上，促使医院护理人力资源呈现稳定的纵向层级分布态势与横向的专业化精细化态势，同时能级体系是动态变化的，护理人员通过层级评价，实现能级的上层跃迁，使得能力与岗位相适应。

第四节　医院员工培训

一、医院员工培训概述

（一）医院员工培训概念

培训是培育医院人力资源能力最直接有效的途径，医院员工培训是指医院通过有组织、有目的、有计划的培养与训练，促使员工专业知识与技能得到提高，职业态度与道德、价值观得到引导与提升，帮助员工不断适应外界环境变化对能力要求的改变，实现员工与医院共同成长的过程。

（二）医院员工培训特点

医疗人力资源能力的发展着力于医学研究与医学实践的双轨同步发展，既需要通过医学研究更新知识体系，又需要通过临床实践发现新问题，因此医院员工尤其是医疗人员在医学知识的传递与更迭、医疗技术与临床实践的创新探索中，最重要的成长途径就是教育培训。医院人力资源能力的特殊性，决定了培训具有以下特点。

1. 培训主体多元化 医院人力资源管理部门、教学部门、科研部门、医务部门、护理部门等其他职能部门及员工所在部门都承担了培训的主体角色，针对不同岗位不同成长阶段的员工进行培训。培训主体多元化是指在一个整体的、以医院发展战略规划为导向的宏观培训组织体系中，各个部门职责明确，管理边界清晰、高效有序的和谐相融状态。

2. 培训需求差异化 医院员工在专业、岗位、职称、学历文化上存在差异，其能力在性别、年资、精力、适应与接受能力、熟练度、经验值、认知上也呈现不同的差异性，同时员工个体在不同成长阶段的能力与需求也不尽相同。另外，从能力的价值与独特性来看，医疗人员属于知识型员工，专业背景复杂多样，自我价值实现愿望强烈，工作自主性高，对医学知识有强烈的探索欲望，对临床实践有创新能力，对个人能力的发展与发挥具有更高要求。因此，医院员工培训应分类、分层展开，从培训机会获取、培训内容选择、培训频率把控、培训周期制定等方面体现差异性。

3. 培训对象全员化 医院作为知识密集型组织，也是典型的学习型组织。全体员工涵盖医疗人员、科研实验人员、临床辅助人员、管理人员及后勤保障人员，均是医院医疗质量与患者安全的有力保障，所以医院需营造全员学习环境，为全体员工提供专业性与综合性培训，促使全体员工在专业知识技能和综合素质方面得到全面提升。

4. 培训科学系统化 培训的组织需要系统规划，在培训管理的纵向组织层级上，从医院管理层到各职能部门以及临床科室再到员工，应层层宣教和落实，培训目标与医院愿景相契合，实现培训从决策层、管理层到学习层的目标行为一致。在培训管理的横向环节中，通过培训需求分析、培训计划制订、培训实施及培训评估与反馈等一系列流程，实现培训的动态闭环管理系统。

二、培训需求分析

现代人力资源管理中，培训需求并不等同于员工培训的主观期望，员工的主观愿望也并不等同于真实需求，同时培训需求也并非绩效分析。培训需求具有组织与个体的双重意义，具有过程与结果的双层导向。医院的培训需求分析是医院在统筹规划培训、制定培训方案前，通过分析、调查培训的必要性，确定培训对象、明确培训形式与内容的一项重要工作，是培训成败的关键。

（一）培训需求分析模式

1. OTP模式 OTP模式（organization-task-person model）是比较经典的培训需求分析模式，由麦吉（McGehee）与塞耶（Thayer）于1961年提出。他们认为培训不能仅凭主观分析，应注重系统性，需要从组织、任务与人员三个层次上综合、客观、准确地分析培训需求。①组织分析：是指对组织的发展定位、资源环境、组织文化等方面进行分析，识别组织发展中存在的问题、机遇与挑战，并判定与培训的关联性，是否可以通过培训得以优化改进。②任务分析：是指侧重描述某一工作岗位的任务、类别及岗位性质，明确员工的岗位职责及任职条件，以进一步明确培训的必要性及内容。③人员分析：是指考察员工的能力结构、工作表现、绩效成果，以确定培训对象、培训类型、培训频率等。

2. 绩效分析模式 是在人力培训实践中通过总结归纳法形成的一种模式。这种模式认为，并不是所有的绩效差距都归咎于培训不足，并不是所有绩效差距都能转化为培训需求，只有差距确定是因劳动者能力不足导致，才能将差距视作培训需求。该模式焦点集中于预期绩效与实际绩效之间的差距，分析差距产生原因，进而识别培训需求。培训管理者可通过工作分析、人员分析、绩效评估、工作过程监控等多种手段找出绩效差距，可从如下三个方面进行分析。

（1）改变个体的某个特定行为能改善其绩效。

（2）改变个体水平的特定知识与技能，能增加员工的预期工作行为。

（3）培训是改进关键知识与技能的可靠手段。

（二）医院培训需求分析

按照OTP模式，医院培训需求可从组织、任务、人员三个层面做如下分析。

1. 医院组织层面 解读医院愿景与发展目标，辨析医院定位、远期发展战略及近期发展目标与医院人力资源能力建设的关联性，明确医院发展需要的人才类型，明确医院需要员工具备的能力类型，制定医院宏观员工培训战略与方案。通常从医院发展战略出发，对培训组织管理、员工对培训所持有的态度、医院培训资源的获取方式等方面进行分析。

2. 医院工作层面 医院在了解政策性知识，如医疗改革方向、医疗技术进展、现代医院管理制度等的基础上，对员工岗位体系进行科学计算、设置，分析、梳理、总结不同岗位对员工的能力要求（包含专业技术知识、技能、情感与道德因素），将医院对员工的能力要求嵌设至岗位，同时评估员工现有能力水平与层次，包含专业能力及社会能力，明确不同科室、专业、岗位需求与员工能力间的差距，进一步明确培训的必要性。

3. 医院员工层面 关注不同年龄、性别、学历、层级、岗位的员工在培训需求上的差异，辨析员工在绩效、行为、知识、技能、态度、观念等方面与医院目标的不一致，并通过培训加以改进。

三、培训方案的设计与实施

（一）制定培训目标

根据组织－任务－人员层面的培训需求分析，制定培训目标，为培训方案的制定提供架构与方向，培训目标主要分三类。

1. 培养员工专业能力 对员工进行职业与岗位相关的专业技能培养、专业知识传授，以及职业态度和职业道德塑造。

2. 培养员工综合能力 以专业能力（专业知识、技能、态度与职业道德等）为支柱，以自然能力（个性特质等）为基础，以社会能力（个人价值观与世界观等）为辅助，培养员工的综合素养。

3. 挖掘员工潜能 通过培训由内而外激发员工潜能，实现员工能力由内向外的突破与改变。

（二）明确培训组织体系及职责

设置科学高效的培训组织体系是保障培训有效进行的前提条件。在医院培训主体多元、培训对象多元的现状下，依据全员培训与终身学习的理念，医院应从培训架构上进行顶层设计，以医院发展目标及服务宗旨为导向，将员工培训提升至医院整体管理层面，以人力资源现状分析为基础，整合分析员工培训需求，统筹院内现有培训组织部门，形成培训组织体系，明确各个部门职责，分工明确，通力协作。

（三）确定培训构成要素

1. 确定培训内容 在对培训需求进行科学评估的基础上，首先，根据培训对象的差异性、多元化考虑培训内容；其次，根据医学知识更新与医学技术变革、医院管理政策变化等，实时调整培训内容的深度与新意；最后，培训面向全员，培训内容不仅要考虑专业性，还需要考虑普适性、通识性与交叉性。

2. 确定培训课程 培训课程是对培训内容的精练与提升，为培训体系提供有效的、系统的课程内容。在进行课程设置分类时，依据培训内容可分为专业性课程和综合性课程两类；依据培训的必要性，可分为必修类课程与选修类课程；依据员工成长周期，可分为岗前培训课程与在岗培训课程等。

3. 确定培训对象　医疗人员无疑是医院的重点培训对象，但在现代医院管理中，培训对象强调扩展至全体员工，包括医疗人员、科研实验人员、临床辅助人员、管理人员及后勤保障人员所有直接、间接为患者提供服务的人员。

4. 确定培训方式　培训方式的选择与培训效果直接关联，医院员工培训方式呈多元开放趋势。从培训地点区分，既可进行院内培训，也可以进行院外培训；从培训措施区分，可分为现场讲授、岗位轮转、实践操作、学科研讨、临床带教等方式。随着信息技术的发展，信息传播与共享方式的创新多元，新的培训媒介也不断出现，远程视频、课程直播、自媒体平台发布信息、智能移动媒介群等使得培训更为自由开放。

四、员工培训效果评估

柯氏评估模型又称“四级培训评估”模式，是世界上最早、应用最广泛的培训评估工具，并且在过去60余年得到不断的丰富和发展，成为运用最广泛的评估模型。该模型将受训面的测评指标分为四类：反应层、学习层、行为层和结果层。四个评估层次由低到高，由近及远，对受训者的培训情况进行科学合理的效果评估。借鉴柯氏评估模型，医院员工培训效果评估，可从四个层面展开。

1. 反应层　反应层的评估是最直接有效的评价活动，主要获取员工对医院整体培训体系及活动的反馈。反应层评估并不直接针对培训成果进行监测，是以员工为载体对培训活动本身进行评估，反映员工对医院培训活动的真实感受，包含对培训内容、培训方式、培训师资、培训主体、培训时间等方面的反馈。这一层次的评估可通过问卷调查与访谈的形式进行。

2. 学习层　是检测培训促使员工行为转变和改善的重要层面，评估结果直接体现医院培训活动质量。主要评估培训对员工能力的改变。包含员工对新知识的了解、对新技能的掌握、工作积极性与职业责任感的提升等员工学习及培训成果的转化等。可通过笔试、实践模拟、技能考核等方式予以评估。

3. 行为层　主要衡量培训促成员工专业知识的提升、专业实践中的行为转变，工作效率与工作质量的改善等，是培训效果评估的重点。这一层次的测评时间成本高，监测指标的制定需要较高的技术水平，因此在运用中有一定难度，较难在短时内将培训与其他外界因素对员工行为转变的影响区分开来。

4. 结果层　是培训效果评估的最高层次。可站在个人、部门及科室的角度评估培训员工对其绩效的提升意义，也可站在医院的高度评估培训对医院发展目标与绩效的改变。结果层面的评估需要全面、长效地进行数据收集与分析，是最难评估的指标。

本章小结

人力资源能力建设是医院人力资源管理的重点主题，是医院人才培养的核心，也是医院可持续发展的基础。医院人力资源能力建设具体到管理实践中，可从员工任职资格管理、员工能力评价、员工培训三个途径展开。通过任职资格管理，组织对员工能力与工作任务或岗位进行动态匹配。医疗人员是医疗机构提供医疗服务的主体，对医疗人员任职资格的管理，是医院人力资源能力建设的重要内容。资质授权体系是对医疗人员任职资格进行能力评估的管理体系，医疗人员授权管理具有规范授权、视能授权、完整授权、动态授权的特点。临床医生资质包括基本准入资质、入院可执行资质、院需准入资质、专项资质。

员工能力评价是运用系统科学的评价方法，对员工进行鉴定评价的一种人力资源管理活动。医院员工能力评价指标构建应遵循简明独立、科学合理、系统完整、具体可行的原则。医生与护理人员作为反映医疗人力资源能力的重要员工群体，应分别独立设计评价指标体系。

员工培训是培育医院人力资源能力最直接有效的途径。医院员工培训具有培训主体多元化、培训需求差异化、培训对象全员化、培训科学系统化的特点。培训需求具有组织与个体的双重意义，具有过程与结果的双层导向，医院培训需求可从组织、任务、人员三个层面进行分析。为确保培训方案的顺利实施，需制定培训目标、明确培训组织体系及职责、确定培训构成要素。借鉴柯氏评估模型，医院员工培训效果评估，可从反应层、学习层、行为层、结果层四个层面展开。

（陆　艳）

第十章 医院人力资源薪酬与激励管理

学习目标

1. 掌握 医院薪酬的概念、构成；医院薪酬管理的理论基础、概念、目标与原则；薪酬激励影响因素及效果。

2. 熟悉 医院薪酬的模式；医院薪酬管理的流程、要素；医院薪酬设计内容与步骤。

3. 了解 现行医院薪酬制度改革现状、发展趋势与路径。

第一节 医院薪酬与薪酬管理概述

一、医院薪酬概述

1. 医院薪酬的概念 医院薪酬是医院员工向所在医院提供医疗服务等劳务而获得的各种形式的报酬。①狭义的医院薪酬：指以货币形式或可以转化为货币形式的，对员工劳动进行奖励的部分，通常称为经济性薪酬。②广义的医院薪酬：除了狭义的医院薪酬以外，还包括获得的各种非货币形式的满足，通常称为非经济性薪酬。非经济性薪酬是指个人对工作本身或对工作在心理与物质环境上造就的满足感，是一种无法量化的薪酬。

2. 医院薪酬的构成 根据美国薪酬协会在2010年更新的五维度全面薪酬定义，医院薪酬包括经济性薪酬和非经济性薪酬两大内容。

（1）经济性薪酬：以当前卫生机构正在实行的传统薪酬结构为主，包含货币报酬和福利因素两个维度。根据美国薪酬协会的定义，货币报酬包含基本工资、绩效工资、奖金和津贴补贴四个因素，福利因素包含法定福利保障、单位特殊福利和非工作期间报酬三个因素。当前我国医院的薪酬结构仍执行2006年颁布的《事业单位工作人员收入分配制度改革实施办法》，包括岗位工资、薪级工资、绩效工资以及国家规定的津贴补贴。医院薪酬中的经济性薪酬部分由国家政策统一规定，各级医疗单位半自主设计。

（2）非经济性薪酬：由工作与生活、绩效认可和职业发展机会三个维度构成。①工作与生活：指单位为员工提供物质或精神支持，帮助员工平衡生活与工作之间的关系，让员工在工作和生活方面都获得成就，包括时间弹性、私人空间、员工健康、社区参与、亲属关怀、团队氛围、医院文化和工作环境八个因素。②绩效认可：指员工从领导、同事和患者中获得的工作支持和认可，包括绩效计划、绩效评估、绩效反馈和心理回报四个因素。③职业发展机会：包括学习机会、晋升机会和职业规划三个因素。当前我国在非经济性薪酬的设计上重视性不足，缺乏科学化的制度设计，分配比例和实施效果均表现不佳。

各个维度内具体因素解释见表10-1。

表10-1　薪酬各维度及因素描述

分类	维度	因素	因素描述
经济性薪酬	货币报酬	基本工资	又称“固定工资”，是完成工作而获得的基本现金报酬，包含岗位工资、工龄工资等
		绩效工资	依据员工或科室的绩效获得的工资
		奖金	通过货币方式体现的对个人或组织行为的认可，以鼓励员工此类符合医院战略目标的行为
		津贴补贴	因从事特殊作业获得的货币补充，如人才津贴、交通津贴、通讯补贴等
经济性薪酬	福利因素	法定福利保障	“五险一金”
		单位特殊福利	除法定福利外，医院为员工提供的其他福利，如商业保险和各种节日慰问品等
		非工作期间报酬	带薪休假、带薪病假、带薪事假等
非经济性薪酬	工作与生活	时间弹性	灵活的工作安排时间，可以帮助员工处理突发家庭事件
		私人空间	非工作时间不会被工作事务打扰的个人空间
		员工健康	单位为员工提供的健康管理项目，如员工援助计划等
		社区参与	员工参与社会活动的计划
		亲属关怀	单位为员工的家庭成员提供的福利和关怀
		团队氛围	单位的人际环境

续　表

分类	维度	因素	因素描述
非经济性薪酬	工作与生活	工作环境	单位的物理环境
		医院文化	医院形象的树立
	绩效认可	绩效计划	制定的绩效标准
		绩效评估	管理者对员工绩效的评估
		绩效反馈	管理者反馈和持续对绩效改进
		心理回报	领导、同事、患者及其家属的认可
	职业发展机会	学习机会	单位组织的专业技能、管理技能及其他方面技能的培训
		晋升机会	帮助员工实现个人职业生涯目标，如职业生涯通道
		职业规划	帮助员工实现自身职业目标或者晋升到重要职位的计划

3. 医院薪酬的特征　从薪酬角度来看，医院薪酬同样具有差异性、激励性、权变性等一般性薪酬所具有的特征。除此之外，由于医疗行业和医疗服务的特殊性，医院薪酬也具有以下特殊性。

（1）医院薪酬需要与其所受信任相匹配。由于医疗行业的专业门槛高、诊疗治疗阶段存在不确定性、知识复杂性造成了医患之间的信息鸿沟，因此患者只能基于信任将自己的生命和健康托付给医生，而无法对其诊疗结果是否合理作出判断。患者及其家属在作出这种关乎性命的信任委托时，必然要考虑医生个人品质和专业技能，因此，医生所获得的薪酬和社会地位需要与其所承担的患者信任相匹配。

（2）人力资本价值是薪酬定价的重要组成要素。医务人员作为知识型员工和高素质人才，其在学习培养过程中的经济投入、精神投入以及沉默成本要远高于其他行业，另外由于其工作环境的不确定性和复杂性决定了其工作风险系数较高。根据美国Medscape在2019年发布的国际医生薪酬报告、美国国家统计局网站、英国卫生与社会护理信息中心以及加拿大健康医学会报告的相关数据显示，近年来世界各国医务人员的薪酬待遇普遍为社会平均工资的3~5倍，甚至某些国家（如加拿大）可以达到6~8倍。这体现了各国对医疗服务行业人力资本投入的价值回报。国家统计局发布的《中国统计年鉴2020》中显示，我国城镇非私营单位从业人员平均工资数据为97 379元，而医疗卫生行业所属的卫生和社会工作行业，在城镇非私营单位中年平均工资为115 449元，粗略估计医院薪酬水平仅为社会平均工资的1.19倍。

（3）薪酬激励应弱化短期激励，增强长期激励。由于医生职业和医疗服务的性质，医院薪酬的激励制度设计应当具有复杂性。医疗服务作为多维的复杂产品，其交易过程不是即时性的，其交易价值及后果存在较长的潜伏期；而医生职业综合了多个职业的特点，既需要像企业家一样对患者的医疗服务作出决断，又要像科学家一样研究新兴的医疗技术，是脑力劳动和体力劳动的结合，而对于不同劳动类型，其采取的薪酬模式往往是不同的，因此决定了医生薪酬的设计是极具复杂性的。综合而言，医生的薪酬至少应避免与短期业务收入相关的短期激励，注重长期激励的设计。

4. 医院薪酬的影响因素 医院薪酬受多方面因素影响，如社会及行业、医院内部、员工个人等因素。

（1）社会及行业因素：①区域发展水平。各地区的经济发展水平对各行业的薪酬水平均具有正向影响，医疗行业亦不例外。因此在进行薪酬水平的设计时需要引入地区经济发展水平相关的调节系数，对各地区薪酬整体水平进行把控。②医疗市场总量。地区的医疗市场需求量大小决定了薪酬水平的高低。我国现行的科室薪酬分配采用了“收入减支出，结余分成”的模式，在当前我国医疗服务价格相对稳定的社会背景下，对医疗服务的需求量越大，医务人员所获的薪酬总额越高。

（2）医院内部因素：①医院声誉。良好的医院声誉是医务人员专业能力的体现，能够给予患者自信心，提升患者好感度。同时，医院声誉作为免费的宣传手段，可以吸引更多的患者前来就诊，通过提升服务数量的方式来提升员工的薪酬水平。②成本管理。科学化、规范化的医院成本管理能够有效控制医院支出。根据历年的成本情况，财务等相关科室应当明确不同成本的预算标准，并根据实际情况在合理范围内进行成本控制。科学化的成本管理能够合理控制运营成本和保证医疗服务水平，并在薪酬来源有效的情况下，一定程度上提升医院盈余，以此来提升医务人员薪酬水平。

（3）员工个人因素：①工作年限。对医疗行业的从业者来说，其从业时间往往与个人工作经验和技术水平成正相关，并根据其工龄来确定员工的基本工资。②发展潜力。员工的学历水平往往反映了其未来发展的潜力。医院为了吸引高学历、高质量人才，在这部分员工并没有实际工作经验的情况下，医院往往仍然愿意为其提供额外的特殊补贴，增加医院的人才储备。

5. 医院薪酬的模式

（1）年薪制：国际上医院的经营管理者多采用年薪制的薪酬管理模式，其通常以一年为经营周期，根据经营效果来确定薪酬总额。年薪制下，经营者总体薪酬的平均年收入水平可达到普通员工的几十倍以上，通过合理拉开普通员工与经营者的收入差距，不仅有利于刺激高层管理者和核心技术人员的积极性，还能够约束他们的个人行为，提高其对组织的责任感。年薪制主要组成部分有基本薪酬、绩效薪酬以及长期激励等，尤为重视对长期激励的应用，如美国医院管理层的薪酬结构中，长期激励的比例达到60%。

在我国，年薪制是新医改以来逐渐推行的新薪酬管理模式，主要面向医院的高层管理者和核心人才，即以院长为核心的领导班子、有学科特殊优势的专业技术骨干、有特殊贡献或发现的临床负责人以及医院亟需或重点培养的人才等。当前有关年薪制的改革仍在探索期，以最具代表性的三明医改为例，根据《三明市公立医院院长年薪考核办法》，三明年薪制实行“全员目标年薪制、年薪计算工分制”，其实施对象是全体员工，目标是达成“三明市医生平均工资水平达到本市社会岗位平均工资的2~3倍”。根据政策规定，院长年薪包括基础年薪和绩效年薪两部分，基础年薪按月发放，绩效薪酬取决于院长工作目标的实现程度以及社会评价和经济效益等综合考核结果。医院员工的薪酬总额与医生提供医疗服务的数量及质量和院长的考核结果双挂钩。计算公式为：

工资总额=当年医务性收入×工资总额比率×工资总额调整系数×院长年度考核百分值

（2）岗位绩效工资：是当前我国公立医院最普遍的薪酬模式，也是适用于绝大多数员工的薪酬模式。岗位绩效工资是以员工的工作岗位为基础，根据员工所承担的责任和工作量定级，结合医院经营情况为员工支付劳动报酬。我国公立医院普遍实施的岗位绩效工资由岗位工资、薪级工资和绩效工资三部分组成。①岗位工资：是指岗位的经济价值，通过岗位职责、所需技能、工作强度和环境等因素共同评估定价，是岗位绩效工资制中最基础的部分。②薪级工资：是根据员工的工作年限而定，不跟随岗位而变化，体现员工的工作经验价值。③绩效工资：可以反映同岗位不同劳动的价值区别，其取决于医院绩效、部门绩效和个人绩效，医院根据科室考评结果将总绩效分配到各科室，科室根据员工个人绩效进行二次分配，绩效工资在岗位制中发挥激励作用。

（3）谈判和协议工资：通过劳资双方自主谈判的模式来解决双方之间的矛盾，并自主协定工资分配的工资模式，该模式从“集体谈判”发展而来，最初起源于西方劳资冲突向问题解决的转变过程。这种模式能够有效激起员工争取自身权益的行为，但在我国实行的政府主导模式弱化了双方之间的冲突。员工缺乏参与谈判的动机和意识、工会缺乏组织谈判的能力以及谈判制度不完善都导致了谈判协议工资模式在我国的推行背离了其原本的意义。科学的谈判工资制可以体现员工之间的个体差异，对于对医院具有突出贡献的专业型人才或管理者，可以在与院方签订劳动合约之前对工资内容进行协议谈判，谈判时需要院方、工会以及员工三方代表共同参与。

（4）以能力为基础的薪酬模式：是相对于传统以职位为基础的薪酬模式提出的新兴模式，该模式不强调职位因素，完全根据员工具备的与工作相关的能力来确定其薪酬水平。医院薪酬主要针对知识型员工展开，以能力为基础的薪酬模式能够对知识型员工产生有效激励。该种薪酬模式主要包括知识工资、技能工资和能力工资三种类型，其中知识工资和技能工资的实施方案相类似。可以根据员工掌握的知识或技能深度或宽度进行设计，深度越长、宽度越广，其获得的薪酬等级则越高。①知识工资：是根据员工拥有的相关工作知识来确定其薪酬方案。主要强调员工所有用的内在专业知识。②技能工资：是根据员工掌握的相关工作技能来确定其薪酬方案，强调员工所掌握的操作性技能。③能力工资：是根据员工具备的个人能力特征来确定其薪酬。能力工资模式需要医院根据不同专业的特性建立分层分类的能力模型，根据市场和绩效对不同能力水平进行定价，建立基于能力分类的合理工资带宽，并设计不同带宽之间的能力标准，最后根据员工的能力评价来决定其工资分配。

二、医院薪酬管理概述

1. 医院薪酬管理的概念 医院薪酬管理是指为了实现医院的组织战略和目标，建设医院文化以及吸引人才、稳定人员结构而制定医院的薪酬战略、薪酬政策和薪酬制度，并对整个过程实施科学化管理。在微观层面反映为医院内部对薪酬事务的处理，即医院根据员工的工作行为和结果，对他们的薪酬水平、薪酬结构、薪酬支付、绩效考核等作出决策。

2. 医院薪酬管理的目标

（1）促进医院战略与目标达成：在当前我国深化医药卫生体制改革的背景下，医院不仅要完成适应时代发展的转变，也要逐步提升医疗护理服务水平和质量。绩效管理是薪酬管理中的重要组成部分，其作为“指挥棒”对员工行为有显著的引导作用，间接完成了医疗改革对医生行为的规范，也能够增强员工对变革的理解和认同。因此薪酬管理一方面需要从宏观战略层面出发，吸纳具有相应知识技能和价值观的人才，对薪酬战略进行把控；另一方面采用合理的激励手段确保战略的落地和有效执行。

（2）吸引、激励、开发以及留住人才：薪酬管理是人力资源管理版块中的重要一环，有效的薪酬管理能够在薪酬方面提升医院竞争力，吸引高素质人才为医院战略目标服务，也能对医院内部员工形成正向激励，稳定人员结构。

（3）强化医院文化和组织价值观：医院文化与薪酬管理相互影响，与文化相匹配的薪酬管理能够对员工产生正向激励，提升服务质量，对医院文化形成正强化；若二者的内涵存在差异或冲突，薪酬管理体系则会破坏良好的医院文化，出现形式主义、空喊口号的不良风气，甚至出现与表面文化相违背的潜在组织文化，这会降低医院服务的效率和水平，造成不良社会影响。

（4）控制医院经营成本：公立医院由政府财政支持的特性决定了医院运营成本的压力。合理的非经济性薪酬比例能够使人力资源实现效益最大化，既减少了经济性薪酬的开支，又能满足人员需求，让员工获得幸福感和归属感，以此来控制医院在人力方面的成本。

3. 医院薪酬管理的原则

（1）战略性原则：在我国市场经济和医疗改革深入发展的背景下，医院逐步出现了自主发展的趋势，面对宏观政策和行业环境的转变，医院需要从战略层面对医院发展方向作出规划，其在薪酬管理层面体现为薪酬的战略管理。如我国公立医院要体现其公共性质，并与国家相关规定、与医药卫生改革的要求相匹配，因此在公立医院的薪酬战略设计中，要以公共服务性为准则进行上层设计。薪酬管理能够有效地引导员工朝着医院的发展方向而努力，促进医院愿景和目标的达成，将战略目标与薪酬管理相融合，不仅能够有质量地完成国家相关规定和医改要求，还能够提升员工对薪酬的满意度和对医院的归属感及认同感。

（2）公平性原则：医院薪酬管理要注重薪酬的公平性，包括薪酬的外部公平性、内部公平性、个人公平性以及管理过程的公平性。①薪酬的外部公平性：体现了医院的薪酬水平在整个薪酬市场环境中的外部竞争力，决定了医院当前薪酬水平对人才是否有吸引力。②薪酬的内部公平性：又称薪酬的内部一致性，即医院内部不同科室或职位之间的薪酬水平是否分配合理。内部公平性影响员工对职业发展的规划，若晋升后薪酬不升反降，不利于员工与组织的发展，甚至出现服务水平的退化和工作态度的倦怠。③薪酬的个人公平性：是指员工个人对自己所付出劳动与所得薪酬是否匹配的个人感受。通常来自与他人的工作行为及所得的主观比较和评价，采取具有差异性的绩效薪酬可以弥补员工贡献差异。④薪酬管理过程的公平性：表示在薪酬管理的整个过程中流程操作的科学化、规范化。清晰、透明的薪酬管理制度和标准更容易使员工认可，而薪酬保密政策等制度则会造成员工缺乏制度自信、组织失去公信力。在薪酬管理的过程中要确保各主体之间及时的沟通反馈。

（3）激励性原则：薪酬管理要能够激励员工产生医院所需要的工作行为和结果。随着当前经济和社会发展，越来越多的年轻人进入到医疗行业，当前多元的文化环境造成当代年轻人个性迥异，故无差异化的薪酬激励已经不能满足员工的个人需求，不合理的薪酬激励不仅浪费组织资源，而且不能对员工实施有效激励。因此薪酬体系设计要满足员工的差异化需求，通过对员工需求的调查，采取个性化激励措施，有针对性地实施不同的激励手段，确保激励政策的有效性。

（4）经济性原则：医院的运营成本要在预算允许的范围内进行动态调整，人力成本的支出比例和总量要严格控制。当前我国公立医院薪酬改革的导向是优化支出结构，提高人员支出水平和比例，但在经济性薪酬有限的条件下，人员的支出比例不能无限增长。薪酬管理的经济性原则对人力资源管理的科学化提出了更高要求，非经济性薪酬的设计成为重中之重。

三、医院薪酬管理的理论基础

1．薪酬激励理论 激励在心理学领域解释为通过某种措施或手段来刺激客体产生某种特定的行为。在经济学与管理学领域中，薪酬是常见的激励手段之一，通过满足员工需求，来激励员工产生促进组织发展的行为，基于此学术界产生了众多有关薪酬激励理论的研究（见第二章第三节）。

（1）需要层次理论：由美国心理学家马斯洛在1943年出版的《人类激励理论》中提出。该理论将人的需要分为五个类别，分别是生理需要、安全需要、社会需要、尊重需要和自我实现需要。一般而言，某一层次的需要实现之后，就会向高一级的层次发展，低层次的需要一旦满足便失去激励作用。

需要层次理论虽然具有一定的局限性，但是其核心思想对医院薪酬管理具有一定的影响。由于医务人员所经历的社会环境、教育程度等存在差异，因此对薪酬的需求也不完全相同。首先，薪酬要满足医务人员基本的生活需要和安全保障，为其全身心投入医疗事业提供支持；其次，在此基础上要对薪酬提出更高层次的要求，根据医务人员的需求差异，通过福利和一些非经济性薪酬来满足其社会需要、尊重需要以及自我实现需要。

（2）双因素理论：由美国心理学家赫茨伯格在1959年提出的，又称激励保健理论。该理论将引起员工工作动机的因素分为了两类：激励因素和保健因素。缺乏保健因素会导致员工的消极工作行为，但完善的保健因素也不一定能改善员工的工作效率，激励因素才是对员工起到真正激励作用的手段。

在医院的传统薪酬结构中，固定工资被看作保健因素，绩效工资被看作激励因素。当前的保健因素则关注员工的规章制度、组织文化、工作环境和工作氛围等非经济性的条件，如果没能达到员工的心理预期，则会提升员工的离职意愿。激励因素注重物质奖励和精神奖励并存，满足员工的生理需求和精神需求。在非物质激励的基础上加入经济性激励，能够有效提升对员工的激励效果，但如果在非物质激励匮乏时通过提升经济性激励来弥补，可能会造成激励效果的抵消。另外，在激励因素设计时切忌平均主义，否则会造成激励因素向保健因素转化，造成员工的不满。

（3）期望理论：由北美著名心理学家和行为学家弗鲁姆在1964年出版的《工作与激励》中提出。期望理论用公式可以表达为：激励=期望×效价。其中，期望表示个体认为自己能实现工作目标的可能性，反映了努力与绩效之间的联系；效价表示目标实现后获得的奖励对个人的重要性，反映了激励手段对个体的吸引力。该理论认为，当人们预期某种行为能给个体某种特定的、具有吸引力的结果时，个体就倾向于采取这种行为。

（4）公平理论：由美国行为学家亚当·斯密提出，侧重于对薪酬分配合理性的研究，强调个人主观感受。员工会将自己的收入付出比与他人的收入付出比进行比较，如果员工主观感受到两者的比率相同，则会达到公平状态，否则会产不公平感。

医院薪酬的公平性体现在组织内部薪酬的一致性上。组织运用岗位评价和工作分析，通过界定清晰的工作内容和标准要求，为员工提供了一个参照标准，员工可以通过与标准行为的比较，不断提升自己的业务水平来获得更高的薪酬水平，该薪酬模式能够良好地规范员工工作行为。

（5）委托代理理论：是制度经济学中契约论的主要内容之一，该理论的研究内容是某一方主体（委托人）根据契约雇佣其他主体（代理人）为其服务，同时赋予其相应权利，并根据代理人提供的服务水平给予其一定的报酬。该理论主要探究以下问题：在委托人和代理人存在利益冲突和信息不对称的先决条件下，委托人如何激励代理人实现效益最大化。

在我国公立医院运营的过程中，管理者与医务人员存在着复杂的多重委托代理关系，医务人员所需要完成的任务按性质主要可以分为两类：经济性任务和公益性任务。面对两者之间的冲突，医务人员需要权衡两者之间的投入而作出选择。不同的薪酬模式对医务人员的工作行为选择会产生不同的激励，医院需要根据医院目标权衡各个代理任务之间的关系并作出引导。

2. 人力资本理论　由美国经济学家舒尔茨在1960年美国经济学年会上进行了系统阐述。现代人力资本在应用的过程中强调人力资本依附于经济环境和体制，组织需要通过激励手段开发员工潜在的人力资本；同时人力资本不随使用过程而贬值，反而可以通过不断增加的工作经验而增值。医院薪酬管理的应用中，组织会通过入职初期员工的学历水平等确定其基本工资，但很少考虑到人力资本增值而更新定价。另外，员工的人力资本并不能自主地发挥到最大水平，需要通过制订合理的经济或政策形式的激励计划，最大化提取员工的人力资本存量。

3. 从传统薪酬战略到全面薪酬理论　随着对薪酬管理的深入研究，学者们逐渐发现重视对人的管理对组织发展具有重要作用，关注员工需求和心理感受能够弥补经济性薪酬不足的问题，因此，当前对薪酬的定价方式已经逐渐从劳动成本向人力资本转变。传统薪酬战略根据员工为组织所贡献的服务或劳动，以货币形式为员工提供回报或补偿；而当前组织越来越关心员工的内在需求与工作体验，为员工提供非货币形式的报酬，由此延伸出全面薪酬理论的普及与发展。

全面薪酬的概念于1971年由埃德·劳勒提出，薪酬不仅代表员工参与程度、技能水平，更强调组织与员工的关系，将员工薪酬和组织发展联系在一起。美国薪酬协会在1998年提出全面薪酬主要包含薪水、福利和工作体验三个部分；随后发布的第二版定义，将全面薪酬整合分离为四个部分：工资、福利、工作体验以及文化环境。美国薪酬协会于2010年再次更新了全面薪酬的概念，包含五个维度，并根据各个维度的经济属性将其分为两个部分：一是当前普遍采用的传统薪酬结构，包括货币报酬和福利因素两个维度；二是非经济性薪酬，包括工作与生活、绩效认可和职业发展机会三个维度。

四、医院薪酬管理的流程

医院薪酬管理是医院人力资源管理系统中的重要一环，通过薪酬管理可以准确地向员工传达组织价值观，同时薪酬水平也是员工进行自我价值判断的依据。薪酬管理是一个动态的管理过程，根据薪酬管理的一般性流程，医院薪酬管理的主要流程包括以下几方面。

1. **岗位评估** 是医院薪酬管理的第一环，帮助组织对职位本身的价值以及对组织的贡献进行评估。根据卫生事业单位的性质和发展需求，结合经费自给率和财政补贴的情况，对不同单位、不同科室以及不同医疗项目实行不同的分配方法。通过系统的职位分析和岗位评估对组织内部各个岗位的价值进行定位，确保薪酬的内部公平性，同时帮助医院的管理者和员工了解整个组织的结构，提高合作效率。

2. **市场薪酬调查** 在薪酬调查时，要针对不同岗位分别统计，将行业中其他组织的调查结果与本院的岗位评价相结合，制定有竞争力的薪酬体系，可以保证薪酬的外部公平性，吸引高质量人才，促进医院业务水平的提升。

3. **薪酬水平标准确定** 根据薪酬竞争策略和行业的薪酬水平，组织通常采用的薪酬政策包括领先型、跟随型和滞后型三种类型。组织在确定薪酬水平的策略后，对市场薪酬线进行修正，获得适用于本组织的薪酬政策线，为职位评价提供具体的薪酬水平依据。

4. **薪酬结构和体系设计** 在薪酬的结构设计上，根据先前确定的各岗位价值水平，组织需要在不同岗位上设计纵向等级，即根据员工的个人能力、绩效水平和资历差距来确定每个岗位薪酬的极值和中值。在确定员工工作能力时，首先需要构建分层分类的能力模型，并对每项能力和级别进行定价，根据员工的能力评价进行薪酬分配。在薪酬的体系设计上，要同时考虑到经济性薪酬和非经济性薪酬两部分，合理调整二者所占的比例。

5. 薪酬管理机制的构建　薪酬管理机制需要完成两个任务：第一，在薪酬结构和体系设计完成后，需要对薪酬的反馈与再设计路径进行完善。薪酬管理作为一个动态调节机制，相关科室要根据薪酬的执行情况随时对薪酬执行情况进行反馈和调节，因此，需要进入薪酬管理机制保证整个薪酬板块的活力。第二，对于现有人员和新员工进入新薪酬模式下的入轨机制的设计，在实施薪酬改革的过程中要保持医院运营的稳定性和高质量服务。另外，在改革过程中要加强政府对卫生事业单位的宏观调控和指导，健全约束机制，保证医务人员的薪酬水平与单位经济提升水平相匹配。

五、医院薪酬管理的要素

1. 医院薪酬管理要素

（1）人员：薪酬管理属于医院人力资源管理的范畴。人员是薪酬管理的核心要素之一，也是医院薪酬管理的重要资源。从管理主体而言，是否拥有高素质的人才队伍，是制约医院薪酬管理水平和能力的关键；从管理客体而言，确定哪些岗位、人员可以获得更高的薪酬水平，如何通过薪酬激励、约束医务人员，调动其工作积极性，增强医院整体人力资源实力，是影响医院高质量发展的重要因素。只有将管理主、客体作为中心环节，才能最终服务于薪酬管理目标的达成。

（2）资金：作为薪酬管理的重要要素之一，这里的资金强调：一是资金的来源渠道。医院薪酬来源与国家的卫生筹资制度相关，即薪酬是来自于预算制下的财政收入还是市场进入下的医疗服务收入。预算制下的公立医院员工的薪酬水平受到财政预算规模限制，市场条件下自负盈亏的公立医院薪酬水平与收入相关。因此，资金的来源是医院薪酬管理的制度基础。二是资金的使用，即资金如何流向医院员工。当前薪酬改革政策导向下，公立医院可以采取多种方式自主分配，需要处理好固定工资和绩效工资的关系，不同岗位、不同类型人员之间的分配关系，向高层次人才、急需紧缺岗位、高强度高风险岗位适度倾斜，探索实行如年薪制、协议工资制、项目工资制等灵活多样的分配形式。

（3）方法和技术：指为了实现薪酬管理目标所运用的具体策略和方法。包括保证医院薪酬外部竞争力所采取的技术（如，市场薪酬调查），保证内部公平性所采取的技术（如，工作分析、岗位评估），衡量员工贡献和人力资本价值的技术（如，关键绩效指标考核法、360度考核法），定期进行薪酬调整所采用的技术，以及如何与员工进行有效沟通的方式技巧等。

2. 医院薪酬设计要素

（1）薪酬水平：薪酬水平的设计是保证薪酬公平性的重要因素。一是根据行业的工资水平来确定医院员工的薪酬水平，使得医院薪酬具有外部竞争力，凸显员工在外部劳动力市场的人力资本价值，吸引人才投入到医疗行业中。还要考虑各地经济水平，保证员工在当地的生活质量。二是根据医院的薪酬战略以及员工的专业类型、岗位等级、工龄和能力进行差异化设计，在适度的范围内拉开不同部门、不同类型、不同岗位人员之间的薪酬差距，让薪酬差额能够体现员工的贡献投入和知识技术价值，让员工感受到多劳多得的公平感。同时需要依托合理的晋升体系，明确晋升人数、晋升标准等，提高员工收入水平和工作积极性。

（2）薪酬结构：是指医院内部不同岗位、不同类型人员之间经济性薪酬与非经济性薪酬、固定工资与绩效工资的比例关系，反映了医院内部对于员工能力和人力资本价值的看法。薪酬结构与薪酬模式息息相关，前者强调医院内部对薪酬模式的微观设计，后者解决了核心的薪酬要素。但关于其他形式的补贴、核心要素的占比等方面，则需要医院根据员工需求和医院经营状况、发展战略进行自主设计。如科研型医院、专业型医院和教学医院，需要分别重视科研项目、临床医师和规培医师，针对其不同职能定位，在设计薪酬结构时有所侧重，发挥不同医院的不同功能作用。

（3）激励机制：是指医院为了引导员工朝着共同目标努力工作而采取的多种激励手段、方法、管理体系和制度等的总称，其出发点在于将员工个人薪酬与医院发展目标相挂钩。在薪酬管理中，医院需要根据自身发展战略和职能定位，设置合适的激励目标，如营利性、公益性导向等。通过明确医院的员工需求是什么，有针对性地采取多样化激励方式，如精神激励、荣誉激励等，满足员工的个性化需求，从而不断增强员工符合医院发展的行为与动机。另外，激励机制也是绩效考核的落实，公立医院需要结合国家政策导向，通过绩效考核来激励员工，如绩效工资方案中融入岗位工作量、病种疑难系数、成本控制、科室风险程度等指标。

第二节　医院薪酬设计

一、医院薪酬设计概述

1. 医院薪酬设计的概念　医院薪酬设计是指基于一定的标准和基础，对医院员工的劳动报酬设计合理公平的分配方案的过程。

2. 医院薪酬设计的原则　主要如下：①内部公平性原则，根据不同岗位工作内容的差异、员工学历背景以及对组织的贡献程度等，设计有显著差异的薪酬等级体系，尤其要体现出人力资本价值的差异。②外部公平性原则，根据市场薪酬调查，提供具有行业竞争力和吸引力的薪酬水平。③激励性原则，医院薪酬设计要通过不断满足员工需求，提高员工工作积极性，引导员工更新知识储备，为了医院的发展目标而努力。④经济性原则，医院在完成医疗任务的同时要兼顾经济效益。在资金分配上，人力资源部分支出的增长比例不能超过医院营收的增长比例，保证医院的正常运作。

3. 医院薪酬设计的目标、内容

（1）薪酬设计的目标

1）有效调动医务人员的工作积极性。在竞争日益激烈的医疗市场中，医院如何发挥自身优势，保持核心竞争力，关键在人才。医院进行薪酬设计时，首要目标便是如何调动医务人员的工作积极性，最大限度地激发医务人员的工作潜力，促使医务人员主动提高自身的专业能力和职业素养。

2）提升医疗服务质量，实现医院战略目标。医务人员是医院发展最重要的资源，通过合理激励和有效约束，引导医务人员围绕医院战略目标来开展工作，使其更加注重医疗服务质量，从而帮助医院战略目标的实现，推动医院可持续发展。

3）增强公立医院公益属性，促进医疗行业健康发展。公立医院改革的核心难题，是“人”的问题。在公立医院中，医生是医疗服务提供的决策者和主导者，其重要地位不可忽视。可以说，医务人员的薪酬问题直接与公立医院的运行乃至整个医疗行业的发展相联系。

（2）薪酬设计的内容：医院薪酬设计从横向上就是实施全面薪酬，采取经济性薪酬和非经济性薪酬，推动医院战略目标的实现；从纵向上就是在现行政策引导下，依托医院的发展战略和价值目标，提升医院的人力资源素养和综合实力。主要包括三个方面：

1）战略层面：是设计医院薪酬体系的整体指导思想，医院的薪酬体系是医院人力资源战略的具体落实。包括对医院使命和战略的设计和人力资源战略的规划。薪酬设计首先要考虑将薪酬战略与医院发展战略相匹配，并由此设计医院人力资源的整体战略，然后根据国家政策相关要求以及医院的文化背景，确定人力资源战略中的薪酬战略。

2）制度层面：是医院薪酬体系的具体内容。需要根据医院战略和薪酬理念，对医院薪酬的水平、结构、支付方式等进行设计。在要素设计上，要考虑薪酬内外部公平性以及员工个人贡献，在流程设计上要考虑薪酬的整体结构、薪酬评价和薪酬管理的体系完整性，在目标设计上要与战略相契合，要能够有效地促进医院竞争力和服务水平的提升。

3）技术层面：包括在薪酬设计的过程中所涉及的具体技术和方法的运用，是医院薪酬体系的操作化过程。在薪酬设计过程中，需要确认岗位评估、薪酬水平与结构设计、薪酬调查以及知识与信息管理系统中基础技术的应用。不同的技术手段能够通过薪酬对员工工作行为产生不同的效果，因此合理恰当的技术应用也是薪酬体系设计中的重要环节。

4. 医院薪酬设计的步骤 医院薪酬体系的设计从以下三个板块展开。

（1）货币报酬设计：岗位评价和市场薪酬调查是货币报酬设计的基础。首先要根据职位分析编制职位说明书，为岗位评价提供基础的岗位信息；其次通过排序法、分类法、因素比较法和要素计点法等方法对岗位进行评价，以保证薪酬的内部公平性；再次，通过同行业的薪酬调查来保证薪酬的外部公平性。通过岗位评价和市场薪酬调查的匹配，确定各岗位的平均价值并获得薪酬市场线。

建立完整的薪酬结构，在以上步骤的基础上，医院要参考国际标准对员工固定工资和浮动工资的比例进行设计。①固定工资：一部分根据员工的岗位、任职资格来确定，以薪点表中的薪酬等级为发放标准；另一部分根据员工职位等级来确定不同职级，职级的带宽设计具有重要意义，其确定了能否实现员工激励的最大化。②浮动工资：包括绩效工资、奖金和津贴补贴，该部分的设计要根据每年医院的经营状况进行调整。其中，绩效工资的标准要根据员工实际情况进行设计，明确绩效调薪的周期和幅度，不能脱离一线的具体情景，保证其“指挥棒”的作用；奖金和津贴补贴部分首先要落实国家政策规定，在此基础上，各单位根据自身情况满足员工的切实需求。

（2）福利因素设计：福利能够传递医院的文化和价值观，创造良好的组织环境，有助于吸引和保留人才，还能够减免部分税收，因此，福利部分的合理设计能够显著提升员工的薪酬满意度。基于以上背景可以发现，福利与医院的文化息息相关，这表明在福利设计的过程中，需要保留其形式和内容的自由度。

首先医院要落实国家规定的“五险一金”等相关福利，其次是配套医院的补充福利，该部分需要根据医院环境和员工需求，对内容和金额进行特殊化设计。国内的众多学者在研究中提到了多样化的福利形式，如衣食住行性福利、教育培训性福利、文体旅游性福利、金融性福利以及非工作期间报酬性福利等。

（3）非经济性薪酬设计：由于非经济性薪酬与非法定福利的性质类似，即均具有特殊性和自由性，因此其设计思路与非法定福利类似，均需要根据员工的需求对内容和实现方式进行设计，同时，由于其不同的非经济性属性，不需要进行市场定价。根据美国薪酬协会的定义，非经济性薪酬包括了工作与生活、绩效认可和职业发展机会三个维度。在因素设计层面，仍需要考虑医院自身的具体情况和员工需求，也可以采用自主式的方式为员工提供该部分薪酬。

二、不同类型人员薪酬设计

针对医院内部不同类型人员进行薪酬设计，是保障医院薪酬内部公平性的一个重要方面。按照我国现行的医院薪酬制度，医务人员的薪酬主要包括岗位工资、薪级工资、绩效工资、福利津贴四个部分。

1. 卫生技术人员薪酬设计　在我国，卫生技术人员主要指在医疗卫生机构为患者提供诊疗服务的医务人员。按照其晋升职称的序列可以划分为医疗、医技、护理、药剂四类人员。一般而言，卫生技术人员是医疗机构的主力军，属于知识密集型群体，具有前期投资大、工作风险高、强度大等特点，其薪酬设计需要体现出公平性、合理性。在构建卫生技术人员薪酬体系时，首先，应根据医院的战略定位决定医院采用哪种类型的薪酬策略。其次，需要进行岗位分析和岗位评价，促进卫生技术人员薪酬与岗位贡献有效匹配，为薪酬体系的建立奠定基础。

（1）薪酬等级、结构设计：卫生技术人员薪酬等级，主要依据岗位工作的复杂程度和职责的基本情况确定。在岗位横向分类形成的不同序列中，将岗位价值相近的岗位归类为一个层次，每一序列可分出不同的等级。在每一等级中，根据具体岗位价值的相对高低又划分出不同的薪级，从而形成职位和薪级相对应的薪酬等级体系。如医师序列中的临床医师可以分为住院医师、主治医师、副主任医师、主任医师和医疗专家五个层级，住院医师又可分为初级、中级和高级，从而可以清晰地确定岗位的薪酬范围。需要注意的是，卫生技术人员的薪酬体系应着重反映其自身的知识、技术、劳务等要素的价值，体现岗位差异。如医生是医院内部的核心岗位，直接关系到医院在同行业竞争中的优势地位，影响医院的长远稳定发展。因此，可以适当提高医生岗位的薪酬待遇，尤其是高层次专业人才，以提升医院薪酬的吸引力和竞争力。

卫生技术人员的薪酬结构设计还需要确定合理的固定薪酬和可变薪酬的比例，二者合适的比例结构可以有效增强薪酬激励效果。对于一、二层级的卫生技术人员，凭借自身技能参与绩效薪酬分配的能力有限，但发展潜力巨大，是医院重要的人才储备，因此可以适当提高固定性薪酬的占比，保证他们能更加投入工作；对于副主任及主任医师这一层次的医院骨干力量，可以突出可变薪酬的比重，科学补偿他们的技术劳务价值；而专家及院领导这一层次的人才，可以采取年薪制的方式，按季或年进行发放。

同时，需要设定合理的考核晋档制度。在确定某一薪酬标准后，进行适当的考核，若考核通过则在原有的基础上递增，依据工作年限和表现来动态调整卫生技术人员的薪酬标准。除此之外，还要注重人本管理，从以人为本的角度，综合考虑每个卫生技术人员的成长、教育经历，给其职业发展提供良好空间，从物质和精神上激发其工作潜能。

（2）绩效薪酬设计：绩效工资在薪酬体系中较为灵活，主要依据卫生技术人员的工作表现和所作出的贡献，遵循“按劳分配、效率优先、兼顾公平”三大原则。卫生技术人员的绩效薪酬设计应具备患者满意度、岗位工作量、工作难易度、医疗服务治疗、医疗费用控制、成本控制、医德医风、临床科研产出与教学治疗等核心要素。如医生最主要的任务是提供医疗服务，其绩效和医疗服务密切相关，一般体现在服务质量、医疗费用、学习发展、患者满意度、社会公益等五个维度。在服务质量这一维度下，又可以分为质量安全、合理用药、服务流程等二级指标，并进一步细分为三级指标。通过建立合理的定性与定量相结合的绩效指标体系，彻底切断卫生技术人员的个人收入与医院药品、耗材、检查等方面收入之间的联系。同时，依据医疗、医技、护理、药剂四类人员的知识、技术、劳务、管理等要素的不同价值，设定合理的绩效考核指标权重，适当向高技术、高风险、高强度、高层次人才、突出贡献人员倾斜，打破平均主义，引导卫生技术人员提高工作积极性，更好地为患者服务。

2. 行政管理人员薪酬设计 医院行政管理人员与患者及医疗服务不直接相关联，主要服务于医院运营管理，具体包括财务、人力资源、院办党办、信息技术、设备管理、宣传策划等。对于医院行政管理人员的薪酬，仍然按照横向分类和纵向分级的方法，如财务人员按照专业职称可以分为会计员、会计、会计师、高级会计师等。

（1）薪酬等级、结构设计：医院行政管理人员的薪酬等级和薪酬结构可以参照事业单位的标准执行，但要与卫生技术人员合理拉开薪酬差距。行政管理人员的薪酬更多的是受到个体的学历、职称、资历、工作年限等因素的影响，重视岗位的工作绩效、素质能力、任务难度等，对于知识、技术等要素的体现并不突出。

在设计行政管理人员的薪酬结构时，还需要根据管理层级调整固定薪酬与绩效薪酬的比例，一般层级越高，绩效薪酬所占比例越大。如高层管理人员比例为5∶5，中层人员为6∶4，基层人员为7∶3。而普通的职能部门、办公室工作人员等，薪酬分配比较单一，劳动力价格相对稳定，医院可以按照市场价格支付薪酬。在津贴方面，主要依据行政管理人员承担的职责以及加班、工作时间不固定等支付补贴。

（2）绩效薪酬设计：相比较而言，医院行政管理人员的工作内容更多的是事务化，日常事务繁杂，重复性、临时性工作多，在量化和记录方面存在一定难度。可以采取360度的周边绩效考核体系，包括自评、上级考核、分管领导考核、直接下级考核及其他部门考核，从多个维度对医院行政管理人员的岗位职责履行、管理制度执行、工作能力、服务态度等进行综合评价；在确定绩效指标时，要围绕医院的战略目标，更加注重患者满意度、医患关系、医院成本控制等方面，由此明确医院行政管理人员是否能够高效完成工作，是否具有积极主动性、纪律性、协调性，是否具有较好的服务意识。

3. 院长薪酬设计

（1）年薪制设计：院长年薪制是按会计年度为时间单位计发薪酬，以年度为考核周期，将医院院长薪酬收入与医院绩效、战略发展目标完成情况挂钩的一种动态性薪酬分配方式，包括固定薪酬和绩效薪酬。年薪总额应根据医院规模、效益及所在地区经济发展水平等因地制宜制定，体现院长所在公立医院提供基本医疗服务的能力和承担维护健康公平的社会责任大小，并与医院员工年薪酬总额成比例关系；设定年薪总额水平应高于实行年薪制之前的年薪酬总额，以弥补风险年薪递延支付的时间差。

固定薪酬主要依据院长的知识、经验、能力和承担的岗位责任确定；绩效薪酬包括绩效年薪和任期奖金，与院长综合目标责任制考核结果紧密联系，考核指标更多关注公立医院公益性的办院方向、医疗质量、服务满意度、人才队伍建设、经济效益、员工民生福利、党风廉政等。在院长年薪制度实施的不同阶段，可以采取不同的固定薪酬和绩效薪酬比例，在实践中不断探索、修正和完善。

（2）其他：采用以公务员行政级别套薪或以专业技术职称级别套薪，每月发放薪酬的分配方式，其薪酬水平与绩效水平缺乏联系，主要是由基本薪金和奖金构成的短期收入，多数采用基薪（主要为岗位工资、工龄工资）加奖金的薪酬分配模式。这种薪酬方式，强调以政治责任、精神鼓励进行激励，缺乏完善的医院院长个人绩效评价的指标体系和有效的考核激励机制，导致部分医院院长改革创新意识不强，未从社会与政府的角度管理医院，甚至为了获得自身利益，不惜损害医院和患者利益。

案例讨论

【案例一】营利性医院薪酬设计

某私营专科医院是某上市医疗集团的一家子公司，其早年间以公立医院的身份运作，在多年后成功转变为一家营利性医院，其在薪酬设计方面经历了许多波折。

该医院的薪酬设计最初从薪酬基础架构开始入手：①在原先岗位、学历、工龄以及职称的基础上，考虑员工的能力差异，从人力资本的角度拉开差距，根据员工的潜在贡献设计工资差。②确定了医院以全面薪酬为方向进行设计，在货币报酬的基础上加入非经济性薪酬，稳定人员体系。随后针对绩效薪酬和奖金进行了改革，通过指标拆解和分配的方式，将医院的战略目标与薪酬规划结合起来，把任务逐步分配到部门再到员工个人，营造每位员工都有目标的工作氛围。③对薪酬维度进行了设计，摒弃先前医师工资高于技师和护师的状况，提升对员工能力的关注，增加不同岗位之间的薪酬带宽设计，能够让员工在专业跑道上有前进的动力，从而专注于提升个人技能。④重新设计了薪酬管理方式，在制定薪酬制度时采用员工参与式，通过不记名投票、薪酬满意度调查等方式采纳员工意见。

在转型初期，该医院对薪酬基础框架的设计解决了人员流失的问题，确保了团队的稳定性，但其营业利润却始终没能达到创收水平。在这一阶段，该医院展开了一轮对绩效薪酬和奖金的设计。其对专科市场环境和奖金激励体系分别进行了调查梳理，针对过于简单的奖金计提方式，提出了新的设计方案。首先将科室需要完成的财务指标根据医疗项目分解，让员工在任务初期就明确了解自己未来阶段需要完成的任务；其次更改以系数分配绩效奖金的模式，提升该部分薪酬的激励性质，对工作量大以及能力强的员工提升其绩效奖金的数量，杜绝科室主任获得的多，而部门其他员工实行平均主义的低激励性分配方案。

随着医院发展的逐渐成熟，医院对专业型医生的要求越来越高，医院的发展也依赖于医生的口碑。为了留住医院花费大量精力和财力培养出的人才团队，医院又提出了融合集团合伙人制度。合伙人计划的具体内容是指，允许医院内的技术型核心骨干人员与管理人员成为合伙股东，与企业共同投资建立新的医院，在医院达到一定盈利水平后，合伙人可以根据相关法律规定以公允价值处理所持有的股份。该模式为骨干人才提供了新的工作动力和归属感。

【讨论】

1. 该医院薪酬设计的发展历程是怎样的？每个阶段强调哪些设计因素？

2. 你认为该医院的薪酬设计有哪些合理和不合理的地方？请具体说明理由。

案例讨论

【案例二】非营利性医院薪酬设计

青岛市某医院设有肝病科、中医肝病科、中西医结合肝病科、感染科等40多个科室，承担了30多种法定传染病的诊治和研究工作，形成了集人工肝、中医、中西医结合、基因检测、生物治疗、介入治疗等为一体的肝病综合性诊疗模式。该院临床医生占职工总数的25.77%，占卫生技术人员的31.50%。该院属于差额拨款事业单位，执行事业单位岗位绩效工资制度。该院临床医生的薪酬结构由基本工资、绩效工资、津贴补贴、改革性补贴以及其他福利等构成。其中基本工资、特殊岗位津贴补贴、基础性绩效工资、改革性补贴等与津贴补贴等属于固定薪酬部分，均与工龄、职称、职务挂钩；而奖励性绩效工资及年终绩效工资属于可变薪酬部分，执行院科二级分配，按照专业技术岗位职称系数发放，依据医务人员的技术能力、服务质量、服务量和患者满意度等绩效考核结果分配，按考核周期（月度、季度、年度）发放。据《2017年青岛统计年鉴》显示，2016年度全市卫生和社会工作的从业人员年均工资收入为94 043元。而该院2016年临床医生的年均应发工资为119 055.48元，在青岛市各家医院中属中等水平。

【讨论】

1. 请结合相关理论分析上述该医院薪酬制度存在哪些问题?

2. 是否实现了医院薪酬管理的目标以及明确了未来的发展方向?

第三节　医院薪酬激励

一、薪酬激励概述

1. 薪酬激励定义　激励是指通过识别人的需求，并给予某种程度上的满足，进而激发人的动机、引导人的行为以实现某种特定目标的过程。从本质上来看，人的需求是激励发挥作用的起点；激励会随着人的需求而不断变化，是一个动态调整的过程。组织运用激励这一手段，可以持续地激发人的动机，对于人力资源管理至关重要。

薪酬激励是最为常见的激励方式之一，是指组织通过薪酬管理，配合一定的奖惩手段，影响员工的内在需求和动机，激发员工的创造性和积极性，从而加强、减少或维持员工的相关行为以实现组织的预期目标，主要包括薪酬水平、薪酬结构、薪酬支付方式、绩效考核等内容。

就公立医院而言，医院薪酬激励本质上是对医务人员的动机和行为施加一定的影响，从而实现医院的发展目标，提升运行过程中的整体效益，以充分体现公立医院的公益性。根据薪酬的基本定义，薪酬激励主要分为两方面：一是经济性薪酬激励，如基本工资、绩效工资、津贴补贴、年度奖励等；二是非经济性薪酬激励，如工作环境、个人能力提升、职业发展与晋升等。从当前我国医院薪酬管理实践来看，较多关注经济性薪酬激励，对非经济性薪酬激励关注较少，而非经济性薪酬往往能更好地体现“以人为本”的管理理念，其激励作用是不可替代的。只有二者配套使用，多方位、全面地激励医务人员，才能获得更好的激励效果。

2. 影响薪酬激励的关键性因素 医院的薪酬激励能否取得预期效果，会受到诸多因素的影响，这些因素往往不是单一存在，而是相互交织共同发挥作用。总体而言，可以分为外部因素和内部因素两方面。

（1）外部因素

1）市场环境：这是影响薪酬激励的重要外部因素之一。薪酬代表了个体在劳动力市场的社会地位。从人力资本投入产出的角度来看，医务人员所获得的薪酬激励应满足职业发展过程中的人力资本投入成本，以及高风险、高责任、高强度、高技术等职业特点。同时，其他行业、其他工作的薪酬情况以及劳动力市场的供求状况等外部因素都会影响医院内部薪酬激励效果的实现。

2）地区经济差异：不同地区经济发展水平不同，医院的薪酬水平自然有高低之分。经济发展水平较好的地区，医院整体的薪酬支付能力较高，经济性薪酬水平偏高，职业发展、学习进修等非经济性薪酬更加完善。而欠发达地区，医院薪酬支付能力不强，薪酬水平也偏低。医务人员在选择就职医院时，会将全省乃至全国各地的医院薪酬情况进行权衡比较，从而选择更符合自身期望的医院薪酬。

3）政策导向：国家层面的政策理念、地方的具体政策决定了薪酬激励的大致方向以及与配套措施的协调程度。在改革进程中，公立医院缺乏地方性政策指导，实践中仅仅是进行局部调整，无法探索符合政策导向和医院发展方向的薪酬激励体系。另一方面，地方层面的政策也会阻碍薪酬的激励作用，如以绩效总量限制薪酬总量，严格限定医务人员的经济性薪酬，直接影响着医务人员的工作积极性，可能会使薪酬激励丧失意义，导致现行的薪酬激励体系难以维持。

（2）内部因素：通过分析薪酬激励的内部因素，可以更好地促进医院从自身出发，探求更合理的薪酬激励体系设计，将薪酬激励实施效果最大化。这一部分主要从医院和医务人员自身两个层面进行分析。

1）医院内部薪酬制度：合理、科学、有效的医院薪酬制度设计是薪酬激励作用能否充分发挥的前提和关键因素之一，主要包括医院内部的薪酬水平、薪酬结构、绩效考核、激励机制、薪酬管理理念等内容。

从医院的薪酬水平来看，总体薪酬水平的高低，直接决定着薪酬激励的最终效果，也侧面反映了医院薪酬的内部公平性。不同科室、岗位和人才特点，薪酬制度的设计应有所不同，需要依据医务人员的职位、职称、工作年限等进行详细划分，以体现医务人员的知识价值和技术劳务价值，合理拉开医院内行政管理科室、临床科室、护理部门和后勤岗位等的薪酬差距，从而增强薪酬对医务人员的正面激励作用，帮助医院留住人才。

从薪酬结构来看，传统的经济性薪酬激励形式固然重要，但非经济性薪酬激励与医务人员更深层次的需求相联系，不容忽视。经济性薪酬与非经济性薪酬激励所占比例，直接影响着医务人员被激励的程度。薪酬结构一旦失衡与倒置，可能会扭曲医务人员的行为。在现代医院薪酬管理实践中，目前大多数采用绩效考核、奖金、年终奖等激励形式，方式相对单一，浮动薪酬的比例也相对较低，往往难以调动医务人员的主观能动性，使得医院人力资本增值缺乏动力，甚至导致不合理的逐利行为，最终会影响医院的整体实力和医疗卫生行业的健康发展。

从绩效考核来看，科学合理的绩效考核机制，是实施薪酬激励的重要依据。评价指标、考核方式、奖惩手段等因素都会影响到薪酬分配的不同，间接影响薪酬激励的效果。通过建立体现知识、技术和服务难度等要素的评价指标，真实反映医务人员的人力资本价值，综合考核评价医务人员，可以最大限度地激发医务人员的工作积极性和潜能，适当奖励有贡献的医务人员，肯定其工作价值，能够形成一个公平竞争的内部薪酬环境。

从激励机制来看，不同的激励机制所产生的动机和行为也是不同的。传统的收支结余为依据的创收导向型薪酬激励机制将医务人员的薪酬与提供医疗服务数量、医院经济收入紧密挂钩，在实施过程中易导致激励偏颇，很大程度上会诱发大处方、大检查等过度诊疗行为，背离公立医院的公益属性。而运用基于以资源为基础的相对价值比率（resource based relative value scale，RBRVS）、诊断相关分类（diagnosis related groups，DGRs）的绩效薪酬激励，将医务人员收入与医药收入分开，可以体现医务人员劳动价值和技术水平的差异性，从而形成多劳多得、优绩优酬的正向激励机制，鼓励医务人员提升医疗服务质量和效率。

从管理理念来看，薪酬激励是医院人力资源管理的重要部分，医院薪酬管理理念不同，必然会导致薪酬激励的方式、目标、对象等不同。如有些医院更多地关注经济效益、患者满意度和医疗服务等方面，对医务人员的感受和需求有所忽视，可能会影响医务人员的医疗服务实践和价值选择，甚至诱导医务人员通过其他形式达到逐利目的。有些医院更多关注学科带头人和骨干成员，而对一些资历浅、资源少的普通医务人员在职业规划、系统培训、个人发展等方面所面临的问题有所忽视，使得部分医务人员对医院缺乏归属感，工作积极性不高，难以为了医院的战略目标而努力。

2）医院规模与效益：这一因素反映了医院的综合实力，直接影响着医院能够为医务人员提供什么样的薪酬条件。规模较大和经济效益较好的医院，可以维持较高的薪酬水平，提供完善的薪酬结构设置和丰富的非经济性薪酬激励，进而增强薪酬激励的效果。而规模较小、效益较差的医院，迫于医务人员人力成本支出的压力，常常只能提供较低的薪酬水平，医务人员的激励程度有限。

3）医务人员自身：医院薪酬管理的主要作用对象是医院内部的医务人员，而个体因素是影响薪酬激励作用发挥的重要因素。医务人员的年龄、性别、学历、资历、工作经验、技术水平、职称、薪酬满意度等因素，都可以影响薪酬激励效果的实现。

3. 薪酬激励的效果 高效、优质的人才是医院运营发展的重要资源，医院通过建立完善的薪酬激励体系，充分发挥薪酬的激励作用，合理利用各类人力资源，最终服务于医院的战略目标、价值或使命。在这一过程中，医院薪酬激励会产生哪些效果呢？具体分析维度有三个方面。

（1）公平性：根据薪酬激励的设计原则，公平性是实施薪酬激励首要考虑的效果。确保个人公平，能够提高医务人员的薪酬满意度，帮助医务人员实现自我价值；确保内部公平，可以调动医务人员工作积极性，提高工作效率，形成良好有序的竞争环境；确保外部公平，提供富有竞争力的薪酬，帮助医院吸引、挽留人才，稳定医院的人才队伍。

（2）有效性：薪酬激励的最终目的是为了实现组织的某种特定目标，而衡量这一预期目标的实现程度就是薪酬激励的有效性，即组织通过发挥薪酬激励的功能以实现预期目标的程度。这一维度直接与医院的宗旨、发展目标相联系。个人层面主要体现为提高工作效率和积极性，实现自我价值；医院层面主要体现为实现战略目标，提升整体效益和综合实力；社会层面主要体现为凸显医务人员人力资本价值，增强公益性。简言之，有效的薪酬激励通过引导医生行为，使医务人员个人目标、医院发展战略和宏观政策制度保持一致，实现多方共赢。

（3）合理性：从职业身份来看，医院对医务人员的薪酬激励，要能够使医务人员的工作行为符合一定的职业伦理和相应的社会价值，可以增强医务人员的职业使命感和职业精神，减少大处方、大检查等不合理的逐利行为，使医生回归看病的角色。而且医院薪酬激励要与当前的政策理念和经济发展水平相适应，与医院的发展战略和管理规范保持一致，实现薪酬激励、人事管理、医保支付等制度的逻辑互洽、激励相容和有效衔接。

值得注意的是，上述医院薪酬激励效果的三个分析维度在实际情况中可能会存在部分重叠，有些界限不是特别清晰。因此，在考虑薪酬激励效果时，需要结合医院实际情况在各个维度和层面之间综合判断。

4. 薪酬激励的局限性 薪酬激励只是激励手段中的一个组成部分。医院在运用薪酬激励时，首先要注意客观条件的不同，薪酬激励的效果也会不同。薪酬激励与医院效益呈现“倒U型”关系。一般情况下，薪酬激励水平与医务人员工作积极性、工作效率呈正相关。但随着薪酬激励水平提高到一定程度后，医务人员的业绩反而会有所下降。因此，对医务人员的激励要适度，过低可能达不到激励效果，无法调动工作积极性，过高可能会导致医务人员在提供服务时的过度诊疗行为，影响医疗服务效率。另外，薪酬激励需要围绕医院的战略、宗旨或使命展开，不仅要考虑对医务人员、医院的推动作用，还要综合考虑对整个医疗健康产业发展的影响，否则薪酬激励一旦脱离这一目标，将会对整个医疗行业造成极大的负面影响。此外，薪酬激励也需要与医院其他人事制度、管理制度等相兼容，配套实施，才不至于相互矛盾、难以发挥作用。

二、医院薪酬激励体系改革的现状与路径选择

1. 医院薪酬激励体系改革的现状　2021年6月4日发布的《国务院办公厅关于推动公立医院高质量发展的意见》和6月9日召开的国务院常务会议，均强调要深化公立医院薪酬制度改革，并提出“完善公立医院薪酬水平决定机制”和“落实公立医院内部分配自主权”两个要求。在医改政策的持续推动下，越来越多的医院关注并重视医务人员的薪酬激励问题，并进行了一系列改革探索。结合各地的改革实践，以福建三明市、江苏省、深圳市、上海市的改革措施与做法最为典型，成效显著。

（1）福建三明市：2013年率先启动公立医院薪酬制度改革，在全市范围内开展院长和医生年薪制改革，并逐步扩展到所有在职在岗的医务人员和行政后勤人员。首先，通过切断药品与医院、医务人员收入之间的利益链条，挤压不合理的医药费用，从而使医疗服务价格能体现医务人员提供服务的价值，为医院薪酬制度改革创造有利条件。其次，建立新的薪酬激励体系。一是院长年薪制，将院长年薪与公立医院改革成效和发展方向挂钩，由县级财政部门根据考核结果全额支付；二是合理设定工资总额，将只体现医务人员劳动的医务性收入作为基础来计算医院的工资总额；三是实行全员目标年薪，按照社会平均工资2~3倍的标准设置医生平均年薪，按照级别和岗位分四个等级分别设定医生（技师）目标年薪，护理药剂系列和行政后勤系列最高年薪分别不超过医生系列最高年薪的70%和50%；四是实行年薪计算工分制，年薪工分由职称、工龄、职务等定性工分和工作量、奖惩等定量工分组成，运用专业方法对不同职业团队分别进行年薪工分考核，在工分制基础上，以科室为单位进行工作质量考核，并与科室预发年薪挂钩。

福建三明市通过政府各部门联动，彻底解决医疗服务价格扭曲的问题，使得药品耗材回扣减少，削弱了创收导向的激励效果。同时，建立新的激励机制，转变医生行为动机，通过探索全员目标年薪制，打破医务人员工资与科室创收挂钩的模式，更合理地衡量医务人员的劳动投入和产出，从而规范医生行为，真正让公立医院逐步回归

公益性、药品回归治病功能、医生回归看病角色。通过改革实践，三明市实现了薪酬结构不断优化、薪酬水平大幅提升、人才队伍保持稳定、诊疗服务更加规范、医防结合更加紧密的改革预期效果。

（2）江苏省：2015年9月，江苏省发布《关于深化我省先行先试地区公立医院薪酬制度改革的指导意见》，在试点地区推进公立医院薪酬制度改革。一是提高城市公立医院和县级公立医院的绩效工资调控水平，充分考虑公立医院医务人员职业特点，适当增加绩效工资总量，用于其延时加班、值班、夜班和上门服务等正常工作时间之外劳动（未能安排调休）的报酬；二是强化绩效考核评价制度，以公立医院公共服务为核心，纳入社会效益评价指标，引入第三方评价，将绩效考核结果与公立医院绩效工资总水平、院长绩效工资年度薪酬水平及内部分配挂钩，充分体现薪酬分配的激励约束功能，重点向临床一线、关键岗位、业务骨干、高风险和贡献突出的员工倾斜，保障医生绩效工资水平明显高于本单位人均水平，真正做到多劳多得、优绩优酬；三是试行院长绩效工资年薪制，院长绩效工资可按照年薪制的方式实施，进行动态调整，控制在单位人均绩效工资水平的1.5~3倍，严禁将院长的收入与医院的经济收入直接挂钩。

江苏省采取的一系列改革措施，将医务人员收入与医院药品、耗材等收入脱钩，适当提升医务人员薪酬水平，合理拉开薪酬差距，增强了薪酬外部竞争力和内部公平性，大幅提高了医务人员的工作积极性。同时，鼓励医务人员从多种技术劳动中获取报酬，探索多层次、全方位的混合型薪酬形成机制。引入第三方绩效评价，避免传统卫生行政机构管办不分的现象，不仅可以增强内部绩效分配的公平性，也有助于改善医疗服务质量，增强公立医院公益性。

（3）深圳市：深圳市公立医院从管理体制切入来进行薪酬制度改革，取消事业编，彻底改革医院的管理结构。由于国家对公立医院事业单位编制改革尚未完成，原有编制和编制带来的各种福利也很难改变，所以深圳市公立医院的薪酬制度改革从新建医院开始。新市属公立医院采取去行政化管理，遵循“以事定岗、按岗聘用”的原则，根据人才实际需求进行聘用。医院薪酬主要包括基本工资、岗位津贴、绩效工资三个部分，不包括合并后的四险一金及个人参加企业养老保险。而深圳老市属公立医院薪酬制度改革则在原有基础上进行，市公立医院管理中心根据工作量和服务质量核算医院工资总额，医院内部医生薪酬包括全国工资（编制工资）、基础性绩效工资和奖励绩效工资，再加上年终考核奖等。

在改革实践中，深圳新市属公立医院从构建现代医院管理制度入手，通过去行政化、去编制化，建立以岗位为核心的薪酬体系，加强了对医务人员的激励，保证了医院人才队伍的稳定性，体现了对岗位所折射的医务人员知识价值和技术劳务价值的尊重和认可，促使医生回归到看病救人的角色，引导医院回归公益性。但新老制度如何过度，提高新制度的吸引力，仍是改革中面临的重要问题。

（4）上海市：上海申康公立医院薪酬制度改革的策略是控制医院薪酬总额增长，引导医院控制医疗费用和成本的增速，抑制医院逐利性动机。2006年率先实施院长绩效考核制，从社会满意、管理有效、资产运营、发展持续、职工满意五个方面设置考核指标，确保医院发展方向与政府办医宗旨相一致。2012年后通过实施双控双降改革，将医院院科两级奖金分配与创收脱钩，与工作量、工作质量、工作难易度、患者满意度、费用控制等紧密联系，以提高工作效率。同时，聘请资深医院院长和同行学者成立了预算专家委员会，对以工资总额为主的医疗成本进行预算管理，确保医院资源的合理配置。

上海申康公立医院的改革方案真正实现了大型公立医院经营权和管理权的明确分离，通过院长绩效考核和预算管理两个关键环节，实现医院的精细化管理，促进医院的自主分配；将院科两级奖金发放与工作量紧密联系，从而形成新的薪酬激励机制；在加强绩效管理的同时，让医院转变医疗服务模式，侧重大病和重病的诊治，以提高人均服务回报来保证薪酬和净收入的持续增长。

综上所述，各地的改革实践，在原有基础上取得了一定的成效，但改革策略存在很大差异，这些差异决定了薪酬激励体系改革的效果。以上改革实践虽然可以为其他地方的改革提供经验借鉴和参考，但绝不能盲目地照搬任何一种方案。未来在探索如何建立符合医疗卫生行业特点的医务人员薪酬激励体系时，应依据地方具体实际情况，提出切实可行的改革方向和路径，明确具体采取何种方式推广成功经验，使医院薪酬激励体系符合医务人员的知识价值和技术劳务价值。

2. 医院薪酬激励体系改革的路径选择

（1）完善薪酬制度设计，构建薪酬动态增长机制。医疗卫生行业具有培养周期长、风险高、任务重、压力大等特点，如果没有得到与其劳动价值相符的回报，医务人员可能会退出医疗劳动力市场或者通过收红包、回扣、诱导需求等不良行为来获得相应的回报。投入与回报的失衡一定程度上会弱化医务人员的工作积极性，影响薪酬激励效果的实现。

因此，为了能充分调动医务人员的工作积极性，发挥薪酬激励作用，医院应该建立科学合理的薪酬体系，确保内外部公平性。逐步提高医务人员的薪酬水平，保证薪酬增长速度与当地社会经济发展水平和其他行业平均收入增长相适应，与医务人员业务能力的提高和工作绩效的改善相匹配，使医院能够拥有长期保持高增值的人才和长期保持高绩效水平的员工，从而形成一套符合市场发展规律和医务人员职业价值的薪酬激励体系。

（2）细化薪酬决定要素，优化绩效考核评价体系。如何确定医务人员的薪酬，是医院构建薪酬激励体系的重点之一。国外的公立医院制定了详细的薪酬决定要素，充分考虑医务人员自身的教育水平、知识、技能、工作年限与经验、工作岗位以及工作环境和工作责任等要素；而我国公立医院长期执行事业单位工资制度，医务人员的薪酬主要受到职称、级别等因素的影响，薪酬决定要素的划分相对简单粗略。

为了能更好地突出医务人员的知识价值和技术劳务价值，我国公立医院应进一步细化和完善医务人员的薪酬决定要素，合理测算不同科室、不同岗位医务人员的服务价值。同时，将绩效考核体系与薪酬的正向激励有效结合，以医疗服务为核心，适度调整经济性指标的占比，向关键岗位、稀缺人才、技术骨干倾斜，合理拉开薪酬差距，并及时沟通反馈，使员工感受到努力、绩效、奖励和个人目标之间存在联系，从而鼓励医务人员主动提升工作效率和专业技能，优化医疗服务，确保医院目标实现。

（3）加强非经济性薪酬激励，实行多元激励方式。当前，我国公立医院较多关注基本工资、绩效工资、补贴等经济性薪酬激励，而对非经济性薪酬激励关注较少。根据马斯洛需要层次理论，医务人员在满足基本生存和发展的需要后，会追求尊重需要、自我实现需要等更高层次的需要。因此，除了经济性薪酬激励之外的其他激励不容忽视。

医院需要重视非经济性薪酬激励，设计多维度的薪酬激励来满足医务人员的不同需求。如关注医务人员的身心健康和职业晋升，积极改善医疗执业环境，提供岗位技能培训和更高层次教育深造机会，表彰和奖励突出贡献个人，制定特殊激励奖项，完善福利待遇等，通过多样化的非经济性薪酬激励方式，使医务人员在心理上得到一定的满足，增强其使命感和归属感，从而服务于医院的战略目标。

（4）重视薪酬激励体系与其他制度的协调相容。医院薪酬激励体系的改革涉及诸多方面，会受到内外部环境的影响，如国家的指导性政策、医院的管理水平、人事制度、薪酬制度、医保支付方式等。随着公立医院改革的不断深化，如何建立符合医疗卫生行业特点的薪酬激励体系已成为无法回避的问题。但不同的政策理念、多元化的医院发展战略，可能会导致不同的薪酬激励体系方案。因此，医院在设计薪酬激励体系时，应在现有宏观政策制度的引导下，围绕医院的发展战略和人力资源管理制度，理顺薪酬激励体系与医院治理架构、人事管理、医保制度之间的内在逻辑，协调其对医务人员激励导向的冲突。同时，随着医联体建设的全面开展、医疗卫生服务模式的持续转型、医保支付方式的完善等，逐步实现薪酬激励体系与其他宏观政策的激励相容和效果协同，这样才能够推动医院的可持续发展和整个医疗卫生行业的健康发展。

本章小结

当前，随着新医改进入“深水区”，医院薪酬管理也面临诸多要求和挑战，了解和探讨医院人力资源薪酬激励的基本理论及框架设计非常必要。本章通过阐述薪酬激励相关的理论基础和改革实践，试图为读者提供理解医院人力资源薪酬与激励管理内涵的多种理论视角与方法路径。

医院薪酬是医院员工向所在医院提供医疗服务等劳务而获得的各种形式的报酬，包括年薪制、岗位绩效工资、谈判议和协议工资等模式。

医院薪酬管理是人力资源管理体系中最重要的环节之一，直接影响着医院的竞争力和战略目标的实现。在薪酬管理过程中，需要依据战略性、公平性、激励性、经济性原则，遵循“岗位评估、市场薪酬调查、薪酬水平标准的确定、薪酬结构和体系设计、薪酬管理机制的构建”的流程展开。

医院薪酬设计是开展薪酬管理的基础，为医院薪酬管理提供了重要依据。合理、科学的薪酬体系可以有效调动医务人员的工作积极性，提升医疗服务质量，实现医院战略目标，增强公立医院公益属性，促进医疗行业健康发展。因此，医院薪酬设计应遵循公平性、激励性、经济性原则，在战略层面、制度层面、技术层面有机结合，从货币报酬、福利因素、非经济性薪酬三个方面进行设计。同时，需要根据医院内部不同类型人员来制定不同的薪酬等级、薪酬结构、绩效薪酬。

在进行薪酬管理时，如何发挥激励功能尤为重要。医院薪酬激励能否取得公平性、有效性、合理性等预期效果，会受到外部因素（市场环境、地区经济差异、政策导向）、内部因素（薪酬制度、医院规模与效益、医务人员自身）的共同作用。另外，薪酬激励也存在局限性，未来应因地制宜，探索切实可行的改革路径。

（夏　冕）

第十一章　医院人员绩效管理

学习目标

1. 掌握　医院人员绩效管理的相关内涵、方法和实施路径。
2. 熟悉　医院不同类型人员绩效管理。
3. 了解　医院人员绩效管理的发展历程和发展趋势。

第一节　医院人员绩效管理概述

一、相关概念

（一）绩效和绩效管理

绩效的思想源于西方国家对管理实践的认知和总结。“现代管理学之父”彼得·德鲁克提出“所有的组织都必须思考‘绩效’是什么东西？”。《现代汉语词典》将绩效注解为：成绩、成效。《牛津现代高级英汉词典》对“performance”的释义是“执行、履行、表现、成绩”。美国学者贝兹和霍尔顿（1995年）指出，“绩效是多维建构，测量的因素不同，其结果也会不同”。因此，绩效的概念内涵存在不同的层次和维度。不同行业组织对绩效的看法也不同，包括结果、行为以及胜任特征等。美国学者史密斯（2002年）指出，绩效是指为实现一系列预先设立的目的和目标所采取的活动和项目。魏晋才等（2017年）将绩效界定为，组织在运用各种资源，通过各种内部管理活动及各种外部服务活动来实现预期目标的总体状况。

绩效管理是为了达到组织目标，通过持续、规范的管理来提高组织绩效的过程。绩效管理（布雷德鲁普，1995年）应包括三个过程：绩效计划、绩效改进和绩效考查。绩效计划包括定义绩效、组织预期、制订战略等；绩效改进包括过程重组、持续改进和全面质量管理等活动；绩效考查包括衡量标准制订和绩效评估。

（二）医院绩效

2000年的《世界卫生报告》提出卫生系统绩效主要包括三个方面：促进健康；增强反应性；卫生筹资的公平性。这是对卫生体系绩效的整体界定。对于医院绩效评价，国际上一些学者认为应包括四个维度，分别为技术效率、配置效率、质量和公平性。每个维度设置细分的代表性指标，再按照投入、过程、产出等进行评价和考核。为了比较经济合作与发展组织（Organization for Economic Co-operation and Development，OECD）各成员国之间的卫生保健质量，OECD提出了六大维度的绩效框架，分别为可及性、有效性（改善健康）、成本、效率、公平性、以患者为中心（反应性）。美国医疗机构评审联合委员会（the Joint Commission on Accreditation of Healthcare Organizations，JCAHO）将急性医疗机构的绩效定义为个人、群体或组织执行某种程序或步骤，以增加所预期结果的能力。

（三）医院人员绩效管理

医院人员绩效管理就是把企业绩效管理的理念和模式引入医院，以组织战略和目标为导向，通过计划、沟通、执行、评价和反馈，配套实施绩效工资，充分发挥员工积极性，建立公平竞争的人才机制，促进医院总体目标和发展战略实现。医院绩效薪酬分配就是医院按照一定办法，采用相关的分配要素，根据医务人员的劳务付出给予一定的报酬，是对员工知识和劳动奉献的价值体现，是对员工工作积极性的激励。医院人员绩效管理是医院管理的重要手段和抓手，通过科学合理的绩效考核和分配，对科室和医务人员具有重要的导向和激励作用，有助于引领学科发展，推动内涵建设，促进医院又好又快的高质量发展。

二、医院人员绩效管理发展历程

（一）国外医院人员绩效管理

国外医院的绩效考核开展得较早，早期多从医院外部角度对医院整体绩效进行考核和评价，近年内部绩效考核的文献报道逐步增加。国外医院的绩效管理，经历了从岗位薪酬到绩效薪酬、从刚性薪酬到可变薪酬、从一元薪酬体系到多元薪酬体系的转化，以更好地提高员工的工作积极性。

1. 美国　是最早开始医院人员绩效管理研究的国家之一。1917年，美国在学习和借鉴企业绩效评价的基础上，率先开展了医院评审工作。美国的医院评价机构主要包括占支配地位的医疗服务标准制定和绩效评估机构，如美国医疗机构评审联合委员会（JCAHO）和美国医院协会（American hospital Association，AHA），也有一些政府组织。20世纪70年代，提出了“以财务为导向”的医院人员绩效管理模式，将财务指标作为衡量医院人员绩效管理的重要方面。20世纪90年代，研究中提出了一种新的战略操作管理模式，采纳了“平衡计分卡理论”，以医院战略为导向，以综合性和平衡性为原则，将医院的战略细分到财务、客户、内部流程、学习与发展这四个评价指标来关注医院绩效。2005年，美国卫生领域大约有100多个公私机构施行了绩效工资方案，由JCAHO、AHA、医疗保险研究与质量局和美国卫生组织鉴定委员会等权威组织，共同制定绩效评估标准和范围，从管理要素、基本服务质量、技术要素和设备要素等方面对医院和工作人员绩效进行整体评估。

2. 英国 英国对于医院人员绩效管理的研究起源于应对医院效率不足的现实需求，因此，英国对于医院的绩效管理主要侧重于医疗质量和服务效率两大方面。1986年，英国国家医疗服务体系（National Health Service，NHS）将绩效工资制度引入医院管理，英国卫生部下属的卫生审计和检查委员会负责对医院进行星级评审和独立评估卫生服务部门的绩效。其星级评价指标体系主要涉及四方面内容：医疗服务、临床差错、患者满意度以及医务人员表现等。2008年英国卫生部与NHS共同发布了“国民医疗服务体系绩效评价制度”，其评价维度包括财务绩效、服务绩效、董事局能力三个方面，每个方面又包括不同指标。英国卫生审计和检查委员会则采取关键绩效指标法（key performance indicator，KPI），选取与实现战略目标密切相关的关键性指标作为考核项目，其选取的指标包括：门诊等待的时间、预约等候住院患者数、当天取消手术数、理想收支状况等。这两种方法均侧重于医院的医疗服务效率和医疗质量，而非医院规模和硬件设施。

3. 澳大利亚 澳大利亚的医院评估工作由1974年成立的澳大利亚医疗标准委员会（Australian Council of Healthcare Standards，ACHS）负责。ACHS是一家独立的非营利性组织，旨在规范医疗服务，提高医疗质量。它的宗旨包括：关注患者、强有力的领导力、持续改善的文化、结果证据和对最佳实践的追求。自2001年起澳大利亚卫生部采用“国家卫生绩效框架”，每年进行修订，2010年澳大利亚国家卫生绩效框架主要由六个维度组成，分别为：效力（Effectiveness）、安全（Safety）、响应能力（Responsiveness）、医疗服务连续性（Continuity of care）、服务可及性（Accessibility）、效率和可持续性（Efficiency and sustainability）。

（二）国内医院人员绩效管理

1. 发展历程 我国绩效评估活动的雏形出现在20世纪50年代，员工的薪酬实行薪金分制，每个薪金分的价值根据国家统一规定的实物进行衡量，最早的绩效评价是以主观评价为主的定性评价。之后，员工的薪酬开始转变为等级工资制，按照工作行业特点和地区差异进行工资等级的划分。不同地区之间、不同行业之间、不同等级之间，工资水平存在一定差异。20世纪80年代，我国开始对工资制度进行结构性调整和改革，医院工资奖金总额与医院效益挂钩。国家不再对医院内部的分配方式进行统一规定。20世纪90年代开始，绩效管理由美国逐步传入我国，同时医院开始逐步进入“医院自主分配，国家监督调控”的薪酬分配模式。通过医院内部工资改革和绩效管理，赋予医院内部管理与考核等方面更多自主权。进入21世纪后，随着国家医药卫生体制改革的逐步深入和推进，医院人事和薪酬分配制度也逐步纵深发展，医院人员绩效薪酬更多地开始与工作量、难度、风险、满意度等逐步挂钩，以体现医务人员劳务价值，提高医务人员积极性。

2. 相关政策　我国从1987年开始研究医院分级管理评审工作，1989年我国颁布了《关于实施医院分级管理办法》和《综合医院分级管理办法》，标志着我国医院评价体系正式启动。

2008年，卫生部发表了《医院评价指南》，这是我国最早的一部官方的医院绩效考核指标体系。它分别从医院管理、医疗质量管理与持续改进、医院安全、医院服务、医院绩效五个层面设置了医院绩效考核指标。

2009年，中共中央国务院发布了《关于深化医药卫生体制改革的意见》，卫生部等多部委据此共同制定了《关于印发公立医院改革试点指导意见的通知》，要求深化公立医院人事制度和收入分配制度改革，实行岗位绩效工资制度，完善公立医院绩效考核制度。

2015年，国务院办公厅在《关于城市公立医院综合改革试点的指导意见》中又再次强调，公立医院应通过科学的绩效考核自主进行收入分配，做到多劳多得、优绩优酬；强化医务人员绩效考核，将考核结果与医务人员的个人薪酬挂钩。同年，国务院办公厅下发《关于推进分级诊疗制度建设的指导意见》，为新常态下深化医疗改革、建立中国特色的基本医疗卫生制度提供了一套新的行动方案。

2019年，《国务院办公厅关于加强三级公立医院绩效考核工作的意见》公布，开始对全国范围的三级公立医院进行绩效考核。考核指标体系由医疗质量、运营效率、持续发展、满意度评价等4个方面的55项指标构成。绩效考核坚持公益性导向、属地化管理和信息化支撑，强调要充分发挥绩效考核“指挥棒”作用。

2021年，国务院办公厅发布的《关于推动公立医院高质量发展的意见》中提出，改革人事管理制度，落实岗位管理制度，按照医、护、药、技、管等不同类别合理设置岗位。改革薪酬分配制度，合理确定、动态调整公立医院薪酬水平，合理确定人员支出占公立医院业务支出的比例。建立主要体现岗位职责和知识价值的薪酬体系，实行以岗定责、以岗定薪、责薪相适、考核兑现。在核定的薪酬总量内，公立医院可采取多种方式自主分配。医院可自主设立体现医疗行业特点、劳动特点和岗位价值的薪酬项目，充分发挥各项目的保障和激励作用，更加注重发挥薪酬制度的保障功能。

3. 研究现状 改革开放以来，医院重视社会效益和经济效益双重发展。随着西方发达国家医院人员绩效管理理念和优秀经验的引入，我国公立医院的绩效管理和科学研究发生了变革。医院人员绩效管理已经开始逐步的在系统化、精细化、信息化和智能化等方面逐步发展和完善。我国医院管理者、专家以及学者也在不停的探索、实践和研究。

蔡志明等（2005年）就提出绩效管理具有三个重要功能，即激励功能、沟通功能与评价功能，并总结了国内外医院人员绩效管理现状，强调了绩效评估与绩效管理间的差异。

张帆等（2006年）将“平衡计分卡理论”与医院管理相结合来提高医院管理水平，提高绩效考核的准确性。

杜书伟等（2010年）运用专家咨询法和现场调查法，设计了一套绩效考核指标体系，包括了六项一级指标，十五项二级指标，并且运用这套指标对20所全国大型公立医院进行绩效评估，针对其运营效率和经营情况进行评价和分析。

郭永瑾等（2015年）总结了上海24家三级公立医院实施以“两切断、一转变”为核心的内部绩效考核与人事分配制度改革的举措和经验。建立了以岗位工作量、服务质量、难易度、患者满意度、费用控制、成本控制、医德医风和科研教学等“八要素”为核心的绩效考核分配体系。

段琛（2019年）则将PDCA循环法与平衡计分卡相结合构建公立医院运营评价体系，同时强调现代医院管理制度要以公益性为导向，建立“医院、科室、个人”的综合评价体系。

韩秋君等（2019年）探索利用RBRVS、关键绩效指标等医疗行业热门的绩效评价工具，建立适合医院发展的绩效管理体系，依靠大数据等信息化技术手段打造一套智能分析平台，运用更智能的手段优化医院人员绩效管理、提升医疗水平和增强医院整体实力。

总体来说，我国医院人员绩效管理是由实践推动理论研究，在“实践-认识-再实践”中曲折前进的。当下不论是政策层面、实践层面还是研究层面，都需要进一步摸索和创新，以促进医院人员绩效管理向更加科学、系统的层面迈进。

三、医院人员绩效管理常用方法

1. 3E评价法 又称经济、效率、效益模式，其源于20世纪80年代英国审计委员提出的“3E”标准，即economy、efficiency和effectiveness。该模式在英国被运用于地方政府以及国家健康服务系统的管理实践。①经济（economy）：表示投入成本的最小化程度，在维持特定水平投入时尽可能降低成本。②效率（efficiency）：表示在既定的投入水平下产出水平最大化，或既定产出水平下使投入水平最小化。③效益（effectiveness）：表示产出最终对实现组织目标的影响程度，包括产出的质量、期望得到的社会效果、公众的满意程度等。经济、效率、效益模式只是反映了绩效评价价值标准的一个方面，更多学者还建议引入“公正”“公平”“反应性”等概念。

2. 目标管理法　目标管理法（management by objects，MBO）最早出现于1950年中期的美国，是在泰勒的制度科学管理理论和行为科学理论为基础之上形成的。目标管理的确切概念是由管理学专家彼德·德鲁克（Peter F.Drucker）于1954年在其著作《管理实践》中正式提出，之后他又提出了“目标管理和自我控制”的理论。医院目标管理在实际操作过程中可以分为五个环节：第一制定目标，第二目标分解，第三步目标实施，第四步检查评估，第五反馈处理。

3. 标杆管理法　又称标杆瞄准、基准管理，是指组织或企业在不断寻找和研究同行一流单位的标杆实践中，以先进的基准目标与本组织或企业进行比较、分析和判断，并促使组织或企业将一些最优化的标杆目标不断地应用于整个改进和实践活动当中，从而进入赶超一流、创造优秀业绩的良性循环和模仿创新的过程。标杆管理法，最早由美国施乐公司于1979年首创，西方管理学界将其与企业再造、战略联盟一起并称为20世纪90年代三大管理方法。标杆管理可以分解为立标、对标、达标、创标四个环节，前后衔接，形成持续改进、围绕“创建规则”和“标准本身”的不断超越、螺旋上升的良性循环。

4. 关键绩效指标法　关键绩效指标（key performance indicator，KPI）的理念是源于意大利经济学家帕累托（Pareto）提出的“二八原理”，即组织中20%的骨干人员创造了组织80%的价值。在组织绩效评价时，只要重点关注这关键的20%可创造大部分价值的行为，就能抓住评价组织重点业绩的核心。因此，为实现组织目标而将目标分解形成的可操作、用以评价组织战略实施效果的关键性指标体系称为关键绩效指标。通过对组织内部工作的各个环节进行梳理，提取核心关键参数进行分析计算，使用目标量化型管理指标来衡量流程绩效，从而将考核评价简化为几个指标的量化评价。目前，KPI是公立医院采用较多的绩效考核和评估的方法之一。

5. 平衡计分卡　平衡计分卡理念是由美国哈佛大学的卡普兰教授与复兴方案公司总裁诺顿于1992年首次合作时提出。是目前常见的绩效考核方式之一，主要是从财务、客户、内部运营、学习与成长四个角度，将组织的战略落实为可操作的衡量指标和目标值的一种新型绩效管理体系。平衡记分卡从四个方面对组织战略管理的绩效进行财务与非财务的综合评价，不仅能有效克服传统的财务评估方法的滞后性、偏重短期利益和内部利益以及忽视无形资产收益等诸多缺陷，还能兼顾组织战略管理控制与战略管理绩效评估的管理系统。平衡计分卡中的目标和评估指标来源于组织战略，它把组织的使命和战略转化为有形的目标和衡量指标。因此，平衡计分卡既是一个绩效评价系统，也是一个有效的战略。

6. 360° 绩效考核法 又称全方位绩效考核法或多源绩效考核法。其特点是评价维度多元化（通常是4或4个以上），适用于对中层以上的人员进行考核。具体是指从与被考核者发生工作关系的多方主体那里获得被考核者的信息，以此对被考核者进行全方位、多维度的绩效评估的过程。评价的维度包括：主管评价、平级同事评价、下属评价、自身评价和服务对象评价。这种绩效考核过程与传统的绩效考核和评价方法最大的不同是，它打破了由上级考核下属的传统考核制度，将在组织内部和外部与员工有关的多方主体作为提供反馈的信息来源，较为全面地反馈信息，有助于被考核者多方面能力的提升。当然，360°绩效考核法也存在考核成本高、个人利益因素影响、培训难度大等缺陷和不足。在实际运作中，仍需要结合组织内部实际情况进行调整和优化。

7. 以资源为基础的相对价值比率 以资源为基础的相对价值比率（Resource based relative value scale，RBRVS）是以资源消耗为基础，以相对价值为尺度，来支付医生劳务费用的方法，主要是根据医生在提供医疗服务过程中所消耗的资源成本来客观地测定其费用。RBRVS评估系统在美国应用较为广泛，在德国、加拿大、日本等国家也应用多年。主要是把医生工作量、开业成本和专业培训机会成本作为资源消耗因素，测算出医生每次服务的相对值，主要用于医生服务费的支付。目前，RBRVS在医院绩效评估中也得以广泛应用。用RBRVS方法的医院必须收集大量医疗行为相关数据，科学评估时间成本，核定成本相对价值单元，以保证绩效考核中成本核定的合理性。

8. 卓越绩效模式 是当前国际上广泛认同的一种组织综合绩效管理的有效方法/工具。该模式源自美国波多里奇奖评审标准，以顾客为导向，追求卓越绩效管理理念。包括领导、战略、顾客和市场、测量分析改进、人力资源、过程管理、经营结果等七个方面。该评奖标准后来逐步风行世界发达国家与地区，成为一种卓越的管理模式，即卓越绩效模式。它不是目标，而是提供一种评价方法，是对全面质量管理的标准化、规范化和具体化。迄今，卓越绩效管理正日益成为一种世界性标准。全球已有60多个国家与地区，先后开展了卓越绩效管理的推广与普及。我国《卓越绩效评价准则》国家标准（GB/T 19580—2004）于2004年9月正式发布，它标志着我国质量管理进入了一个新的阶段。

9. 收支结余绩效分配模式　主要在我国应用较为广泛。自20世纪90年代起，随着医院管理部门给医院编制内各级人员工资额度外，医院员工的大部分收入靠医院创收，因此医院在服务患者的同时兼顾医护员工的利益，在医院对临床科室分配时大多采用收支结余绩效分配模式。就是取消固定的奖金，以经济效益为主体目标，加强效益参与分配力度，旨在激励业务科室增收节支，积极拓展有利于医院和科室发展的主营业务和优势项目，追求效益最大化。医院每年对科主任实施目标管理，目标中有人均医疗收入和人均净利等指标，对于超越目标值时则以提高超额结余的提奖比例，来鼓励医技科室积极创利，提高经济效益。这样的分配模式直接鼓励多收多得，一定程度上鼓励医生多用各类药物和多做各项检查，提高医院医疗收入、临床科室和个人的收入。

10. 点数点值法分配模式　是将体现医务人员劳务价值的各种形式的工作量，结合其风险和难度、人员、时间等方面的付出，根据行业专家意见转化为点数和点值，进而整合入医务人员工作量绩效。点数点值法分配模式目前应用也较为广泛，特别是随着医改的逐步深入，卫生行政管理部门为避免医院大检查、大处方引起过度医疗，逐步引导医院取消收支结余绩效分配的模式，让医务人员更关注各个诊疗项目的工作量和风险难度。

此外，国外也常采用同行评议、疑难病例讨论等方式来进行专业绩效评估，但即使设计再良好的评估标准，在执行过程中也常面临不良数据、选择性偏倚、混杂性偏倚、样本量大小等多种问题。

课堂互动

收支结余绩效分配模式是我国医疗卫生体制改革过程中诞生的产物，在我国医院绩效薪酬分配发展历程中占据重要地位。目前，仍有部分地区的医疗机构在采用这一模式进行人员绩效分配。请结合本节内容，思考以下问题。

1. 请结合改革背景，分析收支结余绩效分配模式产生的意义和发挥的作用。

2. 请结合你的工作和学习实际，分析收支结余分配模式的优点、缺点以及可能带来的问题。

3. 请根据你的理解，列举点数点值法绩效分配模式对于收支结余绩效分配模式改善的三个方面。

第二节　医院人员绩效管理实施

一、实施路径

（一）绩效目标设定

1. 目标设定要求　绩效目标是医院绩效考评管理的主要评价标准，是给评估者和被评估者提供绩效导向的重要抓手，以便客观地讨论、监督、衡量绩效。因此，绩效目标的设定需要符合以下要求。

（1）全局性：绩效目标制订应符合医院整体发展战略，要从全局性的高度来制订。

（2）整体性：绩效目标制订应全面反映各部门和人员的绩效要求和水平，考虑全流程、全覆盖、不遗漏。

（3）一致性：医院总体目标与科室和个人目标要充分保持一致，避免错位、不到位。

（4）公平性：各科室绩效目标设定时，应采用统一标准，兼顾科室特殊情况，避免科室间不平衡、要求不一致。

（5）前瞻性：绩效目标制订不仅仅考虑现在，还要结合当前形势和发展重点，兼顾未来的发展。

2. 目标设定方法　绩效目标设定主要采用总量核定、层层分解的方法。首先，根据上级部门相关要求和医院发展重点，设置医院整体层面各类绩效指标的总量和总体要求，如医院全年的门急诊量、出院人数、住院手术人次数、平均住院日、床位周转率、均次费用、药占比、材占比等。其次，根据各科室业务发展重点、历年目标完成情况、科室资源情况、人员负荷情况等综合考虑，将全院目标层层分解到科室、病区、医疗组和个人。细分越精细，对目标完成越容易控制，也能够使绩效激励真正体现医务人员的付出和劳务价值，当然对数据的精细化要求和信息化支撑也越严格。

3. 绩效目标调整　一般情况下，绩效目标一经制订，在考核年度内不再发生变化和调整。但在绩效管理过程中，绩效目标并非一成不变。在整体政策背景、医疗环境、医疗人员、设备、物资等资源发生较大变化时，可以根据具体情况，在与临床科室和相关人员进行充分沟通的基础上，进行目标调整。

如医院为进一步控制药占比，在年初时制订了各科室的药占比控制目标，在年中时药品实行零加成的政策落地，为进一步控制医院整体的药占比目标，可能需要在年中时对各科室的药占比目标进行调整。再如新冠肺炎暴发以后，全国各地均加大了疫情控制力度，对一些大城市的医院而言，外地患者就诊比例大幅下降，医疗业务指标受影响较大，也需要适时对相关绩效目标进行调整，以避免打击一线医务人员工作积极性。

（二）绩效考核指标体系设计

1. 指标设计原则　为了使医院管理者和被考核对象更加明确绩效考核目标和考核标准，使考核更加科学、规范、公开和公平，绩效考核指标设计时应遵循SMART原则。

（1）明确性：指绩效考核要明确界定特定的工作指标，容易理解，不能笼统，也不能含糊不清。如成为当地该专业水平最高的科室，难以界定如何是水平最高。

（2）可度量性：指绩效指标是数量化或者行为化的，验证这些绩效指标的数据或者信息是可以衡量的。一般目标设置的时候以定量指标为主。定性指标多为反向指标或一票否决指标。

（3）可及性：指绩效指标在付出努力的情况下可以实现，避免设立过高或过低的目标。过高则会不切实际，打击科室人员积极性；过低则会失去制订目标的意义，而且会引起科室间的不公平。

（4）相关性：指绩效指标与工作的其他目标是相关联的，与本职工作是相关联的。这样一方面可以有效体现劳务价值，另一方面也体现了指标考核的公平性和权威性。

（5）时限性：是指完成绩效指标的特定期限，如2021年12月底，药占比降至28%。没有期限的绩效目标则失去绩效杠杆的指挥棒作用。

2. 指标体系构建

（1）指标选择：一个绩效要素会有很多反映其特征的指标，要体现关键绩效，就要对众多指标进行筛选。因此，指标的选择要注重医院的公益性属性，符合SMART原则，符合医院发展战略和绩效考核重点。

（2）指标阐述：指标本身要非常清晰、明了，具有指导性和可操作性。因此，必须清晰界定指标名称，撰写指标说明，标明计算公式和数据来源，公开考核方式和考核周期。

（3）构建方法：在绩效考核指标制订过程中，常用的方法包括目标管理法、平衡记分卡、关键绩效指标法，这些都是引领性的方法。具体操作中，还要结合头脑风暴、鱼骨图分析以发现问题、分析问题，找出关键点和解决指标，最后采用德尔菲法等对指标进行完善和补充。

（4）设置权重：指标构建完成，仍需要通过头脑风暴、德尔菲法等对绩效考核各指标赋予权重。

具体指标体系设计示例见表11-1。

表11-1　绩效考核指标体系设计（示例）

一级指标（权重）	二级指标（权重）	三级指标	牵头考核部门
A类：医疗质量和安全（44分）	A1：医疗管理（34分）	28项	医务部
	A2：护理管理（5分）		护理部
	A3：院感控制（5分）		院感办
B类：管理有效（26分）	B1：成本管理（20分）	10项	财务部
	B2：效率管理（10分）		绩效发展部
	B3：人事管理（6分）		人力资源部
C类：发展持续（15分）	C1：科研管理（10分）	7项	科研部
	C2：教学管理（5分）	8项	教学部
D类：社会满意（5分）	D1：患者满意度（5分）	1项	党办

（三）绩效考核测评

1. 组建架构　医院要设立专门的绩效管理部门，成立绩效管理组织架构（图11-1）。如建立绩效管理委员会，下设绩效考核工作小组，由医院党政主要领导亲自主持，分管领导负责实施，通过医院院务会议讨论决定重大事项。通过专门的绩效管理部门协调涉及绩效考核的各个职能部门，以落实和完善日常绩效考核、分配以及改革实施进行监督。

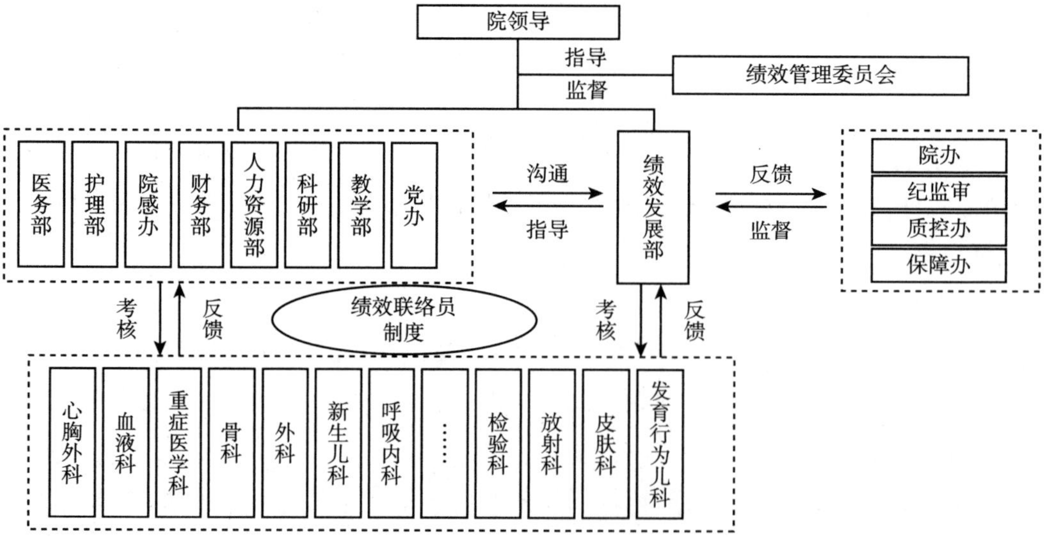

图11-1　绩效管理组织架构（示例）

2. 建立机制　医院根据绩效管理需求，要制订清晰的绩效考核标准和分配细则，形成制度，装订成册。同时，对被考核对象完全公开、透明，并做好沟通、解释工作，获得临床科室认可。定期抓取绩效考核数据，建立科学的计算方法，借助信息化支撑。牵头考核职能部门建立工作例会制度，定期召开，专题讨论，明确考核评分依据，商定考核结果。建立各临床科室绩效联络员制度，加强科室的指导、沟通和培训。

（四）绩效结果反馈

绩效结果应及时和科室沟通反馈，以完成绩效管理闭环。绩效结果反馈可以通过多种形式展开。日常的绩效反馈，可以通过科室调研、日常沟通、科主任例会、专题会议等进行沟通。绩效考核结果的反馈，可以通过纸质考核表、电子邮件、信息系统等多种形式反馈。一方面，清晰罗列当月具体各细项的优劣，让科室认清自身的不足，对提升临床科室的业务管理起到了很好的指导作用；另一方面，通过医院绩效分配作为抓手，促进薄弱环节的不断改进，医院绩效评价过程中，带动重点病种、疑难危重和新技术发展等内涵建设。

（五）绩效考核结果应用

医院绩效考核结果的应用主要体现在绩效薪酬、职务聘任、职称晋升、奖励评定以及绩效改进上。根据医院年度考评结果，进行科室排序，并评定等级，评定结果与年终评优和激励挂钩。月度考评结果与每月绩效分配挂钩，采用“点数点值乘积法绩效分配模型”，综合评价临床业务量、工作难度和临床风险等要素，充分体现“多劳多得、优绩优酬”，提高一线员工的积极性。同时，每月考核也将各临床科室的绩效关键指标与既定目标进行对比和排序，明确科室后续发展的优先顺序和重点改进的方向，并帮助科室寻找新一轮发展的契机和重点。

二、医院人员绩效管理分类

（一）行政后勤人员绩效管理

为加强行政后勤人员管理，正确评价员工表现和工作实绩，绩效考核内容可以包括德、能、勤、绩四个方面（表11-2），重点考核工作实绩。考核标准以员工的岗位职责为基本依据。考核小组根据被考核人履行岗位职责和完成年度工作任务情况并结合平时表现和个人总结，在听取群众及相关职能部门意见的基础上写出评语，确定考核等次，并将考核结果通知被考核人。对考核等次为基本合格或不合格人员，考核小组要与本人谈话，做好谈话记录并由本人签名。员工对考核结果有异议的，可以在接到考核结果通知之日起十日内向考核小组申请复议。对于中层干部，还可以采用360°绩效考核法，听取来自上级监督者的自上而下的反馈（上级）；来自下属的自下而上的反馈（下属）；来自平级同事的反馈（同事）；来自组织内部的支持部门和供应部门的反馈（支持者）；来自内部和外部的客户的反馈（服务对象）；以及来自本人的反馈。

在绩效薪酬分配上，可以根据员工的职务和岗位进行分档，根据工龄、职称、学历及相应的权重获得分级评价指数。结合档位和分级评价指数，获得员工的薪酬分配系数，再结合固定或浮动系数价值，给予员工绩效激励。

表11-2　医院行政后勤人员绩效管理指标（示例）

考核类别	考核内容
德	是指政治思想和道德品质的表现，反映员工的工作价值观
能	是指业务知识和工作能力，不同的职位对能力的要求有所不同。
勤	是指工作态度和勤奋敬业的表现
绩	是指工作数量、质量、效益和贡献
附加分	根据不同情况设计不同附加分，如科研、文章、奖惩等

（二）临床医务人员绩效管理

以平衡计分法为理念，利用KPI方法，构建绩效考核评价体系。每月绩效工作小组根据绩效考核指标体系，对医院运营、质量、效率等数据进行监测和评价。绩效考核和分配体系涵盖4个维度、9个模块和54个指标（表11-3）。其中，医疗管理绩效考核可以引入与《医疗质量管理办法》以及国际患者安全目标等相接轨的质量和安全指标；患者满意度测评邀请社会第三方进行定期测评；科研考核以年度评价的方式，建立与临床科研资源配置相挂钩的科研绩效产出综合评价方案。监测结果每月反馈给临床科室，并与科室绩效挂钩。

在绩效分配上，临床医务人员绩效激励可以更多的与岗位、工作量、风险难度以及职务、职称、工龄等分配要素相结合。以岗位、工作量和风险难度为主，绩效分配比例超过50%，以体现“多劳多得、优绩优酬”，提高临床一线工作人员的积极性。

表11-3　医院临床医务人员绩效考核指标（以外科为例）

一级维度	二级模块	三级指标	牵头考核部门
医疗质量和安全（46.5分）	医疗管理（31.5分）	临床项目管理	医务部
		住院病史质量	
		医疗台账	
		会诊/转诊质量	
		临床用血	
		临床用药	

续 表

一级维度	二级模块	三级指标	牵头考核部门
医疗质量和安全（46.5分）	医疗管理（31.5分）	门急诊质量	医务部
		医疗缺陷	
		其他医疗管理制度及重要任务落实	
		手术质量	
	护理管理（10分）	患者安全与服务管理质量	护理部
		病区护理安全管理质量	
		护理文件书写质量	
		急救质量	
		护理部核心制度知晓率及执行率	
		科室KPI知晓率及执行率	
	院感控制（5分）	院感管理	院感办
		院感技能	
		院感指标	
管理有效（36分）	成本管理（10分）	医用耗材管理	财务部
		药品成本管理	
		综合成本控制管理	
	效率管理（20分）	平均住院（科）日	绩效发展部
		病床使用率	
		每医生门急诊量	
		住院手术量	
		绩效管理	
		门急诊次均费用	
		出院次均费用	
		重点病种	
		疑难危重护理	
		三级、四级手术比例	
		CMI指数	
		DRG组数	
	人事管理（6分）	考勤管理	人力资源部
		劳动纪律	
		行为规范	

续　表

一级维度	二级模块	三级指标	牵头考核部门
发展持续（15分）	科研管理（10分）	项目	科研部
		论文	
		科技成果奖	
		人才项目	
		专利	
		科研态度	
		成果转化	
	教学管理（5分）	住院医师规范化培训	教学部
		专科医师规范化培训	
		研究生培养	
		本科生教学	
		继续教育	
		附加分	
社会满意（2.5分）	患者满意度（2.5分）	患者满意度	党办

（三）科研人员绩效管理

科研人员绩效考核更倾向于各类科研产出。绩效指标可以包括科研项目、学术论文、科技成果奖、人才项目、专利、科研态度和成果转化等七类指标。

（1）科研项目：包括不同级别的科研课题，分为国家级项目、部市级项目、局级项目和其他项目（横向及院级等）。

（2）学术论文：学术论文是科研绩效最重要的表现形式。论文考核包括以下几类：SCI论文（论著、述评，综述，以及无摘要的病例报道、Meta分析、Letter等）、EI论文、中华医学会系列杂志论文（论著、述评，无摘要的病例报道、短篇论著等，综述、其他统计源杂志论文（论著、述评，综述、无摘要的病例报道、短篇论著等）。

（3）科技成果奖：纳入考核的主要包括国家级一等奖、二等奖、三等奖，省部级一等奖、二等奖、三等奖，局级一等奖、二等奖、三等奖。当年同一项目获奖，以最高奖计算，不重复计算。

（4）人才项目：包括院校级人才项目、局级人才项目、部市级人才项目、国家自然科学基金优秀青年基金项目、青年长江学者特聘教授、国家自然科学基金杰出青年基金项目、长江学者特聘教授等国家级人才项目。

（5）专利：包括授权发明专利和实用新型专利。其中发明专利是指对产品方法或者改进所提出的新的技术方案，技术含量较高。

（6）科研态度：主要指科室参与科研的态度和热情，包括国家自然科学基金有效申报，参加讲座、培训及科教大会等。

（7）成果转化：主要分为转化和投资两大类，其中投资难度更高。

科研绩效考核以目标管理法为基础进行分类分级考核，如分为A类、A1类、B类和C类。不同类型人员，根据基础条件以及科研能力和影响力等，设立不同考核目标。其中，基础条件要素按照级别高低分为博士生导师、硕士生导师、专业型硕士生导师、博士、硕士、中级以及其他人员七类。在分类过程中，同时对科研能力和影响力等要素进行综合考虑。具体考核时，详细收集科研项目、科研论文、科技成果奖、人才项目、专利、科研态度和成果转化等七类考核指标的年度数据，根据考核规则转化为科研绩效考核总点数，结合考核目标，得出科研目标完成率。根据完成率的高低，依据超过目标或低于目标的比例情况，设置不同的分段或分级，对科研结果进行绩效考核评价。

在绩效分配上，以七大类项目的科研产出为基础，结合绩效考核评分和职称、学历，对专职科研人员进行综合绩效管理和激励。

案例讨论 / 某医院A科室人员绩效管理设计

【案例】某医院共有20个临床医技科室，其中A科室是兼有内科类患者和外科类患者，同时又含有一部分医技单元的科室。科室总核定床位46张，最大开放床位65张，每周安排门诊25个班次。科室目前共有58人，其中医生、护士和医技人员分别为20人、27人和11人。2021年上半年，科室各方面的工作量如下。

1. 门急诊共计9025人次，门诊均次费用358元。

2. 内科类出院患者368人，平均住院日9.5天。

3. 外科类出院患者625人。根据主要手术界定，其中一级手术31人、二级手术65人，三级手术287人，四级手术242人，平均住院日6.3天。

4. 医技单元开展的B1、B2、B3、B4、B5、B6、B7和B8检查项目分别为759人次、26 604人次、723人次、550人次、178人次、89人次、27 540人次和1910人次。

【讨论】

1. 根据以上情况描述，如果对A科室进行绩效考核，应该设置哪些考核指标？

2. 对A科室进行绩效考核时，应该注意哪些问题？

3. 如果对A科室进行绩效激励，你会如何进行设计？

第三节　医院人员绩效管理现状与发展趋势

一、医院人员绩效管理的现状

（一）目前医院人员绩效管理体系各有优劣

目前，我国的公立医院普遍没有构建起比较系统化的绩效管理体系，因此就需要各个公立医院结合自身的实际情况，选择合适的绩效考核指标并构建起有效的绩效考核体系。我国医院绩效薪酬模式比较常见的是收支结余分配模式，此模式以科室医疗收入和成本支出作为绩效核算的主要参考变量，如果医疗收入方面定价不合理，导致不同科室的收入水平有较大差异，并不能客观地体现各科室医务人员的劳动价值。还有就是，点数点值法在国内应用也相对较多，但是这种模式依然存在“多做项目、多得绩效”的缺陷，即多开检查或检验等项目增加医疗收入的局面未得到有效控制，容易诱导消费，引起费用过快上涨。

现行的各种绩效管理模式还存在以下不足：绩效考核任务不具体，难以指引全院所有工作者认识并追寻一致的策略计划；绩效考核重视财务类标准，考核标准设计不科学；绩效考核系统滞后，推进不足等。因此，在构建绩效考核体系的过程中，应该重视考核体系的平衡性以及动态性等。通过有效的绩效管理有助于提升公立医院的服务质量与运营效率。

（二）绩效管理难以真正体现医务人员劳务价值

新医改政策中明确提出公立医院的人事薪酬制度要符合医疗行业特点，并且要继续深化推进绩效考核改革。现行的很多绩效考核体系并没有体现出医护人员的劳动价值，反而给临床科室和医技科室设定创收指标，同时又把医护人员的绩效奖金与药品提成、医用耗材提成和大型设备医学检查提成等开单提成挂钩等，可能进一步带来诱导消费，造成医疗费用过快增长。此外，如果随着医疗科技的不断发展，新技术、新项目不断涌现，而相应的定价机制没有及时配套，就会导致临床一线“做了就亏、多做多亏”的局面，压制了临床发展新技术的积极性。

（三）医疗数据挖掘问题给精细化管理带来冲击

数据挖掘是医院管理和信息系统的前沿和新领域，但是目前医院数据挖掘做的并不理想，反而影响了精细化管理的提升。当医院信息化发展到一定阶段，就会在医院内部产生大量的信息孤岛和繁杂的数据，需要对数据进行更高层次的治理、分析和统计。而医院中数据挖掘还存在数据来源不清，数据质量不高，IT人员对医疗业务流程不熟悉、管理和技术人员参与不深或需求不清、数据挖掘速度偏低等诸多问题，这些都影响数据的准确性和管理的有效性。而且，目前挖掘数据的展示多用EXCEL表和附加柱状图、饼状图等，如何快捷展示分析结果，达到辅助决策目的仍需深入研究。

二、医院人员绩效管理的发展趋势

（一）医院人员绩效管理改革应兼顾多方面因素

随着医改的进一步深化，公立医院绩效评价已逐步成为推动公立医院综合改革的重要政策选择。构建多层次、多维度、可评价、可操作、客观、科学、公正且符合战略规划的绩效考核分配体系，是现代医院管理的重要内容。但是，绩效考核体系没有一个统一、规范的模型或者模式。不同的医院可根据自身的实际情况科学、合理地制订方案。如医院级别、规模床位、公立医院还是民营医院、综合性医院还是专科性医院等，对考核分配都会产生影响，因此不可单一、固化地进行评价考核。但考核的导向要正确，要健全以公益性为导向的考核评价机制，同时注重医疗服务的质量安全和服务效率，兼顾患者的费用可承受和服务的便捷、可及。

同时，借鉴国内外经验，在完善绩效管理体系时，应与医院综合改革相配套。随着政策环境的影响，进行动态变化的调整。在对医院人员科学、合理绩效考评的基础上，对其劳动价值和贡献有所体现，进而建立相应的薪酬分配体系。对于医院基于公益性和社会效益的需求，而在医院运营效益上的让步，政府部门可以考虑在补偿机制上给予一定的激励和补助。

（二）薪酬分配体系要符合医疗卫生行业特点和医院自身发展需求

随着医疗卫生行业进入改革的“关键期”和“深水区”，科学、合理的绩效考核分配制度也成为医院人员绩效管理的重要抓手，是提升医院内涵建设水平、满足人民群众日益增长的医疗服务需求的关键。

国务院办公厅印发的《国务院办公厅关于城市公立医院综合改革试点的指导意见》（国办发〔2015〕38号）强调，国家有关部门要加快研究制定符合医疗卫生行业特点的薪酬改革方案，根据医疗行业培养周期长、职业风险高、技术难度大、责任担当重等特点，合理确定医务人员薪酬水平。相关文献报道也表示，公立医院医生薪酬制度改革应遵循符合医疗卫生行业特点、符合科学规律、符合中国国情、符合改革方向等4项基本原则，其中，符合医疗卫生行业特点放在首位。绩效薪酬占医疗收入比例的设定，必须参考医疗行业水平、医院等级、收入规模、成本构成、经济环境等重要因素。

绩效管理体系重点关注KPI，发挥考核的指挥棒作用，引导发展。因此，医院人员绩效管理体系的完善要同时兼顾医院自身发展的需求，做到多劳多得、优绩优酬，注重临床一线和突出贡献人员的绩效激励。更应注重医院的专科特色和规划重点，注重临床新技术、新项目、新模式的发展，予以足够的政策激励和保障，以提升医院医疗质量和专科特色，带动学科布局和持续发展，不断促进医院内涵建设，为患者提供更加安全、优质、高效的医疗服务。基于RBRVS和诊断相关分类（diagnosis related groups，DRGs）的方案，合理评价医院员工的劳动价值，具有较高的科学性，有助于实现绩效分配的公平，对员工激励作用明显。

（三）医院人员绩效管理精细化、信息化和智能化

绩效管理是一个复杂的过程，需要大量的样本支持，采用现代化手段，使用信息系统的支持会大大提高样本量，提高绩效管理的精准度。解决复杂数据间的运算和换算关系，提高数据采集质量和可信度，对后期评估和优化也有重要意义。而且医院人员绩效管理的信息化和智能化，通过关联规则挖掘、决策树方法、神经网络、粗集方法以及规则推导等，可以不断提升医院管理精细化水平，如开展工作量指标趋势分析、效率因素分析、疾病辅助诊断以及财务运营状况预判等。信息化和智能化是未来医院管理系统的发展趋势，医院多年积累的数据是巨大资源。因此，需要加强顶层设计，以大数据为基础，以信息化为依托，从整体理念出发，进一步提升医院人员绩效管理的精细化、智能化水平。

本章小结

本章介绍了医院人员绩效管理相关内涵，分析了医院人员绩效管理发展历程，重点阐述了医院人员绩效管理的方法、实施路径和不同类别人员绩效管理，同时关注医院人员绩效管理的发展趋势。其中，绩效管理理论和方法中，目标管理、

关键指标法、平衡记分卡、RBRVS、收支结余额分配法等在目前国内医疗系统应用较为广泛。绩效考核管理在实施过程中，应该遵循SMART原则，科学、合理地制订绩效考核指标体系和相关指标的权重，在与科室充分沟通的基础上实施绩效考评，同时加强绩效考核结果在薪酬分配、职务晋升、职称聘任、奖项评定、绩效改进等方面的应用。

（赵列宾）

第三篇

创新篇

Part 3

第十二章　国际医院人力资源管理

第十三章　医院人力资源管理诊断

第十四章　新形势下的医院人力资源管理

第十五章　医院管理领导力与培养

第十二章　国际医院人力资源管理

学习目标

1. 掌握　国际医院人力资源管理评价的重点。
2. 熟悉　国际医院人力资源管理评审体系。
3. 了解　国际医院人力资源管理发展热点。

人力资源是医院的核心竞争力。在医院的日常运营管理中，科学高效的人力资源管理已逐渐成为医院持续高效运行的核心。纵观全球，为向本国人民提供优质、安全、同质的医疗服务，不少国家，尤其是发达国家均结合本国国情，从国家层面推出了不尽相同的医院评审标准体系。在医院评审标准体系的引领下，医疗机构不断改进完善，有效地提升了医疗服务能力与水平，为患者提供更优质、更安全的医疗照护。这些评审标准不仅为医院的建设与发展理清了方向，也从医院战略建设角度提出了国际医院人力资源管理的核心内容，明确了国际医院人力资源管理关注的重点，为我们总结当前国际医院人力资源管理实际、凝练未来国际医院人力资源管理方向提供了良好的借鉴。本章将从现行广为认可的国际医院评审标准体系出发，学习总结国际评审体系中国际医院人力资源管理的重点，聚焦国际医院人力资源管理的亮点，探寻国际医院人力资源管理的新方向和新思路。

第一节　国际医院人力资源管理评价

随着科学技术的高速发展和医疗水平的日益提高，医疗领域对于医院和医疗机构的医疗质量和医疗安全的要求不断提升。为了推动各国医疗向更高要求的标准发展，各医院评审体系应运而生。目前，国际上较知名的医疗机构评审体系有美国医疗机构认证（the Joint Commission，TJC）、德国医疗透明质量管理制度与标准委员会认证

（Cooperation for Transparency and Quality in Healthcare，KTQ）、英国医疗质量委员会（the Care Quality Commission，CQC）及经济监管（Monitor）共同建立的医疗机构监管模式、澳大利亚卫生服务质量标准委员会评审标准（the Australian Council on Healthcare Standards，ACHS）、日本医疗机能评价机构（Japan Council for Quality Health Care，JCQHC）等。各个国家的医疗机构评审评价体系，都是从各国国情出发，与各国社会发展程度、经济发展水平、历史文化背景息息相关。医疗机构评审在世界范围内的兴起，推进了国际通用的医疗机构评审体系的建立，使得各地医疗机构对于医疗安全、服务质量等有了更明确的标准和框架，促进了循证医学的开展及医疗水平的进一步提高。

目前，国际上应用比较广泛的医疗机构评审评价体系有美国医疗机构评审国际联合委员会认证（Joint Commission International，JCI）、ACHS等。以下将对这两种评审体系做简单介绍。

一、美国国际医院认证

JCI是TJC的分支机构，用于对美国以外的医疗机构进行评审认证。JCI强调以患者为中心，关注医疗照护一致性，注重患者安全与持续质量改进。

JCI评审采用追踪方法学，分医疗组、管理组、护理组、临床组等，对医疗、护理、教学、科研、管理、后勤服务等多个维度进行个案追踪和系统追踪，最大程度地发掘医院管理与医疗服务中存在的系统问题，提出改进建议，帮助医院实现患者安全与质量提升。

JCI标准具有一定的延续性。JCI认证的过程，不仅是对医院的考察，也是对认证标准中各个指标的检测和审视。评审员会总结和收集参评医院的亮点和问题，对标准进行修订、完善和更新。标准每三年更新一次。表12-1为第7版（2021年1月1日生效）的标准框架内容。

表12-1　美国JCI医院认证标准第7版

以患者为中心的标准	医疗机构管理标准
国际患者安全目标（IPSG）	质量改进和患者安全（QPS）
可及和连贯的患者医疗服务（ACC）	感染的预防和控制（PCI）
以患者为中心的医疗服务（PCC）	治理、领导和管理（GLD）
患者评估（AOP）	设施管理和安全（FMS）
患者的医疗服务（COP）	人员资质和教育（SQE）
麻醉和手术服务（ASC）	信息管理（MOI）
药物的管理和使用（MMU）	

JCI标准中，人力资源管理部分主要集中在“人员资格与教育（SQE）”章节。该章节涵盖了员工招聘、人员配备、教育培训、资质授权、考核评价等标准的测量要素，是JCI标准评价与指导医院人力资源管理工作的核心，是确保医院员工具备相应的资格和能力、履行医院宗旨并满足患者需求的关键。它从管理内涵到工作程序等方面，从选、用、育、留等环节为人力资源管理提供了改进的思路和框架。

JCI标准认为，合格的员工是确保医院能为患者提供优质和安全的医疗服务的首要因素。因此，医院必须在传统的人事管理工作基础上，更注重员工资质的审核与管理，以及对员工的培训和开发，从而保障员工知识技能水平的稳定和不断提升，以适应医院改革和发展的需要。

二、澳大利亚医院评审

澳大利亚的医院评审是对医院服务效果的绩效评价，是对卫生服务质量的考核。现阶段澳大利亚医院所采用的评审标准中，ACHS的评审标准使用最多、应用范围最广。

ACHS主要关注服务质量的改进，采用的标准是由国际上先进的卫生服务质量改进项目和其他行业评审经验综合而来。评审目的并不是简单地按照标准逐个比对、发现不足，而是根据标准内容，为被评审医院提供卫生质量服务的改进路线，以帮助被评审医院实现可持续质量改进。

ACHS标准主要采用的是《评价和质量改进项目（第六版）》[*Evaluation and Quality Improvement Program*（*6th edition*）, *EQuIP6*]和《卫生服务安全和质量国家标准》(*The National Safety and Quality Health Service*，*NSQHS*）第二版。前者是关于医疗机构评审的总体框架，包括临床、支持、治理三方面；后者则是对临床质量和安全等11个方面的进一步分解和解读。这两个标准，并非一成不变，会不断更新和改进。

EQuIP标准第一版于1997年开始实施，2016年已更新至第六版（表12-2）。EQuIP6标准中，人力资源主要集中在“支持”部分。该标准认为，人力资源管理为医疗服务提供合格的人力，为员工提供满意的工作环境。医院应根据医疗机构当前及未来的医疗水平和服务能力，制定人力资源计划，并做好筛选和招聘的工作。同时，配合绩效管理系统、培训和学习系统为员工的发展提供足够的保障。

表12-2　评价和质量改进项目（第六版）（EQuIP6）

部分	内容
临床	与临床照料相关的标准，对临床医生的要求
支持	包含质量改进需要的临床和辅助员工，甚至是外部支持人员的标准和准则
治理	确定管理机构负责的标准和准则

NSQHS标准第一版于2011年发布，用于评估2013年1月至2018年12月期间的医疗机构和医院。该标准第二版（表12-3）于2017年6月获得批准，2017年11月发布，从2019年1月起沿用至今。在NSQHS标准中，人力资源则主要集中在第一部分临床治理中关于“临床绩效和效果”的方面。该标准更关注员工是否具备相应资格和资质，以确保为患者提供安全且高质量的医疗服务。安全和质量培训、绩效管理、临床资质则是该项目的几个重点考核标准。

表12-3 卫生服务安全和质量国家标准（NSQHS）第二版

标准	指标
临床治理标准	治理、领导和文化
	患者安全和质量系统
	临床绩效和效果
	服务提供的安全环境
与消费者合作关系标准	支持与消费者合作的临床治理和质量改进
	诊疗过程中与患者合作
	健康读写
	在组织设计和治理方面与消费者合作
预防和控制感染标准	预防和控制医院感染及支持抗菌药物管理的临床治理和质量改进
	感染预防和控制系统
	可重复使用医疗器械的处理
	抗菌药物管理
用药安全标准	支持药物管理的临床治理和质量改进
	患者信息记录
	药物管理的连续性
	用药管理流程
综合护理标准	支持全面护理的临床治理和质量改进
	制订综合护理计划
	提供全面护理
	减少患者伤害
安全沟通标准	支持有效沟通的临床管理和质量改进
	正确的身份识别和流程核对
	临床交班时的沟通
	关键信息的沟通
	信息记录

续　表

标准	指标
血液管理标准	支持血液管理的临床管理和质量改进
	血液及血制品的处方和临床使用
	血液及血制品的可用性和安全性
识别和应对急性恶化标准	支持识别和响应系统的临床管理和质量改进
	检测和识别急性恶化，并升级护理
	急性恶化的应对

第二节　国际医院人力资源管理特点

受政治、经济、文化等因素影响，各国的医院评审标准之间存在差异，但通过归纳和总结可以发现，各标准对于医疗领域人力资源管理中需关注的环节和过程存在共识。本节将从国际广泛应用的标准出发，探讨国际医院人力资源管理工作重点。

一、岗位管理

医院应根据医院使命、患者需求、患者数量等因素进行岗位管理，从而科学地开展岗位设置、职责制定、人员招聘等相关工作。作为岗位管理的第一步，岗位设置可考虑的因素如下（JCI SQE.1）：医院的使命；医院服务的患者群体及其需求的复杂性和严重性；医院提供的诊断和临床服务；住院患者和门诊患者的数量；患者医疗服务中使用的设备。

岗位职责是将组织内各项有关工作性质、内容、任务、责任与处理方法等工作本身因素，以及担任此项工作的人员所应具备的资格或条件等工作人员因素，形成书面记录的文件。对于员工个人而言，岗位职责能明确目标和义务，明确不可独立承担的工作内容；对医院而言，岗位职责是确定员工聘用条件、分配工作任务、制订培训计划和工作评价的依据。

对于岗位职责的制定，医院应建立一套标准的程序，使每个员工都有书面的工作职责，以便于员工根据资质证书和相关规定来确定其岗位职责和临床任务的分配（JCI

SQE.1.1、13、16）。医院其他岗位的员工，如外包人员、进修人员、实习生、志愿者等，也需一视同仁，制订相应的岗位职责。

人员招聘过程中，部门负责人应从岗位设置和岗位职责出发，制订所需岗位的选用标准，并以此为依据，甄选或推荐人员（JCI GLD.5.3）。在医院建立和制订招聘流程时，应充分考虑对于应聘人员的技能及胜任力的考核考察，并在招聘过程中，从岗位职责出发评估应聘人员，以满足医院的需求（EQuIP 6.2.2.2）。

医院应确保每一位员工了解自己在安全和质量方面的任务和职责，特别是与安全和质量责任相关的信息，应有详细的说明和解释（NSQHS 1.25）。

岗位管理是一套系统工作，需各部门通力协作，确定组织分工及工作流程，做到既有合理分工又有协作统一，才能确保岗位管理工作的有序开展。

二、资质授权

资质是医疗人员实施各项诊疗活动所应具备的条件与身份，是获得为患者诊疗服务权利的首要条件。资质管理主要包括制度制定、培训考核、授权监控等环节。

临床医生开展医疗诊断工作，是以具备相应资质为前提的。临床医生应具有相应的技能和经验，以安全地履行职责，并在规定的临床范围内提供服务（NSQHS 1.23）。临床医生的临床范围，应以医院需求和自身能力为依据，进行明确划分和界定（NSQHS 1.23）。对于临床医生自身能力的核定，医院应建立一套有效的程序，收集、核实及评价医生独立行医的资格证明，如执照、学历认定、培训证明、从业证书等（JCI SQE.9），以确保临床医生具有履行相应责任和职责的资格及能力（NSQHS 1.24）。在临床医生和岗位适配性方面，医院应建立一套标准、客观、有据可循的程序，以确保所有医生所提供的临床服务与其资质相符（JCI SQE.10）。

建立资质授权机制后，对于资质权限的监控及更新也尤其重要。医院应监控临床医生，以确保他们在规定的临床范围内进行医疗操作（NSQHS 1.23）。相关部门应同时监控和维护用于划分临床范围的流程，对其变化及时调查及更新（NSQHS 1.23）。医院应定期对医务人员的准入资格进行更新，使其能继续提供医疗服务，如至少每三年更新一次（JCI SQE.9.1）。此外，特别是在引入新的临床服务和技术或服务内容有实质性改变时，定期审查临床医生的临床范围也是非常必要的（NSQHS 1.23）。

资质是医疗人员进行医疗工作的前提，是诊疗工作安全、有序开展的必要条件。医院应建立一套合理有效的资质授权系统，并对授予的资质进行监控、考核及更新，以确保所有医生所提供的临床服务与其资质相符。国际医院人力资源管理中，医疗人员资质管理是非常重要的一部分，贯穿了人力资源管理的整个流程。

三、考核评估

考核评估是人力资源管理体系中不可或缺的环节，是现代医院管理中的重要管理工具。有效的评估系统依赖于员工和组织之间持续的、建设性的互动，应包括系统地监测每位临床医生专业表现、同事评价、持续发展等方面的情况（NSQHS 1.22）。

医院应制定相关的程序，以确保临床岗位员工的知识和技能可持续满足患者的需求，确保非临床岗位员工的知识和技能可持续地满足医院需求和岗位要求（JCI SQE.3、4）。

有效的考核评估系统是医院持续提供安全、有效的医疗服务的关键。医院应根据岗位特点，对不同类型、不同资质的员工制订考核标准，以督促员工不断提升能力水平，提高医疗服务质量。

四、员工培训

员工培训作为提升医院核心竞争力的重要途径，已被越来越多的医院所重视。培训可以分为岗前培训和在职培训。

1. **岗前培训** 对所有新员工，医院应进行全院性的和特定工作职责的岗前培训（JCI SQE.7）。医院所提供的入职培训，应涵盖医疗服务和质量改进等基本要素的指导，使员工明确安全和质量的任务及责任（NSQHS 1.19）。在部门层面，根据相关的义务和职责，部门负责人应为本部门新员工提供岗前教育和培训（JCI GLD.5.4）。

2. **在职培训** 除了岗前培训，在职培训是全院员工提高服务质量、提升能力水平的有效途径。医院有责任为员工提供持续教育和培训的机会（NSQHS 1.20），每位新员工应接受在职培训和其他形式的教育和培训，以提高技能和知识（JCI SQE.8）。为了提高培训质量、扩大培训范围，医院应建立一套培训系统，以评估员工能力和了解培训需求，从而掌握培训情况并获得反馈（NSQHS 1.20）。培训内容包括但不限于专业培训、复苏技术培训等。员工的专业教学培训，可通过医院的学术委员会来进行（JCI SQE.8.3）。心肺复苏是医疗领域在职培训中非常重要的一部分。除了医疗人员，为患者提供治疗服务的人员及规定的其他人员，都应接受复苏技术培训，掌握复苏技术（JCI SQE.8.1）。

五、职业安全

医院员工健康和安全计划对于维护员工的生理和心理健康、满意度、工作效率及安全的工作环境都至关重要。医院应制定一项员工健康和安全计划，为员工生理和心理提供健康及安全的工作环境（JCI SQE.8.2）。

医院应规定对可能职业暴露于疫苗可预防传播的传染性疾病的员工，实施员工接种疫苗和免疫计划（JCI PCI.6）。对未接种疫苗的员工，评估相关风险，制订减少暴露于传染病风险的策略（JCI SQE.8.2）。

心理健康在医疗领域中的重要性日益显现。医疗环境容易给医务人员带来精神上的压力，医务人员常常是错误事件和警训事件的第二受害者。当患者及家属遭遇临床错误，医务人员的悔恨和焦虑容易被忽视或没有得到处理。医院应采取相应的教育、培训和干预措施。

近年来医患矛盾屡见不鲜，工作场所暴力也逐步成为医院常见问题之一。医院不应以员工短缺、重病患者增多、未发生暴力事件等情况为借口，而忽视工作场所暴力，否定暴力预防计划。医院应明确警训事件定义，做好警训事件预案。如发生警讯事件，应及时完成根因分析，确定时间起源，采取相关行动，从而降低此类警训事件再次发生的概率（JCI QPS.7）。

作为员工的“第二个家”，医院有义务和责任保证员工的健康和安全。除了传统的传染病预防和免疫计划，心理健康、工作场所防暴也越来越重要。医院应出台相关政策制度，对出现的问题及时干预，并总结反馈，预防类似事件发生。

第三节　新形势下国际医院人力资源管理热点

众所周知，国际医院评审标准会不断更新和改进，以适应新形势新动态，国际医院人力资源管理也面临着新挑战。近年来，面对数字化和人工智能的不断发展，人口老龄化程度的不断加深，以及全球突发公共卫生事件爆发等新形势，国际医院人力资源管理也凸显出了一些新的聚焦点。本节将结合医院人力资源管理的重点，探讨新形势下国际医院人力资源管理的热点问题。

一、“互联网＋医疗”时代新背景下医院人力资源管理

互联网信息技术的不断进步，使我们经历了从PC时代到移动时代，并正在进入万物互联时代。医院也从传统的医疗健康服务时代进入到创新的互联网+医疗时代。“互联网+医疗”是以互联网为载体，以云计算、物联网、移动通信技术、大数据等信息技术手段，与传统医疗健康服务深度融合而形成的一种新型医疗健康服务业态。互联网+医疗时代的出现丰富了医疗服务的内涵，深刻改变了传统医疗服务的方式，促使

工作模式多元化、人才需求多样化。

（一）“互联网＋医疗”时代工作模式多元化

1. 远程医疗　世界卫生组织将远程医疗定义为：在远距离条件下，医务人员利用信息和通信技术有效交流信息，用于疾病的诊断、治疗、预防、研究和评估以及对医务人员进行继续教育等医疗服务，并以此促进个体及大众的健康。在低收入国家和基础设施有限的地区，远程医疗主要应用于将医疗服务提供者与专家、转诊医院和三级医疗中心联系起来用于远程会诊、远程诊断、远程护理、远程手术、远程教育等。医生可以通过互联网，利用专业的摄像头跟患者进行面对面交流，通过数据传输设备对患者的检验、影像等结果进行预测分析，完成疾病的评估和诊断；医护人员可通过高分辨率的电视屏幕对患者进行虚拟随访，给患者提供医疗建议，还可以异地监测患者的体征情况；远程医疗在医学教育方面优势突出，医务人员可远程观看手术直播或随时利用休息时间在医院、家中灵活参加培训。远程医疗打破了时间、空间、资源的限制，大大提高了医务人员的工作效率，减少了资源浪费。

2. 移动医疗　国际医疗卫生信息和管理系统协会（Healthcare Information and Management Systems Society，HIMSS）将移动医疗定义为：通过使用移动通信技术——如掌上电脑（personal digital assistant，PDA）、移动电话和卫星通信来提供医疗服务和信息，具体到移动互联网领域，则以基于安卓和iOS等移动终端系统的医疗健康类App应用为主。

移动医疗的业务主要分为四大类：针对医院和医生的包括整合电子病历、电子处方等；针对患者和消费者的健康追踪、健康管理、预约缴费、搜寻信息，以及和患者间分享信息等；针对医院与患者直接沟通的远程医疗、医患沟通等；还有一类是基于云服务的医疗大数据和数据分析。医院内医务人员可利用各种手持平板或PDA，在无线网络覆盖的任意位置使用临床业务系统，有助于提升医疗服务效率；而电子病历、医嘱监视、药品和临床治疗数据库等信息也为医生诊断提供更为全面的依据；可穿戴医疗设备和慢病管理平台的使用，可以对患者异常数据进行记录、预警，及时提醒医护人员，而医护人员通过医护移动端可查询和管理患者的基本数据，为患者后续治疗提供建议，减少患者不必要的就医流程；患者通过移动医疗APP进行预约挂号、查阅报告、自助缴费等，大大减少了医院辅助人员的工作量，降低了医院的人力成本。

3. 居家护理　是指护士去患者家中为有照护需求的患者提供个性化、专业的护理服务，达到预防疾病、促进健康及维护健康的目标，可作为住院治疗模式的延续和补充。国外居家护理已广泛应用在康复护理、姑息护理、老年护理、母婴护理、伤口护理等方面。居家护理主要依托互联网信息等平台为患者提供“线上申请、线下服务”

的上门护理服务。

4. 远程办公 是互联网时代的产物，通信技术、互联网技术的发展，为实现异地协同办公提供了协作保障。医院管理人员利用云视频会议系统等技术把线下会议直接转成可随时发起的网络会议、工作群组，提高了沟通效率；而在线协作文档通过借助网络平台，可以快速、实时、共享地阅读-标记-收集-整理不同员工录入的信息，减少对接的时间成本。远程办公模式，可以让工作人员摆脱时间和空间的束缚，随时随地通畅地进行交互流动，重新定义了团队的工作方式，实现了团队工作的智能、高效、协同。

（二）“互联网+医疗”时代人才需求多样化

随着互联网的高度普及和大数据的发展，“互联网+医疗”时代带来了医院员工工作模式多元化，对医院复合型人才需求增加。他（她）们是由信息化的工具和知识武装起来的具有互联网意识的员工，主要可以分为管理人才、应用人才、专业人才和复合型医疗人才四类。①管理人才：是具备信息化战略头脑，拥有互联网思维，可从上至下持续推进信息化变革的管理团队，医院的高层管理者。②应用人才：是具备信息化创造思维，能将技术与业务相融合，有能力对多样的海量数据进行使用和管理，通过对业务进行数字化升级为医院创造新价值的人才，如医院市场部、财务部、人力资源部等负责人。③专业人才：是具备信息通信技术专业技能和补充技能的人才，涵盖了其他与信息技术专业技能互补协同的跨界人才。医院里的软硬件工程师、大数据专家等都是专业型人才。④复合型人才：随着时代进步，越来越多的科技创新元素融入到医院的医疗服务中，除以上三类人才外，医院对复合型人才也有迫切的需求。复合型人才既具有管理者的思维模式、又能解决实际的信息技术应用问题，同时还具备医疗专业知识和技能，能够针对具体的“健康+医疗”“互联网+医疗”的需求，跨学科地进行应用与实践。

在“互联网+医疗”时代新背景下，探索符合当前医院发展需求的、可持续发展的复合型人才培养机制，优化医疗人才在“互联网+医疗”领域的执业环境，拓宽医疗人员职业发展空间，提升医疗管理人员职业素养，是当前医院人力资源管理面临的重要挑战之一。

二、数字赋能的医院人力资源管理

随着互联网和信息技术的飞速发展，大数据、云计算、人工智能、物联网、区块链等新一代数字化技术与各行业深入融合，正不断改变着人们的工作与生活方式。数字化时代的人力资源管理与传统的人力资源管理相比，不只是工具性的差异，而是全方位、全系统的变革。

（一）医院人力资源管理数字化的必然性

数字化时代的来临使医院面临着全新管理模式的变革，人力资源管理作为提升医院核心竞争力的重要管理活动，必然要进行相应的数字化转型以支持整体发展。医院人力资源数字化是利用数字技术等手段，在传统人力资源管理，即人力资源规划、招聘与配置、培训与开发、绩效考核与薪酬管理等方面，量化其管理对象与内容，提高人力资源管理效率。传统的人工管理模式效率低下、管理成本高、出错率高、信息共享困难等问题已不能满足数字化医院发展的需要。为解决传统管理的弊端，必须进行人力资源数字化建设，降低用人成本，减少手动差错，提高管理质量和工作效率，推动人力资源管理信息化、精细化、智能化。

（二）医院人力资源管理数字化转型中的问题

人力资源管理数字化转型是持续的、不断更迭的过程，主要涉及两个层面：一是员工信息的数字化，包括员工的详细个人信息、绩效数据、测评数据等动态数据。二是人力资源管理工作流程的数字化，包括人力资源规划、招聘、培训、考核、薪酬以及员工的职业发展等。

（三）医院人力资源管理数字化应用的探讨

通过数字化技术重塑医院人力资源管理模式，让管理更加科学、高效，才能逐步提升人力资源管理价值，真正助力医院发展。

1. 员工信息　员工信息采集是医院人力资源管理中最基础的工作。通过全面输入员工全维度信息，充分采集员工职业生涯大数据并不断的丰富和更新，在此基础上应用数字化思维和技术进行分析、再利用，为医院管理和战略决策提供完整、及时、准确的数据支持，助力医院人力资源管理精细化。

2. 人力资源规划　医院人力资源规划主要是对临床人员、非临床人员、辅助人员、管理人员的供给和需求进行分析，制订人力资源管理费用预算。在数字化时代，人力资源管理部门可以利用信息网络技术通过大数据、云计算将互联网中所有的人力资源进行整合，用最快的速度分析出当下人才的供给情况；然后再利用内部数据动态地跟踪、分析员工的工作情况、离职率、岗位供需等信息，快速准确地进行人力资源诊断及决策。借助数字化技术在人力资源管理领域发挥的作用和优势，打造与医院战略相匹配的人才供应链。

3. 招聘与配置　数字化的人力资源管理可以使传统、机械、繁琐的招聘过程变得高效和灵活。数字化招聘系统能快速筛选出符合招聘岗位需求的标准简历，高效地完成人岗匹配，并且将各个招聘过程的结果快速反馈给人力资源管理部门、需求部门和求职者。电话、视频等远程面试技术打破了传统的时间空间限制，使求职者和医院之间的交流更加方便、顺畅。通过对招聘结构的数字化改造，可以提高招聘的质量、效率和精准度，有效提高人力资源管理部门的招聘效率。数字化技术通过对需求部门上报的各类人才需求报告进行精准的分析，帮助医院做出更为准确的人才决策和配置方案。

4. 培训与开发 培训是人力资源管理的重要环节，是实现医院与员工共同发展的基石。培训需求的精准把握和培训内容的合理定制是保障培训成效的重点。借助数字化技术对员工相关数据进行分析，可以及时掌握员工的学习需求、能力、进度和成效，根据需求实时调整培训计划，使员工个人发展成为培训工作关注的核心，充分调动其培训积极性。借助数字化技术对医院人力资源的配置、发展进行分析，预测发展趋势，对医务人员培训做出针对性的调整，使医院的医疗体系能够朝着良好的方向不断发展。数字化技术的发展能够提供更加个性化、智能化、高效的培训系统，有效帮助医院人力资源管理部门提高培训开发工作的效率与效果。

5. 绩效考核与薪酬管理 科学的绩效考核和薪酬分配体系是吸引、激励、留住医院核心人才最有效的方式之一。通过数字化人事绩效管理实现了数字驱动的绩效管理模式，“无差别”的丰富、量化数据资源，可以随时根据不同的目标设计考核指标和权重对员工进行考核评价，使绩效考核更准确、更公平、更科学。如数字化的考勤管理系统，可以为医院各类岗位提供精确而高效的排班表，同时可以实时更新考勤数据，帮助人力资源管理部门提升工作效率。数字化的薪酬管理系统，可以清晰展现薪酬福利水平、结构等相关信息，帮助人力资源管理部门灵活设置和处理庞大复杂的薪酬福利数据信息，从而有效地规避人为操控导致的失误，提升薪酬福利计算的精准性。通过数字化技术可以分析整体薪酬水平和员工职业生涯中的个人薪酬水平情况，对制订合理的薪酬方案有极大的助力作用，更能准确地掌握医院员工的薪酬变动与预期，提高人力资源管理工作中薪酬管理的有效性。

三、医院管理者职业化的探索

全球化的不断加深与扩展、科学技术的不断进步与提升，医疗机构规模的不断扩大，使得医疗机构组织越来越复杂。医疗卫生服务体系如何满足人民群众日益增长的健康需求，医院人力资源管理如何应对医院组织结构的集团化、庞大化、扁平化，医疗机构如何在国际化医疗市场体系的竞争中赢得一席之地，是新形势下医院管理者急需解决的问题。为了降低医疗成本，保证医疗服务质量，提高医院管理效率，医院管理者越来越趋向职业化。与普通企业管理不同，医疗领域管理者职业化对专业知识、资质技能等方面的要求更为严苛。相对而言，欧美国家在医疗领域管理者职业化方面已走在了前列。

（一）国际医院管理模式——以美国为例

从规模上来说，美国医院大致分为五类：第一类为大型学术教学中心，通常集医院、科研机构和医学院于一体，基本为私立非营利性医院，代表美国医院和医学领域最先进的水平。不仅为患者提供疑难杂症的诊疗，同时承担着教学工作和医疗前沿领域的科研工作。第二类为医院与保险一体化医疗健保组织，拥有医院实体、独立的医生组织，还拥有面向普通居民的医疗保险计划。第三类为营利性连锁医院，其特点是商业化的运作模式，优势是医院流程、设计、配置和物流系统的统一。第四类为社区医院，一般来讲，在社区内能让广大群众就医的医院（除联邦政府医院和监狱医院等）就可以被视为社区医院。第五类为医生参与投资的独立医疗机构，作为“自由职业者”的医生全资或者与大型医院合资开立诊所、日间手术中心、影像中心、放化疗中心、睡眠中心、康复中心甚至是医院。从医院提供服务的种类来看，美国医院又可以分为综合性医院、专科医院、康复急慢性病医院以及精神病医院。从医院的从属性质与服务宗旨来看，医院又分为联邦政府医院、地方公立医院和私立医院，私立医院又可以分为营利性私立医院和非营利性私立医院。

美国医院的主体是非营利性私立医院，管理模式大多为董事会领导下的首席执行官负责制，董事会负责医院的重大决策，制定医院总体的发展目标与方向。①董事会：成员一般包括医院内部的高管，如首席执行官、首席医疗官等；权威临床科室主任与学科带头人、医学院代表等；当地社区居民代表；社会上有影响力的企业家或社会知名人士等。董事会成员选举并监督首席执行官和其他医院高管，确保医院的财务完善和安全，并确保医院的发展符合公共目标。②首席执行官：医院的具体事务由首席执行官负责，对医院进行日常管理、运营监督和对外部的交流。医院首席执行官定期向董事会成员汇报医院的日常管理、财务经营、医疗质量、科研发展、学科发展等状况，需要在董事会制定的战略方针下，带领医院的其他高管和各部门负责人具体执行和操作，完成医院的发展目标。③其他高管：包括首席运营官、首席医疗官、首席质量官、首席信息官、首席护理官、人力资源副院长、首席财务官、发展与社区合作副院长、新业务副院长等。④跨部门委员会：随着医院规模的扩大，跨部门的合作显得尤其重要，一般医院内部还会存在很多跨部门的委员会。跨部门的委员会一般针对具体的业务，由医院高管，不同部门成员、相关负责人以及医院的一线普通员工组成，促进跨部门的有效合作。

（二）医院职业管理者的培养——管理实习生项目

近年来，医疗行业进入了高速发展的时代，传统的医疗行业管理者已无法泰然应对新形势、新科技所带来的冲击。如何对高速发展的医院进行运营管理，如何引领具有高学历、高专业化、高技术的医生、护理和其他医疗团队朝着一个共同的目标努力前进，是医院管理者们亟需解决的问题。为了向医院输送具有专业化和职业化的管理素质和管理能力的管理人才、给医院管理者们提供继续教育和培训的平台，美国医院管理者学院（American College of Healthcare Executives，ACHE）应运而生。

参考住院医师规范化培训制度，ACHE建立了管理实习生项目。管理生实习项目是进入美国职业化医院管理领域的首选。管理实习生需要熟悉医院各个部门，了解整个医院运行的结构，到医院各个行政管理部门轮转，参与各行政部门的管理和日常工作；管理实习生还可以跟着导师参加医院的高层会议，了解高层决策的思路和依据。管理实习生项目是培养美国职业化医院管理人才的摇篮，为希望进入职业化医院管理领域的毕业生提供了理论学习和经验实践的机会，为医院管理团队储备优秀人才。

（三）医院管理者职业化的实践——医院管理者职业认证

随着医疗体系结构、医疗服务模式、医疗运营管理日益复杂，医疗领域对管理者提出了越来越高的要求。医院管理者不仅需要掌握专业领域的知识，还需掌握管理、金融、财务、运营和法律政策等方面的技能。

为了考核医院职业管理者是否胜任，ACHE还推出了医院管理者职业认证。认证内容包括参加培训课程、考试及面试。但与一般考试不同的是，医院管理者职业认证更注重实践方面的考核，考核内容主要来源于日常事务，答案的评定和打分标准，由现任医院管理者提供，并没有标准答案。通过认证并没有所需达到的绝对分数线，而是需要参考所有参与此次认证考生的考分，计算得出。通过该认证的医院管理者需每三年重新认证一次。

在一定程度上，医院管理者职业认证已成为医疗系统运营能力和医院管理知识水平的象征，因此众多医院管理者、期望踏入医院管理行业的毕业生将获得该认证证书视为对自身能力的肯定和证明。该认证现有学员48 000余名，其中25%的学员获得了认证证书。

（四）医院职业管理者必备能力

随着医疗水平的不断提升，医院管理者在日常管理工作中也面临着越来越多的问题和冲突。如在营利性方面，对于大型教学中心医院而言，由于非营利性的特点，医生应遵从患者利益至上的价值观，而从医院管理者的角度，应保持整个医疗组织机构的高效运转，为医疗机构争取利润。如当前利益和未来发展的矛盾与平衡，也是医院管理者须着手解决的问题。医院管理者应以患者利益至上，不仅包括对患者现在利益的关注，还包括对患者未来需求的了解，以及构建未来健康医疗体系的远见卓识。医院管理者应当在这些矛盾和冲突中寻求平衡及发展，而这个过程则对医院管理者需要具备的素质和能力提出了更高的要求。

1. 基础医疗领域知识　随着医院领域划分越来越细化，医学已逐步发展为一门合作的学科。与其他行业管理者不同，医院管理者除了需精通自身领域的专业技能外，还需了解和掌握基础医疗领域知识。医院管理者所做的决策，需充分考虑相关医疗领域的因素和影响，以更好地促进临床医生、医技人员、护理人员及其他医务工作者的合作，更好地进行项目推进和患者服务。

2. 商业运营和企业管理能力　作为机构和组织的管理者，医院管理者还需肩负商业运营和企业管理的责任。商业运营内容包括但不限于人力资源管理、预算制定、成本核算、项目审核、公共关系维护、商业宣传等。医院管理者需掌握相关企业运营技能和商业运作能力，以应对不断变化的内部管理问题和外界环境影响。

3. 沟通协调和人际交往能力　沟通能力和人际交往能力，是医院职业管理者的重要素质。考虑到医疗行业的特殊性，相较于一般机构和组织，医院管理者对于这些能力的要求更高。在协调医患沟通时，医院管理者作为患者表达诉求的重要对象，沟通协调和人际交往能力能帮助解决利益冲突、化解矛盾；在推进跨专业领域的合作时，能有效地协调各方面的资源，发挥团队精神和团队力量；在医院内部管理过程中，能有效地与员工进行沟通交流，倾听员工的心声，表达医院的发展思路和想法。

医院管理者应倡导员工相互尊重、平等对待、彼此信任，注意倾听和包容，为医院的建设群策群力，提升医疗服务水平，促进医院的长远发展。

4. 持续学习和创新创造能力　医疗行业是一个需要持续学习的行业。为了保证紧跟最先进的医疗知识、保持高水平的服务质量，医疗人员需保持持续学习，甚至终身学习的状态。作为医院的管理者，对持续学习能力的要求更高。除了需了解医疗领域的前沿知识外，医院管理者应不断学习商业运作知识和医院管理技能，在理论学习和实践中总结管理经验，提高管理水平。

医院职业管理者还需具有创新能力，应在了解医疗领域前沿知识的基础上，充分整合医院资源，创新性地推进跨学科、跨专业领域合作，为医院的发展，甚至是行业的进步发现更多机会。同时，随着科技的日新月异，患者的就医方式、支付方式等行为也产生了巨大的转变，医院管理者应敏锐地洞察变化，推进创新举措，为患者提供更好的就医体验。

知识拓展 / 梅奥诊所“医生-管理者”合作模式

梅奥诊所是全球规模最大的非营利性医院之一，是大型综合性医疗服务组织，维系医院品牌地位达100年之久。在《美国新闻与世界报道》公布的2021—2022年“全美最佳医院排名”中，梅奥诊所再次荣获综合排名第一。梅奥诊所精湛的医疗技术、独特的管理模式、患者至上的理念，使其成为了一所目的地医院。梅奥诊所的“医生-管理者”合作模式是其极具特色的管理模式之一。

梅奥诊所的医疗部门由一位医生领导者和一位管理者双头领导，临床科室主任和运营主管共同搭档开展工作，科主任负责临床科室业务、远景规划和战略方向，运营主管负责日常事务的运营管理，为新的临床创新和流程管理提出建议。医生领导者具有扎实的医疗知识，对患者的现实需要和未来的医疗体系具有远见卓识；运营主管则有更多的管理学知识背景和工作经验，熟悉医疗领域的卫生政策与法规。正如梅奥诊所的前首席行政官詹姆斯·安德森所说，“医生领导者拥护的是患者至上的理念，而管理者要对财务运营负责，只有在这两方面保持适度平衡，才会产生高效的管理决定。医生接受的教育要求他们能够创新和独立行事，并且能够将服务的重心放在单个患者身上。对管理者的训练要求管理者要将管理理念和组织理念应用于培养团队协作以及提供能使患者满意、保证质量及财务上成功的制度和程序。有效的管理者会综合各种信息并帮助医生看到更远大的目标——大量的患者或者部门手术统计数字，而非单个患者的实验价值。”

运营主管一般由首席行政官任命，受雇于管理部门，根据不同的管理活动需要，分派到那些最为重要的临床科室。管理人员初期会在人力资源、财务或科研部门等轮职，从而广泛地了解医院的各项管理职能、制度和流程。另外，通过MBA或MHA培训项目、实际临床工作管理岗位或其他经验获得管理职位。管理者的责任是尽可能地缓解医生的管理负担，让临床医生把更多的精力花在患者的诊疗和相关的临床业务上。梅奥职业化的管理方式也可以提供许多独特且具有挑战性的管理岗位，从而吸引和留住管理人才。

职业化的医院管理者和医生彼此相互尊重、共同合作，从而提高医院的运营效率。

四、新生代医院人力资源管理

随着全球经济一体化进程的加速、世界政治格局的变动、生态环境的持续恶化、科学技术的快速发展以及交通进步对空间距离的弱化，跨区域、跨境、跨国的人口流动增加，劳动力市场人口结构发生了变化，越来越多性别、国籍、种族、年龄、经验、个性、态度、知识技能和文化背景等多元化的员工在企业中共存。除了在教育水平、生活背景、语言文化等方面的差异外，员工的代际差异以及新生代的崛起，对人力资源管理实践带来的问题和挑战，在医疗机构中显得更为突出。

（一）医院新生代员工的特征

为适应人口结构变化和老龄化的发展，延长退休年龄已成为世界许多国家尤其是发达国家的普遍趋势。目前在临床工作场所，一般由4~5个世代组成，80后、90后新生代员工已成为医院发展建设中的主力军。与老一代员工相比，他们出生并成长于互联网和科技高速发展的时期，其成长环境相对优越，受教育程度高，价值观多元化。以上这些造就了这一群体复杂的时代特征，具体主要表现在以下几个方面。

1. 注重职业发展，流动性大，离职率高　新生代员工乐于接受和学习新事物，创新能力强。医院提供的职业规划、薪酬机制等都能影响他们对医院的满意度和忠诚度，如果有其他单位能够提供更好的发展机会，他们会比老一代员工更容易跳槽。

2. 自我价值感高，喜欢挑战　新生代员工讨厌重复性工作，更希望从事具有挑战性、创新性的工作，在临床工作中更愿意参与疑难危重病例的管理，享受诊治护理康复后的成就感。

3. 渴望被认可，敢于质疑权威　新生代员工希望自己的付出能够得到患者和医院上级的认可，把高超的医疗技术、一流的护理水平当作一种自我价值体现的方式。当资深专家说某种药物最适合治疗某种疾病时，老一代员工一般会欣然接受，而新生代员工则会拿出他们的智能手机，说："这个实际上更好。"

4. 自我，容易忽视别人，团队协作意识薄弱　新生代员工善于利用高科技给工作带来便利，希望用更少的时间做更多的工作，注重工作效率和结果，但在工作中相对比较自我、不懂团结合作，缺乏倾听、沟通技巧。医务人员之间缺乏沟通影响临床工作的顺利开展；医务人员和患者之间缺乏沟通，容易造成医患冲突。

5. 工作强度高、压力大，心理承受能力比较差　医疗差错、医患关系紧张是他们医疗工作中最担心的部分，这些现象可能与新生代经验的缺乏以及当前的社会环境密切相关。医院超负荷的工作量、职业风险高等都可能是新生代员工离职的原因。据美国劳工统计局2018年的数据显示，医院新生代员工的离职率很高，三年平均就业流动率是医院老一代员工的3倍以上。

6. 注重寻找工作和生活之间的平衡，渴望灵活的工作时间　与薪酬、职位相比，新生代员工更看重人际关系和工作环境。他们追求信息共享、公平尊重、舒适和谐的工作环境。与老一代员工相比，他们更注重自己的生活质量，只希望在工作时间内对工作负责，对于医院的加班加点容易产生负面情绪。

（二）医院新生代员工的人力资源管理

新生代员工拥有新的价值观、新的理念，他们的知识技能和创新能力是医院不可多得的宝贵资源。医院要想可持续性发展，人力资源管理工作必须适应新生代员工的需求，作出积极、有远见的反应与决策，才能更好地吸引、激励、留住新生代员工。医院如何根据新生代员工的个性特征、工作需求，寻求合适的管理模式，已经成为医院人力资源管理的一个重要课题。

1. 个性化招聘 新生代员工更多是在网络上获取求职信息，了解招聘医院、岗位等相关情况。为方便新生代员工更好地、更直观地了解医院，医院主页上应对医院文化、学科建设等内容做全面介绍；开设招聘专栏，详细展现招聘岗位的要求、工作内容、待遇福利等；提供便捷的网络投递方式，自主选择电话、视频等远程面试的机会。

2. 特色激励 关注新生代员工的多元化需求，制订对应的激励措施。医院管理人员可通过谈话、匿名问卷调查等方式来了解掌握新生代员工的需求，并根据实际情况制定激励措施。在保障薪资、保险等基本福利待遇的前提下，通过提供晋升、继续教育、培训等发展型福利来调动新生代员工的工作积极性，增强他们对医院的归属感。还可以根据员工多元化的需求，制订个性化的福利方案。如根据年度表现，为优秀员工提供额外的带薪休假等福利。

3. 加强职业生涯规划 新生代员工大多接受过高等教育，知识技能水平高，对自己的职业有较高的期望，渴望在医院通过努力工作实现自己的理想。医院管理者应收集他们的个人需求和职业发展愿景，帮助他们制订科学合理的职业发展规划，提供具有吸引力和挑战性的发展机会，积极拓展晋升空间，营造有利于新生代员工不断成长进步的环境。同时，医院应建立相应的培训体系与培养机制，为新生代员工提供更多的培训与学习机会，使其不断提高工作技能与专业能力。培训计划有助于员工职业生涯的发展，有助于自我价值的实现。培训形式可以多样化，如线上线下多种形式的授课、学习研讨、岗位轮换、国内外进修等。

4. 委以重任 医院需要运用高科技、现代化的手段，吸引并留住新生代员工，同时利用他们的专业知识、技术专长为患者提供高品质的医疗服务。为新生代员工提供具有挑战性的、能充分发挥他们特长的工作，是激励他们努力工作的有效方式。采用团队合作的模式让新生代员工在工作中扮演重要的角色，以充分发挥他们的潜力和才能。同时，医院应尊重并信任新生代员工，给予他们适当的权限，让他们适应自己的角色，在团队中成长。

5. 倾听与沟通　良好的沟通有利于新生代员工忠诚度的塑造。经常举办活动来增加新生代员工与老一代员工接触的机会，在较轻松的活动中，增进群体间的感情，减少彼此的偏见；帮助新生代员工缓解心理压力，提高他们对抗击压力自我管理的能力；面对矛盾，新生代员工也可以更好地控制自己的情绪，通过沟通减少冲突；改善工作环境、丰富新生代员工的业余生活，给他们更多生活细节上的关怀，使其有发自内心的归属感；营造和谐的工作氛围能够使他们心情愉悦，增加新生代员工对组织的忠诚度。

6. 工作－生活平衡　对于新生代员工而言，物质激励很重要，但工作与生活的平衡对他们可能具有更重要的意义。让医务人员在家工作不切实际，但可以结合工作岗位的强度和特点，通过合理调配人员、科学安排诊疗班次等保障他们的休息时间。医院在管理中也应主动关心、了解他们的生活和遇到的困难，在制度的制定实施和硬件环境建设上体现更多的人性化，增强新生代员工的归属感，从而降低医务人员的离职倾向。

本章小结

美国医疗机构评审国际联合委员会认证（JCI）、澳大利亚卫生服务质量标准委员会（ACHS）评审标准是国际上广泛应用的评审评价体系。JCI标准中，人员资格与教育（SQE）涵盖了员工招聘、人员配备、教育培训、资质授权、考核评价等标准测量要素。ACHS标准中，人力资源主要集中在“支持”部分，如为医疗服务提供合格的人力，为员工提供满意的工作环境。在临床治理的“临床绩效和效果”部分，关注员工是否具备相应资格和资质，以确保为患者提供安全且高质量的医疗服务。

国际评审体系中，人力资源管理评价重点包括岗位管理、资质授权、考核评估、员工培训和职业安全。其中，岗位管理是医院开展岗位设置、制定岗位职责、人员招聘等工作的基础；资质授权是医疗人员实施各项诊疗活动所应具备的条件与身份，是获得为患者诊疗服务权利的首要条件，资质的管理包括制度制定、培训考核、授权监控等环节；考核评估可以实现员工和组织的良性互动，满足患者需求，提供安全有效的医疗服务；多种形式的员工培训（岗前培训、在职培训、专业培训）是提升医院核心竞争力的重要途径；医院员工健康和安全计划对于维护员工的生理和心理健康、满意度、工作效率及安全的工作环境都至关重要。

国际评审标准不断更新与发展，医院人力资源管理出现新的热点。“互联网＋

医疗”时代迅速发展，引发了医院对复合型人才的新需求；通过对医院员工信息采集、医院人力资源规划、招聘与配置、培训与开发、绩效考核与薪酬管理等进行数字化赋能，提高了医院人力资源管理效率；医院管理者需具备基础医疗领域知识、商业运营和企业管理能力、沟通协调和人际交往能力、持续学习和创新创造能力，且医院管理者已趋向职业化，已有医院管理实习生项目、医院管理者职业认证等实践；越来越多员工之间教育水平、生活背景、语言文化等方面的差异使员工产生代际差异，再加上新生代的崛起，对医院人力资源管理提出了新的挑战。

（王建安）

第十三章　医院人力资源管理诊断

学习目标

1. 掌握　医院人力资源管理诊断的概念；医院人力资源管理诊断思路的理论参照、方法、模型。
2. 熟悉　医院人力资源管理诊断的内容。
3. 了解　医院人力资源管理诊断的分类、原则及作用。

2021年6月，国务院办公厅印发了《关于推动公立医院高质量发展的意见》，高质量发展已经成为当前公立医院发展的重要主题。人力资源是公立医院第一资源，是医院最重要的生产要素，只有切实推动公立医院人力资源高质量发展，才能有效实现公立医院的高质量发展。而当前，医院人力资源管理中尚存在诸多问题，如医务人员积极性尚待提高，多层次、多样化医疗服务需求形势下医务人员的整体素质待优化和更新等，而诸如此类问题的发现和处理皆需要发挥医院人力资源管理的职能。医院发展的内外部环境不断变化，每一所医院的人力资源队伍也不是一成不变的，因此，适时、动态地对医院人力资源管理绩效进行诊断，发现其中存在的问题，并对照标准及时纠偏，对于提高人力资源队伍的整体效能，从而实现医院高质量发展目标具有重要意义。

第一节　医院人力资源管理诊断概述

一、医院人力资源管理诊断的概念

（一）诊断

“诊断”（diagnosis）是一个常用的医学术语，在现代汉语词典中，其释义为“诊视患者而判断其病症”“对病症经诊视后作出的结论”，即根据症状来判断患者所患何病，并据此开出处方和治疗方案。

（二）管理诊断

将诊断的理念借用到管理领域，就形成了管理诊断。所谓管理诊断（managemen diagnosis）即具有丰富经营管理知识和经验的个人或组织（即诊断主体），依照科学的逻辑，运用科学的管理原理、方法、程序（即诊断依据、环节），对受诊组织（即诊断客体）的经营管理状况进行局部或全局的检查分析，发现问题、分析原因、提出改进建议或方案（即直接产出），并协助推动组织消除故障、改善经营、提高管理水平（即诊断目的）的综合性管理活动。它是管理过程中发现问题、分析问题、解决问题的过程，不是消极地寻找问题、查询病源的方法，也不是仅仅注重理论的管理科学；它是立足于组织生存与发展，帮助组织解决实际问题的一门应用性管理科学，是提升组织管理水平的重要手段。

（三）人力资源管理诊断与医院人力资源管理诊断

人力资源管理诊断（diagnosis of human resource management）是管理诊断的一个应用领域，是指诊断主体通过对组织中人力资源管理各个环节的运行、实施状况和管理绩效进行调查、研究与分析，寻找人力资源管理过程中存在的问题，提出符合实际的改革建议或方案，使组织人力资源管理工作达到“人”与“事”动态适应性的顾问性活动。它强调将员工作为一种具有潜能的资源，进而对其开发与维持的过程进行诊断，注重人力资源管理对整个组织运营活动的支持与整合作用。

人力资源管理诊断的任务包括：帮助组织找出人力资源管理中存在的主要问题；分析问题的主要原因，并提出切实可行的诊断方案；指导管理者和员工实施诊断方案；评估诊断结果。

医院人力资源管理诊断是以推动医院发展和促进员工成长为目的，由相关专业人员采用科学的技术与方法，对医院人力资源管理的各个环节进行深入细致的调查研究，在系统收集、分析相关信息的基础上，全面、系统地评估医院人力资源管理工作的绩效，找出存在的问题，并提出合理、可行性的解决方案，以充分调动医院员工的积极性，更好地实现医院战略目标的工作过程。

医院人力资源管理诊断是为医院“把脉”的过程。一方面它能洞悉医院人力资源管理的实际情况，即医院的“实有情况”；另一方面，根据医院的战略目标和发展计划，结合医院自身特点及现有的软硬件条件和人力资源条件，根据诊断结果勾画出医院人力资源管理愿景，由此实现诊断价值，即“将实有情况与应有情景进行比较，根据现有条件提出改进意见”。通过医院人力资源管理诊断可以为医院管理者提供宝贵的管理经验，提高医院人力资源管理水平。

二、医院人力资源管理诊断的分类及原则

（一）医院人力资源管理诊断的分类

根据诊断活动的目的，可以将医院人力资源管理诊断活动分为以下两种类型。

1. “保健”型诊断　其目的是为了保持医院健康发展，着眼于医院人力资源管理的总体状况，可以定期进行，是医院人力资源管理的一种常规性工作。

2. “治疗”型诊断　其目的是针对医院人力资源管理中已经出现的问题进行解决，着眼于解决当前医院人力资源管理的突出问题，注重局部性，但也要兼顾整体，可以根据需要适时进行。

（二）医院人力资源管理诊断的原则

1. 系统性原则　医院人力资源管理是一个系统工程，它与医院中的其他管理系统相互关联，因此，进行医院人力资源管理诊断时不能只局限于人力资源管理部门内部，而要着眼于全局，系统深入地剖析问题出现的原因。在制订改进方案时也应从全局出发，基于医院的整体发展目标。

2. 目标性原则　医院人力资源管理诊断的直接目的是帮助医院提高人力资源管理的效能，促进医院组织目标的实现。每一次诊断都是围绕着这一根本目标而开展的，而每一次诊断均要耗费大量的人力、物力等资源。因此，从成本效益角度出发，诊断要有目的性而不能盲目地开展，以免浪费资源。诊断不能面面俱到、泛泛而谈，每一次诊断都不可能解决医院人力资源管理中所有的问题，所以诊断要有重点、有针对性，可以每次选定一个主题进行诊断。

3. 科学性原则　如同医生为患者看病，诊断是否准确、全面，直接决定着治疗方案是否合理，治疗是否有效。医院人力资源管理诊断结果是否科学，甚至决定着医院人力资源管理的方向，而科学的医院人力资源管理诊断的前提是诊断本身要科学严谨，这就要求诊断过程必须要运用科学的原理和方法，执行科学的操作程序。

4. 及时性原则　在临床工作中，对患者的早期、及时诊断是早期治疗、及时治疗的基础，诊断越早治疗效果也越理想。医院人力资源管理诊断亦是如此，作为管理者应及时、敏锐地洞察人力资源管理中存在的问题，发现隐患及时请诊断专家进行早期诊断，使问题在早期阶段得以有效解决，从而避免由“轻症”转为“重症”，最终积重难返。

5. 动态性原则　当前医院发展的客观政策环境在不断变化，如“健康中国战略”的实施、公立医院高质量发展、公立医院绩效考核及其他相关医改政策的实施等，而这些变化了的政策环境势必会对医院人力资源管理工作产生重要影响。加之随着社会

环境的变化，医护人员的心态、对职业的期望等也会随之变化。因此，管理者要用发展的观点认识人力资源管理工作中存在的问题，在问题的动态变化中把握其内在联系，要知道每一次诊断都不是一劳永逸的，须根据医院发展的内外环境变化及人力资源队伍发展形势进行动态诊断。

三、开展医院人力资源管理诊断的作用

（一）为医院人力资源管理工作提供客观依据

科学的医院人力资源管理诊断，可以对医院人力资源中存在的问题进行客观描述，用客观、真实、有效的数据，为解决医院人力资源管理中存在的问题提供依据，从而提高医院人力资源管理工作的科学性。

（二）有利于降低管理成本，提高管理效率

人力资源诊断是一项高度专业化的工作，通过诊断识别医院人力资源管理工作中存在的问题及影响因素和成因，并提出可行的解决方案，避免这些问题可能产生的后果，并能有效改变管理者仅仅依靠经验、凭直觉进行管理所带来的一系列不良反应，提高管理者决策的精准性，从而降低管理成本，提高管理效率。

（三）有利于促进医院实现其发展目标，提高医院的竞争力

人力资源是医院发展的基础和关键要素，通过人力资源管理诊断，有利于提高医院的综合管理水平，提升医院效益，塑造良好的组织形象，增强医院的生命力，从而促使医院发展战略目标的实现。

第二节　医院人力资源管理诊断的内容

医院人力资源管理诊断内容涵盖医院人力资源管理的全流程和各环节。诊断的内容既有宏观层面的也有微观层面的，宏观诊断主要针对医院人力资源管理体系进行全面、系统的评价，微观诊断主要对医院人力资源管理的特定职能或针对某一主题进行评价。一般而言，医院人力资源管理诊断的内容包括以下几个部分。

一、医院人力资源管理组织与战略诊断

加强人力资源管理，大力开发人力资源潜能是医院提高工作效益的重要途径，医

院人力资源管理部门设置科学合理，并制定科学的、与组织目标相一致的战略方针且有效落实，才能使医院的整体运行处于最佳状态。这属于宏观医院人力资源管理诊断的内容。

（一）医院人力资源管理组织诊断

组织诊断要点主要包括以下三个方面。

1. 医院人力资源管理基础工作的健全程度　如医院人力资源各种规章制度是否健全，有无实施细则，执行情况如何，各岗位是否有科学规范的工作说明书和岗位职责规范，医院人力资源管理的信息化程度如何等。

2. 医院人力资源管理组织系统的完善程度　如医院人力资源管理部门人员配置是否合理（人员的数量、质量），人员胜任力如何，人力资源管理部门及人员是否有充足的工作自主权，是否建立了完善的医院人力资源管理子系统（如培训系统、薪酬系统、激励系统等），医院人力资源管理系统与组织其他系统（如医疗系统、护理系统、财务系统等）是否能够进行及时有效的沟通和联络，从而共同完成医院发展阶段性目标等。

3. 医院人力资源管理工作的组织支持程度　如医院为人力资源管理工作提供的保障要素有哪些，支持程度如何（如经费的投入、医院人力资源管理者在医院人力资源管理决策方面的参与度等）。

（二）医院人力资源管理战略诊断

医院人力资源管理部门的宏观管理战略对医院人力资源管理的成效至关重要，从这一角度出发，对医院人力资源管理战略方针进行诊断。组织战略的制定是在对组织内外部环境、条件分析基础上形成的，诊断应侧重分析组织战略、规划及与战略紧密相关的环境、组织、人员等因素。诊断要点主要包括以下五个方面。

1. 医院目前有无人力资源管理战略、方针政策和具体实施计划。
2. 医院人力资源管理战略是否符合医院实际。
3. 医院员工对人力资源管理战略是否知晓并认同。
4. 战略从制定到实施的整个过程是如何进行的，是否科学合理。
5. 医院人力资源管理战略是否进行动态调整。

二、医院人力资源供需状况诊断

人力资源供需规划是关系到医院发展前景的重要内容，也是确保医院未来人力资源供需平衡的重要手段。在诊断时要从以下两个层面进行。

1. 对管理层面的诊断　诊断要点包括：①医院人力资源管理部门是否制定了人

力资源供需规划，人力资源供需规划本身及其制定过程是否科学合理。②医院管理者及人力资源管理者对外部劳动力市场状况是否清楚。③医院管理者及人力资源管理者对未来内外部环境变动情况下的人力资源需求是否有清晰的认识，如对相关人事政策、医疗政策、医院人力资源配置相关标准、当地人口结构、医院重点及特色学科建设、近年来医院服务量变化趋势等。

2. 对供需现状进行诊断 诊断要点包括：①当前医院人力资源数量是否满足医院发展需要，如根据相关标准，医院目前的人力资源数量与医院等级、床位数、医院服务量等是否匹配。这可以通过分析反映医院服务量和效率以及人力资源工作量的指标来反映，如医院年门急诊人次数、年出院人次数、病床使用率、医师日均担负的诊疗人次数、医生日均担负的住院床日数等。②现有医院人力资源队伍的结构是否合理，包括人力资源队伍的性别、年龄、学历、职称、工种构成等，结合相关标准得出结论。如可以通过分析医院人员中卫生技术人员、其他技术人员、管理人员和工勤人员四类人员分别所占的比重，从而判断医院的人员类别构成是否合理；通过分析卫生技术人员队伍中医生与护士的比例来判断医护比是否合理等。

三、医院人力资源选聘诊断

人才选拔与聘用是医院人力资源管理的重要内容，选聘工作的科学性与规范性，直接关系到人才甄选的准确性、招聘的成本及效率。诊断要点包括以下内容。

1. 招聘计划制订是否科学 招聘计划是否根据医院人力资源规划及未来人力资源在数量、质量、结构上的供需状况制订的。

2. 招聘方式是否合理 首先，诊断医院人才招聘所用的招聘渠道是否得当。医院人才招聘的来源有多种，既可以内部招聘也可以外部招聘，对于不同的岗位所适用的招聘渠道不同，医院是否根据不同岗位确定科学的人员甄选方法。其次，诊断医院人才招聘中所用的人才选拔方式是否合理。招聘中需要综合运用多种方式（如笔试、面试、综合测试）等将最合适的人才筛选出来，所用选拔方式是否合理对人才选拔质量有重要影响，医院是否能选用科学、规范的考核程序来鉴别与聘用人才。

3. 招聘过程是否公平、公开、公正 人员招聘信息是否公开透明，对所有应聘者一视同仁，为所有应聘者提供公平、公正的竞争机会，特别注意招聘过程中是否有唯学历、唯出身、唯关系等有违公平、公正原则的情况。公平的竞争环境既能使优秀的人才脱颖而出，又能激励医院员工的工作积极性。

4. 能否做到因事择人、优势互补 招聘时是否将最合适的人才选拔出来，做到人岗匹配、人事相宜、人尽其才。同时，招聘时在考察新进员工知识能力水平的基础上，是否考虑到其与医院现有人员队伍的相互融合，能否与其他成员形成优势互补的态势。

5. 是否有招聘评估程序　检查执行结果是否达到了预期，把经验和教训进行总结，并制订相应的方案，以便为后续工作提供借鉴，是管理活动的重要环节。医院人员招聘结束后，医院人力资源管理部门是否对整个招聘过程进行评估，并对新录用人员进行跟踪评估考核，以评估招聘是否成功，同时总结经验教训，为后续招聘提供借鉴。

四、医院人力资源培训与开发诊断

医院人员培训对医院发展具有重要意义，通过培训可以提升员工的能力，从而提升医院的核心竞争力。其诊断要点如下。

1. 是否进行了科学的培训需求分析　培训需求是确定培训目标、内容、方式的重要依据。培训效果在很大程度上取决于培训需求分析是否准确。

2. 培训计划是否明确、可行　是否基于培训需求确定了明确、清晰的培训目标，并围绕培训目标制订了包含培训对象、时间、地点、形式、师资、考评方式、经费预算等因素的培训计划，培训计划本身是否合理。此外，还要分析医院是否能提供保证计划实施的相应资源。

3. 培训效果如何　培训是否取得了预期结果，需要进行系统、全面的评价。可运用相关评估工具进行评价，评估培训效果的方法有很多，其中较为经典的是柯克帕特里克（Kirkpatrick）评价模型，该模型从“反应”“学习”“行为”“结果”四个层次对培训效果进行评估。

五、医院人力资源考核与激励诊断

（一）医院人力资源管理考核诊断

考核既是医院人力资源管理部门掌握医院员工工作绩效的手段，也是对医院人员晋升、培训、奖惩等激励的重要依据。其诊断要点如下。

1. 是否有完善的人力资源考核制度和严格的考核规程。

2. 是否设计了针对不同岗位和人员的精准且可操作化的考核程序、方法和工具，并能较好地反映人力资源的绩效情况。

3. 承担人力资源考核工作的人员是否经过规范化培训和教育。

4. 考核结果是否具有权威性，是否建立了完善的绩效反馈制度并使结果得以有效运用。

（二）医院人力资源管理激励诊断

医院通过有效的激励既可以充分挖掘员工的潜能，也可以激发员工的工作热情。激励的方式是多样的，既有物质激励也有精神激励，如薪酬激励就是较常见的一种物质激励形式。2017年全国启动公立医院薪酬制度改革试点以来，在各部门大力支持下，各地认真贯彻落实“允许医疗卫生机构突破现行事业单位工资调控水平，允许医疗服务收入扣除成本并按规定提取各项基金后主要用于人员奖励”的要求，积极推进公立医院薪酬制度改革，在薪酬水平、薪酬结构、资金来源、考核评价等方面进行探索，取得了积极成效，形成了福建省和三明市等地可复制、可推广的经验做法。2021年8月经国务院同意，人力资源和社会保障部、财政部、国家卫生健康委员会、国家医保局、国家中医药局印发《关于深化公立医院薪酬制度改革的指导意见》，明确合理确定内部薪酬结构，注重医务人员的稳定收入和有效激励，进一步发挥薪酬制度的保障功能。这些无疑是对医院员工的极大鼓舞。对医院人力资源管理激励诊断的要点如下。

1. 医院是否建立了科学合理的激励机制。
2. 所采取的激励手段是否恰当。
3. 绩效考评对员工的激励作用。
4. 薪酬制度对员工的激励作用。
5. 选拔、晋升、任用制度对员工的激励作用等。

知识拓展 / AMO模型

阿佩尔鲍姆（Appelbaum）等人于2000年正式提出了AMO模型。AMO即为共同提升员工绩效的三项要素：能力（Ability）、动机（Motivation）和参与的机会（Opportunity to participate）。这一模型认为，当员工具备工作技能，拥有足够动力，并且工作环境提供了充分的机会时，他们的工作绩效会更好。

根据AMO模型，人力资源管理通过三种机制对员工绩效施加影响：一是改变员工工作所必备的知识、技术和能力；二是通过激励手段对员工的工作意愿、努力方向和水平等施加影响；三是可以决定员工是否有工作的机会，包括工作场域用于提升工作绩效的各种资源。

六、医院人力资源能力诊断

当前医院发展的内外部环境在不断变化，如健康中国战略的实施、公立医院改革政策的实行、人群年龄结构及疾病谱的变化、现代生物-心理-社会医学模式等，都对医院员工的素质和能力提出新要求，只有不断提高和更新医院工作人员的能力，才能既有效满足人民群众多层次、多样化的医疗服务需求，又能适应公立医院实现技术创新、管理革新、服务更新的需要。

国内有学者将能力定义为：个体在顺利完成某项活动或某个任务时的基本条件。人员具备相应的能力是促使有效完成工作任务的保障，也是判断人员工作绩效的重要标识。在能力诊断领域较常用的是胜任力评价，胜任力是能把某职位中表现优异者和表现平平者区别开来的个体潜在的、较为持久的行为特征。这些特征可以是认知的、意识的、态度的、情感的、动力的或倾向性的等。

岗位胜任力评价的核心是构建胜任力模型，通过胜任力模型对人员的胜任力作出判断。目前国内外公认的经典胜任力模型有冰山模型和洋葱模型。

（一）冰山模型

冰山模型（图13-1）将所有胜任素质比喻成为一座漂浮在水中的冰山。冰山一部分在水面之上，代表了容易识别的、便于培养和发展的胜任特征，如基本知识、基本技能等。这是工作胜任最基本的要求，可以通过培训来提高这些素质。另一部分在水中，这部分代表个体内在的特质、动机、自我认知和社会角色，这是区分优异者和一般者的关键要素，较难通过培训、锻炼而得到改变，但对员工行为与绩效起着决定性作用。冰山模型认为，胜任特征按照从高到低可以分为五个层次：动机（Motives）、特质（Traits）、自我概念（Self-Concept）、知识（Knowledge）以及技能（Skills）。冰山模型为人力资源管理的实践提供了一个全新的视角和一种更为有利的工具，它不仅能够满足现代人力资源管理的要求，构建了某种岗位的胜任力模型，对于担任某项工作所应具备的胜任特征进行了明确的说明，而且成为进行人员能力诊断的重要工具，为人力资源管理的发展提供了科学依据。

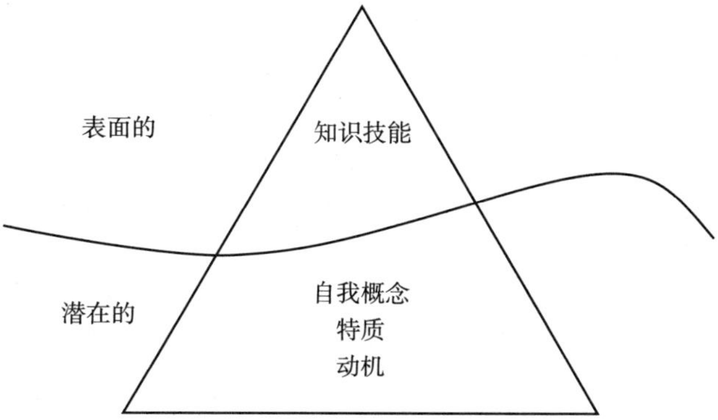

图13-1　胜任力冰山模型

（二）洋葱模型

洋葱模型（图13-2）将胜任特征看作一颗层层包裹的洋葱，洋葱的由外至内依次是知识技能、社会角色、自我形象、动机特质等，核心是动机与特质胜任特征。洋葱外层的胜任特征更容易培养和发展，越向内层胜任特征越难以测量和改变。

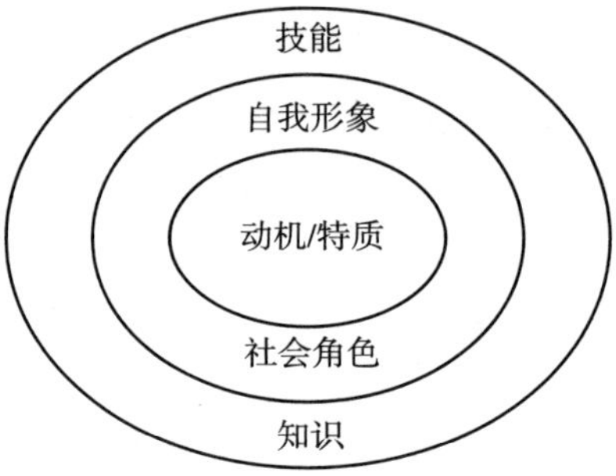

图13-2　胜任力洋葱模型

胜任力冰山模型与洋葱模型本质上是一致的，均将胜任力分为两部分，一是可见的、外显的特征，比如技能和知识，这些特征容易了解和测量，也容易通过培训来改变和发展，但是不能预测或者决定是否有卓越的表现；二是深层次特征如社会角色、自我形象、动机等，是难以改变的胜任特征，也是影响绩效的关键特征。冰山模型的“冰山以上部分”即相当于洋葱模型的外层部分，“冰山以下部分”相当于洋葱模型的里层部分，两个理论模型都强调基本能力或核心能力。

对医院人力资源的能力诊断内容和要点，要根据诊断对象的岗位性质具体问题具体分析，对每一类人员岗位胜任力进行诊断，其侧重点应有所不同。

七、医院人际关系诊断

医院内部组织结构复杂，医院中的每一项工作都是组织系统相互配合的结果，因此，部门之间在合作过程中就产生了组织层面的人际关系。同时，不同医院规模，员工数量从几百到几千不等，上下级之间、员工之间也势必会产生各种人际关系。除组织内部关系外，医患关系也是医院人际关系的重要内容，且当前形势下，医患关系局势不容乐观。因此，复杂的组织结构和庞大的员工数量以及医院服务的特征等，使得医院的人际关系复杂且管理难度高，医院工作的开展也会受到这些复杂的人际关系影响。如何有效管理这些人际关系成为管理者需要关注的重要问题。

（一）医院组织内部人际关系诊断

医院组织内部人际关系诊断要点如下。

1．医院各部门、团队之间是否明确自己的工作职责。

2．围绕某一需协作完成的工作任务，相关部门之间是否会主动沟通、协调，各部门之间是否会主动承担相应责任，是否存在推诿、扯皮现象。

3．医院信息沟通是否通畅。上下级部门及人员之间、横向部门和人员之间采取何种手段进行信息沟通和交流，信息沟通的完整性、准确性、及时性如何。

4．医院有无健全的提案制度，员工是否经常对医院发展献计献策，医院能否对员工的提案运用统一的标准进行公证的审查，并对提案进行及时反馈。

5．上下级之间、管理者之间、员工之间的人际关系是否融洽等。

（二）医患关系诊断

医患关系诊断，可以通过对医患双方进行问卷调查或访谈，以及对患者投诉案件进行分析等方式来实现。诊断要点如下。

1．医患关系是否融洽。

2．医患之间的信任状况如何。

3．医患沟通状况。

4．影响医患关系的因素等。

八、医院人力资源职业心态诊断

2016年8月，习近平同志在“全国卫生与健康大会”上发表重要讲话，提出将“着力发挥广大医务人员积极性，从提升薪酬待遇、发展空间、执业环境、社会地位等方面入手，关心爱护医务人员身心健康”。国家卫生健康委员会颁布的《国家二级公立医院绩效考核操作手册（2022版）》《国家三级公立医院绩效考核操作手册（2022版）》中，医务人员的满意度被纳入公立医院绩效考核评价指标体系。2021年6月，《国务院办公厅关于推动公立医院高质量发展的意见》（国办发〔2021〕18号）中也明确提出，建立保护关心、爱护医务人员长效机制。改善医务人员工作环境和条件，减轻工作负荷，落实学习、工作、休息和带薪休假制度，维护医务人员合法权益。鼓励公立医院通过设立青年学习基金等多种方式，关心年轻医务人员成长。健全职工关爱帮扶机制，切实解决医务人员实际困难。建立医务人员职业荣誉制度。加强医院安全防范，强化安保队伍建设，完善必要安检设施。将解决医疗纠纷纳入法治轨道，健全完善医疗纠纷预防和处理机制，依法严厉打击医闹、暴力伤医等涉医违法犯罪行为，坚决保护医务人员安全。

医院员工职业心理状态会直接影响其工作绩效，通过对医院员工职业心态的调查也能反映出医院管理中的诸多问题。当前我国医疗执业环境并不完善，对医务人员的职业心态产生了一些负面影响，不利于公立医院改革推进。因此，对医院人力资源职业心理进行科学、动态诊断，及时发现员工职业心理中存在的问题，是医院人力资源管理诊断的一项重要内容。职业心理是一个非常宽泛的概念，其包含的内容非常丰富，如工作满意度、离职意向、职业倦怠等均属于职业心理的范畴，此处将以这几个主题为例介绍其诊断要点。

（一）工作满意度

最早研究工作满意度的是霍波克（Hoppock）（1935年），他在《工作满意度》一书中首次提出了工作满意度（job satisfaction）的概念，认为工作满意度是工作者心理与生理两方面对环境因素的满足感受，亦即工作者对工作的主观反应。这一概念问世以后便成为诸多学者竞相探讨的课题。霍波克的研究主要强调研究对象对外在因素的一种感知状态，而忽略了对象本身内在因素的作用。目前，学术界尚没有对工作满意度这一概念的统一界定。既往工作满意度研究由于研究对象不同，因此其应用的理论和得出的定义也不尽相同，其中比较有代表性的定义主要有十几种（表13-1）。综合各种观点，可以将工作满意度定义为个人对其工作所持的一种整体看法，并会受个人内在因素及外在环境因素的影响，员工是否满意涉及对工作不同构面的态度等许多因素。

表13-1 工作满意度相关定义

序号	研究者（年份）	工作满意度定义
1	霍波克（Hoppock）（1935年）	员工在心理与生理两方面，对环境因素的满足感受
2	莫尔斯（Morse）（1953年）	工作的客观特征与个人动机相互作用的函数
3	霍曼斯（Homans）（1961年）	同工同酬的工人对工作评价不一定相同，因为他们的工作价值可能不同，亦即个人的文化背景和期望会产生潜在的影响
4	弗拉姆（Vroom）（1964年）	指工作者对于其目前工作角色的正面取向
5	波特和劳勒（Poter & Lawler）（1968年）	员工实际所获得的报酬与他认为自己应该得到的报酬之间的差距
6	史密斯·肯德尔（Smith Kendall）（1969年）	指工作者对他的工作及工作相关因素的感觉或情感的反应。这种反应或满意程度的高低来自于个人的特定工作的环境之中，实际获得的报酬与预期应该得到的报酬之间的差距越小，则满足程度越高，反之差距越大，则满足程度就越低
7	邓恩和斯蒂芬斯（Dunn & Stephens）（1972年）	为员工对整个工作情境反应的一种感受，且此感受来自于个人希望自工作中获得的与实际所经历的两者间的差距
8	克里宾（Cribbin）（1972年）	工作者对其工作环境的感觉，此工作环境包括工作本身、主管、工作团体、机关组织，以及各方面的生活。工作者在此环境之中获得满足

续　表

序号	研究者（年份）	工作满意度定义
9	戴维斯（Davis）（1977年）	员工对其工作喜好或不喜好的程度
10	克拉伯格（Kalleberg）（1977年）	工作满意是单一概念，工作者能将不同工作构面的满意与不满意予以平衡，而对整个工作形成集体的满意
11	时堪、卢嘉（2002年）	员工对其工作或工作经历评估的一种态度反映，区别于生活、个人职业、生活发展方向的满意感受

医院员工工作满意度诊断要点如下。

1. 员工对工作本身满意度状况，如对职业的热爱、适合程度，工作中的自主权等。

2. 员工对工作回报的满意度状况，员工从工作中获得的回报，包括物质回报、职业发展空间、职称晋升、能力提升等。

3. 员工对工作环境的满意度状况。工作环境可分为内部环境和外部环境。内部环境，即员工对医院的软硬件条件的满意度情况，如工作环境、硬件设施、医院内的人际关系、医德医风等；外部环境，即来源于医院外部的环境，如政策环境、医患关系、社会舆论等。

4. 员工对组织管理水平的满意度状况。包括医院的制度建设及执行情况，如医院管理制度、用人机制、职称评聘等制度，以及对医院领导行为的满意状况等。

（二）职业倦怠

职业倦怠（job burnout）又称“职业枯竭”“工作倦怠”“工作耗竭”或“职业耗竭”等，最早对职业枯竭的研究始于20世纪70年代。1974年，纽约临床心理学家弗罗伊登伯格（Freudenberger）首先提出枯竭这一概念，用以描述助人行业的从业人员因工作时间过长、工作量过大、工作强度过高而导致的一种疲惫不堪的状态。关于职业倦怠的概念，应用最广泛的是马斯拉奇（Maslach）和杰克逊（Jackson）在1986年给出的定义：“在以人为服务对象的职业领域中，个体的一种情绪耗竭、去人性化和低成就感的症状”。众多研究表明，医护人员是成为职业倦怠的高危人群，职业倦怠一旦发生，会对员工及组织产生极大的负面影响，因此，对其进行诊断和评价极具意义。

围绕职业倦怠概念中揭示的核心要件，诊断要点如下。

1. 员工的情绪耗竭程度。即在员工与他人互动的过程中，个人无法很好地处理周围的问题和要求，由此感到筋疲力尽、对工作丧失热情状况。情绪耗竭是一种过度的付出感以及情感资源的耗竭感，是职业枯竭的核心内容。

2. 员工去人性化状况，即员工对待服务对象的负性的、冷淡的、过度疏远的态度，这一维度反映了职业倦怠中的人与人之间的关系，代表职业倦怠的人际情境维度。

3. 员工的低成就感状况，即员工对自己进行消极评价的趋势，员工对于所从事工作的胜任感和从中获得的成就感降低，经常感觉到自己的工作缺乏进步，这一维度是职业枯竭的自我评价维度。

（三）员工队伍稳定性诊断

随着社会的发展，人才跨地区、跨单位、跨部门流动已成为必然，医院人才作为人才队伍中的一个分支同样具有流动属性。1979年，莫布利（Mobley）将雇员流失（employee turnover）定义为“从组织中得到物质收益的个体终止其作为组织成员关系的过程”。研究表明，高雇员流失率不仅会使所在组织的目标难以实现，而且会带来直接的成本损失；已有研究表明，雇员流失带来的直接经济损失至少为流失雇员年薪的25%，如果考虑到隐性成本，损失会更大。关于离职意向的影响因素，大多数研究者倾向于把离职意向的影响因素归结为四个维度：个体因素、组织因素、个体–组织适合性因素、外部环境因素。

医院员工队伍稳定性诊断要点如下。

1. 一定时期内医院员工流失率 主要包括离职、跳槽员工的数量，不包含退休、因病去世等因素导致的流失。

2. 现有医院员工队伍的离职意向状况 可以通过问卷调查、个人深入访谈等方式了解现有员工的离职倾向，以诊断员工队伍心态的稳定性。

3. 现有医院员工队伍的离职可能状况 通过问卷调查、个人深入访谈等方式评估员工离职的可能性。

4. 员工离职影响因素诊断 分析影响员工离职的因素，以便针对影响因素提出有效的干预策略。

值得注意的是，对员工职业心理进行诊断时，还应当充分考虑员工的人口学特征对职业心理的影响。此外，除上述所列内容外，员工职业心理涉及的内容非常广泛，如职业承诺、组织公平感、疲劳等，作为卫生管理相关专业的研究生，以医院员工职业心理问题为主题开展科学研究，是较好的选题方向。

第三节　医院人力资源管理诊断的程序和方法

明确了诊断内容之后，还需要确定医院人力资源管理诊断的程序，以及科学、合理的方法，合理的程序和科学的方法可以使诊断更加全面、高效。

一、诊断思路的理论参照

清晰的诊断思路是进行有效诊断的基础，它贯穿整个人力资源管理诊断的全过程。整个诊断流程及每个诊断环节的设计思路都可以参照一种或多种管理学理论或方法作为理论指导，可以使诊断思路更加清晰。许多管理学分析的理论和方法均可适用于医院人力资源管理诊断思路的设计，在此选取5W2H法和PDCA循环进行介绍。

1. 5W2H法 又称七和分析法，是第二次世界大战中美国陆军兵器修理部首创的。发明者用五个以W开头的英语单词和两个以H开头的英语单词进行设问，以便发现解决问题的线索。该方法简便易行、易于理解，问题设计全面，有助于弥补考虑问题的疏漏，可广泛用于各项管理活动。5W2H的含义如下。

（1）WHAT——是什么？目的是什么？做什么工作？

（2）WHY——为什么？为什么要这么做？原因是什么？

（3）WHO——谁来完成？谁负责？

（4）WHEN——何时？什么时间完成？什么时间最适宜？

（5）WHERE——何处？在哪里做？从哪里入手？

（6）HOW——怎么做？如何提高效率？如何实施？方法怎样？

（7）HOW MUCH——多少？数量如何？质量水平如何？费用及产出如何？

5W2H法是一种有序的思维模式，几乎适用于做任何管理工作，在管理工作具体实施之前，运用该方法对管理活动进行总体设计，可以大大提高管理工作的条理性、全面性和管理效率。

2. PDCA循环 医院人力资源管理诊断活动中，根据目标拟定改进措施、落实改进方案、评估改进效果这三个连续阶段不应是一条一次性运行路径，而应当是一个渐进式的循环过程，这一理念与管理学中所讲的PDCA循环高度契合。根据管理学的PDCA循环原理，在医院人力资源管理诊断活动中，根据目标拟定改进措施、落实改进方案、评估改进效果应当是一个渐进式闭合循环。

PDCA循环是美国质量管理专家戴明博士首先提出来的，因此又叫戴明环。该理论将管理活动的全国过程分为以下四个阶段。

（1）计划（Plan）：即制定目标与计划。

（2）执行（Do）：即任务开展，组织实施。

（3）检查（Check）：即对过程中的关键点和最终结果进行检查。

（4）纠正（Action）：即纠正偏差，并确定新的目标，制订下一轮计划。

PDCA循环具有以下特点。

（1）大环套小环，小环保大环，互相促进，推动大循环。医院人力资源管理诊断的整体、诊断的各个环节都可以有自己的PDCA循环，大环是小环的母体和依据，小环是大环的分解和保证。各个环节的小环都围绕着诊断的总体目标朝着同一方向转动，通过循环把各个环节有机地联系起来，彼此协同、互相促进，从而保证诊断总体目标的实现。

（2）不断前进、不断提高，阶梯式上升。PDCA循环就像楼梯一样，一个循环运转结束，工作就是提高一步，然后再制定下一个循环，从而使工作质量呈阶梯式提升（图13-3）。

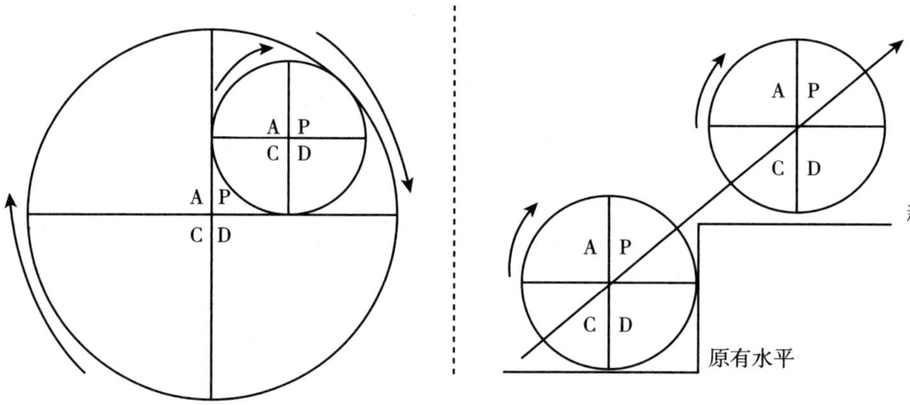

图13-3　PDCA循环示意

在医院人力资源管理诊断中，想要运用PDCA循环的科学程序，首先需要提出目标，其次要有计划，在计划中将目标、采取的措施罗列清楚。制订计划之后按照计划进行具体工作的落实，并随时检查结果是否达到了预期效果，与目标是否尚有差距。通过及时检查找出问题，分析原因，进行计划的再次修正和完善。

二、医院人力资源管理诊断的程序

按照程序化操作可以使诊断活动更高效、全面地反应医院人力资源管理中存在的问题。诊断程序大致可以分为三个阶段，分别是诊断准备阶段、正式诊断阶段和评估反馈阶段（图13-4）。

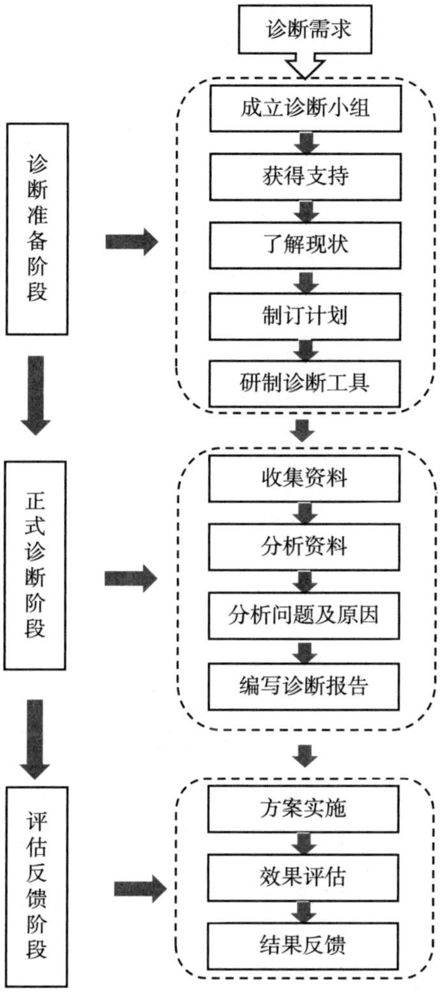

图 13-4　医院人力资源管理诊断程序

（一）诊断准备阶段

犹如门诊医生给患者看病，在进行正式诊断之前需要做一系列准备工作，如通过问诊与患者建立友好关系并了解患者的既往史、过敏史、生活习惯等信息，为作出诊断打下基础。医院人力资源管理诊断同样需要做好诊断前的准备工作，主要包括如下内容。

1. 成立诊断小组　医院人力资源管理诊断是一项专业性较强的工作，首先要选取能胜任此项工作的专业人员组成诊断小组，由知识面广、管理经验丰富、专业能力强的专业人员担任小组组长。此外，诊断工作的顺利开展离不开医院相关部门和领导的支持，因此，诊断小组成员还应包括医院人力资源管理部门管理者及医院分管人事工作的院领导等，以便使诊断工作能顺利开展。

2. 获得支持 获得医院支持是诊断工作得以实现的重要前提，且须将诊断的目的坦诚地告知医院员工，并解除其相关忧虑，以便取得其配合。

3. 了解现状 在诊断之前，对医院人力资源管理的现状及医院所处的内外部环境进行大致分析是十分必要的。该环节可以运用的方式多样，如可以通过查阅相关档案资料了解医院的员工数量、构成情况、出勤情况、人员变动情况、教育培训情况等信息，也可以通过访谈法大致了解员工的相关信息。此外，还可以通过梳理外部政策文件、医院内部管理政策制度等现有资料了解内外部环境信息。这一过程既可以提高诊断计划的科学性，又可以使诊断主体形成系统性的诊断思维。

4. 制订计划 形成系统性的诊断思维后，则需要制订详实的计划，指导诊断构想转化为现实。计划制订过程应非常严密，可以通过与医院领导及人力资源管理部门负责人进行反复讨论，并在诊断小组内经过反复论证，形成较为完善的人力资源管理诊断计划书。

5. 研制诊断工具 科学的诊断工具是形成科学诊断结果的基础。诊断工具的选择可以根据诊断目的和内容优化选择，常用的诊断方法既有定性方法又有定量方法。运用定量方法进行诊断时，常用的诊断工具为调查问卷或量表。调查问卷或量表的设计是一项极具研究意义的工作，好的调查工具可以深入挖掘问题的实质性内容，得到有效诊断，在研究领域甚至会成为通用性的测评工具，而质量不佳的工具则往往难以收集到有效信息，会造成极大的资源浪费。当然也可以选用成熟的量表作为诊断工具，但需要对量表的适用性进行论证，如借鉴国外成型量表时，既要考虑中外文化差异，也要考虑医疗行业的特殊性，如有必要需进行修订。若选用定性方法进行诊断，则最常用的诊断工具为访谈提纲。但不管选用何种诊断方法和工具，都要按照严格的设计步骤进行工具研制，以保证结果的科学性。

（二）正式诊断阶段

前期准备工作就绪之后就可以进入正式诊断阶段了。正式诊断是整个人力资源管理诊断活动的主体，这一环节通常持续时间较长，耗费资源较多。本阶段的主要任务是按照诊断计划进行实地调查，收集并分析资料，描述人力资源管理现状，梳理问题并剖析其原因，据此探讨解决问题的思路、方法、措施，最后形成解决方案。这一阶段的步骤如下。

1. 收集资料 根据前期诊断准备阶段制订的计划，选择不同的方法进行资料收集。常见的方式有三种，一是通过访谈法对管理者、员工或相关知情人进行个人深入访谈；二是通过收集医院相关的现有资料以便从中提取信息，如医院人事管理政策文件、医院人员数量、结构、工资收入等各种统计报表；三是通过问卷调查收集信息，运用准备阶段设计的调查工具对员工进行现场调查，现场调查过程中的质量控制极为重要，调查员必须要经过统一培训，以有效指导调查对象如实填写，从而提高数据的真实性。

2. 分析资料　资料收集完毕后，就要根据诊断目的选用合适的资料分析方法对调查数据进行系统、深入的分析，以从中挖掘有价值的信息，从而揭示人力资源管理中存在的问题。常用的资料分析方法既有定量研究方法也有定性研究方法。

3. 分析问题及原因　在对资料进行分析的基础上，梳理人力资源管理中存在的问题，并分析问题产生的原因。由于诊断结论直接关系到医院人力资源管理工作的方向，故结论确定务必慎重。不能仅仅依靠统计数据得出结论，还需要结合管理活动的相关经验及实际环境。

4. 编写诊断报告　诊断报告是对诊断结果的书面总结，相当于患者的病历，应内容详实、结构完整。除包括前述分析结果外，还应包括诊断的背景、目的、诊断设计以及改进方案等。诊断报告既是诊断结果的汇总，也是医院人力资源管理部门进行管理整改的依据。因此，报告务必全面、准确、客观。

知识链接 / SMART原则

SMART原则是目标管理的一种方法，是使工作变被动为主动的一个很好的手段。实施目标管理不但有利于员工更加明确、高效地工作，更为未来的绩效考核制订了目标和考核标准，使考核更加科学化、规范化。

SMART原则包括五部分内容：Specific，即目标必须是具体的；Measurable，即目标必须是可以衡量的；Attainable，即目标必须是可以达到的；Relevant，即目标必须和其他目标具有相关性。Time-based，即目标必须具有明确的截止期限。

在人力资源管理诊断中，在诊断计划的制订和改进措施研制阶段，均需要遵循SMART原则，才能保证诊断工作有序、高效地运行，并使改进措施取得高质量成效。

由前述可知，无论是诊断结论的得出还是改进方案的提出，都对医院人力资源管理都具有重要的指导意义。因此，为保持结论和方案的客观、严谨，沟通协调非常重要。首先，在诊断人员内部，要针对相关结论进行充分讨论，以论证结论及方案的科学性。其次，诊断人员要与医院管理者进行充分沟通，以充分结合医院实际来判断结论及方案的可靠性。

（三）评估反馈阶段

评估反馈阶段是整个人力资源管理诊断活动的风向标，也是了解诊断活动是否成功的重要环节。这一阶段主要由医院人力资源管理部门组织进行，将诊断报告中的改进方案向员工传达并进行员工培训，使员工认同改进方案，为改进方案的落实奠定基础。在实施过程中，应运用有效的考评手段对方案落实情况进行评估。若改进方案落实过程中出现新的问题，应及时采取措施予以修正。当方案基本落实到位后，应组织有关人员对方案实施效果进行总结，从而不断提高医院人力资源管理的效率。

三、医院人力资源管理诊断常用的方法

（一）医院人力资源管理诊断资料收集方法

选择全面、严谨的思维模式，并明确诊断流程后，就进入了诊断的具体操作阶段。在对医院人力资源管理诊断时，离不开大量的主客观资料作为诊断依据，因此，数据收集是诊断过程中的重要环节。下面将介绍几种常用的资料收集方法。

1. 问卷调查法 调查者自行设计调查问卷或利用成熟的量表，对医院员工就某一主题进行现场调查。问卷调查法由于经济实用、简便可操作、内容针对性强、便于被调查者作答，在人力资源管理诊断中比较常用，但是一定要保证问卷调查的质量。首先，在问卷设计环节要确保问卷内容能准确反映调查目的，条目要简洁、语义清晰，问卷要经过信度和效度检验。针对一个好的诊断主题，单是问卷设计环节就可以作为科研选题进行系统研究，硕士研究生完全可以以此为选题开展研究。其次，在现场调查环节，一是要严格按照科学抽样方法进行抽样，以保证样本代表性；二是要进行严格的质量控制，在现场调查阶段和资料录入处理阶段都要严格控制质量，以确保数据的准确性。

2. 访谈法 指以口头形式，根据诊断目的，由人力资源诊断者与员工进行面谈，尽可能挖掘被访谈者的看法以及意见建议等，是人力资源管理诊断的有效方法。依据访谈形式不同，访谈法可以分为个人深入访谈、专题座谈等形式。①个人深入访谈：指针对诊断主题选定相关人员逐一进行面对面深入访谈的过程。②专题座谈：是邀请一些相关人士，以座谈形式围绕某一主题展开讨论。依据访谈内容，可将其分为结构性访谈和非结构性访谈。①结构性访谈：是根据已经发生的问题，按照诊断人员事先准备好的访谈内容框架进行讨论。②非结构性访谈：内容不固定，根据访谈进展情况

由诊断人员随时提出，以便获得访谈对象的真实想法，有利于对问题进行深入分析。访谈结束后要及时对访谈信息进行整理，按照信息饱和原则，来确定访谈样本的数量。

无论采取哪种形式的访谈，访谈法对访谈者的要求均非常高，访谈者必须对访谈主题有深入、全面的把握，还要有掌控全局的能力，当访谈陷入僵局时，能灵活运用相应的访谈技术调动被访谈者的积极性，使其畅所欲言，从而充分挖掘其真实想法。因此，访谈法对访谈者的知识储备、访谈技巧等均有较高的要求。

3. 现有资料收集法　通过收集现有的材料，如医院内部的管理规章制度、政策文件、管理举措等，以及医改政策文件、当地经济社会发展状况、人口数量及结构等医院外部资料，对现有资料进行整理、分析，从而发现人力资源管理中所存在问题的方法。

4. 观察法　指诊断人员通过进入现场，对医院人力资源管理中的各种活动和行为表现进行详细认真的实地观察，进行记录并加以诊断的方法。观察法可以使诊断人员直观地观察到被诊断对象的表现，因此，在医院人力资源管理诊断中较常运用。但该方法耗费时间、人力等较多，且受诊断者的记忆偏差、主观意识和经验因素影响，容易出现诊断失误或归因错误等。

以上几种方法是医院人力资源管理诊断中比较常用的资料收集方法，除此之外，资料收集的方法还有很多如工作实践法、工作记录法等，在此不做详细介绍。

（二）医院人力资源管理诊断资料分析方法

收集到一定的数据资料之后，就需要对资料进行分析从而得出诊断结论。根据前述资料收集方法可知，医院人力资源管理诊断过程中收集的资料类型多样，针对不同的数据资料应选用不同的方法进行分析，故资料分析方法众多，在此不一一赘述，仅选择几种进行介绍。

1. 描述性分析　即通过简单的描述性分析，简明地阐述医院人力资源管理中存在的问题，如通过构成比分析、描述人员的年龄、职称、学历结构，反映医院人力资源队伍结构中存在的问题，或运用单因素分析方法来进行相关问题的比较，如在进行员工满意度分析时，使用t检验、方差分析等方法比较不同性别、职称、科室的人员满意度差异。描述性分析是进行医院人力资源管理诊断时所运用的最基本的方法。

2. 结构方程模型　为了进一步揭示医院人力资源管理中存在的深层次问题及其原因，诊断者通常需要用到较描述性分析更复杂的方法——结构方程模型（structure equation modeling，SEM）。结构方程模型，是用于讨论观测变量与潜在变量关系以及潜在变量与潜在变量之间关系的多元统计分析方法，可以把方差分析、回归分析、路径分析、因子分析等传统统计方法包含在SEM的亚模型中，因而具有更广泛的适用性，是医院人力资源管理诊断中经常用到的一种方法。相比于传统的多元回归技术，它的优势还在于能在估计结构关系时有效控制测量误差的影响，因而可降低参数估计的偏差。如在对员工工作满意度诊断中，利用结构方程模型探讨医生工作满意度的影响因素及作用机制。

3. 分析图 运用各种分析图可以清晰、直观地反映出医院人力资源管理诊断中存在的问题。如通过描述性分析及多因素分析方法明晰了医院人力资源管理中存在的问题之后，可以通过四象限图（图13-5）分析现有问题中需要优先解决的问题，在此基础上，针对需优先解决的问题原因可以用因果分析图（图13-6）进行分析。

（1）四象限图：来源于时间管理的四象限法。四象限法是由著名管理学家史蒂芬·科维（Stephen R.Cover）提出的一个时间管理理论，他把工作内容按照重要和紧急两个方面的不同程度进行划分，用一个由横纵坐标轴组成的四象限图来表示，其中第一象限指重要且紧急的事情，第二象限指重要但不紧急的事情，第三象限指不重要但紧急的事情，第四象限指不重要也不紧急的事情。

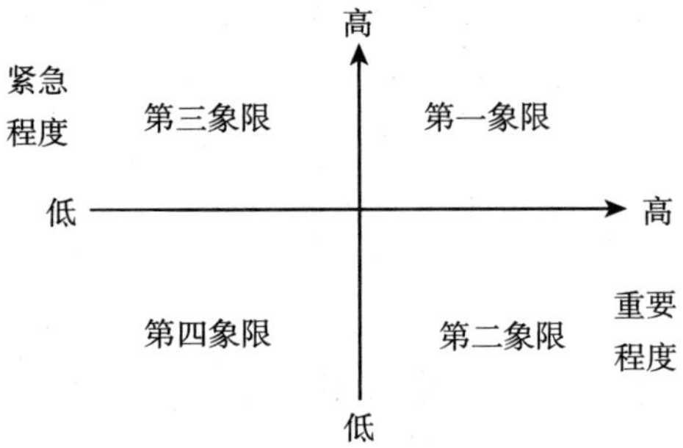

图13-5 四象限图

注：横轴表示重要程度，纵轴表示紧急程度。

在有限的资源条件下，如何将有限的资源投入到关键问题中，以提高资源利用率和管理效率，这是任何一项管理工作都要考虑的问题。面对医院人力资源管理诊断中发现的问题，要想有效地进行改进，则必须要考虑问题的轻重缓急，四象限图恰能有效解决这一问题。将问题按以上四个象限分类，排列事件的优先顺序，分清主次，通过权衡利弊，培养对工作的前瞻能力，做到心中有数，防患于未然。

（2）因果分析图：因其外观看上去有些像鱼骨头，故又称鱼骨图、鱼刺图。它是由日本东京大学石川馨教授最早提出和使用的，所以又称石川图，是提出问题与探索原因的有效分析图，是用于考虑并展示已知结果与其潜在原因之间关系的一种工具。通过分析和表达因果关系、识别症状、分析原因、寻找措施、促进问题的解决。

将问题或缺陷（或称后果）标注在“鱼头”处，在鱼骨上长出鱼刺，用以列出产生问题的可能原因。对影响因素进行梳理，将这些因素按相互关联性整理出层次分明、条理清楚的类别，将其绘制在图中，并标出重要因素，最后所形成的图形即是鱼骨图（图13-6）。分析问题产生的原因要从大到小、从粗到细，逐级探寻，每一级原因都用箭头表明，直到找出管理措施的原因为止。

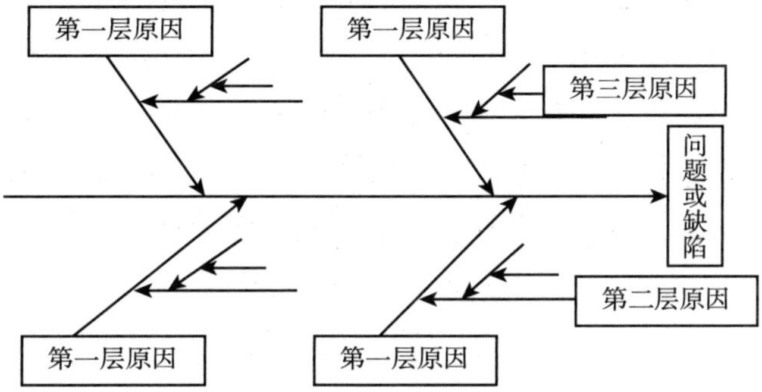

图13-6　因果分析图

4. 情景分析法　又称前景描述法，是由荷兰皇家壳牌集团于20世纪60年代末首先使用基于脚本的战略规划，并获得成功，并由该公司的沃克（Pierre Wack）于1971年正式提出。情景分析法是根据发展趋势的多样性，通过对系统内外相关问题的系统分析，设计出多种可能的未来前景，假定某种现象或某种趋势将持续到未来的前提下，对预测对象可能出现的情况或引起的后果作出预测的方法，是一种直观的定性预测方法。情景分析法的步骤如下。

（1）确定主题。

（2）分析主要影响因素：针对主题问题系统分析各种可能的影响因素，结合前述定性与定量相结合的方法收集资料、分析资料，并得出结论，从众多影响因素中锁定关键因素。

（3）方案的描述与筛选：将关键影响因素的具体描述进行组合，形成多个初步的未来情景描述方案。在对内外环境综合分析的基础上，预测出的未来情景通常包含以下三种：一是悲观情景，即已知问题无法得到有效解决，问题依旧甚至会持续恶化；二是无突变情景，在该情景下，各事件自然发展，其中部分关键事件得到一定程度解决。三是乐观情景，在该情景下，各项已知问题均得到彻底的有效解决。

（4）模拟演习：根据内外环境形势，预测未来三种情景中哪一种出现的可能性较大，针对发生概率较大的情景，邀请医院管理人员与诊断人员共同针对情景中出现的状况或问题作出对应策略的过程。

（5）制定战略：针对模拟情景，综合内外部环境情况，制定合适的应对战略。

（6）早期预警系统的建立：未雨绸缪，针对未来可能出现的情景提前构建预警系统。

四、医院人力资源管理诊断常用的模型

医院人力资源管理涉及内容广泛，涵盖从组织结构的设计、人力资源规划、员工招聘、培训、绩效管理等各个方面，面对众多的管理内容，研究者和实践者试图通过不同的理论模型，来反映医院人力资源管理不同环节中的内在规律，并构建了诸多理论模型，这些模型是医院人力资源管理诊断的重要工具。医院人力资源管理诊断内容丰富，涵盖医院人力资源管理的各个环节，难以用一个统一的模型解决医院人力资源管理诊断中所有的问题，通常根据诊断内容和侧重点不同选择合适的模型。可供使用的模型类型多样，以下对几个有代表性的模型进行简单介绍。

（一）医院人力资源管理环境诊断模型

医院人力资源管理工作势必会受到医院内外部环境的影响，因此，在进行人力资源管理诊断时通常需要对环境进行分析和诊断。

1. PEST模型 PEST（Politics：政治；Economy：经济；Society：社会；Technology：技术）模型是一种用于分析外部宏观环境对组织人力资源管理影响的常用模型。分别从政治环境、经济环境、社会环境和技术环境角度进行分析。政治环境，指国家、地方政府制定的法律、法规、出台的相关政策等；经济环境，指当地GDP、居民的可支配收入水平、市场需求等因素；社会环境，指当地的人口数量、年龄结构、收入水平、宗教信仰等人文和社会背景；技术环境，包括新技术、新材料、发明等的发展趋势及应用等。

2. SWOT模型 又称SWOT分析法，是一种用于分析内外部环境对医院人力资源管理影响的模型。它可以对外部环境的威胁、机会进行分析辨别，同时估量组织内部的优势与劣势，从而有助于选择有效的管理战略。

该模型通过全面分析医院的内部环境的优势（Strengths）和劣势（Weakness），外部环境机会（Opportunities）与威胁（Threats），并通过内外环境的综合性分析与评价，来制定优势–机会战略（SO战略）、劣势–机会战略（WO战略）、优势–威胁战略（ST战略）和劣势–威胁战略（WT战略），各因素构成了SWOT矩阵（表13-2）。

表13-2 SWOT矩阵

	优势（S）	劣势（W）
机会（O）	SO战略（增长型战略）：发挥优势，利用机会	WO战略（扭转型战略）：利用机会，克服劣势
威胁（T）	ST战略（多种经营战略）：利用优势，回避威胁	WT战略（防御型战略）：减少劣势，回避威胁

在医院人力资源管理诊断领域，SWOT模型可以用于了解医院人力资源管理现状及医院内外部环境现状。诊断小组可以通过对医院人力资源管理和医院内外部环境的初步了解，有序地分析讨论医院在人力资源管理方面的优势、劣势、机会、威胁，在认清环境提供的机会以及防范可能存在的风险与威胁基础上，总揽全局，理清诊断方向。据此可以绘制人力资源管理诊断的双环图（图13-7），使SWOT分析结果更为清晰。此图由横纵坐标轴及两个套在一起的圆环组成，横纵坐标轴将平面分为四个象限，分别代表SO战略、WO战略、ST战略和WT战略，内环的ABCD分别代表人力资源管理SWOT模型的四种策略，外环EFGH分别代表医院内外部环境SWOT模型的四种策略。运用这种方法，可以对研究对象本身及其所处的情景进行全面、系统、准确的分析，根据研究结果选择最适宜的诊断战略，从而制订诊断计划。

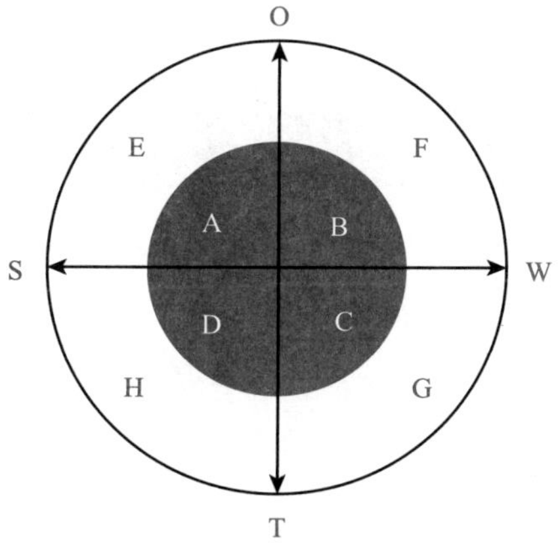

图13-7　医院人力资源管理诊断双环图

（二）医院人员能力诊断模型

通常通过胜任力模型对员工的能力进行诊断。医院员工的能力诊断是医院人力资源管理诊断中常见的主题，岗位胜任力诊断的核心是构建胜任力模型。目前国内外公认的经典胜任力模型有两种：一是冰山模型，二是洋葱模型（见第十三章第二节）。

（三）医院人力资源培训诊断模型

对医院人员培训效果进行评估是培训的重要环节，能直接反映培训是否有效。对培训效果进行诊断中应用最广泛的工具是柯氏四级评估模型（表13-3），该模型由国际著名学者唐纳德.L.柯克帕特里克（Donald.L.Kirkpatrick）于1959年提出，该模型从“反应”“学习”“行为”和“结果”四个层次对培训效果进行诊断。

表13-3　柯氏四级评估模型

层次	内容
反应层	指受训人员对培训的看法，包括对教师和培训科目、设施、方法、内容、自己的收获大小等方面的看法，常通过问卷调查收集资料
学习层	测量被培训者对原理、技能、态度等培训内容的理解和掌握程度，常通过笔试、实地操作和工作模拟等方法来进行考察
行为层	在培训结束后的一段时间里，由受训人员的上级、同事、下属或者客户观察他们的行为在培训前后是否发生变化，是否在工作中运用了培训中心学到的知识，常需要借助相关评估表考察
结果层	判断培训是否能给组织的经营结果带来具体而直接的贡献，这一层次的评估上升到了组织的高度，该层面也是组织培训的最终目的，可通过一系列指标来衡量，如事故率、客户满意度等

案例讨论

【案例】A医院是一家大型综合性三级甲等医院，地处S省某地级市，发展实力强劲。但是最近一段时间，该医院却出现了许多问题，致使医院员工队伍内消极情绪有增长态势，员工心态出现波动。这使医院管理者陷入了困惑。

据医院人力资源管理部门统计，最近三个月内已经有6位医生离职，且这6位医生都是相关科室的业务骨干，其中2位跳槽到本市的另一家公立医院，另外4位跳槽到本市的一家大型民营医院。这些人是，医院投入大量的物力、财力培养的员工，有些医生的离职甚至使科室业务陷入被动。因此，他们的离职给医院带来极大损失。

医院现有的在职人员也时常对科室或医院颇有微词，如因为奖金分配问题员工之间时有矛盾发生，特别是一些年轻医生，认为自己付出很多，但与资历较长的员工相比，其收入较低，收入与实际付出不成正比，严重挫伤其工作积极性。此外，医院将大量的资金用于更新医疗设备上，而为人才成长提供的条件却少之又少，这让许多优秀员工感到不满，各种因素叠加致使员工的不满情绪见长，这极大地影响了医院员工队伍的积极性和稳定性。为了稳定员工队伍，促进医院稳定发展，及时识别并消除这些不满因素成为摆在医院管理者面前一项亟待解决的课题。

【讨论】请运用本节所学知识，对该医院员工队伍中出现的问题设计一份人力资源管理诊断方案。

本章小结

本章介绍了医院人力资源管理诊断的概念、分类及作用，分析了医院人力资源管理诊断的内容，重点阐述了医院人力资源管理诊断的程序和方法，并以5W2H法和PDCA循环为例作为理论参照，对医院人力资源管理诊断的逻辑思路进行了梳理。其中，在医院人力资源管理诊断方法部分介绍了描述性分析、因果分析图、四象限图、结构方程模型等常用的诊断资料分析方法，并结合不同诊断内容介绍了适用的诊断模型，如PEST分析、SWOT分析可用于医院人力资源管理环境诊断，冰山模型和洋葱模型可用于员工胜任力诊断，柯克帕特里克模型可用于员工培训效果诊断。可供选择的方法和模型种类多样，在实际工作中，要根据诊断目的、内容等选择合适的方法和模型。

（孙　葵）

第十四章　新形势下的医院人力资源管理

学习目标

1. 掌握　突发重大传染病疫情等公共卫生事件时医院人力资源的应急管理。

2. 熟悉　一院多区人力资源管理的特点。

3. 了解　医院后勤社会化模式。

第一节　应急情况下的医院人力资源管理

新中国成立以来发生的多次重大突发公共事件，威胁着人民群众的生命健康。2002年底发生的严重急性呼吸综合征（severe acute respiratory syndrome，SARS），中国内地累计报告SARS临床诊断病例5327例、治愈出院4959例、死亡349例；2008年发生的“5·12汶川大地震”，共造成69 227人遇难、17 923人失踪、374 643人不同程度受伤，“黄金72小时”内到达一线灾区的医疗救治人员达35 880人。SARS事件后，编制突发公共事件应急预案，完善应急机制、体制和法制，对于提高政府预防和处置突发公共事件的能力，全面履行政府职能，构建社会主义和谐社会具有十分重要的意义。2005年1月26日，国务院第79次常务会议通过了《国家突发公共事件总体应急预案》，于2006年1月8日发布并实施。总体预案是全国应急预案体系的总纲，是指导预防和处置各类突发公共事件的规范性文件。

突发公共事件应急，目的是提高政府保障公共安全和处置突发公共事件的能力，最大程度地预防和减少突发公共事件及其造成的损害，保障公众的生命财产安全，维护国家安全和社会稳定，促进经济社会全面、协调、可持续发展。其中，医疗卫生是应急救援的专业队伍和骨干力量之一，这对应急情况下的医院人力资源管理是个重大考验。医院应提前按照职责分工和应急预案，切实做好应对突发公共事件的人力储备、选派、培训、配置、保障等各方面工作，保证应急救援工作需要。

一、应急的不同情形和分析

（一）突发公共事件的分类

《国家突发公共事件总体应急预案》是国家总体应急预案，该预案所称突发公共事件是指突然发生，造成或者可能造成重大人员伤亡、财产损失、生态环境破坏和严重社会危害，危及公共安全的紧急事件。

根据突发公共事件发生过程、性质和机理，突发公共事件主要分为以下四类。

1. 自然灾害　主要包括水旱灾害，气象灾害，地震灾害，地质灾害，海洋灾害，生物灾害和森林草原火灾等。

2. 事故灾难　主要包括工矿商贸等企业的各类安全事故，交通运输事故，公共设施和设备事故，环境污染和生态破坏事件等。

3. 公共卫生事件　主要包括传染病疫情，群体性不明原因疾病，食品安全和职业危害，动物疫情，以及其他严重影响公众健康和生命安全的事件。

4. 社会安全事件　主要包括恐怖袭击事件，经济安全事件和涉外突发事件等。

其中，《国家突发公共卫生事件应急预案》是国家专项应急预案，该预案将突发公共卫生事件的名词术语进行了进一步释义。

（1）重大传染病疫情：是指某种传染病在短时间内发生、波及范围广泛，出现大量的患者或死亡病例，其发病率远远超过常年的发病率水平的情况。

（2）群体性不明原因疾病：是指在短时间内，某个相对集中的区域内同时或者相继出现具有共同临床表现患者，且病例不断增加，范围不断扩大，又暂时不能明确诊断的疾病。

（3）重大食物和职业中毒：是指由于食品污染和职业危害的原因而造成的人数众多或者伤亡较重的中毒事件。

（二）突发公共事件的分级

根据《国家突发公共事件总体应急预案》，各类突发公共事件按照其性质、严重程度、可控性和影响范围等因素，一般分为四级：Ⅰ级（特别重大）、Ⅱ级（重大）、Ⅲ级（较大）和Ⅳ级（一般）。

其中，《国家突发公共卫生事件应急预案》根据突发公共卫生事件性质、危害程度、涉及范围，特别重大突发公共卫生事件主要包括以下几种情况。

1. 肺鼠疫、肺炭疽在大、中城市发生并有扩散趋势，或肺鼠疫、肺炭疽疫情波及

2个以上的省份，并有进一步扩散趋势。

2. 发生严重急性呼吸综合征（曾称传染性非典型肺炎）、人感染高致病性禽流感病例，并有扩散趋势。

3. 涉及多个省份的群体性不明原因疾病，并有扩散趋势。

4. 发生新传染病或我国尚未发现的传染病发生或传入，并有扩散趋势，或发现我国已消灭的传染病重新流行。

5. 发生烈性病菌株、毒株、致病因子等丢失事件。

6. 周边以及与我国通航的国家和地区发生特大传染病疫情，并出现输入性病例，严重危及我国公共卫生安全的事件。

7. 国务院卫生行政部门认定的其他特别重大突发公共卫生事件。

根据《中华人民共和国传染病防治法》，对乙类传染病中传染性非典型肺炎、炭疽中的肺炭疽和人感染高致病性禽流感，采取甲类传染病的预防、控制措施。

（三）突发公共事件的特点

1. 突发性 突发公共事件发生突然，发生时间、地点、方式、暴发程度均在意料之外，具有很大不确定性，很难准确把握。其暴发有很多偶然因素，发生前几乎没有任何征兆，没有思考空间，通常需在很短时间内进行分析和判断。

2. 复杂性 突发公共事件通常是各种矛盾激化的结果，总是呈现一种复杂的状态，是由多种相互联系、环环相扣的因素造成的效果，使其规律难以找到、本质难以确定、方法难以预测，处理不当会增加损失并扩大影响范围。

3. 破坏性 突发公共事件会影响广大公众的生命财产安全，造成人员伤亡和财产损失；也会对个人和社会心理造成伤害，渗透进社会生活的各个层面。其超出了单纯的经济、政治和文化的主题，成为一个多元、复杂、全面的社会危机。

4. 持续性 突发公共事件的发生通常有一个较为隐蔽的量变过程。其一旦爆发，往往会呈现一个持续的过程。突发公共事件波及面广、涉及人多，影响范围具有持久的广泛性和传播性，容易引发出一连串的“多米诺骨牌”的连锁反应。

其中，突发公共卫生事件也具有其自身特点。

（1）成因的多样性。有很多引发公共卫生事件的因素，除各种传染病外，也有许多因自然灾害、事故灾难或社会安全等事件引起的严重影响公众身心健康的公共卫生事件，还有动物疫情、病原微生物、药物风险、食物中毒、职业危害等。

（2）时间的突发性。突发公共卫生事件通常不易预测，一般为突然发生，没有特定的发生方式，甚至没有预先警示，大多是非常紧急的突发性疾病，很难及时预防，因此很难完全避免此类事件的发生，从而作出及时的应对措施。

（3）空间的群体性。突发公共卫生事件发生在公共卫生领域，具有公共卫生的属性，其针对的是不特定的社会群体和公共区域，在事件发生的影响范围内的人都有可能受到伤害。同时，患者之间总是存在已知或未发现的共同原因。

（4）分布的差异性。突发公共卫生事件的分布存在诸多差异，如在时间分布方面，传染病在不同季节的发病率不同；在空间分布方面，传染病的区域分布不同；在群体分布方面，不同性质群体的发病不尽相同。

（5）传播的广泛性。突发公共卫生事件会迅速传导蔓延。在全球化时代背景下，传染病一旦具备了传染源、传播途径、易感人群三个环节，就可迅速通过各种现代化的传播渠道扩大影响范围，实现跨国流行，造成无国界、全球性的广泛传播。

（6）危害的严重性。突发公共卫生事件通常表现为严重疾病、大量病例或高致死率，后果往往较为严重，可不同程度地对公众健康、社会稳定、经济发展等造成危害，引发公众恐慌、焦虑等情绪，对社会、经济、政治都产生严重的影响。

（7）治理的综合性。突发公共卫生事件的发生和应急处置是一项涉及诸多方面的社会问题。应急响应处置应在上级政府的统一指挥下，各相关部门协调配合，全社会共同参与、共同努力，通过综合性的治理来妥善处置突发公共卫生事件。

二、医院人力资源应急管理的实施

医院人力资源应急管理的目标是要保障自然灾害、事故灾难、社会安全、公共卫生等突发公共事件发生后，各项医疗卫生救援工作迅速、高效、有序地进行，提高医院应对各类突发公共事件的应急反应能力和人力资源配置效率，最大程度减少人员伤亡和健康危害，保障人民群众和医务人员身体健康和生命安全，维护社会稳定。在突发公共事件时，医院要服从上级卫生行政部门的统一指挥和安排，第一时间成立医院应急管理领导小组，并根据工作需要，下设人力资源保障小组、员工关爱小组、物资保障小组、后勤保障小组等多个工作小组，指导并规范开展各类突发公共事件的应急处理工作，有效预防、及时控制突发公共事件所带来的危害，提高医院快速应对能力和处置水平，发挥医院人力资源应急管理的高效性。

（一）突发自然灾害、事故灾难、社会安全等公共事件时医院人力资源应急管理

《国家突发公共事件医疗卫生救援应急预案》指出，突发公共事件应急医疗卫生救援机构和队伍的建设，是国家突发公共事件预防控制体系建设的重要组成部分。医院承担突发公共事件的医疗卫生救援任务，要在上级人民政府或突发公共事件应急指挥机构的统一领导、指挥下，与有关部门密切配合、协调一致、共同应对，做好突发公

共事件的医疗卫生救援工作。医院应遵循“平战结合、常备不懈”的原则，加强突发公共事件医疗卫生救援工作的组织和队伍建设，调派各类医疗卫生救援应急人力资源，组建医疗卫生救援应急队伍，做好队员的自我防护培训，加强队伍应急能力建设，保证突发公共事件医疗卫生救援工作顺利开展。

1. 成立领导小组 医院应成立突发公共事件医疗卫生救援领导小组，领导、组织、协调、部署各类突发公共事件医疗卫生救援工作，并指定人事、医务、护理等相关职能部门和临床科室负责应急调度工作。医院接到关于突发公共事件医疗卫生救援的有关指示、通报或报告后，应立即启动医疗卫生救援领导小组工作，组织专家综合评估，根据需要及时派出专家和专业队伍支援地方，紧急调动救援人员和物资全力支援，指导协调落实医疗救治等措施，发挥其在应对突发公共事件中的重要作用。

2. 组建救援队伍 医院应组建综合性医疗卫生救援应急队伍，多学科涉及突发公共事件病种类型，并根据需要建立专业医疗卫生救援应急队伍。在接到紧急救援任务后，医院领导小组应根据突发公共事件的性质和疾病特点、不同地区医疗救援水平、当地伤病员数量及救治情况等受援需求，立即组建医疗救援队，汇同人事、医务、护理等相关职能部门和临床科室，选派相关学科专业并具有丰富临床经验的医务人员，前往一线与当地医务人员一起并肩作战，开展医疗救援工作。同时，后勤保障部门要有针对性地储备、调拨药品、器械等卫生防护用品和医疗设备物资随队增援，并保障队员的生活用品供应，迅速完成所有物资的分门别类和打包编号。医疗救援队的高效组建和高水平配置，能有效保证队伍稳定，提高应急救治能力。

3. 自我防护培训 医疗卫生救援应急队伍在接到救援指令后要及时赶赴现场，根据现场情况全力开展医疗卫生救援工作。在实施医疗卫生救援的过程中，既要积极开展救治，又要注重自我防护，确保自身安全。因此，医院人事、医务、护理等相关部门要有计划地对医疗卫生救援应急队伍进行行前自我防护培训，有针对性地宣教突发公共事件应急法律法规和预防、避险、自救、互救、减灾等常识，增强医务人员的自我防护意识，提高在突发公共事件救援中的专业防护技能和自救互救能力。

（二）突发重大传染病疫情等公共卫生事件时医院人力资源应急管理

《国家突发公共卫生事件应急预案》指出，医疗机构是突发公共卫生事件应急处理的专业技术机构之一。突发公共卫生事件后，医院党政领导班子要高度重视疫情防治工作，积极贯彻落实党中央的决策部署，迅速成立防疫领导小组和工作小组，第一时间从制度规范、区域调配、人员培训、个人防护、患者诊疗、信息上报等方面研究部署，及时组织做好应急处理所需的人员与物资准备，采取必要的预防控制措施，全力做好防控工作，并服从上级人民政府卫生行政部门的统一指挥和调度，支援突发公共卫生事件发生地区的应急处理工作。医院人力资源应急管理要从选人、育人、用人、留人四个方面开展工作，建立人员联动协调机制，开展专业技术人员处理突发公共卫生事件能力培训，提高快速应对能力和技术水平，履行值守应急、信息汇总和综合协调职责，发挥人力资源运转枢纽作用。

1. 选人——专业人才储备和医疗队伍选派　医院可根据突发公共卫生事件应急工作需要组建专家组，对突发公共卫生事件医疗卫生救援工作提供咨询建议、技术指导和决策支持，必要时参加突发公共卫生事件的应急处置工作，多学科会诊为患者制订最优治疗策略，作为救治相关疾病的专业精英团队发挥重要作用。医院应设立感染管理科并加强人员配置，对于医院各项预防和控制感染流程进行指导和监督。同时，建立各类专业人才库，组织、动员医护技管工等全院各种力量参与医疗卫生应急救援工作。医院要向全院党员、干部职工发出倡议：党员干部身先士卒、率先垂范，科室成员踊跃报名。科室负责人、专家教授等的带头参加，能积极带动各个科室的骨干医务人员报名参加，做好专业人才储备工作。

接上级部门紧急援助任务指令后，院党政领导、各相关职能和业务科室负责人要立刻召开紧急会议，按照上级要求积极部署，组织专家对突发公共卫生事件进行综合评估，详细了解事件概况、当地医疗状况、患者救治情况、所采取措施等，根据需要从专业人才库中展开人员选拔，制订详细援助计划、行程安排及物资保障等，支持医疗队援建工作。医疗队由医生、护士、行政管理等人员组成，选派综合素质高、临床经验丰富、技术高超的科室骨干作为精英团队，由院领导带队，迅速组建、全力支援一线开展医疗救治工作。

2. 育人——全院全员的防疫知识培训　医院应针对新发现的突发传染病、不明原因的群体性疾病等突发公共卫生事件性质，组织人事、医务、院感等有关部门力量制订相应的防疫技术标准和感染控制规范，及时组织应急救援队伍的行前技术培训，有针对性地开展防疫卫生知识宣教，采取必要的防护措施，严格按照程序开展应急救援工作，确保人员安全。同时，加强对发热门诊等突发公共卫生事件应急处理专业技术人员的感染控制知识培训和考核，并利用讲座、视频、书籍、互联网、手册等多种形式对全院人员（包括第三方工勤人员）广泛开展突发公共卫生事件应急知识的普及教育，宣传卫生科普知识，指导全院全员以科学的行为和方式对待突发公共卫生事件，进一步做好院感管控队伍建设，提升院感工作的反应速度，加大院感培训力度，强化院感管控意识，提高自我保护意识、自身防护和疫情应对处置能力。

3. 用人——平战结合的人力资源配置　医院是突发公共卫生事件的主战场和前沿阵地，应根据突发公共卫生事件的性质、特点和发展趋势，按照“中央指导、地方负责、统筹兼顾、平战结合、因地制宜、合理布局”的原则，逐步在院内建成包括急救、传染病救治等在内的，符合国情、覆盖全面、功能完善、反应灵敏、运转协调、持续发展的医疗救治体系，着眼于医院面对疫情的总体部署和全局把控，统筹安排疫情防控和日常医疗工作，通过医院人力资源的精细化配置管理，做到日常工作与疫情防控平战结合。

突发公共卫生事件后，医院人事部门应根据发生事件的性质、特点、发生区域和发展趋势，分析本地区、本院受波及的可能性和程度，重点做好应急状况下医院人力资源合理配置工作：应以人事部门为牵头部门组建医院疫情防控人员保障组，密切关注事件发生地区的情况，根据疫情形势定期或不定期地召开会议，依据研判的疫情形势合理精准地配置医院人力资源，科学调配因疫情初期暴发致临床工作量减少的科室人员来更多地支援院内疫情防控工作，并在疫情平稳、持续，可陆续恢复临床工作后，加强临床科室人力，尤其是支持科室内防疫岗位增设等相关配置；安排专人密切关注国内外疫情中、高风险地区动态信息，通过问卷调查等形式进行本院全口径人员可疑情况的排摸和跟踪，合理处置，严控院内感染发生的风险；制订严格的疫情期间离院审批制度，需科室、人事部门依次审批并报医院备案；通过以科室为单位每日进行网格化健康监测管理，掌握境内外离院返院人员、在院全口径人员、外派医疗队员及海内外进修人员健康状况；还需根据当地政府和相关卫生管理部门要求，检测在院治疗患者和家属疫情相关健康状况，若发生紧急情况时，建立专门报告制度等。顺应疫情发展趋势及国家相关要求，在从战时应急状态逐步过渡到常态化运行状态中，人事部门需不断探索并实践形成平战结合的人力资源管理新模式。

同时，人事部门还要统筹协调医院防疫保障组，做好应急处理与日常工作所需的人力资源配置，根据疫情形势进行人力测算配备，包括外派救援、本地救治、常态化疫情防控等所需的岗位、人员、数量、排班等，从急诊、发热门诊、门诊流调到病区分类管理，筑牢医院疫情防控层层关卡，并随着疫情变化精准施策。医院要打造平疫专用病区，医务、护理部门安排医护人员，开展患者接诊、收治和转运工作，实行重症和普通患者分开管理，对疑似患者及时排除或确诊；划分发热门诊并常态化运行，感染、呼吸等科室参与排班，所有人员经院感培训后上岗，将符合重点地区流行病学史、确诊患者密切接触史及聚集性发病等筛选标准的患者与普通发热患者分流就诊，避免交叉感染；根据疫情防控要求，组建门诊预检人员队伍，开展就诊人员和陪同家属流行病学调查工作，做好上岗前培训和个人防护要求，根据每日、每时门诊人流量柔性调整，精简流调人力；根据医院突发疫情闭环管理应急预案，通过向医院内外招募志愿者等形式，做好人力储备，以备突发疫情闭环管理时，协助人员管理、秩序维护、餐饮及物资配送等应急志愿服务；急诊、发热门诊、呼吸科、感染科、药剂、检验、财务窗口、门诊、后勤、安保、志愿者服务站等重点场所和环节的一线科室、岗位人员要做好院内疫情监测、预防控制和及时报告工作，加强现场控制、消毒隔离、个人防护、医疗垃圾和污水处理等工作，防止院内感染，做到人力资源精准配置，每个人力发挥效用最大化，为医院平战结合的疫情防控工作打下坚实基础。

4．爱人——心理干预和人文关爱　突发公共卫生事件中，应急处置工作人员承受了巨大的应急和工作压力，会使医务人员濒临体力和心理的极限，此时应做好心理健康援助，预防心理创伤和应激障碍等心理疾病。医院要积极稳妥、深入细致地做好一线医务人员的心理健康工作，提供心理援助，消除心理障碍，开展心理危机干预工作。人事、工会等部门要采取应急心理关爱措施，成立心理关怀及干预小组，以心理科专家为核心指导工作，制订针对防控一线医务人员、职工家属的应对措施，并开通心理咨询专线联系电话、微信群组联络及公众号平台宣传等反馈渠道，实时关注、第一时间提供心理干预和关怀，使医务职工和救援队员家属保持良好的心理状态，全方位给予职工心理关爱。

同时，为了更好地服务奋战在一线的医务职工，除在精神和物质上支持和关爱医务人员，做好职工坚强的后盾外，医院应急关爱小组还要积极出台突发公共卫生事件期间的人文关爱措施，如发挥劳动保护监督职能，关心医务人员工作岗位保障用品和工作安全；积极组织货源，为职工发放提高免疫力药物，关心医护人员健康，保障职工安全；关怀慰问一线医护人员及家属，重视医护人员和家属的诉求，解决职工的后顾之忧；配合做好物资保障爱心举措，为救援医疗队全力准备医疗和生活保障物资，保证医务工会和爱心企业为一线医务人员配送的疫情防护物资补给到位；加强工作群管理，畅通职工诉求渠道，及时反映和解决职工需求；充分利用医院官网、微信、微博等宣传阵地，做好信息服务公开等健康教育工作；加强寒暑托班防护管理，保障职工子女安全；针对各重点区域、科室、岗位的一线医务人员的工作内容、频率时长等情况，根据国家相关政策发放津补贴、调整绩效向疫情防控的急、危、险、重岗位倾向；关注医务人员的保险服务项目，加强职工医疗保障等，切实把对全体职工的人文关爱落到实处。

知识拓展 / 员工援助计划

员工援助计划（employee assistance program，EAP），是组织为员工提供的系统的、长期的福利与支持项目。通过专业人员对组织和员工进行诊断，提供专业指导、培训和咨询，帮助员工及其家庭成员解决心理和行为问题，提高工作绩效以及改善组织气氛和管理。疫情期间员工压力大，尤其是一线员工以及家属，通过EAP的开展，加强心理辅导，进行心理危机的干预，提高一线员工及其家属的心理弹性，缓解压力。

第二节　一院多区人力资源管理

一、一院多区人力资源管理概述

（一）一院多区的定义

一院多区是在卫生体制改革、城市规模扩张、医院发展需求、现代科技发展等背景下，医院通过扩大组织规模、服务规模以实现发展的规模效应，实现优质医疗资源扩容、外延、下沉而形成的产物。

从广义上来讲，一院多区指以资本或长期的经营管理权为纽带建立起来的，拥有两个及以上的院区，且院区以“主体医院和名称+分院/院区/分部”命名或冠名的医院。这类医院有一个主体医院，由主体医院以直接或间接的方式，向其他院区输出人力、技术、管理等资源要素，发起并开展各类医疗服务活动，是优化配置医疗资源的重要方式。主体医院多位于经济发达地区，发展基本达到饱和状态，其他院区多位于郊区或医疗水平薄弱地区。

从狭义上来讲，一院多区是指拥有两个及以上的院区，主院区和分院区为统一法人、人财物统一管理，资产属于医院。

（二）一院多区医院的分类

1．根据所处行政区域划分　可分为同区域一院多区医院和跨区域一院多区医院。①同区域一院多区医院：是指分院与主体医院所处同一个地级行政区域。②跨区域一院多区医院：指分院与主体医院所处的地级行政区域不同，即在市外设立分院。近年来，随着国家区域医疗中心的建设推进，还逐渐出现在省级行政区域以外设立一院多区医院的情况，如主体医院在上海市、分院在福建省的复旦大学附属中山医院厦门医院。

2．根据组建方式划分　可分为紧密型一院多区医院、松散型一院多区医院和混合型一院多区医院。

（1）紧密型一院多区医院：通常通过新建、迁建、改扩建、兼并等方式发展，院区名称通常以“主体医院名称+分部/院区/分院”命名，法定代表人为同一个，并且在“人、财、物、信息、管理”等方面具有高度同质化。该模式中，主体医院可以获得被兼并医院人、财、物所有权，资源具有互通性，相较于跨医院、跨区域支援，医院可以在院级对人、财、物统一规划，最大程度降低沟通和调配成本，实现快速反应、合理分配。但对于兼并方式纳入的分院区，也面临分院区的医疗水平、文化体系与主体院区差异较大，导致资源整合的难度较大，难以完全保证医疗品质的问题。

（2）松散型一院多区医院：通常通过托管、共建、合营、技术联合等方式，分院区命名通常以“主体医院名称+分部/院区/分院”为第一或第二冠名，同时保留原有医院的冠名。医院拥有不同的法定代表人，法人地位和“人、财、物、管理、信息”等内容相对独立。该模式中，分院区保留人、财、物所有权，合作模式相对容易达成，运营成本较低。但也存在劣势，如双方合作不稳定，容易因利益关系出现分歧。分院区医疗技术和服务水平的提升，较大程度依赖于主院区向分院区输出的医疗力量，一旦双方合作终止，分院区医疗质量和服务水平可能快速滑坡。

（3）混合型一院多区医院：即拥有紧密型院区，也拥有松散型院区。各院区既有同一法人代表，也有独立法人资格。如复旦大学附属中山医院，目前拥有法定代表人相同的多院区，同时还拥有与总院非同一法定代表人的分院。

3. 根据管理方式分类　可分为“大部制”和“派出制”管理模式

（1）“大部制”管理模式：整合了多个职能科室，设置大职能科室，精简管理人员规模。如华中科技大学同济医学院附属协和医院，西院仅设综合管理部、医疗管理部、后勤总务管理部等几个部门。

（2）“派出制”管理模式：指的是分院区职能科室作为医院相关职能科室的派出机构开展工作。如四川大学华西医院在温江院区设立的温江院区运营管理科，即医院运营管理部的派出机构，隶属于运营管理部，实行一体化管理。

4. 根据建设主体和资产归属分类　可分为全资分院和合作分院。

（1）全资分院：指作为独立院区，主体医院整体接收人、财、物等资产，且其财务资产、建设发展等纳入统一管理，资产产权应当归主体医院所有，为非独立法人的分院。全资分院原则上应挂牌为“医院某某院区、某某分院”。

（2）合作分院：指作为独立院区，主体医院投入货币资产、房屋、设备等固定资产或技术、管理团队等无形资产，与合作医院或其主管单位（部门）等共同开办，为独立法人的分院。合作期间，主体医院与合作方签订协议，明确双方责任义务及资产归属等，主体医院获得收益或缴纳费用。合作分院原则上应挂牌为“医院某某合作医院或某某医院合作分院”。

（三）一院多区人力资源管理的特点

1. 一体化管理模式　又称集约化管理，将两个或两个以上要素，采取适当的方式、方法或措施，依照一定的规则整合成为单个有机整体，形成协同效力，并谋求整合结果大于整合前各要素相加之和。于医院而言，一体化管理可有效保障医院文化理念统一，实现院区协调运行和高速发展。

“一院多区”管理直接目标往往为实现各院区全方位同质，满足居民医疗需求。普遍面临着组织结构、医疗质量管理、运营与财务管理、信息化建设、文化建设等问题和挑战。“一院多区”管理体系应当包括：①明确医院发展战略和院区规划定位。②明确院区组织架构和任务、责任、权力。③拥有充足的人、财、物等资源及完善的分配机制。④确保医疗质量和文化的同质化、同一性，同时各院区又有适应当地实际的特色或保留原有的医疗特色。⑤构建一套跨院区评审评价、持续改进机制。⑥构建一套跨院区沟通机制。

2. 人力资源管理被赋予更多的职能 传统的医院人力资源管理包括人力资源规划、工资及薪酬管理、绩效管理、员工福利、员工培训及发展、劳动关系、人事系统等内容。一院多区的人力资源管理还涉及派驻人员的重配置问题，如驻院区前培训、人员在院区间流动和两院岗位差异等问题。跨区域的院区还涉及不同管理主体带来的其他人力资源管理问题，如跨区域工作可能面临不同的薪酬制度、福利津贴、组织文化、政策环境等。

3. 人力资源流动频繁 一院多区医院同质化管理离不开人力资源的统一调配和管理。如何吸引主体医院的优质人力资源至其他院区工作、如何管理两院区人员人力资源流动、如何让主体医院的人力资源在院区发挥作用，这些问题对激励机制、绩效考核、考勤管理等传统人力资源管理内容提出挑战。

4. 对信息化要求高 为保障各院区医疗业务、医疗管理、运行管理、工作交流协同，以及患者管理系统、财务管理系统、成本核算系统和绩效管理系统等信息化系统，需实现各院区互联互通，实现检查检验结果、影像资料共享，临床教学科研数据同步。同时，不同院区面临的发展状态不同，具有个性化特征，这些对信息化建设提出了更高要求。

5. 文化融合存在一定难度 文化建设是推动各院区同质化管理的内生驱动力，能提升员工凝聚力，提高归属感。文化建设包括物质文化、行为文化、制度文化和精神文化等四个方面，具有长期性和复杂性。因各院区存在学科设置差异、地域文化及人员学历构成差异等原因，多院区文化融合存在一定难度。

（四）多院区管理面临的主要问题

1. 管理权责和机制较难理清 同质化管理需要对各院区权责和权利范围进行重新划分，以何种标准界定主院区和分院区的权、责、利关系，如何恰当进行规划定位，如何合理设置院区的管理架构，防止各院区之间出现内耗，都是一院多区同质化管理过程中需要探讨的问题。

2．运营成本增加的风险　随着院区的增加，医院运营成本明显增加。一是部分设备需要重复配置，增加了硬件投入；二是院区需要投入一定人力维持院区运转，导致人力成本大幅增加；三是部分物资耗材甚至患者需要跨院区运送，提高了管理成本。三是由于院区之间存在规模、功能规划设置、资源分配等诸多方面的差异，各院区发生的医疗服务成本常出现明显不同，成本界定和核算分摊难以通过统一的方式进行，管理难度远超单院区，最终导致成本核算难度显著增加。此外，跨院区成本评估和审查机制、全流程监督管理机制的搭建，同样是“一院多区”成本管理面临的难点。有研究表明，繁杂的组织形态和工作程序会降低管理效率，增加管理成本，降低管理经营的控制力和执行力，这些因素都会导致医院的管理和运营的成本增加。

3．人才培养与共享机制存在挑战　多院区建立后，医院需要配置相应的人才队伍支撑院区有效运转。多院区建设的目标是实现优质医疗资源扩容和外延，并防止优质医疗资源的稀释。这就要求医院在多院区投入使用之前实现人才队伍，尤其是高精尖人才规模的倍增，以保证医疗服务能力不因多院区建设而下降，但这一要求却面临着明显的挑战。医学人才培养存在一定的成长周期，仅靠短期进修和培训无法从根本上提高人才培养质量，如何共享主体院区的医疗和教育资源、建立人才培养的长效机制也是一院多区管理中需要解决的问题。

4．组织文化融合是个长期的过程　文化作为一种精神力量，是社会凝聚力和创造力的重要源泉，对社会发展有着极为深远的影响。一般认为，医院文化是在集体创建医院中逐渐形成的，包括员工认同的群体意识及社会对医院的整体认知。可以说，医院之间的竞争必然会落到文化竞争。医院想要借助多院区建设实现医院品质与规模平行扩张，必然会面临文化建设带来的挑战。这一难题在兼并型院区中表现得更加突出，基于医院学科特色、行为制度等因素，各院区在合并前往往会形成自己的文化认同，不同的文化认同在兼并完成后容易出现文化冲突，进而影响到医院管理效率和医疗服务品质。甚至可以说，兼并型院区早期管理的本质就是文化整合，失败的文化整合必然会导致动荡。

二、一院多区人力资源管理实践

（一）人力资源规划

人力资源规划是在管控过程中需要重点关注的内容，需要根据各类战略目标的关键驱动因素，从一院多区战略规划和运营计划管理的层面来制定人力资源规划。总体人力资源规划要在兼顾全员的基础上，在具体操作的时候，对于非关键岗位，可由分院区自行制定、上报，主体医院的人力资源部门提供政策、方式方法的支持，并且审核其方法运用的正确性，以及所采取的措施是否得体。而更为关键的是，跟踪各项措施的落地执行情况，及时纠偏。人力资源规划包括组织结构规划、员工配置规划、员工培训发展规划、人力资源成本规划、人力资源制度规划、人力资源管理变革规划等内容。

（二）人员聘用

不同的组织架构和权责分工决定了不同的招聘模式。借用主体医院成熟的招聘体系和招聘模式，包括成熟的招聘流程、充足的考官专家库，能高效开展人员招聘工作。紧密型一院多区模式还可实现招聘工作中的人员调配，即面试者可在各院区岗位间进行调剂。

此外，对于跨区域院区来说，启用院区当地的人才以辅助主体院区派驻人才有很多好处。

1．跨区域使用主体医院人员的方式成本很高。

2．如果使用主体医院的管理人员，该管理人员会认为自己一个时期以后就可能回主体院区，因此在工作中缺少应有的长期计划，片面强调短期效果。

3．院区当地人才参与辅助管理工作更能代表当地员工发声，提出合理诉求，淡化因文化差异造成的人群排斥反应。

4．院区当地人才更加熟悉当地民俗文化、就医习惯、方言俚语，这对于改善患者就医体验和提高患者粘度大有裨益。

（三）人才培养

一院多区管理中，往往主体医院拥有丰富且高素质的人力资源，而分院区的员工技能水平普遍较低，甚至较难适应同质化要求下的工作岗位的需求，因此需通过一体化管理模式对员工进行多形式的培训。院区可充分运用主体院区的人才培养平台，以工作需求与创新转化为导向，通过培训项目和实地指导等方式，加强本土人才培养，建设同质化的高水平的专业人才队伍、高素质的管理人才队伍和高技能的保障人才队伍。

1．鼓励本土人才参加主体院区的培训项目，将毕业后教育与学历教育融合，提高培训效率。

2．运用派驻和流动至院区的专家资源开展临床诊疗、教授带学、科研指导等工作，深入开展传帮带，鼓励由“输血”到“造血”转变，提升本土人才的“支撑力”。

3．进一步建立人才培养目标责任制，将分院区人才培养纳入主体院区的考核体系，培育本土学科带头人后备人选、学科骨干等。

（四）绩效考核

人力资源管理的重要目标是确保医院组织目标的实现。衡量组织目标是否实现以及实现程度和效果，就需要进行绩效管理。绩效考核是绩效管理过程中最为关键的一环。

在开展绩效考核时，除了针对科室的考核之外，还包括对于外派专家的考核，而对于这部分人员的考核，关注的不只是管理方面的成绩，还会涉及一些软性因素，如一院多区战略思想的贯彻、文化的融合等。同时，对于纳入一院多区管理的关键人才，主体医院的人力资源也应当关注他们的业绩考核情况，同时也应该增加能力、态度等周边绩效的考核，并根据考核结果进行人才梯队的优化。

一院多区绩效考核工作中需要考虑以下问题：①要客观估计派驻员工工作环境的困难程度。②在评价中要充分考虑院区本土人员的评价。③根据院区当地的文化特征，对考核指标进行适当修改，增强考核体系的适应性。④考虑在分院区和主体院区同时工作人员绩效考核的平衡分配。

（五）薪酬体系

薪酬管理的本质上是一种激励管理，其管理过程是对员工工作行为和工作业绩认可的过程，有助于调动员工积极性、挖掘员工潜能、使员工与医院宗旨和使命高度一致，体现了医院的市场竞争力，利于医院提高效率，实现目标和培育核心竞争力。一院多区的薪酬管理需遵循合法合规、公平性、效益性和激励性原则，其中公平性和效益性是一院多区薪酬管理中需要格外重视的问题。不同地区甚至不同医院的薪酬结构存在差异，对于一些跨区域的分院区来说，在传统的薪酬体系设计流程中要加强对当地医院薪酬结构的调研，不能完全脱离当地的薪酬制度。对于院内不同岗位的薪酬设计，可根据岗位任职资格、技术要素、风险要素、责任要素等进行，确保有效调动员工积极性，发挥出薪酬管理的激励作用。

此外，对于跨区域的分院区来说，对于主体院区派出人员的激励机制绝不仅仅限于薪酬。如为优秀的中青年专家提供比主体院区更加广阔的发展空间；提供更多的提升管理经验的平台；提供更多开展创新技术的机会，甚至还包括鼓励中青年专家参与当地的行业组织，参加当地的科研课题和人才计划的申报。这些措施与薪酬管理相辅相成，可吸引更多骨干人才在多院区间良性流动。

第三节　医院后勤社会化进程中的人力资源管理

一、医院后勤社会化的历程

医院后勤管理与建设是医院管理的重要组成部分，是保障医院的医疗、教学、科研、预防、保健等工作正常进行的重要支撑，是我国医院服务体系发展壮大，服务提供能力不断提高的基础性工作。《医院后勤院长实用操作手册》对医院后勤管理的定义为管理、保障和服务，这三项工作是医院后勤管理的主要职能。

医院后勤社会化，即打破传统的“医院办后勤、医院办社会”的理念、体制与模式，将后勤服务交给专业公司管理，医院主要行使督导作用，医院后勤预留少数人员主要以监督、考核社会化的后勤服务为工作职责。我国医院后勤社会化改革已走过30年风雨历程，改革使医院后勤突破了瓶颈制约，使服务专业化，降低了运营成本，提高了服务质量和效率，有效地促进了医院后勤改革发展。我国医院后勤社会化历程大致分为三个阶段。

1. 第一个阶段 1990—1998年，可认为是后勤改革的起步阶段。1992年《中共中央、国务院关于加快发展第三产业的决定》明确提出后勤服务社会化这一课题。对于公立医院而言，后勤改革为必然趋势亦是客观要求，而改革的方向聚焦于后勤服务社会化。

2. 第二阶段 1999—2012年，可认为是后勤社会化大力发展阶段。2000年2月，国务院体改办协同卫生部等七部委联合出台《关于城镇医药卫生体制改革的指导意见》，标志着我国正式拉开医院体制改革的序幕。《指导意见》明确提出“实行医院后勤服务社会化，凡社会能有效提供的后勤保障，都应逐步交由社会去办”。随后卫生行政管理部门出台了一系列文件，大力推动后勤管理社会化改革。同时，2002年卫生部颁布了《关于医疗卫生机构后勤服务社会化改革的指导意见（试行）》增强了医院后勤外包服务的可操作性。在这个阶段，全国范围内掀起了医院后勤社会化改革浪潮，医院在不断推进的医疗改革进程中摒弃了传统的后勤管理模式，逐步把社会化的外包服务引入到后勤管理中，让医院管理者从繁杂的行政后勤管理中脱离出来，全力聚焦医、教、研等关键工作，提升医院核心竞争力。在这一阶段，上海等地率先进行医院后勤社会化试点，通过后勤管理模式的不断创新、管理日益成熟，医院在后勤管理的角色从实施者转变为统筹、监管者，外包单位成了具体工作的主力军，有效降低医院的用工成本，提高患者对后勤服务的满意度。

3. 第三阶段 2013年至今，可认为是后勤社会化深度发展阶段。2017年印发的《国务院办公厅关于建立现代医院管理制度的指导意见》提出：要健全后勤管理制度，建立采购、使用、维护、保养、处置权生命周期管理制度。2019年12月，国家卫生健康委员会出台《公立医院章程范本》，其中明确了“后勤、设备、物资和信息管理”的建设发展，强调医院后勤管理秉承“安全第一、服务患者、服务一线”原则，按照规范化、标准化、专业化、信息化、智能化的要求，建立健全“后勤一站式”服务模式，推进医院后勤服务社会化。近年来，随着大数据时代不断发展，我国逐渐重视医院信息化与后勤管理系统的整顿与标准化，随着“互联网+医疗健康”的不断落地，为智慧后勤发展带来新契机，不断提高整体的后勤服务质量。

二、医院后勤社会化管理模式

（一）实施医院后勤社会化管理模式的必要性

1. 传统的后勤管理模式不适应医院发展需求　医院后勤管理的工作，涉及部门繁多、工作复杂、内容范围广。随着时代的不断发展，医改的不断深化与推进，传统后勤管理运用的“供给制”管理模式，其弊端日渐凸显，缺乏标准化和规范化、人力成本高、服务成本大、工作效率低下、市场资源未得到充分利用、服务保障质量不高，已不能适应新形势下医院的发展需求。

2. 后勤社会化管理模式有利于提升医院整体服务水平　自2000年以来，社会化成为医院后勤服务改革探索的新方向，是医院现代化管理的必经之路。在社会化管理进程中，先进的管理理念能够运用在实际的后勤管理实践中，积极利用市场资源与信息化管理手段，将医院的后勤工作交由服务外包公司，让“专业人做专业事”，由专业化的公司提供更专业化、精细化、社会化、信息化的服务。达到政府、医院、患者、公司“四赢”的结果，不断提高后勤管理质量，提升医院整体的服务水平。

3. 后勤社会化管理模式有利于优化人力资源　医院实行后勤社会化改革是优化人力资源的重要途径之一，运用后勤社会化管理模式，既可以调整人员结构，精简后勤人员，培养更专业的人才，建立高素质的后勤管理团队，既能为医院节约人力成本和管理成本，提高工作效率，又能帮助医院将优质资源集中于医、教、研等核心业务上，提升医院的核心竞争力和持续发展能力。

（二）实施医院后勤社会化管理模式的有效措施

后勤工作是整个医院管理中的重要环节，其工作复杂、技术性强、服务质量要求高，有以下几点特征：现代医院设备复杂精密，使用与维修专业性和技术性强，需要配备专业的技术型人才；日常工作内容复杂、涉及面广，服务质量要求高，技术工作含量大，需要建全相应的规章制度体系，进行科学的组织和管理，对各个岗位、各项技术实行精细化管理，严格规范后勤工作的质量和标准；依托社会的专业力量，利用市场经济原则进行核算，以较少的投资为患者提供最优质的生活服务。

在当前医院后勤发展管理形势下，全国各大医院积极转变传统后勤管理理念，从自身实际、特点和发展战略出发，逐步探索社会化管理模式，不断推进后勤管理的专业化、信息化、精细化建设。

1. 建立市场化竞争机制 医院根据自身实际需求对后勤服务实现社会化进行综合评估，建立外包公司遴选和质控等体系，选择性价比高、专业化程度高、服务能力强、经验丰富的外包公司。同时，要完善科学监督、考核及激励机制，使后勤服务质量的监管、考核具有可操作性，充分发挥后勤人员的工作积极性，不断提高后勤服务工作效率。

2. 采用信息化管理手段 医院在按照市场经济规律实行后勤社会化的同时，需采用信息化、智慧化手段，对自身的管理模式、成本等方面进行全方位的统计和计算。利用信息化平台将各类分散的、孤立的信息汇总形成闭环管理，强化数据采集、分析能力，通过对后勤管理相关指标的监测和数据收集，加大对质量数据的分析和运用，为医院管理层与决策者作出科学决策提供数据保障，促进质量和服务的持续改进。

3. 探索医院后勤社会化模式 各大医院在推进后勤社会化的进程中，需顺应医院发展战略和实际情况，选择符合医院特点的、科学有效的、有特色的后勤管理模式。根据我国后勤社会化改革历程，目前医院后勤服务社会化归纳为以下4种模式。

（1）集团模式：组建医院后勤服务集团。医院后勤服务整体转制、剥离后，成立医院后勤服务公司或后勤服务中心，以卫生主管部门、社会参与、医院联合组办的形式，创建专业化、集约化、企业化的后勤服务集团。承担本地区或跨地区的医院后勤服务保障工作，逐渐联网建立市、省级全国性的联合体。后勤服务集团按现代企业模式运转实行独立核算，自负盈亏，自主经营，医院总务部门行使监督与检查的角色，集团行使执行的角色。这种集团模式较单一的外包公司抗风险能力大大增强，并且能根据现代医院后勤工作的特征进行市场资源共享、合理调配，为后勤工作提供一个既科学又合理的高标保障体系。

（2）委外模式：这种模式是医院后勤社会化最彻底的一种模式，即后勤员工所属关系完全从医院脱离出来，交给外包专业公司管理，医院后勤服务与提供服务的公司完全是合同关系。委外模式一般采用设立一个后勤服务受理监控中心的体制，赋予其统一对外受理公司责任义务范围内的服务事项，并对所受理的服务在内部进行分办、协调、跟踪、监控督导及反馈的功能和责任。这种模式的医院后勤彻底摆脱了旧管理体制的束缚，医院管理者和医务人员能全身心集中精力抓好医院的业务建设和发展，并且简化管理层次，提高管理效率，避免有事不知找谁、找哪里的问题，既能满足医院后勤服务随机性、时效性、应急性的特点，方便服务对象，又能顺应医院内部运作和监督的需要，使服务便捷、易落实、高效。

（3）专业竞标承包模式：医院根据自身情况，面向社会公开招标，挑选有实力、专业性更强的公司，按照优胜劣汰的市场竞争原则，通过双向选择来确定合作关系，把将外包条件已经相当成熟的后勤服务内容以合同管理的方式进行外包，同时向引入的企业学习他们的先进管理理念和方法以提高自身管理水平。这种模式更符合经济效益的原则，医院以竞标的形式选择最有利于自身需求发展的服务公司，打破院内后勤独此一家的格局，彻底改变原来缺乏竞争、缺乏激励机制，服务质量不高，满意度偏低的状况。

（4）PPP模式：常见的中文翻译有公私伙伴关系、公私合作制、公私合作伙伴模式等。PPP模式的本质是一种融资模式，PPP模式的核心是政府部门与私人部门在合作过程中如何创造价值和实现双方优势互补。在医院产业中，PPP模式分为购买服务和提供设施两类。与后勤服务相关的是购买服务的PPP模式。该模式是指：政府和私人部门签订服务承包协议，由私人部门融资、拥有、建造、维护和管理某种基础设施，政府购买这种设施提供的产品或服务，双方在产品购买环节上实现分解。医院产业中的非临床服务即后勤保障类服务，主要包括清洁、安保、物业维护等，许多医院实行的后勤社会化管理就是这种方式。

综上所述，以上4种管理模式的共同特征就是紧紧围绕为医院增强社会效益和经济效益这一主题为准则，通过提高医院效益，促进企业自身的利益，以此达到共赢。

三、医院后勤社会化人力资源管理实施与经验

（一）改革起步：后勤服务和管理分离，后勤服务机构成立

为加快推进和实现后勤社会化，全国各地主管部门出台了相关政策和意见。如上海市卫生局与市机构编制委员会于1999年联合发布的《关于调整上海市各级医院组织机构和人员编制比例标准的意见（试行）》（沪卫人〔1999〕第134号，沪编〔1999〕第95号）。在组织机构调整中提到：后勤服务机构设置逐步趋向社会化，工作职能可以探索由一家或多家医院组建后勤服务机构承担，也可逐步交由社会服务企业完成，不再增设新的服务部门。

根据文件精神，医院开始进行后勤社会化的探索，首先对后勤工作做了后勤服务和后勤管理方面的分离。

有条件的医院或医院集团可组建医院后勤服务机构，也可依托社会服务企业，完成医院后勤服务工作。把在医院从事后勤服务方面的职工，如食堂、基建、维修、宿舍、被服间、保安、营养室、汽车队等职工交由后勤服务机构管理，并签定相关协议。在医院从事后勤管理方面的职工仍留在医院内，成立相对应的管理办公室，保留对后勤服务的管理职能，负责对后勤机构工作的布置、监督执行、验收、考评等。

医院正式编制的后勤服务方面的职工，进入后勤服务机构后，与医院规范分离，

可视实际情况享受“老人老办法”的优惠政策，如人事档案及编制保留在原医院、与医院职工享受同等待遇等，以使后勤社会化顺利过渡。

由后勤服务机构聘用的劳务人员，与医院不发生劳动人事关系，由后勤服务机构根据其工作表现及劳动技能考核留用，医院按照提供的实际服务向后勤服务机构拨付费用。

（二）改革进程：项目外包方式实现后勤社会化

随着医院后勤社会化的不断深入，医院逐步采取项目外包的方式来解决医院对于后勤工人的用工需求，形成医院“大后勤管理模式（图14-1）”。为提高后勤运营的效率、降低成本，医院可通过设立后勤运行保障平台等形式，加强对医院外包人员的统一管理。在人事部门指导下，对医院外包的保洁、保安业务以及各独立核算科室的用人进行岗位梳理及登记，形成网格化管理，严格审核用人申请。

在保障后勤服务水平提高的基础上，通过统筹安排，逐步减少后勤人员的支出。但对于一些与医院核心业务相关、专业技术要求高、风险系数大的岗位，需注意评估该岗位社会化后的风险与对策。

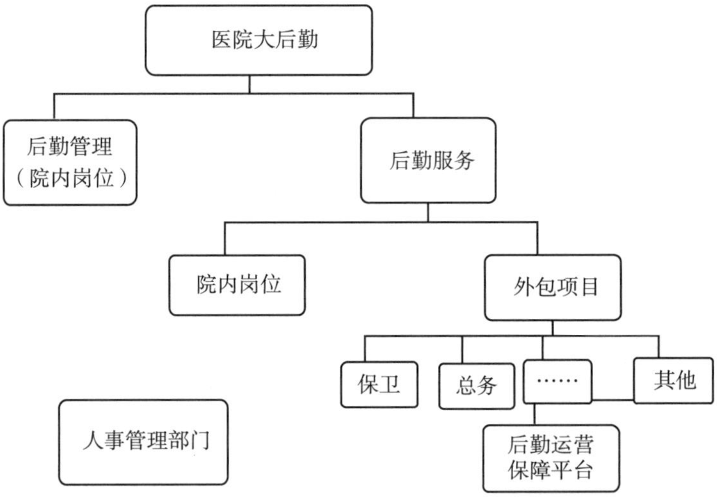

图14-1　“大后勤”组织架构岗位管理

（三）运行保障类岗位的激励机制

医院运行保障类岗位承接着医院大量的辅助性工作，是医院正常运行的有力保障。医院应高度重视和关心他们的工作和生活情况，使他们能融入医院大家庭，提高主人翁意识和忠诚度，提高工作积极性和稳定性，降低离职率。医院应形成一套科学、合理、规范的运行保障类岗位的激励机制。

后勤保障激励机制，可设立基础项目、激励项目和专项奖等。基础项目包含交通补贴、通讯补贴、疗休养补贴、工作餐、体检服务等；激励项目包含综合目标考核奖励、岗位服务年限津贴等，既对员工进行绩效的评价和考核，又提高福利和工作绩效。对于工作骨干和小组长，可另外设立津贴，如电梯组、专项保洁、接送中心、净水房、话务组等，对于各班组重要岗位起到额外的激励作用。另外，还可通过设立专项奖进行激励，如设置规范服务奖，优秀员工奖，评选先进，形成创先争优的氛围。对于特殊群体，还可以提供健康管理专题活动、提供职工宿舍等福利。

（四）开展岗位专业技能和通识培训

医院的窗口部门，是医院服务的名片，将直接影响到职工和患者的满意度，而窗口部门的部分人员来自后勤保障人员。要定期开展岗位专业技能培训和通识培训，提升服务能力。①岗位专业技能培训：包括本专业的业务技能培训、各类岗位资格证培训和评审等。②通识培训：包括宿舍安全、消控安全、日常医疗安全、防疫等，以及医院院史、医院文化、工作行为规范、文明服务规范等的培训。

培训形式：可通过线下讲课和线上自学相结合的方式。

（五）提升精细化管理

医院的后勤保障服务涉及医院的各项管理，需要不断创新，通过精细化管理，提升服务水平，医院不断进行有益的探索和尝试。

案例讨论

【案例】医院整洁、优美的环境，能为患者和医务工作者提供一份卫生、安全和舒适的保障。如何使保洁工作达到这一目标，是医院后勤管理中的一项难点和重点工作。

某三甲医院横跨两条街道，建筑面积超过40万平方米，为做好医院的保洁工作，签约了多家保洁公司。为提高工作质量，医院率先推出“保洁联盟”这一工作模式，通过制定标准、加强监管和严格考核，使保洁工作真正落到实处。

“保洁联盟”是以医院总务管理部门为主导、人事部门为辅助，与为医院提供保洁服务的外包公司共同联合组建而成。“保洁联盟”实行“三个一”的管理原则。

1. 在管理上，增派一位骨干。各保洁公司除驻地经理外，再选派一位骨干加入管理队伍，各公司每年轮流担任保洁联盟盟主，主持工作。

2. 在标准上，综合各家标准优势，制定统一的保洁新标准。

3. 在检查上，采取互查的形式，每日至少开展一次检查，并作好相关工作记录。

“保洁联盟”定期召开例会，讨论保洁检查中发现的情况，以问题为导向提出改进措施，并把检查的结果作为医院对保洁公司工作考核依据以及后续签约的重要依据，而保洁公司内部也将检查结果作为保洁员工作评价的来源。

通过实践，医院的保洁工作持续得到改进，医院整体环境得到提升，提高了患者和医生的满意度。

【讨论】

1. 讨论医院签约一家保洁公司和多家保洁公司的利弊。

2. 此案例中的管理模式，是否可以进一步推广到医院其他的后勤管理项目中？

本章小结

医院的人力资源管理影响因素众多，我们要居安思危，在完成常规的人力资源管理外，还需建立平战结合的体系和专常兼备的机制，做好突发公共事件应急预案的人力资源保障方案，保证应急救援工作需要。同时，医院高质量发展，对人力资源管理也提出新的要求。“互联网+”时代的到来，智慧医院建设成为发展的必然趋势，将对现有的人力资源管理带来重大变革。医院的人力资源管理要不断顺应时代的变化，迎接新的课题和挑战。

（李　耘）

第十五章　医院管理领导力与培养

学习目标

1. 掌握　领导力的内涵；领导力构成；领导与管理的区别与联系；领导者必备的能力素质。

2. 熟悉　领导特质理论；领导行为理论。

3. 了解　领导力21法则。

领导力（leadership）是医院管理者能力培养中非常重要的内容。本章将介绍领导力的内涵与特质等内容，以助力医院管理者有意识地培养提升领导力、实现医院创新管理和高质量发展。

第一节　领导力的内涵与特质

领导现象非常复杂，包含的对象、采取的手段多种多样，学者们对它的理解和分析也不尽相同，目前学术界对于领导和领导力尚缺乏权威统一的定义。

中文语境下的领导实际上对应了英文中lead、leader和leadership三个单词。领导行为（lead）是指领导者带领、激励追随者促进组织目标实现的过程。领导者（leader）是指组织中对追随者施加影响的人。领导力（leadership）虽不可以简单地理解为领导能力，但其核心特质体现其中，实践中主要指领导者对组织的影响力，是其在领导过程中领导者魅力、能力素质和职位权力等要素所体现出的综合实力，领导力与领导者和领导行为密不可分。

在日渐盛行组织扁平化和去中心化的现代社会，领导力决定了组织中个体能够影响其他个体或组织，通过变革引领整个组织完成某种活动的能力，人力资源管理者将领导力培养提升至空前重要的程度。

一、领导力内涵

斯蒂芬·罗宾斯将领导定义为影响他人实现目标的能力和过程。从领导要素的角度来看，领导是领导者与追随者在特定环境下为实现目标而发生的交互。领导力作为一种影响力，主要是指领导者在个体间、个体与组织间，以及组织之间交流过程中，影响和改变追随者一方的能力。类似于传播学中德弗勒的互动传播模型，领导行为是领导者通过不同领导手段影响追随者并接收来自追随者的反馈（图15-1）。环境不仅会影响领导者和追随者两方，还会影响领导机制和反馈机制发挥作用，对领导行为产生促进或抑制。此处的环境既包括组织外部环境，也包括组织内部环境、追随者本身的能力素质等。领导力是一个人发出的能带领他人前进之力，具有动态的概念。既可以具备于领导者身上，也可以具备于普通人身上。

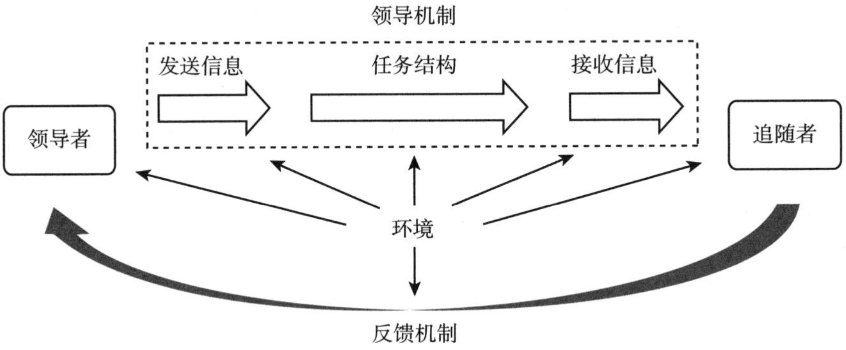

图15-1　领导行为过程示意

二、领导力构成

根据领导力的构成来源，一般将领导力分为权力领导力和非权领导力。权力领导力来源于组织赋予领导者的权力，可以表现为担任领导职务。非权领导力则来源于领导者魅力和能力素质，主要表现为追随者被领导者魅力吸引，领导者成为追随者模仿和学习标杆。

关于领导力构成可从领导者魅力、能力素质和职位权力三个方面予以剖析（图15-2）。领导者魅力主要通过人格特质、思想道德境界、言行举止的感染力等得以体现。领导能力素质则重点指领导者个人能力、人际关系能力、团队能力和领导者商数等所体现的领导者的能力素质。职位权力主要包括领导者对追随者的控制、奖励和惩罚。

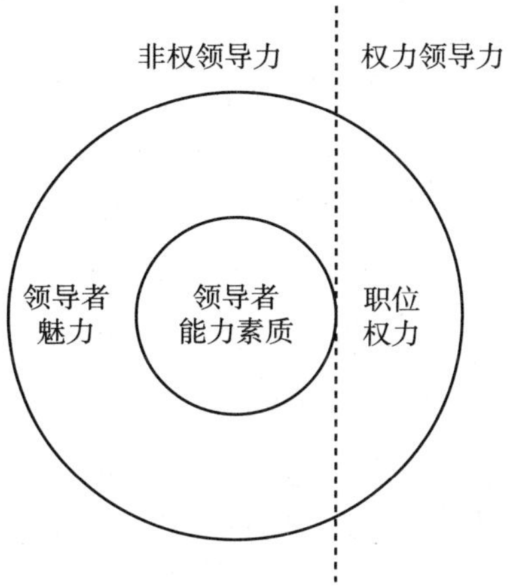

图15-2　领导力构成模型

（一）权力领导力

权力领导力，又称强制性领导力，它是领导者对追随者的控制、激励和惩罚，属于职位权力范畴。被任命的管理者会被赋予对特定的工作拥有控制权，对工作的开展和结束在一定范围内予以调控，通常通过奖惩等措施来激励追随者参与工作。

权力领导力按职能分为提出愿景、战略计划、团队建设、综合协调和整体控制等。①提出愿景：不同于管理者，领导者最需要培养的是其对于追随者的号召力，当领导者提出的愿景被追随者接受时，整个组织就拥有了强大的内驱动力。②战略计划：是指根据组织内部和外部环境，特别是未来一段时期的组织目标制定实施方案，并对组织内外部的人力、财力、物力和时间等要素进行战略安排。③团队建设：则指领导者针对能够调动的资源进行一定方式整合以完成预定目标的过程。④综合协调：旨在化解计划实施等过程中所遇到的矛盾，包括计划与实际情况间的矛盾、组织内部与外部之间的矛盾、资源要素之间的矛盾、追随者与领导者之间的矛盾、追随者之间的矛盾等。⑤整体控制：指按照预定目标和现有条件，包括对计划执行前、中、后期的资源要素和领导过程施加影响，以促成预定目标顺利完成。

（二）非权领导力

非权领导力包括领导者魅力、能力素质两种非权力因素，它不对追随者实施强制性的影响，但具有更好的稳定性、持久性和传播性。领导者魅力通过人格特质、思想道德境界、言行举止的感染力等因素体现，而领导者素质可体现为智商、情商、逆商、财商等，领导者能力表现为个人领导力、团队领导力和组织领导力。

20世纪80年代以来，学者们从不同角度研究领导者有哪些更加普适的特质，形成了领导特质理论，试图从领导者的个人能力素质等方面找出领导普适性的特征。本尼斯（W.Bennis）认为领导者具有四种特质，即拥有远见、明确地对下级讲清目标和理想并使之认同、对理想的贯彻始终和执着追求、知道自己的力量并善于利用这种力量。王乐夫认为领导者基本素养包括政治、知识、能力和心理素养。

对于非权领导力，还有学者从胜任力角度进行分析。胜任力是由美国心理学家麦克莱兰（McClelland）提出，用来分析影响个人和事业发展的个人素质和行为特征。后来，学者们在此基础上构建了很多胜任力模型，如冰山模型、洋葱模型。

目前对于领导者魅力的研究内容非常丰富，但在不同情景和组织背景下，不同的人格特质重要性存在显著差异，不同领域的领导者，其魅力元素也存在差异。

非权领导力可称得上是领导力的特质，领导者通过这种柔性约束来激励和鼓舞追随者促进组织目标的实现，以梦想聚人、以理服人、以情动人。领导者通过勾勒组织的远大愿景，将组织和个人的价值观和目标结合以吸引追随者，根据环境的变化驱动组织进行变革，这些都能体现出领导与传统科层组织管理的巨大差别。

三、领导行为剖析

（一）领导行为理论

20世纪40年代以来，学者们根据不同角度研究领导行为，试图发现高效的领导行为并将之推广，形成了领导行为理论，其中较为典型的理论包括领导行为四分图理论、领导方格理论、绩效和维持理论（简称PM理论）等。

1．领导行为四分图理论 1945年，美国俄亥俄州立大学的研究人员对领导行为进行深入研究，他们将领导行为归纳为关怀和定规两个维度，形成了领导行为四分图理论（图15-3）。其中，关怀维度体现为以人际关系为中心，根据领导者对追随者的尊重、信任和相互了解的程度，可以划分为不同等级；定规维度体现为以工作为中心，根据领导者对追随者的地位、角色和工作方式是否制订了规范，可以划分为不同等级。

对于不同类型的领导行为，可以通过领导行为四分图进行区分。如果领导者关怀程度高且定规程度高，这类领导既重视建立良好的工作秩序和责任制度，也重视与追随者的交流；如果领导者关怀程度高但定规程度低，这类领导更加关心组织内上下级密切合作和人际关系的情况，经常与追随者进行交流，感情融洽，通常组织内规章制度不严格；如果领导者关怀程度低而定规程度高，这类领导往往更加关心组织内规章制度，建立了良好的工作秩序和责任制度，但是不注重与追随者的感情交流；如果领导者关怀程度低同时定规程度也低，则这类领导既不关注工作秩序和责任制度，也不太关心于追随者的交流。

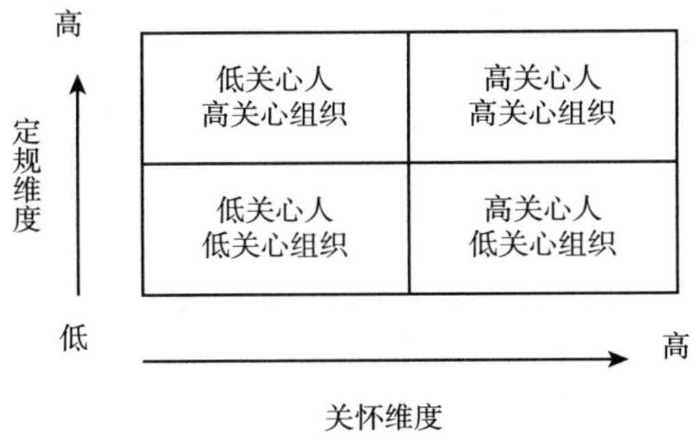

图15-3　领导行为四分图理论

（转引自：吕峰，领导学［M］.北京：清华大学出版社，2019.）

2. 领导方格理论　在领导行为四分图理论的基础上，美国学者布莱克（R.R.Blake）和穆顿（J.S.Mouton）提出了领导方格理论（图15-4），将以工作为中心和以人为中心两个维度进行了更细致的刻画，从低到高划分了九个等级，并提出了五种典型领导行为类型。

（1）团队型领导：这类领导者既重视工作情况，也重视人的因素，总是努力寻找使工作和组织关系相协调的工作方式，促进工作和人际关系相互促进，如通过改善医院管理体制机制，破解不同部门间利益纠纷，从而改善医院人际关系，促进医疗工作高效运行。

（2）任务型领导：这类领导者重视工作情况，但对人的关心程度低，主要运用自己的权力领导力促使追随者完成工作，如无视各临床科室差别，通过行政指令要求医务人员定期发表科研论文。

（3）俱乐部型领导：这类领导只重视人的因素，但不关心工作情况，注重营造良好的人际关系和温馨的工作氛围。

（4）中间型领导：这类领导对人和工作的关心程度处于中等水平，面对工作中的问题，努力寻找使工作和追随者相妥协的方法而非使两者相协调的方法，如将医院的工作目标下降到所有人都乐于接受的水平。

（5）平庸型领导：这类领导既不关心组织的目标和任务，对人的关心程度低，只希望最低限度地完成工作。

其实，在这五种领导类型之外，领导方格中还存在大量非典型的类型。布莱克和穆勒认为，从组织运行和发展的角度来说，团队型领导最佳，其次是任务型领导、俱乐部型领导和中间型领导，平庸型领导最差。同时，他们也认为，在具体的情景之下，领导者应该客观分析组织目标、内外部环境和资源禀赋，因地制宜地选择合理的领导方式，从而获得高效的领导。

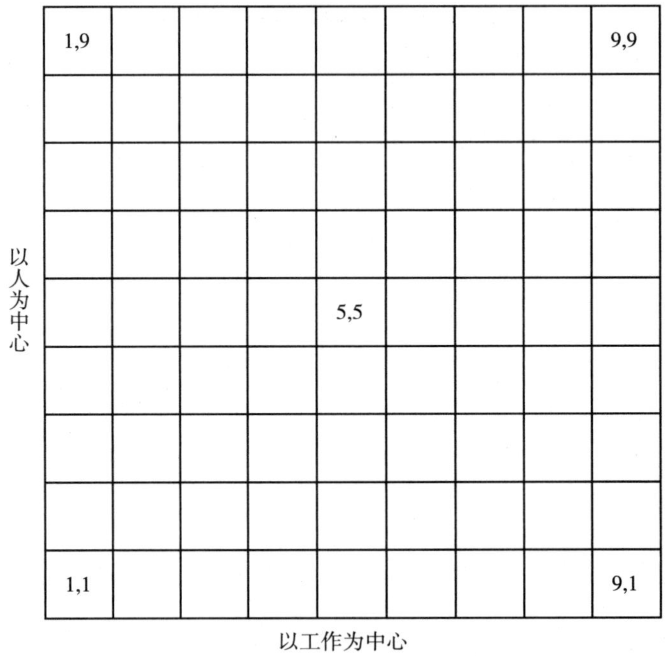

图15-4 领导方格理论

（转引自：吕峰.领导学［M］.北京：清华大学出版社，2019.）

3. PM理论 日本学者三隅二不二在前人领导行为研究成果的基础上，提出了PM理论。与领导行为四分图理论类似，PM理论也是从两个维度进行分析，将团体的职能分解为绩效（Performance，P）和维持（Maintain，M）。他认为，P职能会对追随者造成压力，引起人际关系紧张，甚至造成领导者和追随者间的冲突，需要通过M职能消解不必要的压力，给予追随者社会支持和激励，促进组织目标的实现。

（二）领导与管理的区别

学者们对于领导与管理的区别也进行了许多研究，美国学者科特（Kort）认为：在功能上，领导带来变革，管理维持秩序；在目标上，领导确定目标和战略，管理制订计划和预算过程；在上下级关系上，领导联合追随者完成组织目标，管理、构建组织架构并进行人员配备；在执行策略上，领导激励和鼓舞追随者，管理、制订监督控制计划。

如表15-1所示，奥地利学者亨特哈勒（H.H.Hinterhuber）从工作方法、方式、范围、对下属的管理和态度等方面对领导和管理进行了比较。他认为，相较于管理，领导更加注重创新，用激励的手段、尊重的态度和服务的观点领导下属。

表15-1 领导和管理的区别

不同点	领导	管理
工作方式	发现新的机遇，善于抓住机遇	创造性地解决问题
工作方法	创造一种新的范式	在某一范式内工作
工作范围	在系统边缘工作	在系统内工作
对下属的管理	激励他人共同克服困难	组织他人及时完成计划并纠正偏差
对下属的态度	服务的观点	行动的观点

转引自：刘松博.领导学［M］.北京：中国人民大学出版社，2016.

中国学者立足于中国实践也进行了许多理论探索，有学者认为领导与管理在职能、功效、时间范围、对象以及领导者的素质、成长路径和培训方法上均存在着区别，领导是科学与艺术的有机统一，更加适应多变的环境。如表15-2所示，学术界认为领导和管理之间在内涵、权力来源、核心任务和对变革的态度四个方面存在较大差别。

表15-2 企业界区分的领导和管理

不同点	领导	管理
内涵	通过领导者自身的影响力和魅力，激励和鼓舞他人实现组织的目标	制定组织目标、制定计划、有效领导和协调控制实现企业效益最大化
权力来源	自身的影响力和魅力	董事会或直系主观上级任命
核心任务	勾勒企业的愿景	已有目标的实现、企业资源的再分配和利用
对变革态度	根据情景变化承担变革重担	维持组织结构和产品销量的稳定

转引自：刘松博.领导学［M］.北京：中国人民大学出版社，2016.

（三）医院中的领导问题

目前我国医院发展的大环境已发生重大变化，不管是宏观政策还是内部运营，都对医院管理者提出了很高的能力素质要求，特别是迎接高质量发展的新时代，医院领导者需要在医院战略制定、学科团队建设、部门协调发展、员工培训与培养、医院绩效与薪酬设计等各个方面着力，通过医院人力资源的科学管理促进医院健康发展。医院领导者既需要借助权力领导力来建立整个医院的制度框，也需要在战略制定和执行时依赖于自身的领导者魅力，鼓舞、激励全体医务和管理人员通过内驱力触发来努力工作。特别是在学科团队建设中，往往还需要医院领导者充分施展自己的人格等特质，带领团队共同实现医院的战略目标。

第二节　优秀医院领导与卓越领导力培养

一、领导者的素质

对于领导者有哪些素质，不同学者向来众说纷纭，本节从领导商数角度进行剖析。领导商数是领导者素质的一个具体体现，可分为智商、情商、逆商、财商等。

1. **智商**　是领导者制定战略、执行决策，实现组织目标的基础。具有较高智商的领导者可以在领导实践中分析、研判现有资源要素、环境条件和组织目标，最终作出符合组织目标的决策。

2. **情商**　表示一个人的情绪控制能力，包括审视自我和他人情感和情绪的能力、辨别情绪并运用情绪信息引导思维和行为的能力。领导者在工作过程中遇到各种困难和矛盾，尤其在面对涉及利益的矛盾时，需要运用出色的协调能力来化解矛盾、推动工作。当追随者出现情绪波动时，也需要领导者拥有较高情商，理解并帮助追随者克服困难。情商可以帮助领导者认识和管理自我情绪、促进自我激励，还可以帮助他人、改进人际关系。

3. **逆商**　是指面对困境或挫折时一个人的反应能力，是在困难面前不放弃初心或组织目标的能力。索斯（Scoltz）认为逆商由四个因素组成：对逆境的控制能力、承担改善逆境责任的程度、逆境影响程度、逆境影响时间。在任务完成过程中，如果领导者缺乏足够的逆商，遭遇困难轻易放弃可能导致工作半途而废，难以实现组织目标。

4. **财商**　是运用经济学思维方法分析问题的能力。较高的财商是领导者对工作的所需成本、预期获得收益进行评估的基础，以找到工作的最优路径，实现最低成本、最高收益或者最高效率的预期目标。

二、领导者的能力

领导者的能力可以从个人领导能力、团队领导能力和组织领导能力三个层次进行分析。个人领导能力是指领导者需要进行决策和执行；团队领导能力是指领导者需要建设团队、协调处理矛盾；组织领导能力则是指领导者需要推进项目进展和处理突发事件。在医院人力资源管理过程中，领导者的能力显得非常重要，特别是在医院组织结构设计和绩效管理过程中经常会遇到来自各方面的压力，医院领导者需要充分发掘自己的领导商数，在个人领导能力、团队领导能力和组织领导能力三个层面不断精进。

（一）个人领导能力

领导者的核心工作之一是决策，领导者需要在有限的信息和时间的基础上进行决策。这需要领导者拥有敏锐的洞察能力，把握问题的主要矛盾和矛盾的主要方面；在工作开展时，领导者的决策时间总是有限的，要求领导者把握问题矛盾后拥有快速的决断能力，在时间、信息受限的背景下找到可达到的最优路径；当今世界外部环境快速变化，许多旧有方式方法可能失去效果，需要领导者拥有与时俱进的创新能力，突破原有桎梏，找到新的最优路径。如医院人力资源管理部门，在医院人才的招聘与选拔过程中，除了考虑人岗匹配、公平竞争外，更需要考虑过程中的投入-产出关系，以及人力资源配置对医院发展的影响。

（二）团队领导能力

领导者的核心工作之一是团队建设，这也是领导者和管理者最大的区别之一。领导者需要具备对他人的感召力，即除了通过内在的道德修养、思想境界和外在的专业水平等个人魅力吸引追随者，还应当拥有足够的组织力整合团队内的众人，以使整个组织规整有序地向目标前进。在团队建设中，尤其需要重视激励这一职能，根据不同的领导风格、组织架构、环境等需要进行相应的调整。医院领导者特别需要注意对医院职能科室和业务科室的设计和改进，通过整合医院各个科室的力量，实现医院的发展。

作为领导者，无论组织赋予的权力大小，都应该提高自身的权威以增强下属对自己的认同感。领导者可以通过与下属间有仪式感的活动强化自身的领导地位，增强自己对于下属的影响力来提高领导者权威。此外，领导者也应当保证命令执行的完成度，即领导对下属在任务完成进度上的掌控，如果命令无法得到执行，则意味着领导者对下属的控制程度减弱，其权威下降。在医院的组织架构中，通过对一线部门赋权，可以使其更快地接触到患者的诉求，更好地适应外部环境的变化。

领导者处理矛盾的综合协调能力也非常重要，其中工作关系协调以推进工作顺利进展为原则，主要处理组织内部与外部之间的矛盾；人际关系协调以尊重、信任追随者为原则，主要处理组织内部之间的矛盾，使之顺利开展工作。如在医院不同岗位的薪酬实际中，需要综合考虑岗位任职资格、技术要素、风险要素、责任要素等，设计出良好的绩效和薪酬制度，通过激励调动各类员工的积极性。

（三）组织领导能力

领导的核心工作之一是进行战略计划，领导需要基于组织的目标和当前的资源要素、环境条件制定组织的战略计划和执行路线，从全局视野获取信息并预见未来，以革命性思维提出愿景，领导团队。医院人力资源规划就是战略计划中的重要一环，包括组织结构规划、员工配置规划、培训发展规划、成本规划、制度规划、管理变革规划等，通过人力资源的有效配置和员工效能的最大化来实现医院发展战略。

领导者还需要对工作进展进行整体控制，包括对自我的掌控和对组织的掌控。对于次要的事物可以授权给追随者，但对于这种授权也应当有掌控力，避免对全局工作的破坏。医院领导者可以通过构建起医院评估体系，实现贯穿医院－科室－员工三个级别的考核评价制度，实现对医院整体的监测和控制。

领导者应对危机的能力也非常重要，即在面对突发事件时快速决策，在极短的时间内完成组织目标、工作方案、资源要素等调整的能力。这要求领导者拥有危机意识和必要的危机处理能力，需要“防患于未然”，在决策、执行阶段就可能存在的危机形成预案，这样才能临危不乱，在矛盾或冲突的前期进行干预，在突发事件发生时能够超出平时工作强度来应对危机。在医院运营过程中，特别容易发生医患矛盾，需要领导者在事前建立起应对预案，事中充分发挥组织领导力解决危机，事后及时调整原预案不足的地方。

三、优秀医院领导者力的培养

《领导力21法则》的作者马克斯维尔提出了“凡事之兴衰成败皆系于领导力”的论断，并提出了著名的领导力21法则，为领导者工作提出了21条建议。立志做一位卓越医院的领导者可以将这21条法则作为培养自己习惯行为的具体指导。

（一）提高个人领导力的法则

提高个人领导力首先需要领悟领导力对于实现组织目标的重要性，其次需要发挥领导者在提出愿景和战略计划中的重要作用，最后需要注意在长期的领导实践中逐步提高领导力。

1．盖子法则 领导力决定事业成就的上限。对于领导者来说，领导力可以和个人能力等要素发挥乘法效应，所以说领导力是决定事业成就的天花板，在复杂的、需要团队合作的事业中如果想获得更高的成就，需要领导者注重提高自己的领导力。在医院规模较大的情况下，领导力对于医院发展显得尤为重要，充分发挥领导力有助于医院战略的实现。

2．导航法则 领导者最重要的职能之一就是为整个团队进行战略规划，领导风格的不同，形成战略规划的方式方法也存在一定差异，但是领导者毋庸置疑应该是整个团队的掌舵手。

3．直觉法则 在错综复杂、不断变换的环境下，需要领导者善用领导直觉，在资源要素和团队能力的基础上，发掘实现组织目标的路径。

4. 过程法则　领导是一种复杂的行为，领导力的提高是一个漫长的过程，各方面能力素质的提高和协同作用均有赖于长期的学习和实践。

5. 时机法则　在正确的时机采取行动更容易实现领导者的战略愿景。很多工作具有严格的限制条件，这意味着领导者需要抓住短暂的窗口期完成工作。

（二）提高团队领导力的法则

一个良好的团队往往是成功的开始，领导者需要在团队建设、给追随者授权、协调团队内外的矛盾，运用团队领导力提升团队的综合实力，通过优秀的团队共同完成组织目标。

1. 影响力法则　领导者不同于管理者，领导力更多是一种影响力，并非组织任命的管理者所天然具有的。尤其是非权领导力，要求领导者在道德修养、思想境界、专业水平等方面体现出领导者魅力，吸引追随者。

2. 亲和力法则　领导者和追随者之间的影响力是柔性约束，因此领导者可以通过展现真我、坦率真诚等方式建立自身的亲和力，关注、信任和帮助追随者。

3. 镜像法则　领导者的行为是追随者参考的镜像，因此领导者应该言行一致，做好追随者的表率，通过示范来领导。

4. 尊重法则　领导者对追随者的吸引往往源自领导者的非权领导力，即领导者魅力和能力素质，同时，领导者也需要为追随者提升价值，以获得他们的信任和尊重。

5. 接纳法则　领导是追随者接纳领导者的过程，对领导者的评价是能否领导追随者达到他们所认同的目标，所以领导者需要和所描绘的愿景一同被追随者接纳。

6. 吸引力法则　领导者对追随者的吸引力与二者间价值观、态度等特质的相似度有关，优秀的领导者会选择相似的追随者或者培养相似的追随者来促进目标实现，当然领导是双向选择，也需要领导者提升自己的能力。

7. 根基法则　领导者对追随者的吸引可以进一步发展为信任。信任是领导力的根基所在，失去了追随者的信任则领导行为必然难以获得来自追随者的支持，导致领导力大打折扣。

8. 增值法则　领导者与追随者并不是上下级关系，而是吸引和被吸引的关系，因此领导者应该重视为追随者提升价值，而非从追随者处攫取价值。通过提升追随者的价值，提升整个团队的价值，促进组织目标的实现。

9. 授权法则　领导者依赖于整个团队实现目标，所以领导者需要通过授权给他人来发挥领导力，这就要求领导者不断精进自己的能力、发展自己的组织。

（三）提高组织领导力的法则

除了对个人和团队领导力进行培养外，领导者还需要注重对于组织领导力的培养，不断开发领导力，并在领导人职业晚期进行领导权力的移交，运用组织领导力实现组织机构长远发展。

1. **制胜法则** 领导者需要在不断面临挫折时仍然坚持并找到可实现的最优路径，在制胜过程中，统一的目标、有实力的团队、拥有奉献精神和团队精神的领导者三个要素缺一不可。

2. **动势法则** 领导者的战略愿景在顺势而为的背景下更容易实现，如果没有这种动势，微小的困难就可能造成极大的障碍。同时组织中的负面因素会减弱动势的效果，需要领导者发挥自己的领导力消除这些不利因素。

3. **优先次序法则** 领导者面对复杂的工作场景必须对工作的优先次序进行排列，可以按照工作职责、最优效率和最大回报三个原则进行排序。

4. **舍得法则** 同优先次序法则一致，在工作权衡中往往需要舍弃一些次要的东西，领导者尤其需要做出许多牺牲，且随着领导地位的提高，领导者的责任不断增加，必然要作出更多牺牲。

5. **核心圈法则** 领导者的潜力是由最接近他的人所决定的，因此领导者需要建立自己的核心圈，通过互补性、为团队创造价值、为他人带来积极影响等准则，鉴别、培养和吸收他人进入核心圈，不断提升核心圈素质来提升团队的能力。

6. **爆炸性倍增法则** 领导者和追随者的角色定位不是一成不变的，对于核心圈的追随者，应当注重培养他们担当自己团队内的领导者，培养次级领导者的收益要远远超过培养追随者，前者可以使领导者个人收获更大影响力。

7. **传承法则** 领导者的影响不会戛然而止，具有一定的稳定性、持久性和传播性，这种传承效果受到继承者的影响，所以领导者的长期价值由继承者决定，在培养次级领导者的过程中，需要发展领导遗产，以实现领导行为的延续。

案例讨论

【案例】G中医医院院长L先生为该医院发展作出了巨大贡献，面对医院临床实力较弱、中医药研究不足的问题，他早在20世纪90年代初就率先在中医医院界对本医院运行机制进行了探索改革，全面提高医院管理水平，增强有限资金的运行效率。

为了促进中医药传承，L先生带领团队首先对中医药典籍进行系统梳理，以临床治疗为导向，按专科进行分类，从疾病诊断、治疗为切入点对中医药典籍进行分类汇总；其次积极引进全国名老中医到G中医院带徒，并对这些名老中医的临床经验进行挖掘，对较为分散的中医药诊疗手段进行总结；再次是对医院中医诊疗经验进行整合；最后是借助“杏林寻宝”等平台，系统梳理、总结出中医学界目前有益的临床经验、单方、验方等。

通过对中医学界文献、临床经验、特色诊疗方法等系统梳理，借助信息技术手段，G中医院将中医学界对于特定疾病的病因、机制、诊疗方法和药品单方，甚至生活起居的照料方法、日常调养护理的理念方法都进行系统梳理，全面提高中医医生的临床、护理、康复和健康教育水平。

为促进中医药创新发展，L先生深度挖掘中医比较优势，在G中医院开展全生命周期医疗服务以及危急重症治疗的探索，加强中医药对外交流合作和中医药基础研究。

【讨论】

1. 中医医院与西医医院的发展路径是否存在根本差异？
2. 你认为医院领导者最重要的能力素质是什么？
3. 你认为医院的人力资源管理有哪些工作重点？

扫码学习
相关内容

本章小结

领导力虽不等同于领导能力，但其核心素质体现为领导者的领导能力，特别体现在对组织的影响力，是其在领导过程中领导者魅力、能力素质和职位权力等要素体现出的综合实力，与领导者和领导行为密不可分。

领导过程是管理体系的一个重要组成部分，管理侧重于计划、组织、控制等，领导则侧重于创造新的工作方式。领导与管理既相互联系又有区别，区别体现在前者着重于用创新和激励等手段，以及服务的观点领导下属，实质是用自身的影响力和魅力而非仅用权力带领整个团队。

领导者的能力素质要求在学术上观点迥异，总体上可从个人、团队、组织三个层次进行分析，不同环境和工作目标对于领导者具体能力素质要求会有所变化，建议读者参考领导力的21个法则识别或开发出属于自身适用的领导力法则。

（黄奕祥）

References
参考文献

［1］杨顺勇，王学敏，查建华.人力资源管理［M］.2版.上海：复旦大学出版社，2007.

［2］毛静馥.卫生人力资源管理［M］.北京：人民卫生出版社，2013.

［3］曹世奎，罗中华，熊季霞，等.医药人力资源管理［M］.北京：中国中医药出版社，2017.

［4］西奥多·W.舒尔茨.论人力资本投资［M］.吴珠华，等译.北京：北京经济学院出版社，1990.

［5］薛迪.医院管理理论与方法［M］.上海：复旦大学出版社，2010.

［6］马克思，恩格斯.马克思恩格斯选集：第1卷［M］.北京：人民出版社，2012.

［7］马克思，恩格斯.马克思恩格斯选集：第46卷［M］.北京：人民出版社，1979.

［8］梁万年.卫生事业管理学［M］.2版.北京：人民卫生出版社，2010.

［9］李为民.现代医院管理——理论、方法与实践［M］.北京：人民卫生出版社，2019.

［10］陈文.卫生经济学［M］.北京：人民卫生出版社，2017.

［11］杨晓媛，吴勤.现代医院护理人力资源管理［M］.北京：军事医学科学出版社，2009.

［12］曹荣桂.医院管理学·人力资源管理分册［M］.北京：人民卫生出版社，2011.

［13］李朝虹.医院人力资源管理制度与表格范本［M］.北京：科学出版社，2016.

［14］郭巧云.人力资源管理［M］.长沙：中南大学出版社，2009.

［15］王东，张亮，张弘炜.医院人力资源［M］.北京：中国青年出版社，2011.

［16］徐国祥.统计预测和决策［M］.上海：上海财经大学出版社，2012.

［17］托尼·霍普.医学伦理学［M］.吴俊华，李方，裘劼人，译.南京：译林出版社，2015.

［18］沈晓，夏冕.公立医院绩效管理与薪酬设计［M］.武汉：华中科技大学出版社，2020.

［19］彭剑锋.人力资源管理概论［M］.3版.上海：复旦大学出版社，2018.

［20］贡森，葛延风，王列军．中国公立医院医生薪酬制度改革研究［M］．北京：社会科学文献出版社，2016.

［21］刘昕．薪酬管理［M］.5版．北京：中国人民大学出版社，2017.

［22］付亚和．工作分析［M］.2版．上海：复旦大学出版社，2009.

［23］欧文·E·休斯．公共管理导论［M］．北京：中国人民大学出版社，2001.

［24］魏晋才，陈肖鸣，应争先，等．医院绩效管理［M］．北京：人民卫生出版社，2017.

［25］陈仲强，赵亮．医院绩效管理［M］．北京：北京大学医学出版社，2012.

［26］理查德·威廉姆斯．组织绩效管理［M］．北京：清华大学出版社，2002.

［27］刘宇．美国医院管理［M］．北京：光明日报出版社，2016.

［28］张鹭鹭，王羽．医院管理学［M］.2版．北京：人民卫生出版社，2014.

［29］复旦医院后勤管理研究所．医院后勤院长实用操作手册［M］．上海：复旦大学出版社，2014.